高等院校经济管理类专业应用型系列教材

管理学

案例、技能与实践

缪匡华 编著

清华大学出版社

北 京

内 容 简 介

本书以管理的四项职能——计划、组织、领导和控制为主线，有针对性地介绍了国内外管理学界的相关研究成果，较为系统地介绍了管理学的基本概念以及管理理论发展与演变的脉络，阐述了管理活动的基本规律、管理学一般原理以及主要的管理技术和方法。本书各章节中都引入了大量的管理实例、技能训练与案例分析，体现了注重管理技能与应用能力培养的特色。

本书适合高等院校经济管理类专业的师生作为教材使用，也可作为企业管理者的参考用书。

图书在版编目（CIP）数据

管理学：案例、技能与实践/缪匡华编著．—北京：清华大学出版社，2016
（高等院校经济管理类专业应用型系列教材）
ISBN 978-7-302-45668-1

Ⅰ．①管…　Ⅱ．①缪…　Ⅲ．①管理学－高等学校－教材　Ⅳ．①C93

中国版本图书馆 CIP 数据核字(2016)第 285423 号

责任编辑：陈凌云
封面设计：毛丽娟
责任校对：刘　静
责任印制：何　芊

出版发行：清华大学出版社
　　　　网　　　址：http://www.tup.com.cn，http://www.wqbook.com
　　　　地　　　址：北京清华大学学研大厦 A 座　　　　邮　　编：100084
　　　　社　总　机：010-62770175　　　　　　　　　　邮　　购：010-62786544
　　　　投稿与读者服务：010-62776969，c-service@tup.tsinghua.edu.cn
　　　　质　量　反　馈：010-62772015，zhiliang@tup.tsinghua.edu.cn
　　　　课　件　下　载：http://www.tup.com.cn，010-62770175-4278
印　刷　者：三河市君旺印务有限公司
装　订　者：三河市新茂装订有限公司
经　　销：全国新华书店
开　　本：185mm×260mm　　印　张：25.25　　字　　数：582 千字
版　　次：2016 年 11 月第 1 版　　　　　　　印　　次：2016 年 11 月第 1 次印刷
印　　数：1～2000
定　　价：49.80 元

产品编号：069701-01

前言

本书以管理的四项职能——计划、组织、领导和控制为主线,有针对性地介绍了国内外管理学界的相关研究成果,较为系统地介绍了管理学的基本概念以及管理理论发展与演变的脉络,阐述了管理活动的基本规律、管理学一般原理以及主要的管理技术和方法。本书各章节中都引入了大量的管理实例、技能训练与案例分析,体现了注重管理技能与应用能力培养的特色。

本书的主要特点可以概括为以下几个方面。

1. 结构完整,思路清晰

本书在文字表达方面力求通俗流畅,简洁明了,内容安排力求完整统一。本书的结构和内容编排适合高等院校的教师授课和学生学习,方便学生全面掌握管理原理与技能。

2. 内容全面,详略适度

本书包括了有关管理学理论和方法研究与教学关注的内容,并对其做了系统、详细且精练的阐述和解释。本书各章节均引入了大量管理实例,以便加深对相关概念与原理的理解,拓宽思路与视野。

3. 强化管理技能和应用能力的培养

本书在系统讲授管理学原理的基础上,特别注重理论联系实践,引入了大量的管理实例、技能训练和案例分析。每章的具体结构安排如下。

学习目标——作为每章学习开篇的指引,给读者提供阅读教材的重点。

本章引言——描绘出每章一个或几个要点的管理情景,引言分析的问题帮助读者将各章内容与引言相联系。

管理实例——全书各章节给出与章节内容相关的管理实例,通过管理实例的阅读理解,起到把理论与实践联系起来的桥梁作用,使读者悟出管理真谛。

复习思考题——每章后面的复习思考题与章节的学习内容相呼应,这些思考题涉及每章的主要学习内容,学生通过这些思考题可以评判自己对所学概念和管理原理的理解程度。

技能训练——每章后面的技能训练用于鼓励学生加强管理技能的模拟训练,促使学生加深对所学内容的理解、应用、比较和评价。

案例分析——每章后面为学生安排了案例分析,这些案例与教材内容密切相关,模拟了需要进行管理决策的真实情景。

在技能训练与案例分析中,通过撰写小论文或小报告的形式,特别加强了对学生写作技能的培养。

本书通过大量的管理实例、复习思考题、技能训练与案例分析,注重培养学生的管理应用与创新能力,把管理技能和应用能力的培养作为全书的重中之重,书名"管理学 案例、技能与实践"体现了这一鲜明意图。

本书编写过程中,参考和借鉴了国内外管理学界有关专家、学者的研究成果,引用了有关学者编写、出版的案例,在此特向这些文献作者表示诚挚的敬意和感谢!

由于作者知识及经验有限,疏漏之处在所难免,希望读者批评指正。

缪匡华

2016 年 9 月

目 录 contents

第一篇 导 论

第二篇　计　　划

第三篇　组　　织

第五篇　控　　制

第一篇

导　论

第一章 管理与管理学

 **学习目标**

1. 了解管理的含义
2. 全面理解管理的科学性和艺术性
3. 掌握管理者在组织中的角色
4. 掌握明茨伯格的管理者角色理论
5. 比较管理者的技能要求
6. 了解管理职能的内在联系
7. 掌握成功管理者和有效管理者的时间分布
8. 了解管理学的特点与作用
9. 掌握管理方法并比较之

 本章引言

沃伦·巴菲特(Warren Buffett)，全球著名的投资商，生于美国内布拉斯加州的奥马哈市。

他从小就极具投资意识，1941年，11岁的巴菲特购买了平生第一只股票。1947年，巴菲特进入宾夕法尼亚大学攻读财务和商业管理。两年后，巴菲特考入哥伦比亚大学金融系，拜师于著名投资理论学家本杰明·格雷厄姆，在格雷厄姆门下，巴菲特如鱼得水。1956年，他回到家乡创办巴菲特有限公司。1964年，巴菲特的个人财富达到400万美元，而此时他掌管的资金已高达2200万美元。

1965年，35岁的巴菲特收购了一家名为伯克希尔—哈撒韦的纺织企业，1994年年底已发展成拥有230亿美元的企业王国，由一家纺纱厂变成巴菲特庞大的投资金融集团。巴菲特的股票在30年间上涨了2000倍，而标准普尔500指数内的股票平均才上涨了50倍。

目前，巴菲特是伯克希尔—哈撒韦公司的最大股东，并担任该公司主席及首席执行官。2006年6月，巴菲特承诺将其资产捐献给慈善机构，其中85%将交由盖茨夫妇基金会来运作。巴菲特此一大手笔的慈善捐赠,创下了美国有史以来的纪录。

2015 年 9 月 29 日,《福布斯》发布美国富豪 400 强榜单,巴菲特凭借 620 亿美元排名第二。

管理技能分析

查阅与沃伦·巴菲特管理风格有关的文章,了解巴菲特的管理风格。

管理技能应用

根据你自己的经历,说明有效管理者应该具有什么样的管理技巧?

第一节 管 理 概 述

一、管理的含义

管理是人类最基本的社会活动之一,自从有了有组织的活动,就有了管理活动。但什么是"管理",长期以来人们的理解不尽相同,至今仍未统一。

从字面上看,管理有"管辖""处理""管人""理事"等意,即对一定范围的人员及事务进行安排和处理。但是这种字面的解释是不可能严格地表达出管理本身所具有的完整含义的。

长期以来,许多中外学者从不同的研究角度出发,对管理做出了不同的解释,下面简单介绍几种较有代表性的。

(一)国外部分学者关于管理的定义

"科学管理之父"弗雷德里克·温斯洛·泰罗(Frederick Winslow Taylor)认为:"管理就是确切地知道你要别人去干什么,并使他用最好的方法去干。"(《科学管理原理》)在泰罗看来,管理就是指挥他人用最好的办法去工作。

诺贝尔奖获得者赫伯特·西蒙(Herbert A. Simon)对管理的定义是:"管理就是制定决策。"(《管理决策新科学》)

管理大师彼得·德鲁克(Peter F. Drucker)认为:"管理是一种工作,它有自己的技巧、工具和方法;管理是一种器官,是赋予组织以生命的、能动的、动态的器官;管理是一门科学,一种系统化的并到处适用的知识;同时管理也是一种文化。"(《管理——任务、责任、实践》)

"经营管理之父"亨利·法约尔(Henri Fayol)在其名著《工业管理与一般管理》中给出管理概念之后,产生了整整一个世纪的影响,对西方管理理论的发展具有重大的影响力。法约尔认为:"管理是所有的人类组织都有的一种活动,这种活动由五项要素组成:计划、组织、指挥、协调和控制。"管理的五项基本职能都与提高执行力密切相关。法约尔对管理的看法颇受后人的推崇与肯定,形成了管理过程学派。孔茨(Koontz)是第二次世界大战后这一学派的继承与发扬人,使该学派风行全球。

小詹姆斯·H.唐纳利认为：“管理就是由一个或更多的人来协调他人的活动，以便收到个人单独活动不能收到的效果而进行的活动。”

美国现代管理学家哈罗德·孔茨指出：“管理就是设计并保持一种良好环境，使人在群体里高效率地完成既定目标的过程。”孔茨对管理的定义是“组织人把事办妥”。“把事办妥”是管理的目标，“组织人”是管理的主要职能。

斯蒂芬·P.罗宾斯认为：“管理这一术语指的是和其他人一起并且通过其他人来切实有效完成活动的过程。”这一定义把管理视作过程，既强调了人的因素，又强调了管理的双重目标。

管理实例 1-1

佛 祖 用 人

去过寺庙的人都知道，一进庙门，首先看到的是弥勒佛，笑脸迎客，而在他的北面，则是黑口黑脸的韦陀。但相传在很久以前，他们并不在同一座庙里，而是分别掌管不同的庙。弥勒佛热情快乐，所以来的人非常多，但他什么都不在乎，丢三落四，没有好好地管理账务，所以经常入不敷出。而韦陀虽然管账是一把好手，但成天阴着个脸，太过严肃，搞得人越来越少，最后香火断绝。佛祖在查香火的时候发现了这个问题，就将他们俩放在同一座庙里，由弥勒佛负责公关，笑迎八方客，于是香火大旺；而韦陀铁面无私，锱铢必较，佛祖让他负责财务，严格把关。在两人的分工合作下，庙里一派欣欣向荣的景象。

管理实例 1-2

扁担的作用

有两个兄弟各自带着一只行李箱出远门。一路上，重重的行李箱将兄弟俩压得喘不过气来。他们只好左手累了换右手，右手累了又换左手。忽然，大哥停了下来，在路边买了一根扁担，将两个行李箱一左一右挂在扁担上。他挑起两个箱子上路，反倒觉得轻松了很多。

（二）国内部分学者关于管理的定义

《现代汉语词典》对管理的定义是：管理就是管辖和处理，即采取一定手段去干预对象，形成新的状态。这一定义把管理看成是将人们的行为纳入一定规范，成为一种束缚人们的手段。

杨文士认为：“管理是指一定组织中的管理者，通过实施计划、组织、领导、控制等职能来协调他人的活动，使别人同自己一起实现既定目标的活动过程。”

周三多认为：“管理是指组织中的如下活动或过程：通过信息获取、决策、计划、组织、领导、控制和创新等职能的发挥来分配、协调包括人力资源在内的一切可以调用的资源，以实现单独的个人无法实现的目标。”

张俊伟认为：“①管，原意为细长而中空之物，其四周被堵塞，中央可通达。使之闭塞为堵；使之通行为疏。管，就表示有堵有疏、疏堵结合。所以，管既包含疏通、引导、促进、肯定、打开之意；又包含限制、规避、约束、否定、闭合之意。②理，本义为顺玉之纹而剖析，代表事物的道理、发展的规律，包含合理、顺理的意思。管理犹如治水，疏堵结合、顺应规律而已。所以，管理就是合理地疏与堵的思维与行为。"

上述中外学者可以说是从不同侧面、不同角度揭示了管理的定义，或者是揭示了管理某一方面的属性。

由于管理概念本身具有多义性，而且还因时代、社会制度和专业的不同，产生不同的解释和理解。随着生产方式社会化程度的提高和人类认识领域的拓展，人们对管理现象的认识和理解的差别还会更为明显。特别是各种不同的管理学派，由于理论观点的不同，对管理概念的解释更是众说纷纭。

本书将管理的定义表述为：管理是社会组织中，为了实现预期的目标，以人为中心，对组织所拥有的资源进行有效的计划、组织、领导和控制，以便实现组织既定目标的活动过程。它包括以下四重含义。

（1）管理是为了实现组织未来目标的活动。

（2）管理的工作本质是协调。

（3）管理工作存在于组织中。

（4）管理工作的重点是对人进行管理。

管理实例 1-3

喂 牛 之 道

我们旅行到乡间，看到一位老农把喂牛的草料铲到一间小茅屋的屋檐上，不免感到奇怪，于是问道："老公公，你为什么不把喂牛的草放在地上，让它吃？"

老农说："这种草草质不好，我要是放在地上它就不屑一顾。但是我放到让它勉强可够得着的屋檐上，它会努力去吃，直到把全部草料吃个精光。"

二、管理的性质

为了更深入、更全面地理解管理的概念，我们必须全面把握管理的基本性质。

（一）管理的二重性

管理的二重性即管理的自然属性和管理的社会属性，它是马克思主义关于管理问题的基本观点。马克思在《资本论》中明确地指出："凡是直接生产过程具有社会结合过程的形态，而不是表现为独立生产者独立劳动的地方，都必然会产生监督劳动和指挥劳动，不过它具有二重性。"这就是说，管理一方面是由于许多人进行协作劳动而产生的，是由生产社会化引起的，是有效地组织共同劳动所必需的，因此它具有同生产力、社会化大生产相联系的自然属性；另一方面，管理又是在一定的生产关系条件下进行的，必然使得管理的环境、管理的目的以及管理的方式等呈现出一定的差异，因此，它具有同生产关系、社会制度相联系的社会属性。

管理的自然属性是指管理所具有的有效指挥共同劳动,组织社会生产力的特性。它反映了社会化大生产过程中协作劳动本身的要求。管理的社会属性,是指管理所具有的监督劳动,维护生产关系的特性。它反映了一定社会形态中生产资料占有者的意志,是为一定的经济基础服务的,受一定的社会制度和生产关系的影响和制约。

学习和掌握管理的二重性,有利于深入认识管理的性质,借鉴国外先进的管理思想和方法,并结合实际,因地制宜地学习和应用。

(二)管理的科学性和艺术性

管理的科学性表现在管理活动的过程可以通过管理活动的结果来衡量,同时它具有行之有效的研究方法和研究步骤来分析问题、解决问题。管理的艺术性表现在管理的实践性上,在实践中发挥管理人员的创造性,并因地制宜地采取措施,为有效地进行管理创造条件。

管理的科学性和艺术性是相辅相成的,对管理中可预测、可衡量的内容,可用科学的方法去测量;而对管理中某些只能感知的问题,某些内在特性的反映,则无法用理论分析或逻辑推理来估计,但可通过管理艺术来评估。最富有成效的管理艺术来源于对它所依据的管理原理的理解和丰富的实践经验。

管理既是一门科学,又是一门艺术,是科学与艺术的有机结合体。管理的科学性与艺术性并不互相排斥而是相互补充的,不注重管理的科学性只强调管理工作的艺术性,这种艺术性将会表现为随意性;不注重管理工作的艺术性,管理科学将会是僵硬的教条。管理的这一特性,对于学习管理学和从事管理工作的主管人员来说十分重要,它可以促使人们既注重管理基本理论的学习,又不忽视在实践中因地制宜地灵活运用,这可以说是管理成功的一个重要保证。

(三)管理的普遍性

管理的普遍性表现为管理活动是协作活动,涉及人类每一个社会角落,它与人们的社会活动、家庭活动以及各种组织活动都是息息相关的。从人类为了生存而进行集体活动的分工和协作开始,管理便随之产生。

(四)管理或管理人员任务的共同性

管理任务就是要设计和维持一种系统,使在这一系统中共同工作的人们,能用尽可能少的支出(包括人力、物力、财力、时间以及信息),去实现他们预定的目标。管理和管理人员的基本职能是相同的,包括计划、组织、人员配备、指导与领导,以及控制。管理人员所处的层次不同,在执行这些职能时的侧重点也有所不同。

管理实例 1-4

右手握左手

一天,餐桌上有人念起一段顺口溜:握着老婆的手,好像右手握左手。男人们听完笑得很起劲,但有一位女士没笑。男人们以为女士生气了,忙说"闹着玩,别当真"。没想到女士认真地说:"最妙的就是这'右手握左手'。第一,左手是最可以被右手信赖的;第二,左手和右手彼此都是自己的;第三,别的手任怎么叫你愉悦、兴奋或者魂飞魄散,过后都是可以甩手的,只有左手,甩开了你就残缺了,是不是?"男人们都称赞女人的理解深刻而独到。

第二节　管 理 者

一、管理者的含义

并非组织中所有的人都是管理者。通常,一个组织的活动可以划分为作业活动和管理活动,相应的,按组织成员在组织中的地位和作用不同,我们可将组织中的成员分成两种类型:操作者和管理者。

操作者是直接从事某项工作或任务,不承担对他人工作监督职责的人,如汽车装配线上的装配工人、麦当劳店中烹制汉堡包的厨师、机动车管理办公室中为你办理驾驶执照更换业务的办事员等。

管理者是指挥别人活动的人。他通过协调其他人的活动达到与别人一起或者通过别人实现组织目标的目的。作为管理者,一定要有下级,一定是处于操作者之上的组织层次中,但他们也可能担任某些作业职责,例如,保险索赔监督员除了负责监督保险索赔部门办事人员的工作以外,还可能承担一部分办理保险索赔的业务职责;再如,管理学院MBA 中心主任同时还承担一线教学任务或某些具体的业务职责。

因此,管理者是拥有组织的制度权力,并以这些权力为基础指挥他人活动的人。管理者具有以下几个方面的特征。

1. 管理者是既有能动性、社会性,又追求把握性的人

不具备能动性,就不能对管理对象产生作用和影响;不具备社会性,其活动就没有价值和意义;不追求把握性,其活动就不能算是管理活动。

2. 管理者通过别人来完成工作

他们做出决策、分配资源、指导别人的活动,从而实现工作目标。

3. 管理者的人格一般情况下都是双重的

每一个管理者都是自然人,是自身利益的代表;但每一个管理者又是一定职位上的代表,是组织权力的化身,要保证组织的利益。管理者要想实现有效管理,必须处理好自身利益和组织利益的关系。

管理实例 1-5

鹦 鹉 老 板

一人去买鹦鹉,看到一只鹦鹉前写着:此鹦鹉会两门语言,售价二百元;另一只鹦鹉前则写着：此鹦鹉会四门语言，售价四百元。

该买哪只呢？两只鹦鹉都毛色光鲜，非常灵活可爱。这人转啊转，拿不定主意。突然，他发现了一只老掉了牙的鹦鹉，毛色暗淡散乱，标价八百元。

这人赶紧将老板叫来问道："这只鹦鹉是不是会八门语言？"店主说："不。"这人奇怪了："那为什么又老又丑，又没有能力，还更值钱呢？"

店主回答说："因为另外两只鹦鹉叫这只鹦鹉老板。"

二、管理者在组织中的角色

（一）管理者的角色

1. 管理角色的构成

管理者角色是指管理系统中不同的人所扮演的不同角色。

由于管理系统一般分为高层、中层和低层，因而管理角色一般分为决策者、管理者和操作者三个层次。

决策者是管理组织中的高层领导者，他们担负着组织的战略目标和实施方案的决策责任。制定战略决策，对决策的实施过程进行宏观控制，这就是他们的主要职责。与高层领导者密切合作的参谋机构或智囊班子的成员，也属于决策者角色的范围。决策者角色的主要职责是决策，他们所从事的管理工作主要也是决策过程的管理工作，他们的操作则主要是处理信息的操作。所以，他们在决策、管理和操作中主要扮演的是决策者的角色。

和决策者相比，管理者在组织中的层次低一些，他们是介于高层领导和一般操作人员之间的各级领导者。各级领导者在自己的职权范围内虽然也有一定的决策权，但他们的决策是一级的，属于如何贯彻战略目标的决策。相对于高层的战略目标决策来说，这些领导者的任务，更多地属于目标确定以后如何控制人和组织的行为去实现目标。因此，比之高层领导，他们主要承担的是具体的管理工作。

管理组织中的一般工作人员，也就是操作者。操作者作为组织的成员，对整个组织的决策和管理也是承担一部分责任的。但他们的主要工作在于通过具体的实践去实现决策目标。在整个组织中，相对于管理者来说他们虽然属于被管理者，但必须明确，他们是整个组织的基础，组织的存在和发展最终要通过他们的努力才能实现。所以，提高操作人员的素质，对实现管理目标来说具有决定性的意义。

由此可见，管理中之所以区分为决策者、管理者和操作者，是由他们各自在整个管理系统中的地位和作用决定的，也是由他们之间的相互关系决定的。

在现代管理中，任何一个人都同时兼有决策者、管理者和操作者的三重身份。

（1）每一个人都具有决策者的身份。从决策民主化方面来说，每一个人都有权参与决策，以一定的方式参与决策活动。所以，决策不是少数人的活动。从一定意义上可以说，每个人都是决策者。

（2）每一个人又都是管理者。这是因为，决策本身可以称为管理的内容，决策者也就具有了管理者的身份。每个人不仅在自己工作范围内必须做好管理工作，还要关心整个系统的管理,对整个系统的管理提出自己的意见或建议。

(3) 每一个人还都是实际操作者,只是不同管理层次操作对象不一样。

所以,管理中的每一个角色,实际上具有三重身份。具有三重身份能力,又牢牢地把握自己的角色使命,才是善尽角色之义务。

管理实例 1-6

佛塔上的老鼠

一只四处漂泊的老鼠在佛塔顶上安了家。

佛塔里的生活实在是幸福极了,老鼠既可以在各层之间随意穿越,又可以享受到丰富的供品。它甚至还享有别人所无法想象的特权,那些不为人知的秘籍,它可以随意咀嚼;人们不敢正视的佛像,它可以自由休闲,兴起之时,甚至还可以在佛像头上留些排泄物。每当善男信女们烧香叩头的时候,这只老鼠总是看着那令人陶醉的烟气慢慢升起,它猛抽着鼻子,心中暗笑:"可笑的人类,膝盖竟然这样柔软,说跪就跪下了!"

有一天,一只饿极了的野猫闯了进来,它一把将老鼠抓住。"你不能吃我!你应该向我跪拜!我代表着佛!"这位高贵的俘虏抗议道。"人们向你跪拜,只是因为你所占的位置,不是因为你!"野猫讥讽道,然后,它像掰开一个汉堡包那样把老鼠掰成了两半。

2. 影响管理者角色的因素

(1) 管理者在组织中所处的层次。研究表明,管理者角色的强调重点随组织的层次不同而变化,特别是像信息传播者、代表人、谈判者、联络者和发言人的角色更多地表现在组织的高层,而领导者的角色在低层管理者身上表现得更加浓厚。

(2) 组织规模的大小。组织规模的大小对管理者的工作有明显影响,在不同规模的组织中,管理者的工作和角色是大不一样的。相比之下,一个规模较小的组织的管理者更有可能成为一个多面手,他的工作内容将可能上至最高领导层的角色,下至基层管理者的工作。而大型企业的管理者分工很细,趋向于结构化和规范化的工作,控制更多地依赖于制度、信息监控系统和文化。

(3) 管理者个人因素。管理者个人的价值观、思想品德、工作作风、习惯思维以及潜意识都会影响管理者的角色。管理者的工作经历也会影响管理者的角色。

(4) 其他随机因素。管理者的工作必然随着许多随机因素的变动而变动。因为现实生活中许多环境因素将会影响管理者的工作,这些因素有社会文化、社会变迁、产业的性质、政策、技术变革的动态发展及其他威胁因素等,而管理者工作的变动必然影响其角色的变换。

管理实例 1-7

大发雷霆不管用

安先生是一家上市公司的部门主管,工作压力很大。更让他烦恼的是,下属工作能力不足,部门工作业绩一直不理想。为此,他大发雷霆过很多次,但是效果总是不佳。由于部门业绩不理想,他面临着越来越大的公司压力。

（二）西方管理学者关于管理者角色的主要理论

1. 德鲁克的"管理者角色"理论

彼得·德鲁克是当代最为著名的管理学家之一,1909 年 11 月 19 日生于维也纳,1937 年移居美国,终身以教书、著书和咨询为业。德鲁克一生共著书 39 本,在《哈佛商业评论》发表文章 30 余篇,被誉为"现代管理学之父"。他文风清晰练达,对许多问题提出了自己的精辟见解。杰克·韦尔奇、比尔·盖茨等人都深受其思想的影响。德鲁克一生笔耕不辍,年逾九旬还创作了《德鲁克日志》,无怪乎《纽约时报》赞誉他为"当代最具启发性的思想家"。2005 年 11 月 11 日,德鲁克在加州家中逝世,享年 95 岁。

1955 年,德鲁克提出"管理者角色"(the role of the manager)的概念。德鲁克认为,管理是一种无形的力量,这种力量是通过各级管理者体现出来的。管理者扮演的角色或者说责任大体上分为如下三类。

（1）管理一个组织,求得组织的生存和发展。为此管理者必须做到:一是确定该组织是干什么的,应该有什么目标,如何采取积极的措施实现目标;二是谋取组织的最大效益;三是"为社会服务"和"创造顾客"。

（2）管理管理者。组织的上、中、下三个层次中,人人都是管理者,同时人人又都是被管理者,因此管理者必须做到:一是确保下级的设想、意愿、努力能朝着共同的目标前进;二是培养集体合作精神;三是培训下级;四是建立健全的组织结构。

（3）管理工人和工作。管理者必须认识到两个假设前提:一是关于工作,其性质是不断急剧变动的,既有体力劳动又有脑力劳动,而且脑力劳动的比例会越来越大;二是关于人,要正确认识到"个体差异、完整的人、行为有因、人的尊严"对于处理各类各级人员相互关系的重要性。

管理实例 1-8

管理者角色

玛丽是一家造纸厂的厂长,这家工厂面临着一项指控:厂里排泄出来的废水污染了邻近的河流。玛丽必须到当地的治水管理局去为本厂申辩。奥利弗是该厂的技术工程部经理,他负责自己那个部门的工作与销售部门相协调。拉尔夫负责厂里的生产管理,他刚接到通知:向本厂提供包装纸板箱的供应商发生了火灾,至少一个月之内无法供货,而本厂的包装车间想知道现在他们该干什么。拉尔夫说,他会解决这个问题的。最后一个遇到问题的人是罗丝,她负责办公室的工作,室里的员工们为争一张办公桌刚发生了一场纠纷,因为这张办公桌离打印机最远,环境最安静。

2. 明茨伯格的管理者角色理论

20 世纪 60 年代末,加拿大学者亨利·明茨伯格(Henry Mintzberg)对五位总经理的工作进行了一项仔细的研究,得出了著名的管理者角色理论。在孔茨所说的"管理理论丛林"中,明茨伯格是经理角色学派的创始人。经理角色学派是 20 世纪 70 年代在西方出现的一个管理学派,它是以对经理所担任的角色分析为中心来考察经理的职务和工作的。

明茨伯格认为,对于管理者而言,从经理的角色出发,才能够找出管理学的基本原理并将其应用于经理的具体实践中去。

经理角色学派的代表作就是明茨伯格的《经理工作的性质》(*The Nature of Managerial Work*)。管理者真正做了什么?他们是怎么做的?为什么要这样做?这些古老的问题早就有着许多现成的答案,但明茨伯格并不轻易相信这些现成答案,而是深入研究现实。还是博士生的时候,明茨伯格就带着秒表去记录五位管理者真正在做什么,而不是听他们说自己做了什么,或者是由学者去想象他们在做什么。他花了一周时间,对五位 CEO 的活动进行了观察和研究。这五个人分别来自大型咨询公司、教学医院、学校、高科技公司和日用消费品制造商。明茨伯格发现,在企业管理过程中,管理者很少花时间做长远的考虑,他们总是被这样或那样的事务和人物牵引,而无暇顾及长远的目标或计划。一个显而易见的事实是,他们用于考虑一个问题的平均时间仅仅九分钟。管理者若想固定做一件事,那这样的努力注定要失败,因为他会不断被其他人打断,总会需要他去处理其他事务。所以,明茨伯格认为,那种从管理职能出发,认为管理是计划、组织、指挥、协调、控制的说法,未免太学究气了。你随便找一个经理,问他所做的工作中哪些是协调而哪些不是协调,协调能占多大比例,恐怕谁也答不上来。所以,明茨伯格主张不应从管理的各种职能来分析管理,而应把管理者看成各种角色的结合体。

明茨伯格在《管理工作的本质》中这样解释说:"角色这一概念是行为科学从舞台术语中借用过来的。角色就是属于一定职责或者地位的一套有条理的行为。"根据他自己和别人的研究成果,得出结论说,经理们并没有按照人们通常认为的那样按照职能来工作,而是进行别的很多的工作。

明茨伯格的实证研究结论为:管理者扮演着十种不同的,但却是高度相关的角色。这十种角色又可进一步归纳为三大类:人际角色、信息角色和决策角色(见表 1-1)。

表 1-1 明茨伯格的管理者角色理论

角 色	描 述	特 征 活 动
人际角色		
① 挂名首脑	象征性的首脑,必须履行许多法律性的或社会性的例行义务	迎接来访者,签署法律文件
② 领导者	负责激励和动员下属,负责人员配备、培训交往的职责	实际上从事所有的下级参与的活动
③ 联络者	维护自行发展起来的外部接触和联系网络,向人们提供恩惠和信息	发感谢信,从事外部委员会工作,从事其他有外部人员参加的活动
信息角色		
④ 监听者	寻求和获取各种特定的信息(其中许多是即时的),以便透彻地了解组织与环境;作为组织内部和外部信息的神经中枢	阅读期刊和报告,保持私人接触

续表

角　　色	描　　述	特　征　活　动
信息角色		
⑤ 传播者	将从外部人员和下级那里获得的信息传递给组织的其他成员——有些是关于事实的信息，有些是解释和综合组织的有影响的人物的各种价值观点	举行信息交流会，用打电话的方式传达信息
⑥ 发言人	向外界发布有关组织的计划、政策、行动、结果等信息；作为组织所在产业方面的专家	举行董事会议，向媒体发布信息
决策角色		
⑦ 企业家	寻求组织和环境中的机会，制定"改进方案"以发起变革，监督某些方案的策划	制定战略，检查会议执行情况，开发新项目
⑧ 混乱驾驭者	当组织面临重大的、意外的动乱时，负责采取补救行动	制定战略，检查陷入混乱和危机的时期
⑨ 资源分配者	负责分配组织的各种资源——事实上是批准所有重要的组织决策	调度、询问、授权，从事涉及预算的各种活动和安排下级的工作
⑩ 谈判者	在主要的谈判中作为组织的代表	参与工会进行合同谈判

资料来源：斯蒂芬·P.罗宾斯.管理学[M].孙健敏，等，译.北京：中国人民大学出版社，1997.

（1）人际角色。人际角色直接产生自管理者的正式权力基础，管理者在处理与组织成员和其他利益相关者的关系时，他们就在扮演人际角色。人际角色又包括挂名首脑、领导者和联络者三种角色。

① 挂名首脑。作为所在单位的头头，管理者必须行使一些具有礼仪性质的职责。如管理者有时出现在社区的集会上，参加社会活动，或宴请重要客户等，在这样做的时候，管理者行使着代表人的角色。

② 领导者。由于管理者对所在单位的成败负重要责任，他们必须在工作小组内扮演领导者角色。对这种角色而言，管理者和员工一起工作并通过员工的努力来确保组织目标的实现。

③ 联络者。管理者无论是在与组织内的个人和工作小组一起工作时，还是在与外部利益相关者建立良好关系时，都起着联络者的作用。管理者必须对重要的组织问题有敏锐的洞察力，从而能够在组织内外建立关系和网络。

（2）信息角色。在信息角色中，管理者负责确保和其一起工作的人员具有足够的信息，从而能够顺利完成工作。由管理责任的性质决定，管理者既是所在单位的信息传递中心，也是组织内其他工作小组的信息传递渠道。整个组织的人依赖于管理结构和管理者以获取或传递必要的信息，以便完成工作。管理者必须扮演的信息角色，具体又包括监听者、传播者、发言人三种角色。

④ 监听者。管理者持续关注组织内外环境的变化以获取对组织有用的信息。管理者通过接触下属来收集信息，并且从个人关系网中获取对方主动提供的信息。根据这种

信息,管理者可以识别组织的潜在机会和威胁。

⑤ 传播者。管理者把他们作为信息监督者所获取的大量信息分配出去。

⑥ 发言人。管理者必须把信息传递给单位或组织以外的个人。

（3）决策角色。在决策角色中,管理者处理信息并得出结论。如果信息不用于组织的决策,这种信息就失去其应有的价值。决策角色具体又包括企业家、混乱驾驭者、资源分配者、谈判者四种角色。

⑦ 企业家。管理者密切关注组织内外环境的变化和事态的发展,以便发现机会,并对所发现的机会进行投资以利用这种机会。

⑧ 混乱驾驭者。管理者必须善于处理冲突或解决问题,如平息客户的怒气,同不合作的供应商进行谈判,或者对员工之间的争端进行调解等。

⑨ 资源分配者。管理者决定组织资源用于哪些项目。

⑩ 谈判者。管理者把大量时间花费在谈判上,管理者的谈判对象包括员工、供应商、客户和其他工作小组。

管理实例 1-9

留个缺口给别人

某著名企业家在做报告,有听众问:"你在事业上取得了巨大的成功,请问,对你来说最重要的是什么?"

企业家没有直接回答,他拿起粉笔在黑板上画了一个圈,只是并没有画圆满,留下一个缺口。他反问道:"这是什么?""零""圈""未完成的事业""成功",台下的听众七嘴八舌地答道。

他对这些回答未置可否:"其实,这只是一个未画完整的句号。你们问我为什么会取得辉煌的业绩,道理很简单:我不会把事情做得很圆满,就像画个句号,一定要留个缺口,让我的下属去填满它。"

3. 管理者角色差异

后续的大量研究结论一般都支持明茨伯格的管理者角色理论,即不论何种类型的组织和在组织的哪个层次上,管理者都扮演着相似的角色。但是,管理者角色的侧重点是随组织的等级层次变化而变化的,特别是挂名首脑、联络者、传播者、发言人和谈判者角色,对于高层管理者要比低层管理者更重要;相反,领导者角色对于低层管理者要比中、高层管理者更重要。

不仅如此,管理者角色的重要性在大企业和小企业中(罗宾斯把任何独立所有和经营的、追求利润的、雇员人数在 500 人以下的企业称为小企业)存在着显著不同(见图 1-1)。

由图 1-1 可知,小企业管理者最重要的角色是发言人。小企业管理者要花大量的时间处理外部事务,如接待消费者,会晤银行家安排融资,寻求新的生意机会,以及促进变革。而大企业的管理者主要关心的是企业的内部事务(如怎样在组织内分配现有的资源等)。此外,与大企业的管理者相比,小企业管理者更可能是一个多面手,他的工作综合了大公司总裁的活动和第一线监工的日复一日的活动。

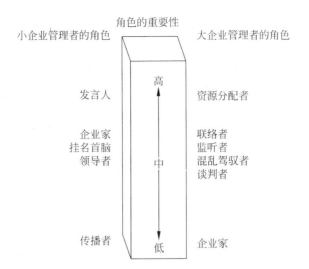

图 1-1　小企业和大企业中管理者角色的重要性

资料来源：斯蒂芬·P.罗宾斯.管理学［M］.孙健敏,等,译.北京：中国人民大学出版社,1997.

管理实例 1-10

关键时刻再给下属帮忙

任何人都有遇到困难或犯错误的时候,当下属遇到困难或犯了错误时,做上司的要帮助下属渡过难关,而不要落井下石,要伸出援助之手拉下属一把。

李先生因为工作业绩突出,被总公司派到下属一家汽车公司任总经理。当时这家公司派系斗争很严重,几个较大的派系间明争暗斗,公司业绩直线下滑。李经理刚刚到任,就被下属们"划归"了某一派系。而对立派经常在工作上给李经理设置障碍,以此削弱李经理威信。

对立派中的首要人物是生产部的马主管,这人工作十分卖力,属于吃苦耐劳、对公司忠心耿耿的那类人。但他有一个缺点,就是喜欢拉帮结派,对自己不喜欢的人就下狠心整,有种置人于死地而后快的邪恶心态。所以公司上下的人都很怕他,平时人人都不敢得罪他。

有一次,马主管犯了一个大错误。当时,公司的几位副经理都倾向将其开除,马主管也认识到了问题的严重性,也做了被开除的准备。

开会时,大家像是事先有了约定似的,一致认为马主管不可留,留下来是公司的损失。他们列举了许多不可饶恕的"罪状",见大家都这么说,马主管也不好做过多的辩护。大家的目光都集中在李经理身上,只听李经理说："我认为看一个人,不能老盯着人家的缺点,要多看看人家的优点。人,总是会有过错的,在座的这么多人,谁能告诉我,你没有犯过错误？我们要公正地对待每一个人,只要功大于过,就是一个好人才。我承认马主管身上有许多缺点,但是大家也应该看到,他身上蕴藏着许多优点。对于他的优点,大家为何视而不见？马主管的工作可以说是很出色,他干工作的那股劲头,恐怕是在座的各位所不具备的。他这种对待工作认真负责的精神,在一个团队中,能起到很好的示范作用。仅此一点,我们就没有必要开除他,这样的职员是不好找的。他并不是主观上犯错误的,而是无意犯下的。有人说,他的这种过错非同小可,给公司带来了不小的损失。是的,他这次是给公司造成了一定损失。但我相信,给他一次机会,他会在以后的工作中加倍努力,把这次的损失补回来。"

李经理的话音一落,整个会场鸦雀无声,马主管做梦也没有想到李经理会替他说好话,竟感动得热泪盈眶。由于李经理的坚持,马主管被公司留了下来。

李经理在关键时刻拉了马主管一把,不仅获得了良好的声誉,还赢得了马主管的忠心。在以后的工作中,马主管积极配合李经理,成了李经理的得力干将。

三、管理者分类与管理技能

在一个规模较大的组织中,管理者之间将进行明确而细致的分工,因此形成了各种不同的管理者。以一定的标准对众多管理者进行划分,就是对管理者的分类。

(一)管理者的分类

根据管理者在组织中所处的层次不同,可以将管理者分为基层管理者、中层管理者和高层管理者。

1. 基层管理者

基层管理者也叫一线管理者,是组织中处于最低层次的管理者,他们所管辖的仅仅是作业人员而不涉及其他管理者。其主要职责是直接指挥和监督现场作业人员,保证完成上级下达的各项计划和指令。他们主要关心的是具体任务的完成。如在制造工厂中,基层管理者可能被称为领班。

2. 中层管理者

中层管理者是指处于高层管理人员和基层管理人员之间的一个或若干个中间层次的管理人员,起承上启下作用。其主要职责是正确领会高层的指示精神,创造性地结合本部门的工作实际,有效指挥各基层管理者开展工作,注重的是日常管理事务。中层管理者可能享有部门或办事处主任、项目经理、单位主管、地区经理、系主任或部门经理的头衔。

管理实例 1-11

培养他人的能力

优秀的中层管理者更多地关注员工潜能开发,鼓励和帮助下属取得成功,安排各种经历以提高下属的能力,帮助下属成长。

松下公司的领导者认为,如果指示太过详尽,就可能使下属养成不动脑筋的依赖心理。一个命令一个动作地机械工作,不但谈不上提升效率,更谈不上培养人才。在训练人才方面,最重要的是引导被训练者反复思考,亲自制订计划、策略并付诸实行。只有独立自主,才能独当一面。

对中层管理者而言,最重要的工作就是启发下属的自主能力,使每一个人都能独立作业,而不是成为唯命是从的傀儡。

3. 高层管理者

高层管理者是指对整个组织的管理负有全面责任,并引导组织与环境相互作用的人。

对组织负全责,注重良好环境的创造和重大决策的正确性。其主要职责是制定组织的总目标、总战略,掌握组织的大政方针并评价整个组织绩效。高层管理人员在与组织外界交往中,往往代表组织,并以"官方"的身份出现。他们通常有诸如总裁、副总裁、总监、总经理、首席执行官或者董事会主席、校长等头衔。

(二)管理者的技能要求

管理技能是指管理者行使有效管理职能所需要的知识、技能、能力和态度。管理者技能的特点主要表现以下几个方面。

(1)管理技能主要体现在管理者的行为方面。管理者进行一些确定的活动可以产生出某种结果。有效的技能是可以被观察到的。

(2)管理技能是可控的。这些技能表现处在管理者的控制之下,可以被管理者自身有意识地表现、实践和改善。

(3)管理技能是可发展的。通过实践和反馈,管理者可以改善他们的技能表现。

(4)管理技能是相互联系、相互重合的。技能不是简单的、重复的行为,它存在于一个复杂的系统当中。有效的管理者必须依靠多种技能有机结合达到特定的结果。

通常而言,一名管理者需要三种基本的技能或者素质,即技术技能、人际技能和概念技能。

1. 技术技能

技术技能是指熟悉和精通某种特定专业领域的知识,诸如工程、计算机科学、财务、会计或者制造等。对于基层管理者来说这些技能是重要的,因为他们直接处理雇员所从事的工作。对于管理者来说,虽然没有必要使自己成为精通某一领域技能的专家,但要掌握一定的技术技能,否则就很难与他所主管的组织内的专业技术人员进行有效的沟通,从而也就无法对他所管辖的业务范围内的各项工作进行具体的指导。技术技能可以通过教育、培训和学习等途径来获得和掌握,专业知识掌握得越多,技术技能的水平一般也越高。

2. 人际技能

人际技能是指管理者处理人与人之间关系的技能。具有良好人际技能,对于各个层次的管理者都是必备的。

对于不同层次和领域,管理者可能分别需要处理与上层管理者、同级管理者以及下属的人际关系,要学会说服上级领导,学会同其他部门的同事紧密合作,同时掌握激励和诱导下属的积极性和创造性的能力,以及正确指导和指挥组织成员开展工作的能力。

公正、民主、平等、信任地处理与下级的关系,对搞好管理工作具有重要的意义。下级是管理者行使权力的主要对象,要讲究对下级的平衡艺术、引力艺术和弹性控制艺术。

(1)平衡艺术。在公正、平等的基础上建立与下级的平衡、和谐关系,实现心理的可接受性和利益的相容性,达到行为的一致性。

(2)引力艺术。努力缩小自己与下属的距离,使之舒畅地与自己一道工作。也就是说,管理者应该是一个引力场,具有"场效应",上下级之间在目标、情感、心理、态度、利益等方面具有一致性,这样的管理者才有能力和水平。

(3)弹性控制艺术。管理者通过有一定弹性空间或范围的标准控制、检查组织成员的行为,既要使下属感到有相应的自由,又能使之遵守必要的约束。这是管理者的重要能力与艺术。

3. 概念技能

概念技能是管理者对复杂情况进行抽象和概念化的技能。运用这种技能,管理者必须能够将组织看作一个整体,理解各部分之间的关系,想象组织如何适应它所处的广泛的环境。尤其对于高层管理者来说,这种技能是非常重要的。

任何管理者都会面临一些混乱而复杂的环境,管理者应能看到组织的全貌和整体,并认清各种因素之间的相互联系,如组织与外部环境是怎样互动的,组织内部各部分是怎样相互作用的,经过分析、判断、抽象、概括、抓住问题实质,并做出正确的决策。

概念技能体现的是管理者的抽象思维能力,主要是对组织的战略性问题进行分析、判断和决策的能力。概念技能与一个人的知识、经验和胆略有关,它所需要的知识基础相当广泛,而不仅仅限于专业知识。

(三) 三种技能的关系

罗伯特·李·卡兹提出了上述的管理技能,他认为这些技能的相对重要性主要取决于管理者在组织中所处的层次。

首先,三种技能是各个层次管理者都需要具备的。

其次,不同层次的管理者对这三种技能的要求程度会有区别。技术技能对于基层管理者最为重要;人际技能对高、中、基层管理者同等重要,因为不管是哪一层次的管理者,都必须在与上下左右进行有效沟通的基础上,相互合作共同完成组织目标;越是处于高层的管理人员,他们需要更多地掌握概念技能,显然在组织中所处的层次越高,对全局、关键领域及组织所处的发展时期的理解就越重要,管理人员也就必须对组织的全景有更清楚地把握。

管理实例 1-12

部门主管的良好工作习惯

一个优秀的主管,必须养成良好的工作习惯。习惯的力量可以推导出成功的方程,也可以描画出失败的函数。

1. 时常清理文案

每天上班后,除了打扫卫生外,第一件事情就是打开抽屉或文件柜,看一看有没有当天要处理的公文。每天下班前,看一看办公桌上还有没有没处理完的公文。每周清理一次办公桌、公文柜,不仅可以使物品摆放有序,也可以检查出积压在办公桌、抽屉内的文件,避免发生公文积压现象。

2. 经常提醒自己

一是文字提醒。过几天或过一段时间要办的事情可以写在本子上,也可以写在纸上压在玻璃板下,还可以记在台历上,到时间一看就不会忘记。二是实物提醒。把一个与要办的事情相关联的物体摆在最显眼、最容易看见的地方,以便一看见就会马上提醒自己。三是关联提醒。有时在办一件事情时突然想起另一件要办的事情,这时要么赶紧把它记下来,要么就马上去办。四是委托提醒。将某件要办事的时间、地点告诉给同事,请别人到时提醒你。

3. 随时记录备忘

人的精力是有限的,单凭脑子是不行的,必须借助工具,最便捷和方便的就是随身携带一个小本子,把事情记录下来,一事一记,需要办的事办完后就马上划掉。

4. 工作程序严谨

按程序办事,一般是不会把其中某个环节落下的,即使落下也会马上发现,及时纠正。而这个程序,有的是统一模式,有的是主管自己编制的。在程序中,可分为"硬件"和"软件"。所谓"硬件",就是负责经手的东西、物品等,应该有次序地存放,需要时一取即出,不至于因为忘了存放地方而到处找不着。所谓"软件",就是负责办理的事情、呈送和传阅的文件等。设计一个程序后,按路线进行,这样就不会落下某一项事。

四、管理职能和层次

(一)管理任务

管理的任务就是设计和维持一种体系,使在这一体系中共同工作的人们能够用尽可能少的支出(包括人力、物力、财力等),去实现他们既定的目标。

(二)管理职能

管理的职能就是管理者在管理过程中肩负的基本职责、发挥的作用、功能以及要完成的任务。管理有多少职能? 不同学派的看法差别很大,存在多种划分(见表1-2)。

表 1-2　国外管理职能划分的主要观点

年份	人物	计划	组织	领导	协调	控制	激励	人事	调集资源	通信联系	决策	创新	领导们的努力
1916	法约尔	○	○	○	○	○							
1934	戴维斯	○	○			○							
1937	古利克	○	○	○	○	○		○		○			
1947	布朗	○	○						○				
1948	厄威克	○	○			○							
1951	科曼	○	○	○	○	○			○				
1953	特里	○	○	○	○	○							○
1955	孔茨	○	○	○				○					
1956	特里	○	○		○		○						
1958	麦克利兰	○	○	○		○							
1964	梅西	○	○			○		○					
1964	孔茨	○	○	○		○		○					
1966	希克斯	○	○			○	○				○	○	
1972	特里	○	○	○	○	○							
1979	梅西	○	○			○					○	○	
1984	罗宾斯	○	○	○		○							

早期的管理理论一般认为,管理有计划、执行、控制三大基本职能。

法国学者法约尔认为,管理有五大职能。

(1)计划。就是探索未来,制订行动计划。

(2)组织。就是建立企业的物质和社会的双重结构。

(3)指挥。就是使人员发挥作用。

(4)协调。就是连接、联合、调和所有活动及力量。

(5)控制。就是注意一切是否都已经按规定的规章和下达的命令进行。

美国的古利克提出管理的七项职能为:计划、组织、人事、指挥、协调、报告和预算。

美国管理学家哈罗德·孔茨则认为管理有五项职能:计划、组织、人员配备、指导与领导、控制。

斯蒂劳·P.罗宾斯将管理职能定位于:计划、组织、领导和控制(见图 1-2)。

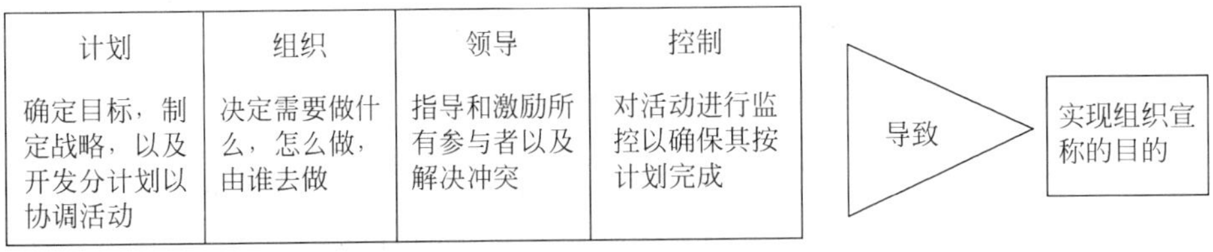

计划	组织	领导	控制
确定目标,制定战略,以及开发分计划以协调活动	决定需要做什么,怎么做,由谁去做	指导和激励所有参与者以及解决冲突	对活动进行监控以确保其按计划完成

导致 → 实现组织宣称的目的

图 1-2 管理的职能

资料来源:斯蒂芬·P.罗宾斯.管理学[M].孙健敏,等,译.北京:中国人民大学出版社,1997.

我国的管理学者对管理的职能划分也存在分歧。

中国人民大学的杨文士教授等认为,孔茨等人对管理职能的划分比较合理,可以接受。

南京大学的周三多教授等则认为,管理的职能应当是决策、组织、领导、控制和创新五种。

关于管理职能的划分存在如此之大的分歧可以理解,因为从不同的角度来分解管理职能,必然会看到不同的结果。

我们认为,管理职能划分可谓是"仁者见仁,智者见智"。在众说纷纭的情况下,本书沿袭管理过程学派的观点,认为组织中各级管理者都要承担的基本职能有四类,分别是计划、组织、领导和控制。

1. 计划职能

计划(planning)职能是指管理者对将要实现的目标和应采取的行动方案做出选择及具体安排的活动过程,简言之,就是预测未来并制订行动方案。其主要内容涉及:分析内外环境、确定组织目标、制定组织发展战略、提出实现既定目标和战略的策略与作业计划、规定组织的决策程序等。任何组织的管理活动都是从计划出发的,因此,计划职能是管理的首要职能。

2. 组织职能

组织(organizing)职能是指管理者根据既定目标,对组织中的各种要素及人们之间的相互关系进行合理安排的过程,简言之,就是建立组织的物质结构和社会结构。其主要内容包括：设计组织结构、建立管理体制、分配权力、明确责任、配置资源、构建有效的信息沟通网络等。

3. 领导职能

领导(leading)职能是指管理者为了实现组织目标而对被管理者施加影响的过程。管理者在执行领导职能时，一方面要调动组织成员的潜能，使之在实现组织目标过程中发挥应有作用；另一方面要促进组织成员之间的团结协作，使组织中的所有活动和努力统一和谐。其具体途径包括：激励下属、对他们的活动进行指导、选择最有效的沟通渠道解决组织成员之间以及组织与其他组织之间的冲突等。

4. 控制职能

在执行计划的过程中，由于环境的变化及其影响，可能导致人们的活动或行为与组织的要求或期望不一致，出现偏差。为了保证组织工作能够按照既定的计划进行，管理者必须对组织绩效进行监控，并将实际工作绩效与预先设定的标准进行比较。如果出现了超出一定限度的偏差，则需及时采取纠正措施，以保证组织工作在正确的轨道上运行，确保组织目标的实现。管理者运用事先确定的标准，衡量实际工作绩效，寻找偏差及其产生的原因，并采取措施予以纠正的过程，就是执行管理的控制(controlling)职能的过程。简言之，控制就是保证组织的一切活动符合预先制订的计划。

（三）管理者的时间分布

组织的管理层次通常划分为上层、中层和基层三个基本层次，相应地，处于各层次中的管理人员被分别称为高层管理者、中层管理者和基层管理者。

如前所述，管理者在组织中所处的层次不同，管理者角色的重要性不同，管理者要求的技能也不相同。不仅如此，不同层次的管理者在执行管理职能时应各有侧重，他们在各种管理职能上花费的时间也不一样(见图1-3)。

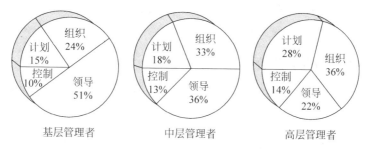

图1-3　处于组织不同层次的管理者每种职能的时间分布
资料来源：斯蒂芬·P.罗宾斯.管理学[M].孙健敏，等，译.北京：中国人民大学出版社，1997.

所有的管理者，无论他处于哪个层次上，都要制定决策，履行计划、组织、领导和控制职能。但是高层次管理者花在计划、组织和控制职能上的时间要比基层管理者多，而基层管理者花在领导职能上的时间要比高层管理者多。即便是就同一管理职能来说，不同层次管理者所从事的具体管理工作的内涵也并不完全相同。例如，就计划工作而言，高层管理者关心的是组织整体的长期战略规划，中层管理者偏重是中期、内部的管理性计划，基层管理者则更侧重于短期的业务和作业计划。

管理实例 1-13

管理者如何排除时间干扰

1. 上级的干扰

上级布置的工作,包括临时性的任务,下级必须完成。为了不使上级经常干扰自己的工作,可以采取如下措施:一是定期向上级汇报请示工作,使自己的工作与上级的意图或工作计划一致起来,这样上级就不会经常提出一些干扰你的时间的事情了;二是尽量使自己的预定工作日程安排与上级机关的日程表同步,二者互相协调起来,就会减少对你的时间干扰。

2. 下级的干扰

下级或部属的请示,作为上级领导必须给以解决。为了排除时间上的干扰,可以采取以下方法:一是规定一定的时间,作为检查下属工作、解决下级主要问题的时间,这样,就可以避免干扰;二是向下级授权,制定各类干部的岗位责任制,上级管理者只管方针政策,管宏观控制与协调,最后检查与监督,至于每件事如何做,由谁去做,都应由下属自己去解决。这样下属才不会大事小事都来请示,也就减少干扰你的时间了。

3. 来访者的干扰

可以采取以下办法:一是设一道秘书或办公室防线,凡来访者先由秘书或办公室工作人员接待,只有他们认为必须找领导时才可直接接谈,凡他们能处理或解决的事均授权他们处理,这样可以减少接谈的人数。二是必须见面接谈的要先预约好见面的接谈时间,这就在某种程度上控制了来访者的时间干扰。三是接谈时要说明接谈的时间,或事先告诉秘书,到规定的时间进来通知说,外面还有什么事情要你去处理,这样双方都有时间感,不会东扯西拉。四是接谈要开门见山,紧扣主题,不要让来访者把话题扯到一边去。五是已经谈完了,来访者因为没有达到目的或不完全满意,而仍磨磨蹭蹭不肯走,管理者可以采取如下方法:明确告诉来访者,谈话已经结束,自己还有工作要处理;或者站起来把来访者引向门口;或者看手表或挂钟,示意时间已到;或者取出文件来批阅,等等。

(四)成功管理者和有效管理者的时间分布

美国学者弗雷德·卢森斯(Fred Luthans)和他的副手从不同的角度考察了管理者的时间分布。

他们一共研究了 450 多位管理者,在研究中发现,这些管理者都在从事以下 4 种活动。

(1)传统管理:决策、计划和控制。

(2)沟通:交流例行信息和处理文书工作。

(3)人力资源管理:激励、惩戒、调解冲突、人员配备和培训。

(4)网络关系:社交活动、政治活动和与外界交往。

卢桑斯研究发现,成功的管理者与有效的管理者以及平均的管理者在以上四项活动上所花时间值不相同。由此可见,有效的管理者并不一定是成功的管理者,这对传统上认为晋升是以管理者的绩效为标准的假设提出了挑战。

研究表明,平均意义上,管理者花费 32% 的时间从事传统管理活动;29% 的时间从事沟通活动；20％的时间从事人力资源管理活动；19％的时间从事网络关系活动。但是，不同的管理者花在这四项活动上的时间和精力明显不同(见表1-3)。

表1-3　平均的、成功的和有效的管理者每种活动的时间分布　　　单位：％

活　　　动	平均的管理者	成功的管理者	有效的管理者
传统管理	32	13	19
沟通	29	28	44
网络关系	19	48	11
人力资源管理	20	11	26

　　成功的管理者(用在组织中晋升的速度作为标志)在对各种活动的强调重点上，与有效的管理者(用工作成绩的数量和质量以及下级对其满意和承诺的程度作为标志)显著不同之处在于：维护网络关系对管理者的成功相对贡献最大；从事人力资源管理活动的相对贡献最小。而在有效的管理者中，沟通的相对贡献最大；维护网络关系的贡献最小。

　　此项研究有普遍意义。从平均意义上来看，管理者在传统管理、沟通、人力资源管理和网络关系这四项活动中的每一项，大约花费20％～30％的时间。但成功的管理者与有效的管理强调的重点不一样，事实上，他们几乎是相反的。这对晋升是基于绩效的传统假设提出了挑战，它生动地说明，社交和施展政治技巧对于在组织中获得更快的提升起着重要的作用。

管理实例1-14

船主为什么会变好

　　在17—18世纪，英国的许多犯人被送到澳大利亚流放服刑，私营船主接受政府的委托承担运送犯人的任务。刚开始，英国政府按上船时犯人的人头给船主付费。船主为了牟取暴利，克扣犯人的食物，甚至把犯人活活扔下海，运输途中犯人的死亡率最高时达到94％。后来英国政府改变了付款的制度规则，按活着到达澳大利亚下船的犯人人头付费。结果是：船主们想尽办法让更多的犯人活着到达目的地，犯人的死亡率最低降到1％。船主还是那些船主，为什么他们一开始偷奸耍滑，后来又循规蹈矩，饿了给饭吃，渴了给水喝，甚至大多数船主聘请了随船医生呢？并非他们的本性有什么变化，而是制度规则的改变导致他们的行为发生了变化。

第三节　管理学含义、特点与作用

一、管理学的含义

　　管理学是系统研究管理活动的基本规律和一般方法的科学。管理活动的基本规律，包括一般原理、理论、方法和技术，构成了一般管理学。管理学作为一门具有独立的理论地位的科学，已经为绝大多数人所接受。管理学是适应现代社会化大生产的需要产生的，它的目的是研究在现有的条件下，如何通过合理的组织和配置人、财、物等因素，提高生产力的水平。管理学是一门综合性的交叉学科。

近几十年来，随着社会的不断进步，科学技术的迅猛发展，以及管理活动内容和方法的日益丰富，管理在人们的社会生活和生产实践中的作用越来越受到广泛关注和重视。这既为全面、系统、深入地研究管理活动过程的客观规律提供了条件，而且更加体现了管理理论对管理实践的指导意义。

不仅如此，管理学发展到今天，已经发展成为一个较庞大的体系，几乎每一个专门领域都已经形成了自己的专业管理学，如企业管理学、行政管理学、军队管理学、公共管理学、文化管理学等。管理学不仅是各个专门的管理学的基础，而且还从其他的专门管理学中吸取带有共性的东西。

二、管理学的特点

与其他学科相比较，管理学具有以下特点。

（一）一般性

管理学是从一般原理、一般情况的角度对管理活动和管理规律进行研究，不涉及管理分支学科的业务与方法的研究；管理学是研究所有管理活动中的共性原理的基础理论科学，无论是"宏观原理"还是"微观原理"，都需要管理学的原理作为基础来加以学习和研究，管理学是各门具体的或专门的管理学科的共同基础。

（二）多科性或综合性

管理学是一门最为典型的"软科学"。从管理内容上看，管理学涉及的领域十分广阔，它需要从不同类型的管理实践中抽象概括出具有普遍意义的管理思想、管理原理和管理方法；从影响管理活动的各种因素上看，除了生产力、生产关系、上层建筑这些基本因素外，还有自然因素、社会因素等；从管理学科与其他学科的相关性上看，它与经济学、社会学、心理学、数学、计算机科学等都有密切关系，是一门非常综合的学科。

（三）实践性

管理学的实践性是由管理学的本质决定的。因为管理学从本质上讲是一门归纳的科学，是通过对众多的管理实践活动进行深入的分析、总结，并在此基础上形成理论的科学。管理学所提供的理论与方法都是实践经验的总结与提炼，同时管理的理论与方法又必须为实践服务，才能显示出管理理论与方法的强大生命力。

强调管理学的实践性并不是要排斥、否定在管理学的研究中运用逻辑推理、演绎的方法，相反，这些方法在管理学的研究中是不可缺少的。没有大量实践经验的归纳、总结，纯粹靠演绎发展的理论必然是无力的、苍白的，缺少价值的。

（四）社会性

管理学研究的是管理活动中的各种关系及其一般规律。构成管理过程主要因素的管理主体与管理客体，都是社会最有生命力的人，管理学所研究的主要是对人的管理。这就决定了管理学必然带有很强的社会性特征。管理学的社会性还与管理的二重性有关，管理是一种生产力，同时也反映一定的生产关系，其反映的生产关系必然在管理学的理论观点中会有所体现。因此，没有超阶级的管理学，这也体现了管理的社会性。管理学的社会性决定了我们在学习、借鉴他国管理学理论时，尤其要注意这一点。

（五）历史性

管理学是对前人的管理实践、管理思想和管理理论的总结、扬弃和发展，割断历史，不了解前人对管理经验的理论总结和管理历史，就难以很好地理解、把握和运用管理学。

三、学习管理学的重要性

斯蒂芬·罗宾斯认为我们之所以学习管理的首要原因，是由于改进组织的管理方式关系到我们每个人的切身利益。为什么这样说呢？因为我们一生中每天都在和它们打交道。假如你在机动车办公室花 3 个小时办你的新驾驶执照，你不感到沮丧吗？假如你在百货商店里，售货员全都不搭理你，你不感到困惑吗？当你几次打电话给航空公司询问去某地的机票价格，而办事人员每次答复你的要价都不一样时，你不生气吗？这些都是低劣的管理导致的问题。学习管理的第二个原因是，当你从学校毕业开始你的事业生涯时，你所面对的现实是，不是管理别人就是被别人管理。

（一）管理的重要性决定了学习、研究管理学的必要性

管理是有效地组织共同劳动所必需的。随着生产力和科学技术的发展，人们逐渐认识到管理的重要性。从历史上看，管理学经过了两次转折，才逐步形成并发展起来。第一次转折是泰罗的科学管理理论的出现，意在加强生产现场管理，使人们开始认识到管理在生产活动中所发挥的作用。第二次转折是第二次世界大战后，人们看到，不依照管理规律办事，就无法使企业兴旺发达，因此要重视管理人员的培养，这促进了管理学的发展。

管理也日益表现出它在社会中的地位与作用。管理是促进现代社会文明发展的三大支柱之一，它与科学和技术三足鼎立。管理是促成社会经济发展的最基本的、关键的因素。先进的科学技术与先进的管理是推动现代社会发展的"两个轮子"，二者缺一不可。管理在现代社会中占有重要地位。经济的发展，固然需要丰富的资源与先进的技术，但更重要的还是组织经济的能力，即管理能力。从这个意义上说，管理本身就是一种经济资源，作为"第三生产力"在社会中发挥作用。先进的技术要有先进的管理与之相适应，否则，落后的管理就不能使先进的技术得到充分发挥。管理在现代社会的发展中起着极为

重要的作用。

（二）学习、研究管理学是培养管理人员的重要手段

判定管理是否有效的标准是管理者的管理成果。通过实践可验证管理是否有效，因此，实践是培养管理者的重要一环。而学习、研究管理学也是培养管理者的一个重要环节。只有掌握扎实的管理理论与方法，才能很好地指导实践，并可缩短或加速管理者的成长过程。目前，我国的管理人才，尤其是合格的管理人才是缺乏的。因此，学习、研究管理学，培养高质量的管理者成为当务之急。

（三）学习、研究管理学是未来的需要

随着社会的发展，专业化分工会更加精细，社会化大生产会日益复杂，而日新月异的社会将需要更加科学的管理。因此，管理在未来的社会中将处于更加重要的地位。

管理实例 1-15

降落伞何以 100% 合格

这是发生在第二次世界大战中期，美国空军和降落伞制造商之间的真实故事。

当时，降落伞的安全性能不够。在厂商的努力下，合格率已经提升到 99.9%，但军方要求产品的合格率必须达到 100%。对此，厂商不以为然，它们认为能够达到这个程度已接近完美，没有必要再改进。它们一再强调：任何产品都不可能达到绝对的 100% 合格，除非奇迹出现。不妨想想，99.9% 的合格率意味着每 1000 个伞兵中，会有 1 个人因为产品质量问题在跳伞中送命，这显然会影响伞兵们战前的士气。后来军方改变检查产品质量的方法，决定从厂商前一周交货的降落伞中随机挑出 1 个，让厂商负责人装备上身后，亲自从飞机上跳下。这个方法实施后，奇迹出现了：降落伞不合格率立刻变成了 0。一开始厂商们还老是强调难处，为什么后来制度一改厂商们再也不讨价还价，"乖乖地"绞尽脑汁做好产品呢？主要原因在于前一种制度还没有最大限度地涉及厂商们的自身利益，以致厂商们对于千分之一的不合格率感受不深，甚至认为这是正常的，对伞兵们每 1000 人必死 1 个的现象表现漠然，毫无人道主义。后来制度一改，让老板们自己先当一回"伞兵"，先体验一下这成为"千分之一"的感受，结果产品品质史上的奇迹产生了。相信这一定是老板们"夜不能寐""废寝忘食"的结果。

管理实例 1-16

习 惯 人 生

父子俩住山上，每天都要赶牛车下山卖柴。老父较有经验，坐镇驾车，山路崎岖，弯道特多，儿子眼神较好，总是在要转弯时提醒道："爹，转弯啦！"有一次父亲因病没有下山，儿子一人驾车。到了弯道，牛怎么也不肯转弯，儿子用尽各种方法，下车又推又拉，用青草诱之，牛一动不动。到底是怎么回事？儿子百思不得其解。最后只有一个办法了，他左右看看无人，贴近牛的耳朵大声叫道："爹，转弯啦！"牛应声而动。

第四节 管理学的内容和研究方法

一、管理学的研究内容

管理的普遍性决定了管理学研究内容的广泛性。

从管理的对象来分，有人、财、物、时间和信息五要素；从管理的职能来分，有计划、组织、领导和控制职能。

具体来讲，管理学研究涉及以下几个方面的内容。

（一）对管理理论的研究

管理思想是管理实践的产物，而管理实践是与人类历史的发展同步进行的。对管理理论的研究就需要追寻人类的管理实践，扫描不同时期的管理环境，研究管理思想的演变和发展的历史趋势，从中把握住管理的发展规律。

（二）对管理的过程和职能的研究

管理是一个过程，管理者就是在这个过程中重复地履行各种职能的。对管理过程和职能的研究，主要是研究管理的计划与决策、实施和执行、组织和人事、领导和指挥、控制和监督、评价和调整等，以便从中找到管理的循环规律，明确管理循环是往复不断、呈螺旋式上升的。

（三）对管理的生产力属性的研究

主要研究生产力的合理组织问题。这就要求管理者研究如何合理地、经济地、高效地使用和协调组织内的人、财、物资源，来达到管理目的，即怎样计划、组织、控制这些资源的使用问题。

（四）对管理的生产关系属性的研究

在生产关系方面，管理学主要研究如何正确处理管理系统内部人与人的关系，如领导和群众的关系、管理者与被管理者的关系、群众之间的关系；如何建立和完善组织机构和分工协作关系；如何调动各方面的积极因素，达到最大的工作效益。

（五）对与上层建筑有关的管理问题的研究

上层建筑是建立在经济基础之上的政治、法律、道德、哲学、艺术、宗教等观点，以及与这些观点相适应的政治、法律制度。管理离不开政策、法令和规章制度。因此，在上层建筑方面，管理学主要研究的是组织的管理体制、规章制度的建立和完善问题；研究组织的内部环境与不断变化的外部环境相适应的关系问题；研究组织文化的塑造和落实的问题；研究组织的社会责任和伦理道德问题等，以维持正常的生产关系，适应和促进生产力的发展。

二、学习和研究管理学的方法

（一）唯物辩证法

马克思主义的辩证唯物主义和历史唯物主义是研究和学习管理学的总的方法论的指导。根据唯物辩证法，管理学产生于管理的实践活动，是管理实践经验的科学总结和理论概括。为此，研究和学习管理学，必须坚持实事求是的态度，深入管理实践，进行调查研究，总结实践经验并用判断和推理的方法，使管理实践上升为理论。在学习和研究中还要认识到一切现象都是互相联系和相互制约的，一切事物也都是不断发展变化的。因此，还必须运用全面的、历史的观点，去观察和分析问题，重视管理学的历史，考察它的过去、现状和发展趋势，不能固定不变地看待组织及组织的管理活动。

（二）系统方法

总体的、系统的研究和学习方法，就是用系统的观点来分析、研究和学习管理的原理和管理活动。所谓系统，就是指由相互作用和相互依赖的若干组成部分结合成的、具有特定功能的有机整体。系统本身又是它所从属的一个更大的系统的组成部分。根据这个定义，管理过程是一个系统，管理的概念、理论和技术方法也是一个系统。

（三）理论联系实际的方法

理论联系实际的方法，具体可以是案例的调查和分析、边学习边实践，以及带着问题学习等多种形式。通过这种方法，有助于提高学习者运用管理的基本理论和方法去发现问题、分析问题和解决问题的能力。同时，由于管理学是一门生命力很强的建设中的学科，因而还应当以探讨研究的态度来学习，通过理论与实践的结合，使管理理论在实践中不断地加以检验，从而深化认识，发展理论。

理论联系实际还有一个含义，就是在学习和研究管理学时，要注意管理学的二重性。在学习和研究外国的管理经验时，至少要考虑四个不同：社会制度的不同、生产力发展水平不同、自然条件不同、民族习惯和传统的不同。我们要从我国实际出发吸取外国的科学成果，通过实践，并且在不断地总结自己的实践经验的基础上，形成和发展中国特色的社会主义管理学。

（四）归纳和演绎的方法

归纳法就是通过对客观事物存在的一系列典型事物（或经验）进行观察，从掌握典型事物的典型特点、典型关系、典型规律入手，进而分析事物之间的因果关系，从中找出事物变化发展的一般规律，这种从典型到一般的研究方法也称实证研究。

演绎法是以简化了的事实为前提进行推广。从理论概念出发建立的模型称为解释性模型，如投入产出模型、企业系统动力模型等。从统计规律出发建立的模型称为经济计量模型,如科普—道格拉斯生产函数模型,以及建立在回归分析和时间序列分析基础上的各种预测和决策模型。建立在经济归纳法基础上的模型称为描述性模型,如现金流量模型、库存储蓄量模型、生产过程中在制品变动量模型等。

（五）比较研究的方法

通过各种管理方法和手段的对比,总结出管理问题的规律性,提出管理理论,如美国的比较管理学派所提出的企业文化理论就是采用该方法。

（六）数学分析的方法

数学方法是指在研究经济活动的数量变化规律的基础上,运用有关数学知识和具体数据,通过建立、计算、分析和研究数学模型来实施管理职能,对管理活动进行管理的方法。运用数学方法对管理中存在的问题进行定量分析,能使我们对客观存在的经济规律的认识深化和精确化;预见经济现象在发生变动的情况下会产生什么后果;计算各决策方案的经济效果,帮助从中选择最优方案等。

管理实例 1-17

疯子和呆子

一个心理学教授到疯人院参观,了解疯子的生活状态。一天下来,觉得这些人疯疯癫癫,行事出人意料,可算大开眼界。

想不到准备返回时,发现自己的车胎被人拆掉了。"一定是哪个疯子干的!"教授这样愤愤地想道,动手拿备胎准备装上。

事情严重了,下车胎的人居然将螺丝也都拆掉了。"没有螺丝,备胎也上不去啊!"教授一筹莫展。在他着急万分的时候,一个疯子蹦蹦跳跳地过来了,嘴里唱着不知名的欢乐歌曲。疯子发现了困境中的教授,停下来问发生了什么事。

教授懒得理他,但出于礼貌还是告诉了他。

疯子哈哈大笑说:"我有办法!"他从每个轮胎上面拆下了一个螺丝,这样就拿到三个螺丝将备胎装了上去。教授惊奇、感激之余,大为好奇:"请问你是怎么想到这个办法的?"疯子嘻嘻哈哈地笑道:"我是疯子,可我不是呆子啊!"

第五节　管理方法

管理方法是指用来实现管理目的的手段、方式、途径和程序的总和,也就是运用管理原理,实现组织目的的方式。任何管理,都要选择、运用相应的管理方法。

管理方法是管理理论、原理的自然延伸和具体化、实际化,是管理原理指导管理活动的必要桥梁,是实现管理目标的途径,它的作用是一切管理理论、原理本身所无法替代的。

管理方法可按以下标准进行分类。

（1）按作用的原理，可分为教育方法、经济方法、行政方法和法律方法，它们构成了一个完整的管理方法体系。

（2）按照管理对象的范围，可分为宏观管理方法、中观管理方法和微观管理方法。

（3）按照管理方法的适用普遍程度，可分为一般管理方法和具体管理方法。

（4）按照管理对象的性质，可分为人事管理方法、物资管理方法、资金管理方法、信息管理方法。

（5）按照所运用方法的量化程度，可分为定性方法和定量方法等。

下面主要介绍管理的教育方法、经济方法、行政方法、法律方法和数学方法。

一、教育方法

教育方法是运用马克思主义的立场、观点和方法，并吸收现代心理学、教育学、社会学以及系统科学的研究成果，来研究和探索人们的思想和行为发展变化的规律，逐步形成具有严格的科学性和广泛的群众性的思想政治教育体系。

思想教育的方法多种多样，常用的有以下几种。

（一）正面教育法

正面教育法即向管理对象传播马列主义，用系统的科学理论和党的路线、方针、政策武装人们的头脑。

（二）示范教育法

示范教育法即以先进典型为榜样，运用典型人物的先进思想、先进事迹教育群众，从而提高人们思想认识和觉悟的一种方法。

（三）比较鉴别法

比较鉴别法即对不同事物的属性、特点进行对照，通过比较得出正确的判断，从而提高人们思想认识和觉悟的方法。

（四）个别谈心的方法

个别谈心的方法即针对管理对象的不同特点采取不同的教育方法，坚持"一把钥匙开一把锁"的原则，使上下级之间在平等无心理压力的气氛中交换意见，及时有效地解决思想问题。

（五）自我教育法

自我教育法即受教育者自己教育自己，自己做思想工作的方法。它是在群众有较高自觉性、力求上进的心理基础上和较好的社会环境中进行的思想教育，它能发挥受教育者自身的教育力量，融教育者与受教育者于一体，主动积极，易见成效。

管理实例 1-18

请君入瓮

唐朝女皇武则天,为了镇压反对她的人,任用了一批酷吏。其中两个最为狠毒,一个叫周兴,一个叫来俊臣。他们利用诬陷、控告和惨无人道的刑法,杀害了许多正直的文武官吏和平民百姓。

有一回,一封告密信送到武则天手里,内容竟是告发周兴与人联络谋反。武则天大怒,责令来俊臣严查此事。

来俊臣心里直犯嘀咕:周兴是个狡猾奸诈之徒,仅凭一封告密信是无法让他说实话的;可万一查不出结果,武则天怪罪下来,我来俊臣也担待不起呀! 这可怎么办呢? 苦苦思索半天,来俊臣终于想出一条妙计。他准备了一桌丰盛的酒席,把周兴请到自己家里。

两个人你劝我喝,边喝边聊。酒过三巡,来俊臣叹口气说:"兄弟我平日办案,常遇到一些犯人死不认罪,不知老兄有何办法?"周兴得意地说:"这还不好办!"说着端起酒杯抿了一口。来俊臣立刻装出很恳切的样子说:"哦,请快快指教。"周兴阴笑着说:"你找一个大瓮,四周用炭火烤热,再让犯人进到瓮里,你想想,还有什么犯人不招供呢?"来俊臣连连点头称是,随即命人抬来一口大瓮,按周兴说的那样,在四周点上炭火,然后回头对周兴说:"宫里有人密告你谋反,上边命我严查。对不起,现在就请老兄自己钻进瓮里吧!"周兴一听,手里的酒杯啪哒掉在地上,跟着又扑通一声跪倒在地,连连磕头说:"我有罪,我有罪,我招供。"

二、经济方法

经济方法是指根据客观规律,运用各种经济手段,调节各种经济利益之间的关系,以达到较高的经济效益与社会效益的管理方法。

采用经济方法,是要把劳动者个人的经济利益同经济组织的经济利益挂起钩来,最大限度地调动企业全体员工的主动性、积极性、创造性和责任感,促进企业的发展,实现管理经济的目标。

体现经济方法的各种经济手段,主要包括价格、税收、信贷、利息、工资、红利、奖金、津贴、罚款、经济合同和各种经济责任制等。

不同的经济手段在不同的领域中,可发挥各自不同的作用。其中价格、税收、信贷、利息等主要运用于宏观经济管理,工资、红利、奖金、津贴、罚款、价格等常用于企业内部。

无论是宏观经济管理领域,还是微观经济管理领域,管理的经济方法的实质都是围绕人们普遍关心的物质利益问题,通过运用各种与物质利益相关的价值手段,正确处理国家、集体与个人三者之间的经济关系,进而调动各方面的积极性。

三、行政方法

行政方法是指依靠企业各级行政管理机构的法定权力,通过命令、指示、规定、规章、制度以及具有约束性的计划等行政手段来管理企业的方法。

行政方法具有权威性、强制性、无偿性、垂直性等特点。行政方法是管理必不可少的方法,是执行管理职能的一种根本手段。

为了正确运用行政方法,应遵循以下两条原则。

(一)行政方法与其他管理方法相结合

行政方法在现代管理中是不可缺少的,在我国长期的社会主义建设中,积累下来的行政管理方法的具体经验仍然具有重要作用。但是在我国经济体制改革的实践中,特别要注意把行政方法与其他管理方法相结合,一方面应根据不同时期、不同情况,把行政方法限定在一定的范围之内,并不断加以完善,使其更加符合客观规律的要求;另一方面要转变传统的单纯依靠行政机构和行政手段进行管理的做法,发挥其他管理方法在管理实践活动中的重要作用。

(二)统一领导与分级管理相结合

统一领导是指采用行政方法时,必须服从集中统一的指挥和控制,要把关系全局的重要权力集中在最高层。分级管理则是指在采用行政方法时,为了发挥下级管理的主动性、创造性,使管理工作更符合实际,必须适当分权,合理划分各级管理机构的权力。统一领导和分级管理是一个原则的两个方面,只有把这两个方面结合好,才能各负其责,同时发挥上级和下级两个方面的积极性。

四、法律方法

法律方法是指国家根据人民的根本利益,通过制定各种法律以及司法、仲裁工作,调节社会经济活动中发生的各种关系,以保证和促进社会主义事业的管理方法。法律方法运用的法律规范包括法律、法令、条例、决议、合同等,还包括各级管理机构和各个管理系统制定的具有法律效力的各种社会行为规范。

法律方法主要包括两个方面的内容:一是建立健全各种法规;二是注重这些法规在司法工作中的运用。两者相辅相成,缺一不可。法律具有稳定性、权威性、规范性的特点。法律方法在管理中能保证社会经济运行的必要次序,使管理系统具有稳定性,能调节各种管理因素之间的关系,促进管理系统的发展。

(一)运用法律方法应具备的基本条件

要正确运用并积极发挥法律方法在管理中的重要作用,必须具备以下基本条件。

1. 立法必须与社会的道德舆论相适应

立法机构在制定法律、法规时，必须考虑当时的道德水平，而不能脱离社会道德的实际状况。只有根据社会的实际道德水平制定出的法律法规，才能真正起到法律的制约作用，也才能在管理中发挥应有的作用。

2. 树立和维护法律的权威

要使法律方法成为现代管理的有效手段，就必须大力加强法制的宣传教育，使人们树立起法制的观念，自觉地维护法律的权威。

3. 重视培养法律专业人才，积极推行并运用法律方法进行管理

关键是要大力培养法律专业人才，没有足够数量和称职的立法和司法人才，就无法加强社会主义法制，更谈不上广泛积极推行并运用法律方法进行管理。

（二）发挥经济法在现代管理中的特殊作用

经济法是调整一定经济关系的法规的总称。所谓经济关系，是指在社会主义建设中，国民经济主管机关、经济组织、事业单位和公民，为了实现共同的经济任务和满足各自的需要，在国民经济管理中所发生的经济组织关系和在生产、流通、分配、消费活动中所发生的物质利益关系的总和。

经济法对国民经济管理中经济组织关系的调整表现为：通过立法形式，明确经济管理体制、各级经济主管机关和各经济组织的性质、任务和活动原则，通过立法形式，明确国家经济主管机关和经济组织的权利、义务和相互关系，在确定国家经济主管机关和各经济组织的法律地位的同时，也调节它们内部机构的职责、任务、权力、义务及其相互关系。经济法调整经济组织在经济活动中的物质利益关系，主要包括财产所有权关系，通过对这些经济关系的调整，使之按照国家和社会需要的方向发展。

五、数学方法

数学方法是指在研究经济活动的数量变化规律的基础上，运用有关数学知识和具体数据，通过建立、计算、分析和研究数学模型来实施管理职能，对管理活动进行管理的方法。

数学方法的实质是了解、分析经济活动过程中存在的数量关系及其变动情况，找出各因素数量化、公式化的规律，为今后的管理活动提供参考。但同时我们也应认识到，由于经济活动非常复杂，客观事物往往有许多是无法定量的，而数学模型只能把客观复杂的事物中的某些方面的数量变化用数学特征或某些程序来加以表达。所以，不能认为通过数学计算提供的"最优解"就是最好的决策方案，必须把定性的、定量的多种目标进行综合权衡与分析判断，才能做出适宜的决策。

管理实例 1-19

善 于 纳 谏

李世民以隋炀帝拒谏亡国为戒，即位后尽力求言，他把谏官的权力扩大，又鼓励群臣批评他的决策和风格。其中魏征廷谏了 200 多次，在朝堂上直陈皇帝过失，在早朝时多次发生了使李世民尴尬、下不了台的状况。又如王珪、马周、孙伏伽、褚遂良等人，皆以极谏知名。

贞观中期以后出现了盛世，大臣都极力歌颂李世民，只有魏征保持着清醒的头脑，给李世民指出了十大缺点，要他警惕。李世民就郑重地将它抄在屏风上，以便早晚阅读，引以为鉴。公元 643 年，魏征病死，李世民十分悲痛，说："以铜为镜，可以正衣冠；以史为鉴，可以知兴替；以人为镜，可以明是非。魏征一死，我失去了一面镜子。"

晚年的李世民因国富民强，纳谏的气度不如初期，偶尔也发生误杀大臣的遗憾，但是大致上仍保有纳言的风范。

管理实例 1-20

并不是你想象中那样

两个旅行中的天使到一个富有的家庭借宿。这家人对他们并不友好，并且拒绝让他们在舒适的客人卧室过夜，而是在冰冷的地下室给他们找了一个角落。当他们铺床时，较老的天使发现墙上有一个洞，就顺手把它修补好了。年轻的天使问为什么，老天使答道："有些事并不像它看上去那样。"

第二晚，两人又到了一个非常贫穷的农家借宿。主人夫妇俩对他们非常热情，把仅有的一点点食物拿出来款待客人，然后又让出自己的床铺给两个天使。第二天一早，两个天使发现农夫和他的妻子在哭泣，他们唯一的生活来源——一头奶牛死了。年轻的天使非常愤怒，他质问老天使为什么会这样，第一个家庭什么都有，老天使还帮助他们修补墙洞，第二个家庭尽管如此贫穷还是热情款待客人，而老天使却没有阻止奶牛的死亡。"有些事并不像它看上去那样。"老天使答道，"当我们在地下室过夜时，我从墙洞看到墙里面堆满了金块。因为主人被贪欲所迷惑，不愿意分享他的财富，所以我把墙洞填上了。昨天晚上，死亡之神来召唤农夫的妻子，我让奶牛代替了她。所以有些事并不像它看上去那样。"

复习思考题

1. 名词解释。

　管理　管理学　管理职能　管理者　技术技能　人际技能　概念技能　管理二重性

2. 简述管理的基本特征。

3. 如何理解管理者分类与管理职能、管理技能的关系？

4. 明茨伯格关于管理者角色的观点是什么？

5. 为什么要研究和学习管理学？

6. 简述管理学的特点和研究内容。

7. 比较分析五种管理基本方法各自的优势和劣势。

8. 如何认识学习和研究管理学的意义？

技 能 训 练

技能训练 1-1

破 窗 理 论

一间房子,如果窗户破了,没有人去修补,隔不久,其他的窗户也会莫名其妙地被人打破;一面墙,如果出现一些涂鸦没有被清洗掉,很快的,墙上就布满了乱七八糟、不堪入目的东西;一个很干净的地方,人们不好意思丢垃圾,但是一旦地上有垃圾出现之后,人们就会毫不犹疑地乱扔垃圾,丝毫不觉得羞愧。

训练要求:

为什么环境可以对一个人产生强烈的暗示性和诱导性?

技能训练 1-2

北大硕士卖米粉

又到毕业季,当许多毕业生还在为找工作而忙碌、心焦的时候,刚刚从北京大学法学院硕士毕业的张天一却已经是两家店的老板了。

三个月前,张天一和几名小伙伴在北京 CBD 的环球金融中心合伙开了一家小店,店名"伏牛堂",专卖张天一老家的特色饮食——湖南常德米粉。6 月 25 日,"伏牛堂"在北京朝外 SOHO 开了第二家店,开启了连锁经营的第一步。这一天,离张天一参加北大法学院的毕业典礼还差三天。

和张天一合伙的是早已在深圳有稳定工作的 24 岁的周全;25 岁、北京外国语大学法学硕士柳啸;同样 25 岁、放弃了美国高校 MBA 全额奖学金的宋硕。仅仅三个月的时间,几个年轻人把一碗米粉卖得风生水起。目前两个店的日营业额总量开始过万,有了较为可观的利润比例,店员也从最初的四人发展到十多人。

身为"北大法学硕士"的张天一,开始"另类"创业之初也曾经过了艰难的内心斗争,毕竟学了六年的法律,最终工作却是卖米粉,似乎"太浪费"。但是,他想通了。"学习法律对我而言是掌握了一种法律、法学的思维与做事方式,"他说,"就像互联网思维,可以拿它去做互联网,也可以拿它去做金融、房地产、餐饮。这样看来,假设世界上有一种法律人思维,那我拿它来做餐饮,似乎也可以。"

无论店里店外,张天一都喜欢穿一件胸前印有"霸蛮"两字的 T 恤衫,哪怕是参加自己的毕业典礼时,硕士袍下罩着的也是这件"伏牛堂"每位员工都有的工作服。张天一说,形容湖南人性格有句话,叫"吃得苦,耐得烦,霸得蛮"。他理解的"霸蛮"就是那种干事特别认死理,干不了也要干的精神特质。

靠着这种"霸蛮"精神,"伏牛堂"用 84 天的时间卖出了 14362 碗粉,这对一个连厨房带收银台和餐位总共才 37 平方米的小店来说,称得上"成绩斐然"。但张天一并不满足,他们已经有了新的目标:到 2014 年年底,新开张的北京朝外 SOHO 店,要卖掉 10 万碗粉,用掉 7 头牛!

　　要在剩下的半年时间里达到这个目标,显然并不轻松。不过几个年轻人自有"法宝",在辛苦卖粉的同时,他们充分利用互联网平台进行互动营销。"伏牛堂"的微信公众号里不仅有关于"伏牛堂"的奇闻趣谈、八卦故事,也有张天一对创业和人生的思考,还时不时撒下英雄帖,招纳天下米粉客。最近他们在公众号上就发起了一个"世界最辣牛肉粉?爆炸路西法地狱挑战赛",声称"路西法吃了也会爆炸"的"最辣牛肉粉"吸引了一波又一波声称"辣不怕"和"怕不辣"的米粉客,甚至引起了风投的注意。就在第二家店开业的前一天,"伏牛堂"得到了开店以来的第一笔投资。

　　"做一个循规蹈矩的人,哪怕是去当皇帝,也是世界上最无趣的事情了。"这是张天一留在自己博客上的文字。他还说:"对我而言,天大的事情变成一碗又一碗米粉这样的小事情,就不会那么难了,无非是炒牛肉、煮粉、点碗、浇汁、撒葱。这些我都懂,做得快还是慢,都没有什么大不了,一切都是顺其自然。"

资料来源:罗晓光.北大硕士卖米粉[J].新华每日电讯,2014-07-11.

训练要求:

(1) 谈谈张天一创业的思路与理念。

(2) 谈谈所学专业和创业之间的联系。

(3) 写一篇小论文,谈谈你的创业理念与思路。

技能训练 1-3

培训部负责人辞职

　　北京某公司章总,工龄有三十多年,在行业内也算是前辈,工作态度非常严谨、仔细;对公司组织的培训工作非常重视,从培训课程内容设置、培训讲师选聘、培训酒店场地签订到培训证书印制、培训现场条幅悬挂、培训期间餐饮订单等,事无巨细,从头抓到尾,尽管有专门的培训部;经常亲自蹲点于培训教室现场,中间还不时打断讲师指正讲授内容;由于公司人员排队签字,不时召唤秘书奔走往返来培训现场办理公文、处理文件。

　　一次,章总突然指示培训部下周举办经销商销售顾问培训班和市场经理培训班,完全脱离培训工作实施规划。培训部不得不马上开始确定培训讲师、拟订培训日程表、商谈培训教室、拟订培训通知等事项。由于某种原因,报到实际人数没有达到理想状态,章总在培训报到现场,果断指示将两个班合并为一个班举办,以节省开销。尽管前期已经安排妥当,培训讲师林教授也强调培训对象不同,培训内容侧重点不一样,最关键报到时间也不同,但章总对此置之不理。结果经销商参训学员得知突然变更,怨声载道,全部怪罪培训部。章总竟然还在众人面前大声斥责培训部负责人,为什么培训工作做得一塌糊涂,然后命令公司其他所有部门负责人全部到场蹲点,这下更热闹了,培训工作不光章总亲自指导,各部门负责人也不时指东道西,甚至连总经理秘书也插手指挥。可想而知,一个简单的培训活动最终搞得乱七八糟。培训结束第二天,培训部负责人递上了辞职报告。

训练要求:

(1) 思考培训部负责人为什么要辞职。

(2) 谈谈你对管理者角色定位的理解。

案 例 分 析

升任公司总裁后的思考

郭宁最近被所在的生产机电产品的公司聘为总裁。在准备接任此职位的前一天晚上,他浮想联翩,回忆起他在该公司工作 20 多年的情况。

他在大学的专业是工业管理,大学毕业后就到该公司工作,最初是担任液压装配单位的助理监督。当时,他真不知道该如何工作,因为他对液压装配所知甚少,在管理工作上也没有实际经验,几乎每天都感到手忙脚乱。可是他非常认真好学。一方面,他仔细参阅该单位所制定的工作手册,并努力学习有关的技术知识;另一方面,监督长也对他主动指导,使他渐渐摆脱了困境,胜任了工作。经过半年多的努力,他已有能力独担液压装配的监督长工作。可是,当时公司没有提升他为监督长,而是直接提升他为装配部经理,负责包括液压装配在内的四个装配单位的领导工作。

在他当助理监督时,他主要关心的是每天的作业管理,技术性很强。而当他担任装配部经理时,他发现自己不能只关心当天的装配工作状况,还得做出此后数周乃至数月的规划,还要完成许多报告和参加许多会议,他没有多少时间去从事他过去喜欢的技术工作。在当上装配部经理后不久,他就发现原有的装配工作手册已基本过时,因为公司已安装了许多新的设备,引入了一些新的技术,于是他花了整整 1 年的时间去修订工作手册,使之切合实际。在修订手册的过程中,他发现要让装配工作与整个公司的生产作业协调起来是有很多讲究的。他主动到几个工厂去访问,学到了许多新的工作方法,他也把这些吸收到修订的工作手册中去。由于该公司的生产工艺频繁发生变化,工作手册也不得不经常修订,对此郭宁都完成得很出色。工作了几年后,他不但自己学会了做这些工作,而且还学会如何把这些工作交给助手去做,并教他们如何做好。这样,他可以腾出更多的时间用于规划工作和帮助他的下属工作得更好,以及花更多的时间去参加会议、批阅报告和完成自己向上级的工作汇报。

在他担任装配部经理 6 年之后,正好该公司负责规划工作的副总裁辞职应聘于其他公司,郭宁便主动申请担任此职务。在同另外 5 名竞争者较量之后,郭宁被正式提升为规划工作副总裁。他自信拥有担任此新职位的能力,但由于高级职务工作的复杂性,仍使他在刚接任时碰到了不少麻烦。例如,他感到很难预测 1 年之后的产品需求情况。可是一个新工厂的开工,乃至一个新产品的投入生产,一般都需要在数年前做出准备。而且,在新的岗位上他还要不断处理市场营销、财务、人事、生产等部门之间的协调,这些他过去都不熟悉。他在新岗位上越来越感到:越是职位上升,越难于按标准的工作程序进行工作。但是,他还是渐渐适应了,做出了成绩,以后又被提升为负责生产工作的副总裁,而这一职位通常是由该公司资历最深的、辈分最高的副总裁担任的。现在,郭宁又被提升为总裁。他知道,一个人当上公司最高主管职位之时,他应该自信自己有处理可能出现任何情况的才能,但他也明白自己尚未达到这样的水平。因此,他不禁想到自己明天就要上任了,今后数月的情况会是怎么样的? 他不免为此而担忧。

问题:

(1)你认为郭宁当上公司总裁后,他的管理责任与过去相比有了哪些变化,应当如何去适应这些变化?

(2)你认为郭宁要成功地胜任公司总裁的工作,哪些管理技能是最重要的? 你觉得他具备这些技能吗? 试加以分析。

(3)如果你是郭宁,你认为当上公司总裁后自己应该补上哪些欠缺才能,使公司取得更好的绩效?

案例分析 1-2

张瑞敏的烧鹅困境

又一次站上沃顿商学院全球论坛,又一次以中国管理学大师的名义,谁也没曾料到,包括 65 岁的张瑞敏本人,这篇题为"互联网时代商业模式创新探索"的演讲,会引发一派喧嚣。只因为 6 月 17 日这天,他提到了"烧熟的鹅"。

一般情况下,老成持重的张瑞敏并不愿意公开表达自己的观点,不同于同辈柳传志,或者后生马云,作为三十年前从国营青岛电冰箱厂走出的首席执行官——就像同名电影,这也是他一直坚守的头衔,张瑞敏严格控制着自己的言论边界。毕竟,他已是连续三届的中国共产党中央候补委员,以一家非国家战略性行业企业的领导人,这无疑是最高的政治荣誉了。

当然,如果讲授管理学,张瑞敏便会滔滔如不绝江水。似乎他也自得于斯,在百度有关其的词条中,主要成就一栏,除了言及创建全球白电的第一品牌,就是凸显主人公是首位登上哈佛讲坛的中国企业家,并着重强调其创造了 OEC 管理模式和市场链管理以及人单合一的双赢模式。中国的杰克·韦尔奇或稻盛和夫,呼之欲出。

于是,在沃顿,大师不改本色一如既往,不仅贡献了"没有成功的企业,只有时代的企业"这般金句,也有对西方舶来品的 360 度考评水土不服的反思,更不乏援引"倾否,先否后喜"易经原文进行的哲学性点睛。从亚当·斯密、泰罗到马克斯·韦伯、法约尔,从大名鼎鼎的德鲁克到一般人稍显违和的美国企业史学家钱德勒,纵横捭阖,指点江山,果然是宗师风范。

原本顺风顺水又一篇锦绣文章,偏在言及组织体系的扁平化革新,重复了"外去中间商,内去隔热墙"观点后,张瑞敏平地起风雷,称"企业里面的中间层就是一群烤熟的鹅,他们没有什么神经,他们不会把市场的情况反映进来",进而,张瑞敏宣布,海尔 2013 年拥有员工 8.6 万人,一年内已裁撤 1.6 万人,今年准备再削减 1 万人。

必须为张瑞敏证明,这个关于烧鹅的比喻并非其信手拈来的口误,而是查尔斯·汉迪——被认为仅次于彼得·德鲁克、在欧洲最像管理哲学家的人的出典,这个 82 岁的爱尔兰神父后裔,素以"组织与个人关系"和"未来工作形态"的研究享有盛名。也就是说,张瑞敏不过是为印证自己欲将海尔分拆成 2000 余个微型组织体的前瞻性和合理性,掉了一次书袋。

很显然,除了鹅肝,西方人绝不会像广东人那般,将桂皮烧鹅、深井烧鹅、彭公烧鹅当作珍肴,还能分出街市、食肆两种销售渠道下不同的生产方式和计价类别。大概腹中空空后,远较鸡、鸭、斑鸠纤体韧实的鹅肉,实在是缺乏灵魂刺激不了灵感的俗物。

然而问题来了,管理学大师两年内裁减 2.6 万名员工——这几乎占到海尔员工总数的 30.3%,都是如此不堪的公司中间层? 对于一家大型家电制造企业,真的会拥有如此庞大的中间层? 如果这个中间层确实存在,他们又是如何形成的? 更重要的,为何在这个时间节点采取如此激越的动作,仅仅是因为张瑞敏感到了来自互联网的冲击和威胁吗?

裁员之于家电制造企业,近五六年内早已不是新闻。从 2009 年开始的 3 年内,索尼鉴于在全球电视市场上的份额持续下挫和连续赤字,便削减过 2.6 万名员工,而同病相怜的松下,至 2013 年共砍去了 4.6 万名员工,今年 7 月前,松下更将内部信息系统开发部门砍掉 2/3 规模。日系企业关厂裁人的理由如出一辙:节减开支。

中国的同行也在以同样的行动相呼应,理由却稍有不同:应对新《劳动法》后急剧攀升的人工成本,为即将消失的人口红利提前铺陈,同时,也希望在快速崛起的国产工业机器人产业的背景下分享最大的技术红利。

事实上,就在张瑞敏发言的当日,中国机器人产业联盟发布了市场统计数据,称 2013 年中国已成为全球第一大工业机器人市场,同时,基于国产工业机器人价格年均 4% 的降价幅度和原本既有的低价优势,2013 年国产工业机器人售出 9500 台,同比大涨 65.6%。特别需要指出的是,此前国家主席习近平在中科院和中国工程院的院士大会上,也专门提出:"机器人革命有望成为第三次工业革命的一个切入口和重要增长点,将影响全球制造业格局。"

美的集团董事长方洪波曾明确表示将机器人应用于生产线的直接原因是工人工资至 2015 年将提升 15% 至 20%,而格力女掌门董明珠更直白:以机器人上岗为契机,该公司员工未来将控制在 6 万人以下,而之前近 10 万人。

明白了吧,取消的家电下乡政策刺激伴随不断上升的人工成本,白电三巨头中两家早已向富士康的郭台铭学习了,格力所在的珠海更有意由此成为机器人制造重镇。对互联网都如此敏感的张瑞敏会如此不解风情吗? 更接近于真相的裁员解释,便是那已然消失或即将蒸发的海尔员工中的相当部分,并非是没有市场感觉的中间层,他们更多是败给了只消三五年即可收回投资的钢铁之躯。其实,海尔的变相裁员工作早已开始,由于相当部分海尔人已在企业工作十年以上,受到律条中"无期限合同"的保护,将员工由海尔本部的"在册身份"转为劳务派遣公司的"别册身份"一直在行进中,并引发了部分员工"爱则加诸膝,恶则坠诸渊"的情绪反弹。海尔文化熏陶下,基层员工也像他们的大佬一般喜欢引经据典,要知道同样被炒鱿鱼,美的员工吐槽的却是"离开美的,原来生活可以更美的"这样仍为原东家广告的小清新词。

尤其需要注意的是,尽管早在 2004 年海尔已跨越千亿元营收大关。而格力和美的还要花八年才赶上这一目标,但是由于海尔的长项冰洗业务增长日渐乏力,而后两家专攻的空调业务却有着更大的上升空间,海尔的压力不断加大。至今年第一财季,其主力上市公司青岛海尔营收同比增长 8.97% 至 223.9 亿元,净利同比增长 20.28% 至 8.67 亿元,相较于同期格力同比增 11.62% 至 246.6 亿元的营收和同比增 68.8% 至 22.54 亿元的净利,以及美的同比增 21.5% 至 383.5 亿元的营收和同比增 148.5% 至 25.39 亿元的净利,差距一目了然。要提升净利率,裁员不失为一个立竿见影的财务技巧。

张瑞敏从来都是一个充满危机感的人物,从当年他宁愿砸掉 76 台有缺陷的冰箱也不肯送顺水人情当作福利处理给本厂员工可见一斑。互联网时代以来,从多次在管理论坛上的发言,就能感到那种扑面而来的焦灼和不安。然而,当神话暗沌下来时,无论是人单合一、倒三角,还是零库存、利益共同体,再到抽离中间层,人人皆企业,灿若繁星的管理改革固然引领一时风尚,却同时也因口号化、运动化而产生了负产品:员工惶遽不安心领神不会,或不变应万变——反正业绩倒逼机制下"头儿们"换马如灯,或丧失归属感后主动离职。与此同时,就像一家为海尔提供服务的国际咨询公司感知的那样,张瑞敏的战略思想在日益国企化官僚化的中间层被扭曲和钝化了,而对员工并不友善的企业文化则在隔三岔五的新思想面前蜕变为更讲究表面功夫的应承文化。这一点上,烧鹅论倒也成立。

只是,这一切恐不能以又一轮的管理革命面目一新,哪怕以互联网的名义,这大概就是大师的困境吧!

资料来源:施南.管理学大师张瑞敏的烧鹅困境[J].投资时报,2014-06-30.

问题:

(1) 张瑞敏的烧鹅困境体现了什么样的管理内涵?

(2) 写一篇小论文,谈谈你对当前管理创新的体会。

第二章　管理理论的发展与演变

 **学习目标**

1. 掌握中国早期管理思想的要点
2. 掌握泰罗的科学管理思想
3. 评价法约尔和韦伯的一般行政管理理论
4. 了解法约尔提出的 14 条管理原则
5. 了解霍桑实验的本质内容
6. 掌握马斯洛需要层次理论、赫茨伯格双因素理论、麦格雷戈人性假说理论、大内 Z 理论的思想精要
7. 掌握并比较现代管理理论的各个学派主要观点
8. 了解权变理论的现实意义
9. 了解现代管理理论的发展趋势
10. 掌握《孙子兵法·谋攻篇》的思想精要
11. 掌握核心能力理论的实际意义

 本章引言

　　管理活动自有人群出现便有之,与此同时管理思想也就产生了。事实上,无论是在东方还是西方,都可以找到古代哲人在管理思想方面的精彩论述。假定泰罗的名著《科学管理原理》以及法约尔的著作《工业管理和一般管理》为管理学诞生的标志,那么现代意义上的管理学至今走过仅百年而已。一百年来,管理学作为一门最新的学科已经有了长足的发展,管理学的研究者、学习者以及著作文献的数量呈指数上升,显示了管理学作为一门年轻学科勃勃向上的生机和兴旺发达的景象。现今的 21 世纪,人类文明更加需要管理学。我们的责任是明智地运用前人的理论与智慧,并发展之。

　　管理技能分析

　　学习管理理论和实践 100 多年的发展变化历史的意义是什么? 作为一名管理者,你应该如何运用这些理论信息?

管理技能应用

回忆或假设一项你认为没有效率或单调乏味的工作。假如你的上级请你提出改进管理方式的建议,你认为应该如何做?

第一节 中外早期管理思想

管理的活动或实践是自古以来就存在的,它是人类集体协作、共同劳动所产生的。人类进行的管理实践,大约已超过 6000 年的历史。埃及金字塔、巴比伦古城、我国的万里长城等,都是古代人民勤劳智慧的结晶,也是历史上伟大的管理实践。

一、中国早期管理思想

中国作为四大文明古国,在其丰富的文化宝库中,杰出的管理思想是其中光芒四射的一块瑰宝。

中国传统的管理思想分为宏观管理的治国学和微观管理的治生学。治国学适宜中央集权的封建国家的需要,包括财政赋税管理、人口田制管理、市场管理、货币管理以及国家行政管理等方面。治生学则是在生产发展和经济运行的基础上通过官、民的实践逐步积累起来的,包括农副业、手工业、运输、建筑工程、市场经营等方面的学问。这两方面的学问极其浩瀚,其管理的指导思想和指导原则,可以概括为如下要点。

(一)顺道

"道"在汉语中有多种含义。属于主观范畴的"道",主要指治国的理论;属于客观范畴的"道",主要是指客观经济规律。这里用的是后一种含义,指管理要顺应客观经济规律。比如,《管子》认为自然界和社会都有自身的运动规律,"天不变其常,地不易其则,春夏秋冬,不更其节"。

管理实例 2-1

一个"顺"字治天下

北宋大学者张载曾豪言:"为天地立心,为生民立命,为往圣继绝学,为万世开太平。"谁能至此,只有"顺"字。这豪言在"顺"字上得到了实现:"顺"为天地之心,一切在"顺"的支配下运行;"顺"为生民立命,只有顺应方能还民以安生;"顺"为往圣之绝学,"顺"是文化的最高;"顺"为万世开太平,只有天下"顺"、民心"顺",才能确保天下苍生万世之太平。

"顺"不是逆来顺受,"顺"不排除斗争,"顺"是在高层次上顺应规律、正义、进步,小的不"顺"是为了大的"顺"。

顺天下的目标是,人们的言行像道路交通一样,都按照理性顺序前行,这样世界就形成了健康运转的局面。"顺"之虽好,可不能一呼而就,在广泛倡导、使人们明其理的基础上，还需要实施"民格工程"，如果全国乃至世界各国都实施"民格工程"，那就是大"顺"、全面的"顺"、彻底的"顺"，到那时必天下幸甚，人类幸甚，天下一家人便可指日实现。

（二）重人

"重人"是中国传统管理的一大要素。它包括两个方面：一是重人心向背；二是重人才归离。要夺取天下，办成事业，人是第一位的，故我国历来讲究得人之道、用人之道。《管子》说："政之所兴，在顺民心；政之所废，在逆民心。"国家必须"令顺民心""从民所欲，去民所恶"，乃为"政之宝"。司马迁提倡"能巧致富"，他说"巧者有余，拙者不足"。

管理实例 2-2

任 用 人 才

李世民即帝位不久，按秦王府文学馆的模式，新设弘文馆，进一步储备天下文才。李世民知人善任，用人唯贤，不问出身，初期延揽房玄龄、杜如晦，后期任用长孙无忌、杨师道、褚遂良等，皆为忠直廉洁之士；其他如李勣、李靖等，亦为一代名将。此外，李世民亦不计前嫌，重用李建成旧部魏征、王圭，降将尉迟恭、秦琼等，人才济济。又命高士廉、令狐德棻等人重修《氏族志》，着重立德、立言、立功，以功臣代替世胄；又通过科举，吸纳有才干的庶族士人，用科举代替门第。从而，寒门子弟入仕机会大增，为政坛带来新气象。此外，李世民还接纳封德彝之议，命宗室出任官吏，以革除其坐享富贵的恶习。

（三）人和

"和"就是调整人际关系，上下和，左右和。对治国来说，和能兴邦；对治生来说，和气生财。故我国历来把天时、地利、人和作为事业成功的三大要素。孔子说："礼之用，和为贵。"《管子》说："上下不和，虽安必危。"

管理实例 2-3

王 珪 鉴 才

在一次宴会上，唐太宗对王珪说："你善于鉴别人才，尤其善于评论。你不妨从房玄龄等人开始，都一一做些评论，评一下他们的优缺点，同时和他们互相比较一下，你在哪些方面比他们优秀？"

王珪回答说："孜孜不倦地办公，一心为国操劳，凡所知道的事没有不尽心尽力去做，在这方面我比不上房玄龄。常常留心于向皇上直言建议，认为皇上能力德行比不上尧舜很丢面子，这方面我比不上魏征。文武全才，既可以在外带兵打仗做将军，又可以进入朝廷搞管理担任宰相，在这方面，我比不上李靖。向皇上报告国家公务，详细明了，宣布皇上的命令或者转达下属官员的汇报，能坚持做到公平公正，在这方面我不如温彦博。处理繁重的事务，解决难题，办事井井有条，这方面我也比不上戴胄。至于批评贪官污吏，表扬清正廉署，疾恶如仇，好善喜乐，这方面比起其他几位能人来说，我也有一技之长。"

唐太宗非常赞同他的话，而大臣们也认为王珪完全道出了他们的心声，都说这些评论是中肯的。

（四）守信

治国要守信，办企业也要守信。孔子说："君子信而后劳其民。"《管子》特别强调要取信于民，提出国家行政应遵循的一条重要原则，"不行不可复"。也就是说，治理国家，必须言而有信。政策多变，出尔反尔，从来就是治国大忌。治国如此，治生亦然。我国从来就有提倡"诚工""诚贾"的传统，商而诚，苟取一时，终致瓦解，成功的商人多是商业信誉高的人。

管理实例 2-4

李 勉 葬 银

李勉是唐朝人，从小喜欢读书，并且注意按照书上的要求去做。时间长了，就成了习惯，培养出了诚信儒雅的君子风度。

他虽然家境贫寒，但是从不贪取不义之财。

有一次，他出外学习，住在一家旅馆里。正好遇到一个准备进京赶考的书生，也住在那里。两人一见如故，于是经常在一起谈论古今，讨论学问，成了好朋友。

有一天，这位书生突然生病，卧床不起。李勉连忙为他请来郎中，并且按照郎中的吩咐帮他煎药，照看着他按时服药。一连好多天，李勉都细心照顾着病人的起居饮食等日常生活。可是，那位书生的病不但没有好转，反而一天天地恶化下去了。看着日渐虚弱的朋友，李勉非常着急，经常到附近的百姓家里寻找民间药方，并且常常一个人跑到山上去挖药店里买不到的草药。

一天傍晚，李勉挖药回来，先到朋友的房间，看见书生气色似乎好了一些。他心中一阵欢喜，关切地凑到床前问："哥哥，感觉可好一些？"

书生说："我想，我剩下的时间不多了，这可能是回光返照，临终前兄弟还有一事相求。"

李勉连忙安慰道："哥哥别胡思乱想，今天你的气色不是好多了吗？只要静心休养，不久就会好的。哥哥不必客气，有事请讲。"

书生说："把我床下的小木箱拿出来，帮我打开。"李勉按照吩咐做了。

书生指着里面一个包袱说："这些日子，多亏你无微不至的照顾。这是一百两银子，本是赶考用的盘缠，现在用不着了。我死后，麻烦你用部分银子替我筹办棺木，将我安葬，其余的都奉送给你，算我的一点心意，请千万要收下，不然的话兄弟我到九泉之下也不会安宁的。"

李勉为了使书生安心，只好答应收下银子。

第二天清晨，书生真的去世了。李勉遵照他的遗愿，买来棺木，精心为他料理后事。剩下了许多银子，李勉一点也没有动用，而是仔细包好，悄悄地放在棺木下面。

不久，书生的家属接到李勉报丧的书信后赶到客栈。他们移出棺木后，发现了陪葬的银子，都很吃惊。了解到银子的来历后，大家都被李勉诚实守信不贪财的高尚品行所感动。

后来李勉在朝廷做了大官，他仍然廉洁自律，诚信自守，深受百姓的爱戴，在文武百官中也是德高望重。

（五）对策

"运筹策帷幄之中，决胜于千里之外。"这句中国名言说明在我国古代治国、治军、治生等一切竞争和对抗的活动中，都必须统筹谋划，正确研究对策，以智取胜。《孙子》认为："知彼知己，百战不殆；不知彼而知己，一胜一负；不知彼，不知己，每战必殆。"《管子》主张"以备待时""事无备则废"。治国必须有预见性，有备无患，预则成，不预则废。

管理实例 2-5

高 阳 酒 徒

刘邦行军至高阳，并访求贤士。正好沛公军队中有一骑士家在高阳，于是回家探亲。这时高阳人郦食其为其同乡，于是就请他代为向刘邦引荐自己。他对骑士说："我听说沛公傲慢且看不起人，但他有许多远大的谋略，这才是我真正想要追随的人，只是苦于没人替我介绍。你见到沛公，可以这样对他说，我的家乡有位郦先生，年纪已有六十多岁，身高八尺，人们都称他是狂生，但是他自己说并非狂生。"骑士说："沛公并不喜欢儒生，许多人头戴儒生的帽子来见他，他就立刻把他们的帽子摘下来，在里边撒尿。在和人谈话的时候，动不动就破口大骂。所以您最好不要以儒生的身份去向他游说。"郦食其对他说："你只管像我教你的这样说。"骑士回去之后，就按郦生嘱咐的话从容地告诉了沛公。

于是通过骑士引荐，郦食其见到了沛公。但刘邦在召见他时，正踞坐在床，令两女子给其洗脚。郦食其大为不满，长揖不拜，直接斥责道："您是想帮助秦国攻打诸侯呢，还是想率领诸侯灭掉秦国？"刘邦骂道："你个奴才相儒生！天下的人同受秦朝的苦已经很久了，所以诸侯们才陆续起兵反抗暴秦，你怎么说帮助秦国攻打诸侯呢？"郦生曰："如果您下决心聚合民众，召集义兵来推翻暴虐无道的秦王朝，那就不应该用这种倨慢不礼的态度来接见长者。"于是刘邦起身道歉，整理好后以礼接待了郦食其。

当时，郦食其有个弟弟名叫郦商，陈胜起兵时，他亦聚数千人响应。郦食其归汉，郦商率其部下约四千多人加入沛公队伍。

（六）法治

我国的法治思想起源于先秦法家和《管子》，后来逐渐演变成一整套法治体系，包括财税法治、人才法治、军事法治等。韩非认为法治优于人治，还主张应有公开性和平等性，在法律面前人人平等，人人都得守法。

管理实例 2-6

商 鞅 变 法

商鞅变法是指战国时期法家著名人物商鞅在秦国进行的两次政治改革，是商鞅于公元前356年在秦孝公在位期间以富国强兵为目的实施的改革，对战国末年秦国的崛起发挥了重要的作用。

春秋战国时期是奴隶制崩溃、封建制确立的大变革时期，在这一时期，铁制农具的使用和牛耕的逐步推广,导致奴隶主的土地国有制逐步被封建土地私有制所代替。随着封建经济的发展,新兴地主阶级纷纷要求在政治上进行改革,发展封建经济,建立地主阶级统治。各国纷纷掀起变法运动,如魏国的李悝变法、楚国的吴起变法等。商鞅变法正是在这种背景下发生的。

商鞅对经济的改革是以废除井田制、实行土地私有制为重点的,这是战国时期各国中唯一用国家的政治和法令手段在全国范围内改变土地所有制的变革。主要内容如下:废井田、开阡陌,废除奴隶制土地国有制,实行土地私有制;重农抑商、奖励耕织,发展封建经济;统一度量衡。

商鞅对政治的改革是以彻底废除旧的世卿世禄制,建立新的封建专制主义中央集权制为重点的,主要内容如下:奖励军功,实行二十等爵制,废除世卿世禄制,鼓励宗室贵族建立军功,以增强军队战斗力;改革户籍制度,实行连坐法,并推行县制;定秦律,"燔诗书而明法令"等。

商鞅变法是中国战国时期各国改革中最彻底的改革,经过商鞅变法,秦国的经济得到发展,军队战斗力不断加强,发展成为战国后期最富强的封建国家。后来由于商鞅作法自毙而遭到五马分尸,但秦惠王和他的子孙都继续实行其新法,为后来秦灭六国、统一中国奠定了基础。

二、国外早期管理思想

国外早期管理思想主要是指工业革命以前国外早期的管理思想,包括国外古代社会、中世纪和文艺复兴时期的主要管理思想。

(一)国外古代的管理思想

在国外古代管理思想中,最具有代表性的管理思想是苏美尔人的管理思想、古埃及人的管理思想、古巴比伦人的管理思想、希伯来人的管理思想、古希腊人的管理思想、古罗马人的管理思想。早期的管理对象是国家、军队、部落、教会和家庭,也有对小规模、初级的经济活动的管理。

早期的管理思想主要表现为以下几点。

1. 法律成为国家管理的重要工具

苏美尔人建立了最早的法律体系,汉穆拉比法典现在看来大体上是苏美尔法典的修订本,这部法典是几乎所有闪族人——巴比伦人、亚述人、加勒底人和希伯来人的法律的基础。古巴比伦人的《汉谟拉比法典》是古代历史上著名的法典,它涉及社会及商业管理的许多方面,如出售、契约、合伙、协议、期票、借贷、租赁、转让、抵押、遗产、奴隶等,对各种职业、各个层面上的人员责、权、利关系给予明确的规定,提出了民事控制、事故责任、生产控制与激励以及最低工资的规定。巴比伦人首先认识到责任不能推诿给下级这一原则。希伯来人同样注重依法管理,其法典要比《汉谟拉比法典》开明进步一些。罗马的立法和司法的分权制则为后来立宪政府的制约和平衡体制树立了一个典范。

2．中央集权的专制政权是早期国家管理的基本特征

古埃及人建立起以法老为最高统治者的中央集权的专制政权。法老是全国土地的最高所有者，拥有对埃及国家财产的全部支配权，法老政权制定了土地制度、税收制度、档案制度，把权力和财富都集中在自己手上。古罗马人建立并实行一种连续授权的组织制度，这是一种行政授权与军事控制相结合的集权型等级制度，在税收上体现了管理智慧。苏美尔人庙宇中的祭司通过庞大的赋税制度积累了大量财物，如畜群、钱财和房地产等。为了管理这些财物，他们在泥板上用文字记载账目、文件等。

3．利用宗教来控制人和管理国家

希伯来人很善于利用宗教来控制人和管理国家。大卫王统治时期，为适应政治统一的需要，将耶和华神的地位进一步提高。祭司以西结宣扬耶和华神是宇宙间的唯一真神，是犹太人的"救世主"，他将帮助犹太人复国，建立一个祭司宗教权力与贵族政治权力合一的统一的神权政体国家。

4．在工程和军事管理方面表现出高超的组织管理能力

古埃及人在建造金字塔的过程中，精心计划、组织和控制，安排和解决食物、住房、运输问题，表现出了非凡的管理和组织能力。在工程管理中，每个监工大约管理10名奴仆，反映出他们已知道每个管理者所能监督人数的管理跨度是"以十为限"。罗马军队实行"10人编队制"。古希腊人的管理思想中充满着知识和思维的力量，他们崇尚民主管理，建立了有一定民主成分的政府，认识到了专业化与合理分工的原则以及管理的普遍性原则，提出管理是一种独特的技艺。他们用音乐来调节艰苦、单调、重复性的工作，把财富是否得到增加作为检验管理水平高低的标准，认为加强人的管理是管理的中心任务。

（二）中世纪的管理思想

中世纪指的是从罗马帝国衰亡到文艺复兴前的一段时间，是欧洲进入封建社会的时代，从公元600年一直延续到公元1500年。

中世纪的社会有一套严整的封建等级制度。国王是封建社会最大的封建主，土地是维系其统治关系的主要生产资料，他把一大部分土地分封给大封建主，大封建主把一部分土地分封给较小的封建主，较小的封建主又把一小部分土地分封给下面的封建主。每一个封建主相当于一个小国君，他们拥有自己的武装力量，割据一方，各自为政，并时常为扩大自己的领地与其他封建主甚至领主发生战争，混乱不堪。这个时期，生产力的发展受到束缚。尽管如此，随着城市的兴起、行会的建立、贸易的发展和大学的兴办，管理思想也得到了发展。

在中世纪初期，尽管没有关于管理思想的专门著作，但是，在一些思想家的论述中还是可以发现许多重要的管理思想。比如：

格札里对领导者提出必须保有四种品质——公正、智慧、耐心、谦虚。

托马斯·阿奎那提出消费的适可原则，生产上的二因素论——劳动和徒弟；经济活动的干预主义、公平价格论、货币论、利息论、商业论等。

帕西奥利于1494年发表了一篇关于复式簿记制的论文，建议要把备忘录、日记账和分类账编上号码并注明日期，所有的交易文件都要详尽完备并长期存档，定期核查，以便及时了解和控制现金和存货的状况。

此外，中世纪也出现了十分出色工厂管理实践。威尼斯兵工厂的管理代表了这一时期的管理水平。威尼斯兵工厂在成品部件的编号和储存、安装舰只的装配线、人事管理、部件的标准化、会计控制、存货控制、成本控制等方面积累了成型的管理经验。

（三）文艺复兴时期的管理思想

文艺复兴运动为管理思想的发展开辟了广阔空间。人文主义精神的弘扬，使人类的思想和社会生产力获得了空前的解放，为管理从经验走向科学提供了可能，以人为本的思想渗透到管理之中。

这个时期的贸易、航运、海外旅行的空前发展开阔了人们的视野，使局限在狭隘范围内的地中海贸易扩展成为世界性的经济活动，商业额和消费品的种类大量增加，银行业迅速发展，信贷业务发展到异地支付、兑现的水平，国际贸易、跨国经营、股份公司成为管理的新领域、新模式，从而使管理的内容、范围、方式、途径均发生了极大变化，为迎接工业革命的到来做好了准备。

第二节 古典管理理论

管理科学产生于19世纪末20世纪初，是随着资本主义工业的发展而逐渐形成和发展起来的。一般认为，管理科学是从美国管理学家弗雷德里克·温斯洛·泰罗开始出现的，至今历经古典管理理论、行为科学理论和现代管理理论三个发展阶段。各种管理理论的产生虽然有先有后，但在产生之后，却是并存发展、相互影响，也存在着继续、借鉴关系。

20世纪初，由泰罗发起的科学管理革命，导致了古典管理理论的产生。古典管理理论的代表人物泰罗、法约尔、韦伯，分别从三个不同角度，即车间工人、办公室总经理和组织，来解决企业和社会组织的管理问题，为当时的社会解决企业组织中的劳资关系、管理原理和原则、生产效率等方面的问题，提供了管理思想的指导和科学理论方法。

一、泰罗及其科学管理思想

（一）弗雷德里克·泰罗的生平

泰罗出生于美国一个富裕的律师家庭，良好的家庭教育使他从小培养了追求真理、观察核对事实的强烈欲望和根除浪费与懒惰弊病的热忱，对处理任何事情都想探究一种最好的方法。18岁时，泰罗以优异成绩考入哈佛大学，第二年因视力与健康原因而中止学业，到一家小机械厂当徒工。22岁进入费城米德维尔钢铁公司做技工，后来迅速提升为工长、总技师。28岁时任钢铁公司总工程师。他对工人处境、劳动状况有着丰富的实践体验，并由此引发了他对通过提高低效率工作工人的劳动效率来改变企业工作状况的思考。

1898年，泰罗受雇于伯利恒钢铁公司期间，进行了著名的搬运生铁块试验和铁锹试验。搬运生铁块实验是在这家公司的五座高炉的产品搬运班组大约75名工人中进行的，由于这一研究改进了操作方法，训练了工人，其结果使生铁块的搬运量提高了3倍。铁锹试验首先是系统地研究铲上的负载应为多大的问题；其次研究各种材料能够达到标准负载的形状、规格问题，同时还研究了各种原料装入铁锹的最好方法的问题。此外还对每一套动作的精确时间做了研究，从而得出了一个"一流工人"每天应该完成的工作量。这一研究的结果是非常出色的，堆料场的劳动从400～600人减少为140人，平均每人每天的操作量从16吨提高到59吨，每个工人的月工资从1.15美元提高到1.88美元。泰罗在米德瓦尔开始进行的金属切削试验延续了26年之久，各项试验达3万次以上，80万磅的钢铁试验用的工具被切削，总耗费约15万美元。试验结果发现了能大大提高金属切削产量的高速工具钢，并取得了各种机床适当的转速和进刀量以及切削用量标准等资料。泰罗的这些试验集中于"动作"和"工时"的研究，以及工具、机器、材料和工作环境等标准化研究，并根据这些成果制定了每日比较科学的工作定额和为完成这些定额的标准化工具。

泰罗一生致力于"科学管理"，但他的做法和主张并非一开始就被人们接受，而是日益引起舆论的种种议论。美国国会曾于1912年举行对泰罗制和其他工场管理制的听证会，泰罗在听证会上作了精彩的证词，向公众宣传科学管理的原理及其具体的方法和技术，引起了极大的反响，逐渐被人们普遍接受。

1901年以后，泰罗用大部分时间从事写作、讲演，宣传他的一套管理理论。1911年发表其代表著作《科学管理原理》。在《科学管理原理》中，泰罗认为科学管理思想应遵循四条重大的管理原则。

（1）建立一种严格的科学。对一个人工作各个组成部分总结出科学规律，以代替旧的、只凭经验的做法。

（2）科学地挑选、培训、教育和发展工作。为实现工作的标准化和差别计件工资制，必须科学挑选工人，保证他们具备与工作相应的体力和智力上的条件。然后，工人还必须接受系统培训并给予进一步发展的机会，使其能够胜任"最高级、最有兴趣和最有利可图的工作"，从而成为"第一流的工人"。

（3）诚恳地与工人合作，以保证一切工作都按已发展起来的科学原则办事。

（4）工人与管理层之间在工作和责任上的份额大致均等，管理层应把适合自己做的工作接收回来。

在管理思想史上，泰罗被誉为"科学管理之父"，这个称号被刻在他的墓碑上。

（二）泰罗的科学管理理论

泰罗科学管理理论的内容主要包括以下几个方面。

1. 科学管理的中心问题是提高效率

要制定出有科学依据的工人的"合理的日工作量"，就必须进行工时和动作研究。方法是选择合适且技术熟练的工人，把他们的每一项动作、每一项工序所使用的时间记录下来，加上必要的休息时间和其他延误时间，就得出该项工作所需要的总时间，据此定出一个工人的"合理的日工作量"，这就是所谓的"工作定额原理"。

2．科学挑选工人

为了提高劳动生产率，必须为工作挑选"第一流的工人"。第一流工人就是适合于其工作而又有进取心的人，并对他们进行培训和教育。这就是所谓的"第一流工人原理"。

3．工时研究与标准化

工时研究是泰罗制的基础，必须对工人的操作方法、工具、劳动和休息时间的搭配，机器的安排和作业环境的布置等进行分析，要使工人掌握标准化的操作方法，使用标准化的工具、机器和材料，并使作业环境标准化，这就是所谓的"标准化原理"。

4．差别计件工资制

为了鼓励工人努力工作，泰罗提出了差别计件工资制，即根据工人完成定额的不同而采取不同的工资率，而不是根据工作类别来支付工资。

5．把计划职能和执行职能分开，变原来的经验工作法为科学工作法

所谓"经验工作法"，是指每个工人用什么方法操作，使用什么工具等，都由他根据自己或师傅等人的经验来决定。泰罗主张的计划职能实际上就是管理职能，执行职能就是劳动职能。泰罗主张由专门的计划部门来从事调查研究，为定额和操作方法提供科学依据，拟订计划并发布指示和命令。

6．实行职能工长制

设立职能工长，使每个工长负责某一方面的工作，每个工长在其业务范围内可以对工人发号施令。这样做有三个优点：第一，对管理者的培训所花的时间较少；第二，管理者的职责明确，因而可以提高效率；第三，非熟练工人也可以从事较复杂的工作。

7．在管理上实行例外原则

规模较大的企业组织和管理，必须实行例外原则，即企业的高级管理人员把例行的一般日常事务授权给下级管理人员去处理，自己只保留对例外事情的决定和监督权。这种以例外原则为依据的管理控制原理，以后发展为管理上的分权化原则和实行事业制管理体制。

8．劳资双方的"精神革命"

有了合理的日工作量，有了经过精心挑选的第一流的工人，有了刺激性的付酬制度，还要解决的问题，就是雇主和工人之间建立良好的合作关系。泰罗认为，雇主和工人都必须认识到提高劳动生产率对双方都有利，因此，雇主和工人都必须来一次"精神革命"，即相互合作，共同为提高劳动生产率而努力。

由此可见，泰罗的管理理论倡导在管理中运用科学的方法和科学的实践精神，从而用调查研究和科学知识代替管理者个人的主观判断与经验。正是泰罗理论的出现，才使人类的管理由经验走向科学。当然，泰罗的科学管理理论也存在着许多不足之处，除了受其所代表的资产阶级的阶级局限性之外，还表现在：一是对工人的看法是错误的。他认为工人的主要动机是经济利润，工人最关心的是增加自己的金钱收入。他认为工人是笨拙的，对作业的科学化完全是无知的。二是仅重视技术因素，忽视社会、群体因素对管理的影响。三是注重基层管理或车间管理，忽视企业作为一个整体如何经营与管理的问题。

管理实例 2-7

科学管理理论的实践应用

泰罗的科学管理理论并不是脱离实际的,其几乎所有管理原理、原则和方法,都是经过自己亲自试验和认真研究所提出的。它的内容里所涉及的方面都是以前各种管理理论的总结,与所有管理理论一样,都是为了提高生产效率,但它是最成功的。它坚持了竞争原则和以人为本原则。竞争原则体现为给每一个生产过程中的动作建立一个评价标准,并以此作为对工人奖惩的标准,使每个工人都必须达到一个标准并不断超越这个标准,而且超过越多越好。于是,随着标准的不断提高,工人的进取心就永不会停止,生产效率必然也跟着提高;以人为本原则体现为这个理论是适用于每个人的,它不是空泛的教条,是实实在在的,是以工人在实际工作中的较高水平为衡量标准的,因此既可使工人不断进取,又不会让他们认为标准太高或太低。

二、法约尔和韦伯：一般行政管理理论

一般行政管理理论的杰出代表是亨利·法约尔(Henri Fayol)和马克斯·韦伯(Max Weber)。

（一）法约尔

法约尔(1841—1925)是与泰罗同时代的另一位杰出的古典管理理论家,被称为"管理过程理论之父"或"现代经营管理之父"。他 19 岁时毕业于法国国立采矿学院,同年进入康门特里—福尔尚布矿冶公司任工程师,由于他勤奋好学、才华出众,工作晋升很快,25 岁担任矿井经理,31 岁担任煤矿总经理,47 岁起担任公司总经理,直至 77 岁时退休。退休后他创办了法国管理研究中心,并兼任高级商业学院教授。他的代表著作是《工业管理与一般管理》(1916)。

法约尔的职业生涯是在法国一家大型矿业冶金公司度过的,并在该公司担任总经理达 30 年(1888—1918)之久。他接受任务时该企业正处于破产的边缘,当他退休时这家企业的财务状况已无懈可击。因具有长期从事高层管理工作的背景(泰罗是从工人的地位开始研究工作的,而法约尔却是从总经理的地位开始的),他对全面管理工作(所有管理者的活动)有着深刻的体会和了解。人们一般认为法约尔是第一个概括和阐述一般管理理论的管理学家。

法约尔认为经营与管理是两个不同概念。经营是引导一个组织趋向于一个目标。经营包含六种活动:技术活动(生产)、商业活动(交换活动)、财务活动(资金的筹集、控制和使用)、安全活动(财务与人身安全)、会计活动(记账算账、成本核算和统计)、管理活动(行政管理)。

法约尔指出,人们对前五种活动了解较多,但对管理活动知之甚少。管理是有别于以上五种职能的一种职能。在以上六种活动中,前五活动都不负责制订企业的总经营计划,不负责建立社会组织、协调各方面的力量和行动。这些重要职能属于管理的范畴。管

理活动处于以上活动的核心地位,即企业本身需要管理,同样地,其他五项活动也需要管理。而且,管理职能是具有一般性的,是适用于工商企业、政府甚至家庭中所有涉及人的管理的一种共同的活动。他还认为,管理具有可概念化、可理论化、可传授的特点,应该大力发展管理教育。

法约尔的主要贡献在于提出了关于管理的五大要素或五大职能——即计划(探索未来,制订行动计划)、组织(建立企业物质和社会的双重结构)、指挥(使人发挥作用)、协调(连接、联合、调动所有的活动及力量)和控制(注意是否一切都已按已制定的规章和下达的命令进行)——的思想,这一思想已成为认识管理职能和管理过程的一般性框架。

法约尔还提出了 14 条管理原则,这些原则至今仍有重要的实践指导意义。

(1) 分工。分工不仅局限于技术工作,而且也可适用于管理职能专业化和权限的划分。

(2) 权力和责任。权力是下达命令的权利和强使人服从的职权。

(3) 纪律。纪律建立在尊重而不是畏惧的基础上,纪律好坏关系到企业的成败。

(4) 统一指挥。一个雇员不管采取什么行动,只应接受一个上级的命令。

(5) 统一指导。同一目标的许多工作只能有一个领导和一个计划指导。

(6) 个人利益服从整体利益。

(7) 人员报酬。报酬必须公平合理。

(8) 集权。根据企业的规模、特点和领导者的能力等具体条件,规定集权和分权的程度,把集权和分权做到恰到好处。

(9) 等级链。从最高的权力机构到最基层的上下级关系要形成阶梯形的权力锁链,表明权力等级的顺序和传递消息的途径。

(10) 秩序。物资存放有秩序,厂区必须整洁,每个职工都有明确的岗位职责。

(11) 公平。善意和公正地处理职工之间的关系。

(12) 人员保持稳定。

(13) 创造性。在一切工作中要积极主动充满热情、富有创造精神。

(14) 集体精神。在企业内部建立和谐与团结的气氛。

法约尔的 14 条管理原则具有独创性的见解,对于管理理论研究和实际工作都具有很大的启发性。

(二) 韦伯

韦伯(1864—1920)是德国社会学家、经济学家和和哲学家,是德国古典管理理论的代表人物,也是一位享誉世界的思想家。他取得过法学学位,曾任柏林大学讲师,主要贡献是提出了理想的行政组织理论,代表作是《社会组织和经济组织理论》。他是最早提出比较完整的行政组织体系的人,因此被称为"组织理论之父"。

在 20 世纪早期,韦伯描述了一种他称之为官僚行政组织的理想组织模式。这是一种体现劳动分工原则、有着明确定义的等级和详细的规则与制度,以及非个人关系的组织模式。韦伯认为尽管这种"理想的官僚主义行政组织"在现实中是不存在的,但它代表了一种可供选择的现实世界的重构模式(理论模式)。他把这种模式作为推理的基础,用来推论在一个大的团体中应当有哪些工作和应当如何从事这些工作。这一理论对工业化以来各种不同类型组织产生了广泛而深远的影响,成为现代大型组织采用的一种组织管理模式。

韦伯认为,理想的行政组织体系是所谓官僚制,亦叫"科层制"。这种行政组织体系包括六个方面的内容。

(1) 为了实现一个组织的目标,要把组织中的全部活动划分为各种基本的作业,作为公务分配组织中的各个成员。

(2) 各种公务和职位是按照职权的等级原则组织起来的,每一职位有明文规定的权利和义务,形成一个指挥系统或层次体系。

(3) 组织中人员的任用,完全根据职务上的要求,通过正式考试或教育训练来实行。

(4) 管理人员有固定的薪金和明文规定的升迁制度,是一种"职业的"管理人员。

(5) 管理人员必须严格遵守组织规定的规则和纪律,使之不受任何人的感情因素的影响,保证在一切情况下都能贯彻执行。

(6) 组织中的各级官员必须完全以理性为指导,他们全没有个人目标,没有仇视、偏爱、怜悯、同情,然而却有理性,尽管这种理性带有机械性。

韦伯的行政组织理论实际上是把管理非人格化,依靠单纯的责任感和无个性的工作原则,客观合理地处理各项事务。韦伯的古典管理理论为企业管理奠定了理论基础,也可视为一种企业文化理论的萌芽。

第三节　行为科学理论

20 世纪 20 年代前后,社会环境发生了变化,突出表现在以下两个方面。

(1) 工人运动风起云涌。工会组织蓬勃发展,工会组织起来和雇主进行斗争,使得劳资关系相当紧张。随着美国经济危机的加剧和工人觉悟与需求层次的提高,过去泰罗等人提出的"经济人"假设为依据的古典管理理论和由此而制定的以"物质奖励与惩罚"为基础的管理制度,已表现出很大的局限性。

(2) 管理与科技发展不相适应。科技的发展,竞争的加剧,使得企业主感到单纯地用泰罗制已经不能有效地控制工人、提高劳动生产率和利润。有些管理学家和心理学家也意识到社会化大生产的发展需要有一种与之相适应的新的管理理论。

在这一背景下,行为科学的早期理论——人际关系学说应运而生。

这一研究构成了目前的人事管理领域以及关于激励和领导的当代观点。这些研究所持的基本观点是一致的,即一种人力资源观。

一、早期倡导者

关于人的因素对组织成功重要性的认识,至少可以追溯到罗伯特·欧文(Robet

Owen)。作为空想社会主义者,他设想了一个乌托邦式的工作场所。早在 1825 年,他就提出应在法律上规定工作时间、制定童工法、普及教育、由公司提供工作午餐以及企业参与社区发展计划。

雨果·缪斯特伯格(Hugo Minsterberg)则开辟了工业心理学研究领域,其代表作是《心理学和工业效率》(1913)。今天我们关于甄选技术、雇员培训、工作设计和激励的知识,很多是建立在他的研究基础之上的。

玛丽·帕克·福利特(Mary Parber Follett)则最早认识到应当从个人和群体行为的角度考察组织。她认为组织应基于群体道德而不是个人主义,个人的潜能只有通过群体的结合才能释放出来,否则永远是一种潜能。管理者的任务是协调群体的努力。管理者和工人应将他们看作是合作者——即共同体的一部分。她的人本思想影响着我们看待动机、领导、权力和权威的方式。

切斯特·巴纳德(Chester Barnard)的思想则在古典管理理论和人力资源学说之间架设了桥梁。他也是一位实践家,曾任新泽西贝尔电话公司总裁,并深受韦伯著作的影响。但他不同意韦伯对组织的机械论和非人格化观点,他把组织看作一个社会系统,这个系统要求人们之间的合作。他的思想体现在《经理的职能》(1938)一书中。

二、行为科学早期代表理论——人际关系学说

梅奥(1880—1949)于 1926 年在哈佛大学工商管理研究院工业研究室任教,于 1924 至 1932 年间受美国国家研究委员会的委派,参与策划了在美国芝加哥西方电器公司的霍桑工厂进行的一系列试验,这就是闻名于世的霍桑试验。有关霍桑试验的总结主要集中在他的《工业文明的人类问题》和《工业文明的社会问题》两本书中。

(一)霍桑实验

行为科学对管理学最重要的贡献来自霍桑实验。这项实验因在西方电气公司设在伊利诺伊州西塞罗的霍桑工厂进行而得名。该厂是一家生产电话机的工厂,设备先进,福利优越,具有良好的娱乐设施、医疗制度和养老金制度。但工人仍愤愤不平,生产效率不甚理想。这一实验最初试图回答一个非常质朴的问题:工作场所的照明对雇员的绩效会产生什么样的影响?最初的照明实验引发了随后的一系列实验。这些实验的基本假设如下。

(1)改进物质条件和工作方法,可以导致产量增加。

(2)安排工间休息和缩短工作日,可以解除疲劳,从而增加产量。

(3)安排工间休息可以减少工作的单调性,从而增加产量。

(4)个人计件工资制可以促进产量增加。

(5)改变监工方式与控制方法,可以改善人际关系,从而改进工人的态度,进而促进产量增加。

霍桑试验共分为以下四个阶段。

1. 工场照明试验(1924—1927)

研究人员希望由此推测出照明强度变化后所产生的影响。得出的结论是：工场照明只是影响员工产量的因素之一，而且是不太重要的因素。

2. 继电器装配室试验(1927—1928)

试验结果表明，由于督导方法的变更，使员工的态度改善，因而产量增加。

3. 大规模的访问与普查(1928—1931)

研究者得出的结论是：任何一位员工的工作成绩，都要受到周围环境的影响。

4. 电话线圈装配工试验(1931—1932)

研究人员通过实验发现：小团体不顾管理当局关于产量的规定而另外规定了团体的产量限额；工人们使上报的产量显得平衡均匀，以免露出生产进度太快或太慢的迹象；小团体制定了一套措施来使不遵守团体定额的人就范；在正式结构中存在着两个小团体，即非正式组织。

（二）霍桑实验的结论

梅奥等人通过以上一系列的实验，经过研究得出了一系列重要的结论。

（1）职工是"社会人"。古典管理理论把人视为"经济人"，认为金钱是刺激积极性的唯一动力，生产效率主要受到工作方法和工作条件的制约。霍桑试验表明，职工不仅受金钱的影响，还受社会和心理影响。生产效率主要取决于职工的积极性，取决于职工的家庭和社会生活以及企业中人与人的关系。

（2）企业中存在着"非正式组织"。非正式组织通过不成文的规范左右着成员的感情倾向和行为。

（3）生产率主要取决于工人的工作态度以及他和周围人的关系。霍桑实验对改变那种认为人与机器没有差别的流行观点起了很大作用，激发起对人的因素的兴趣。

三、人际关系理论

在霍桑实验的基础上，更多的学者加入到对人性的探索之中，并形成了人际关系(human relations)学说。人际关系理论的成员一致相信雇员满意的重要性——一个满意的工人一定会是一个富有效率的工人。

这一理论的骨干人物有：亚伯拉罕·马斯洛(Abraham Maslow)、弗雷德里克·赫茨伯格(Frederick Herzberg)、道格拉斯·麦格雷戈(Douglas McCregor)、威廉·大内(William Ouch)等。

（一）亚伯拉罕·马斯洛的需要层次理论

亚伯拉罕·马斯洛(1908—1970)，美国人本主义心理学家，第三代心理学的开创者，提出了融合精神分析心理学和行为主义心理学的人本主义心理学，以需要层次理论(need-hierarchy theory)最为人熟悉，该理论提出了人类需要的五个层次，依次是：生理需要、安全需要、社会需要、尊重需要和自我实现的需要。人们一般是按照这个等级系列从低级到高级来追求各种需要的满足；当某一需要得到满足后便不再对人的行为产生激励作用；当人的某一需要成为目前最迫切的需要时，他可置其他需要而不顾。

（二）弗雷德里克·赫茨伯格的双因素理论

弗雷德里克·赫茨伯格，美国心理学家、管理理论家、行为科学家，双因素理论的创始人。赫茨伯格在 1966 年《工作和人的性质》一书中首次提出激励因素—保健因素理论。他把企业中有关的因素分为满意和不满意两类。满意因素可以使人得到满足，它属于激励因素，这是适合人的心理成长因素。不满意因素是指缺乏这些因素时容易产生不满和消极的情绪，即保健因素。赫茨伯格在对激励因素和保健因素做出分析以后得出，"激励是促进人的积极性不断提高的因素"，从而最终提高企业的生产效率和效益。

（三）道格拉斯·麦格雷戈的人性假说理论

道格拉斯·麦格雷戈(1906—1964)，美国著名的行为科学家，人性假设理论创始人，管理理论的奠基人之一。道格拉斯·麦格雷戈是人际关系学派最具有影响力的思想家之一。他的学生评价他说："麦格雷戈有一种天赋，他能理解那些真正打动实际工作者的东西。"

麦格雷戈提出了关于人性的两套系统性假设——X 理论和 Y 理论。

1. 理性——经济人假说（X 理论）

人是由经济诱因来引发工作动机的，其目的在于获得最大的经济利益。经济诱因在组织的控制之下。因此，人被动地在组织的操纵、激励和控制之下从事工作。人以一种合乎理性的、精打细算的方式行事。人的情感是非理性的，会干预人对经济利益的合理追求。组织必须设法控制个人的感情。

2. 社会人假说（Y 理论）

人工作的主要动机是社会需要，职工可以通过与同事的关系获得基本的认同感。产业革命和工作合理化的结果，使得工作变得单调而无意义。因此，必须从工作的社会关系中去寻求工作的意义。

非正式组织的社会影响比正式组织的经济诱因对人有更大的影响力。

3. 洛尔施/莫尔斯的超 Y 理论（复杂人假说）

每个人都有许多不同的需求和不同的能力（动机复杂且多变）。

一个人可以在组织中学到新的需要和动机。

人在不同的组织和部门中可能有不同的动机模式。

一个人是否感到满意，肯为组织尽力，取决于他本身的动机构造同组织之间的相互关系。

人们依据自己的动机、能力及工作性质对不同的管理方式做出不同的反应。所以，有人希望有正规化的组织规章条例来要求自己的工作，而不愿意参与问题的决策去承担责任，这种人欢迎以 X 理论指导管理工作；有的人则需要更多的自制责任和发挥个人创造性的机会,这种人则希望以 Y 理论指导工作。

管理实例 2-8

规章制度是严点好还是宽点好

　　某学校召开领导班子会议,研究学校的规章制度建设问题。党支部书记提出,根据依法治校的精神,对学校规章制度要进行全面修订,这次修订要求制度定的严一点还是宽一点,请同志们讨论一下,定个调子,让各部门根据这个调子对规章制度进行修订。

　　规章制度是严点好还是宽点好? 大家议论纷纷,有人认为规章制度就是要从严、从细,越严越细越能堵塞漏洞。有人认为出问题就说这个制度有漏洞,不科学,规章制度靠人来操作,关键是人的素质问题,高素质的人就是没有制度约束,也不会出问题。 制定制度要建立在对同志基本信任的基础上,并不是说制度越严越好,把什么都定得很死,不利于发挥责任人的作用,要给责任人一点负责的空间。双方争持不下。

(四)威廉·大内的 Z 理论

　　威廉·大内是日裔美籍管理学家,从 1973 年开始转向研究日本企业管理,经过调查比较日美两国管理的经验,于 1981 年在美国出版了《Z 理论——美国企业界怎样迎接日本的挑战》一书。在这本书中,他提出 Z 理论,并最早提出企业文化概念,其研究的内容为人与企业、人与工作的关系。

　　威廉·大内认为一切企业的成功都离不开信任、敏感和亲密,认为企业领导者与职工的利益是一致的,两者的积极性可融为一体。因此,他主张以坦白、开放和沟通作为基本的原则来实行民主管理。

　　(1) 企业对职工的雇用是长期的,有利于使职工关心企业的利益和前途。

　　(2) 鼓励职工参与企业决策和管理。

　　(3) 实行个人负责制,强调创造性地执行上级指令。

　　(4) 上下级关系融洽。

　　(5) 对职工全面培训。

　　(6) 长期评价与稳步提拔。

　　(7) 控制机制含蓄。

管理实例 2-9

情绪影响行为

　　济南某青年职工李某,父母双亡,工资很低,还要供养弟妹,本人又患肺病,27 岁还未找到对象,情绪非常低沉。他常常对人说:“不如死了算了。”上班经常迟到早退,违章作业不断发生。

　　企业工会经常派人找小李谈心,发给他困难补助,并送他到苏州疗养,病好后又都他找到对象。李结婚时工会还帮他找了房子,小李万分感谢组织。从此,他积极工作,严格执行规章制度,在一年的工作中连续防止了两起重大事故,受到单位表扬和奖励。

第四节　现代管理理论

一、理论背景

第二次世界大战之后,组织的规模进一步扩大,员工的人数越来越多,政府对企业干预的政策法规也明显增多,加之先进技术的使用等因素,促成了管理理论的繁荣。

哈罗德·孔茨(1908—1984)在 1961 年 12 月的《管理学会杂志》指出,管理理论已出现一种众说纷纭、莫衷一是的乱局,管理理论还处在一个不成熟的青春期。孔茨把各种管理理论分成六个主要学派(管理过程学派、经验或案例学派、人类行为学派、社会系统学派、决策理论学派、数学学派)。这就是"管理理论丛林"的提出。

1980 年,哈罗德·孔茨在《再论管理理论的丛林》一文中指出,管理理论到当时至少已经有 11 个学派。他认为,现代管理理论学派林立,形成了"管理理论丛林"现象。在茂密的管理理论丛林中,这 11 个学派是:管理过程学派、人际关系学派、群体行为学派、经验主义学派、社会合作系统学派、系统管理学派、决策理论学派、管理科学学派、权变理论学派、社会技术系统学派、沟通(信息)中心学派。

但是至今仍有很多专家学者对是否存在管理理论丛林的现象持不一致意见,并有人提出,如果存在,是否有必要走出这个丛林的疑问。

仁者见仁,智者见智,产生这些分歧的原因有以下几点。

(1)人性假设的分歧。管理人、复杂人、决策人等词的出现。

(2)语义上的混乱。对"管理""组织""决策""领导"等概念的不同理解。

(3)先验的假设。有些后来的学者对前人经过提炼的经验看成先验的推理而加以指责,然后再提出一些所谓的新东西。

(4)对原则的误解。孔茨认为,那些自以为已取得声誉和地位、能够提出某种独特观点或方法的人,对任何带有点管理原则色彩的东西,总是喜欢加以摒弃,并称这些东西为老生常谈。

(5)管理理论的学者不能或不愿互相了解。很多学者不愿意去正确地了解对方。

二、现代管理理论各个学派的主要观点

(一)管理过程学派

管理过程学派又叫管理职能学派、经营管理学派。这一学派是继古典管理学派和行为科学学派之后最有影响的一个学派,创始人是古典管理学家法约尔,而以提出"管理理论丛林"而闻名于世的孔茨本人,则是这一学派的集大成者。

管理过程学派的研究对象是管理过程和职能。他们认为,各个组织以及组织中各层次的管理环境都是不同的,但是管理却是一种普遍而实际的过程,同组织的类型或

层次无关。

该学派的理论依据包括以下几点。

（1）管理是一个过程。可以通过分析管理人员的职能，从理论上很好地进行分析。

（2）根据在企业中长期从事管理的经验，可以总结出一些管理基本原理，这些基本原理对认识和改进管理工作都能起到一定的说明和启示作用。

（3）可以围绕这些基本原理展开有益的研究，以确定其实际效用，增加在实践中的作用和适用范围。

（4）这些基本管理只要还没有被实践证明不正确或被修正，就可以为形成一种有用的管理理论提供若干要素。

（5）管理是一种可以依照原理的启发而加以改进的技能，就像生物学和物理学中的原理一样。

（6）管理人员的环境和任务受到文化、物理、生理等方面的影响，但也吸收同管理有关的其他学科的知识。

（二）人际关系学派

这一学派是从 20 世纪 60 年代的人类行为学派演变来的。B. F. 斯金纳（1904—1990）是行为主义学派最负盛名的代表人物。这个学派认为，既然管理是通过别人或同别人一起去完成工作，那么，对管理学的研究就必须围绕人际关系这个核心来进行。这个学派把有关的社会科学原有的或新近提出的理论、方法和技术用来研究人与人之间和人群内部的各种现象，从个人的品性动态一直到文化关系，无所不涉。这个学派注重管理中"人"的因素，认为在人们为实现其目标而结成团体一起工作时，他们应该互相了解。

（三）群体行为学派

这一学派是从人际关系学派中分化出来的，因此同人际关系学派关系密切，甚至易于混同。但它关心的主要是群体中人的行为，而不是人际关系。它以社会学、人类学和社会心理学为基础，而不以个人心理学为基础。它着重研究各种群体行为方式。从小群体的文化和行为方式，到大群体的行为特点，都在它研究之列。它也常被叫作"组织行为学"。"组织"一词在这里可以表示公司、政府机构、医院或其他任何一种事业中一组群体关系的体系和类型。有时则按切斯特·巴纳德的用法，用来表示人们间的协作关系。而所谓正式组织，则指一种有着自觉的精心筹划的共同目的的组织。克里斯·阿吉里斯甚至用"组织"一词来概括"集体事业中所有参加者的所有行为"。

（四）经验主义学派

经验主义学派的代表人物是美国管理学家彼德·德鲁克和欧内斯特·戴尔。这一学派的中心是强调管理的艺术性。他们认为，古典管理理论和行为科学都不能完全适应企业发展的实际需要，有关企业管理的科学应该从企业管理的实际出发，以大企业的管理经验为主要研究对象，加以概括和理论化，不必企图去确定一些原则，只要通过案例研究分析一些成功经理人员的成功经验和他们解决特殊问题的方法，便可以在相仿的情况下进行有效的管理。

经验主义学派的主要观点有以下几点。

1. 关于管理的性质

他们认为管理是管理人员的技巧，是一个特殊的、独立的活动和知识领域。

2. 关于管理的任务

他们认为作为管理人员的经理，有两项别人无法替代的特殊任务：一是必须造成一个"生产的统一体"；二是在做出每一个决策和采取每一项行动时，要把当前利益和长远利益协调起来。

3. 提倡实行目标管理

这个学派有时也想得出一般性的结论，但往往只不过是把它当成一种向实际管理工作者和管理学者传授经验的手段。典型的情况是，他们把管理学或管理"策略"看成是对案例进行分析研究的手段，或者采用类似欧内斯特·戴尔的"比较法"。

（五）社会合作系统学派

社会合作系统学派的代表人物是美国的切斯特·巴纳德，代表作是《经理的职能》。巴纳德被誉为"现代管理理论之父"。该学派的主要观点有以下几点。

1. 组织的实质

组织是一个系统，是由人的行为构成的、整体的协作系统的一部分和核心。这一协作系统由人的系统、物的系统和社会系统所组成。

2. 组织要素

作为一个组织，必须具备三个要素：协作的意愿；共同的目标；成员间的信息沟通。经理人员是组织成员协作活动相互联系的中心。他的基本任务是：建立整个组织的信息系统并保持其畅通；保证其成员进行充分协作；确定组织目标。

3. 权限接受论

权力来源原理：权力来源于生产资料的占有者。权力大小的确定：权力发出后被接受的程度，即不是上级授予，而来自下级接受的程度。

4. 组织平衡论

组织对内平衡：组织对个人的诱因要大于或等于个人对组织所作的贡献。组织对外平衡：组织内部效率产生外部效能，它与外部环境间的平衡。

（六）系统管理学派

系统管理学派的代表人物是美国的卡斯特和罗森茨韦克。强调应用系统的观点，全面考察与分析研究企业和其他组织的管理活动、管理过程等，以便更好地实现企业的目标。他们认为，组织是由人们建立起来的相互联系并且共同工作着的要素所构成的系统。其中，这些要素可称为子系统。系统的运行效果是通过各个子系统相互作用的效果决定的。组织这个系统中的任何子系统的变化都会影响其他子系统的变化。为了更好地把握组织的运行过程，就要研究这些子系统及它们之间的相互关系，以及它们怎样构成了一个完整的系统。

（七）决策理论学派

决策理论学派的代表人物有美国的赫伯特·西蒙。主要观点是：管理就是决策，决策贯穿于整个管理过程；把决策分为程序化决策和非程序化决策，二者的解决方法一般不同；信息本身以及人们处理信息的能力都是有一定限度的，现实中的人或组织都只是"有限理性"而不是"完全理性"的；决策一般基于"满意原则"而非"最优原则"；组织设计的任务就是建立一种制定决策的"人—机系统"。这一学派重点研究决策理论，片面地强调决策的重要性，但决策不是管理的全部。

（八）管理科学学派

管理科学学派的代表人物是布莱克特和伯法等人。该学派将管理作为数学模式或过程加以处理。他们认为，由于管理全过程（计划、组织、控制）的工作是一个合乎逻辑的过程。把管理看成是一个类似于工程技术、可以以精确计划和严格控制的过程，因此也被称为技术学派。其局限性在于：适用范围有限，不是所有管理问题都能定量。实际解决问题中存在许多困难。管理人员与管理科学专家之间容易产生隔阂。此外，采用此种方法大都需要相当数量的费用和时间，往往只用于大规模复杂项目。

（九）权变理论学派

权变理论学派的代表人物有劳伦斯和洛尔希。权变理论是 20 世纪 70 年代在经验主义学说的基础上进一步发展起来的管理理论。权变理论认为管理中不存在普遍适用的"最佳管理理论"，有效的管理是根据组织的内外因素灵活地应用各种管理方法解决管理问题的过程。

权变理论的基本观点主要包括以下几个方面。

1. 权变管理思想结构

管理同环境之间存在着一定的函数关系，但不一定是因果关系。这种函数关系可以解释为"如果—就要"的关系，即"如果"某种环境或情况存在或发生，"就要"采用某种管理思想。

2. 权变理论的组织结构观点

把组织看成一个既受外界环境影响，又对外界环境施加影响的"开放系统"。组织内部结构的设计，必须与组织任务的要求、外在环境要求以及组织成员的需要等互相一致，组织才能有效。

3. 权变的人事观点

在人事方面的权变观点也以权变管理思想为基础，认为在不同的情况下要采取不同的管理方法，不能千篇一律。

4. 权变理论的领导方式观点

权变理论学派认为不存在一种普遍适用的"最好的"或"不好的"领导方式，一切以组织的任务、个人或小组的行为特点以及领导者和职工的关系而定。

权变理论的出现,对于管理理论有着新的发展和补充,主要表现在它比其他一些管理学派与管理实践的联系更具体,与客观实际更接近一些。但是,权变理论仅仅限于考察各种具体的条件和情况,而没有用科学研究的一般方法来进行概括,只强调特殊性,否认普遍性;只强调个性,否认共性。

(十) 社会技术系统学派

社会技术系统学派是在社会合作系统学派的基础上进一步发展而形成的,创始人是特里司特(E. L. Trist)及其在英国塔维斯托克研究所中的同事。

社会技术系统学派的大部分著作都集中于研究科学技术对个人、对群体行为方式,以及对组织方式和管理方式等的影响,因此,特别注重于工业工程、人—机工程等方面问题的研究。

他们根据对煤矿中采煤法研究的结果认为,要解决管理问题,只分析社会合作系统是不够的,还必须分析、研究技术系统对社会的影响,以及对每个人的心理影响。他们认为管理的绩效,以至组织的绩效,不仅取决于人们的行为态度及其相互影响,而且也取决于人们工作所处的技术环境。管理人员的主要任务之一就是确保社会合作系统与技术系统的相互协调。

(十一) 沟通(信息)中心学派

沟通(信息)中心学派的代表人物有:美国斯坦福大学教授莱维特(H. J. Leavitt),其代表作是《沟通联络类型对群体绩效的影响》;申农(Claude Shannou)和韦弗(Warren Weaver),其代表作是《沟通联络的数理统计理论》。

沟通(信息)中心学派同决策理论学派关系密切,它主张把管理人员看成为一个信息中心,并围绕这一概念来形成管理理论。这一学派认为,管理人员的作用就是接收信息、贮存与发出信息;每一位管理人员的岗位犹如一台电话交换台。

沟通(信息)中心学派强调计算机技术在管理活动和决策中的应用,强调计算机科学同管理思想和行为的结合。大多数计算机科学家和决策理论家都赞成这个学派的观点。

管理实例 2-10

回到管理学的第一个原则

纽曼公司的利润在过去一年内一直在下降,而在同一时期,同行们的利润在不断上升。公司总裁杰克先生非常关注这一问题。为了找出利润下降的原因,他花了几周的时间考察公司的各个方面。接着,他决定召开各部门经理人员会议,把他的调查结果和结论连同一些可能的解决方案告诉他们。

杰克说:"我们的利润一直在下降,我们正在进行的工作大多数看来也都是正确的。比方说,推销策略帮助公司保持住了在同行中应有的份额。我们的产品和竞争对手的一样好,我们的价格也不高,公司的推销工作看来是有效的,我认为还没必要改进什么。"他继续评论道:"公司有健全的组织结构、良好的产品研究和发展规划,公司的生产工艺在同行中也处于领先地位。可以说,我们的处境良好。然而,我们的公司却面临这样的严重问题。"

室内的每一个人都有所期待地倾听着。杰克开始讲到了劳工关系:"像你们所知道的那样,几年前,在全国劳工关系局选举中工会没有取得谈判的权利。一个重要的原因是,我们支付的工资一直至少和工会提出的工资率一样高。从那以后,我们继续给员工提高工资。问题在于,没有维持相应的生产率。车间工人一直没有能生产足够的产量,可以把利润维持在原有的水平上。"杰克喝了点水,继续说道:"我的意见是要回到第一个原则。近几年来,我们对工人的需求注意得太多,而对生产率的需要却注意不够。我们的公司是为股东创造财富的,不是工人的俱乐部。公司要生存下去,就必须要创造利润。我在上大学时,管理学教授们十分注意科学管理先驱们为获得更高的生产率所使用的方法,这就是为了提高生产率广泛地采用了刺激性工资制度。在我看来,我们可以回到管理学的第一原则去,如果我们的工人的工资取决于他们的生产率,那么工人就会生产更多。管理学先辈们的理论在今天一样地在指导我们。"

管理实例 2-11

雷鲍夫法则

在下面八条中,有六条是由美国管理学家雷鲍夫总结、提炼的,只有第一条和第四条是别人补充的。管理界将这八条语言交往中应注意的事项统称为雷鲍夫法则。也有人将雷鲍夫法则称为建立合作与信任的法则,还有人将雷鲍夫法则称为交流沟通的法则。

(1) 最重要的八个字是:我承认我犯过错误。

(2) 最重要的七个字是:你干了一件好事。

(3) 最重要的六个字是:你的看法如何。

(4) 最重要的五个字是:咱们一起干。

(5) 最重要的四个字是:不妨试试。

(6) 最重要的三个字是:谢谢您。

(7) 最重要的两个字是:咱们。

(8) 最重要的一个字是:您。

管理实例 2-12

管理理论真能解决实际问题吗

海伦、汉克、乔、萨利四人都是美国西南金属制品公司的管理人员。海伦和乔负责产品销售,汉克和萨利负责生产。他们刚参加过在大学举办的为期两天的管理培训班学习。他们在培训班里主要学习了权变理论、社会系统理论和一些有关职工激励方面的内容。他们对所学的理论各有不同的看法,现正展开激烈的争论。

乔首先说:"我认为系统管理理论对于像我们这样的公司是很有用的。例如,生产工人偷工减料或做手脚、原材料价格上涨等,都会影响我们的产品销售。系统理论中讲的环境影响与我们的情况很相似。我的意思是,在目前这种经济环境下,一个公司会受到环境的极大影响。在油价暴涨期间我们还能控制自己的公司,现在呢? 我们在销售方面前进一步,都要经过艰苦的战斗。这方面的艰苦你们大概都深有感触吧?"

萨利插话说："你的意思我已经了解了。我们的确有过艰苦的时期，但是我不认为这与系统管理理论之间有什么必然的联系，我们曾在这种经济系统中受到过伤害。当然，你可以认为这与系统理论是一致的。但是我并不认为我们就有采用系统管理理论的必要。我的意思是，如果每个东西都是一个系统，而所有的系统都能对某一个系统产生影响的话，我们又怎么能预见到这些影响所带来的后果呢？所以，我认为权变理论更适用于我们。如果你说事物都是相互依存的话，系统理论又能帮我们什么忙呢？"

海伦对他们这样的讨论表示了不同的看法。她说："对系统管理理论我还没有很好地考虑。但是，我认为权变理论对我们是很有用的。虽然我们以前也经常采用权变理论，但是我没有认识到自己是在运用权变理论。例如，我经常听到一些家庭主妇顾客讨论关于孩子如何度过周末之类的问题，从他们的谈话中我就知道她们采购什么东西了。顾客不希望'逼'他们去买他们不需要的东西。我认为，如果我们花上一两个小时与他们自由交谈的话，那肯定会扩大我们的销售量。但是，我也碰到过一些截然不同的顾客，他们一定要我向他们推销产品，要我替他们在购货中做主。这些人也经常到我这里来走走，但是不是闲谈，而是做生意。因此，你们可以看到，我每天都在运用权变理论来对付不同的顾客。为了适应形势，我经常都在改变销售方式和风格，许多销售人员都是这样做的。"

汉克显得有些激动地插话说："我不懂这些被大肆宣传的理论是什么东西。但是，关于系统管理理论和权变理论，我同意萨利的观点。教授们都把自己的理论吹得天花乱坠，他们的理论听起来很好，但是却无助于我们的管理实际。对于培训班上讲的激励要素问题，我也不同意。我认为泰罗在很久以前就对激励问题有了正确的论述。要激励工人，就是要根据他们所做的工作付给他们报酬。如果工人什么也没做，就用不着付任何报酬。你们和我一样清楚，人们只是为钱工作，钱就是最好的激励。"

第五节　现代管理理论的发展趋势

进入 20 世纪 80 年代以后，随着社会、经济、文化的迅速发展，特别是信息技术的发展与知识经济的出现，世界形势发生了极为深刻的变化。面对信息化、全球化、经济一体化等新的形势，企业之间竞争加剧，联系增强，管理出现了深刻的变化与全新的格局。正是在这样的形势下，管理出现了一些全新的发展趋势。在新的环境和新的形势下，过去许多已经习惯和熟悉的管理规则正发生着变化，主要是以美国为代表的西方管理思想出现了新的变化。

一、全面质量管理理论

20 世纪 50 年代末，美国通用电气公司的费根堡姆和质量管理专家朱兰提出了"全面质量管理"（total quality management，TQM）的概念，认为"全面质量管理是为了能够在最经济的水平上，并考虑到充分满足客户要求的条件下进行生产和提供服务，把企业各部门在研制质量、维持质量和提高质量的活动中构成为一体的一种有效体系"。60年代初，美国一些企业根据行为管理科学的理论，在企业的质量管理中开展了依靠职工"自我控制"的"无缺陷运动"（zero defects），日本在工业企业中开展质量管理小组（quality control circle）活动，使全面质量管理活动迅速发展起来。

全面质量管理的基本方法可以概况为四句话十八字，即：一个过程，四个阶段，八个步骤，数理统计方法。

（一）一个过程

一个过程即企业管理是一个过程。企业在不同时间内，应完成不同的工作任务。企业的每项生产经营活动，都有一个产生、形成、实施和验证的过程。

（二）四个阶段

根据管理是一个过程的理论，美国的戴明博士把它运用到质量管理中来，总结出"计划（plan）—执行（do）—检查（check）—处理（act）"四阶段的循环方式，简称PDCA循环，又称"戴明循环"。

（三）八个步骤

为了解决和改进质量问题，PDCA循环中的四个阶段还可以具体划分为八个步骤。

1. 计划阶段
步骤一：分析现状，找出存在的质量问题。
步骤二：分析产生质量问题的各种原因或影响因素。
步骤三：找出影响质量的主要因素。
步骤四：针对影响质量的主要因素，提出计划，制定措施。

2. 执行阶段
步骤五：执行计划，落实措施。

3. 检查阶段
步骤六：检查计划的实施情况。

4. 处理阶段
步骤七：总结经验，巩固成绩，工作结果标准化。
步骤八：提出尚未解决的问题，转入下一个循环。

（四）数理统计方法

在应用PDCA循环解决质量问题时，需要收集和整理大量的书籍资料，并用科学的方法进行系统的分析。最常用的七种统计方法是排列图、因果图、直方图、分层法、相关图、控制图和统计分析表。这套方法是以数理统计为理论基础，不仅科学可靠，而且比较直观。

管理实例 2-13

纽约市公园及娱乐局实施"全面质量管理"技术

纽约市公园及娱乐部的主要任务是负责城市公共活动场所（包括公园、沙滩、操场、娱乐设施、广场等）的清洁和安全工作，并增进居民在健康和休闲方面的兴趣。

市民将娱乐资源看作是重要的基础设施，因此公众对该部门重要性是认同的。但是对于采用何种方式实现其使命，及该城市应投入多少资源去实施其计划却很难达成共识。该部门面临着管理巨大的系统和减少的资源。和美国的其他城市相比，纽约市的计划是庞大的。

为了对付预算削减，并能维持庞大复杂的公园系统，该组织采纳了全面质量管理技术，以求"花更少的钱干更多的事"。

该部门的策略是将全面质量管理逐步介绍到组织中，即顾问团训练高层管理者让他们接受全面质量管理的核心理念，将全面质量管理观念逐步灌输给组织成员。这种训练提供了全面质量管理的概念，选择质量改进项目和目标团队的方法，管理质量团队和建立全面质量管理组织的策略。虽然存在问题，但这些举措使全面质量管理在实施的最初阶段获得了相当的成功。

在全面质量管理技术执行五年后，情况出现了变化。有关分析显示了该部门实施全面质量管理所获得的财政和运作收益。

二、战略管理理论

战略管理理论起源于 20 世纪的美国，它萌芽于 20 年代，形成于 60 年代，在 70 年代得到大发展，80 年代受到冷落，90 年代又重新受到重视。

20 世纪 90 年代，人们又开始反思战略管理理论，认为企业短命的根源在于缺乏战略管理，缺少长远发展的战略规划。

（一）安索夫的资源配置战略理论观点

安索夫是美国国际大学的特级教授，著名的战略管理学专家。1976 年，安索夫的《从战略规则到战略管理》一书出版，标志着现代战略管理理论体系的形成。由于他的成果显著，获得"公司战略之父"的美誉。其核心理论是以环境、战略、组织这三种因素作为支柱，构建战略管理理论的基本框架。

（二）波特的竞争战略

迈克尔·波特是美国哈佛大学商学院的教授，是目前世界上关于竞争战略的最高权威。

波特的著作《竞争策略》《竞争优势》和《国家竞争优势》被称为竞争优势三部曲。波特关于竞争战略要考虑的五种力量具有非常重视的影响。这五种力量是：①新竞争者的加入；②替代品的威胁；③买方讨价还价的力量；④供应商讨价还价的力量；⑤现有竞争者的对抗力。这五种力量的合力就是企业的竞争能力和赚钱能力。

(三)安德鲁斯的目标战略理论观点

肯尼思·安德鲁斯(Kenneth R. Andrews,1916—2005),哈佛商学院教授,SWOT分析法的创始人。他认为目标是第一位的,企业的目标几乎决定了一切。他说:"战略是关于企业宗旨、目的和目标的一种模式,和为达到这些目标所制定的主要政策;通过这样的方式,战略界定了企业目前从事什么业务和将要从事什么业务,企业目前是一种什么类型和将要成为什么类型。"

(四)西方最新战略管理思想

目前主要有三种战略管理思想:战略联盟、战略竞标和战略再造。其中战略联盟最为著名。

战略联盟(strategic alliances)是20世纪90年代以来国际上流行的一种新兴的战略管理思想。战略联盟的概念是由美国DEC公司总裁简·霍普兰德(J. Hopland)和管理学家罗杰·奈杰尔(R. Nigel)提出的,它是指两个或两个以上的企业之间为了实现某种共同的战略目标而达成的长期合作安排。其核心思想是在竞争中合作,在合作中竞争,即所谓"竞合"思想。联盟的双方完全是平等互利的关系,"合则聚,不合则散"是联盟行动的基本原则。

战略联盟获得成功的关键要素主要有四个:①核心优势互补;②实力大体相当;③市场交叉程度低;④企业文化兼容。

管理实例 2-14

《孙子兵法·谋攻篇》

孙子曰:夫用兵之法,全国为上,破国次之;全军为上,破军次之;全旅为上,破旅次之;全卒为上,破卒次之;全伍为上,破伍次之。是故百战百胜,非善之善也;不战而屈人之兵,善之善者也。

故上兵伐谋,其次伐交,其次伐兵,其下攻城。攻城之法,为不得已。修橹轒辒,具器械,三月而后成;距堙,又三月而后已。将不胜其忿而蚁附之,杀士卒三分之一而城不拔者,此攻之灾也。

故善用兵者,屈人之兵而非战也,拔人之城而非攻也,毁人之国而非久也,必以全争于天下,故兵不顿而利可全,此谋攻之法也。

故用兵之法,十则围之,五则攻之,倍则分之,敌则能战之,少则能逃之,不若则能避之。故小敌之坚,大敌之擒也。

夫将者,国之辅也。辅周则国必强,辅隙则国必弱。

故君之所以患于军者三:不知军之不可以进而谓之进,不知军之不可以退而谓之退,是谓縻军;不知三军之事而同三军之政,则军士惑矣;不知三军之权而同三军之任,则军士疑矣。三军既惑且疑,则诸侯之难至矣。是谓乱军引胜。

故知胜有五:知可以战与不可以战者胜,识众寡之用者胜,上下同欲者胜,以虞待不虞者胜,将能而君不御者胜。此五者,知胜之道也。

故曰:知己知彼,百战百殆;不知彼而知己,一胜一负;不知彼不知己,每战必殆。

三、企业再造理论

(一) 企业再造理论产生的背景

进入 20 世纪七八十年代,市场竞争日趋激烈,美国企业为挑战来自日本、欧洲的威胁而展开探索。1993 年,美国麻省理工学院教授迈克尔·哈默(M. Hammer)博士与詹姆斯·钱皮(J. Champy)提出了企业再造理论。

(二) 企业再造的基本含义

企业再造是指为了飞越性地改善成本、质量、服务、速度等重大的现代企业的运营基准,对工作流程(business process)进行根本的重新思考与彻底翻新。

(三) 企业再造的核心

企业再造的核心是业务流程再造,强调以业务流程为改造对象和中心、以关心客户的需求和满意度为目标,来对现行的业务流程进行根本的再思考和彻底的再设计,并且利用先进的制导技术、信息技术以及现代化的管理手段,最大限度地实现技术上的功能集成和管理上的职能集成,从而实现企业经营在成本、质量、服务和速度等方面的巨大改善。

管理实例 2-15

海尔的再造方案

在企业再造前,海尔是传统的事业本部制结构,集团下设六个产品本部,每个本部下设若干个产品事业部,各事业部独立负责相关的采购、研发、人力资源、财务、销售等工作。

1999 年,海尔在全集团范围内对原来的业务流程进行了重新设计和再造,并以"市场链"为纽带对再造后的业务流程进行整合。

(1) 同步业务流程结构:三个大圈,六个小圈,两块基石。海尔的再造方案,将原来各事业部的财务、采购、销售业务分离出来,实行全集团统一采购、营销和结算。将集团原来的职能管理部门整合为创新订单支持流程 3R(R&D——研发、HR——人力资源开发、CR——客户管理)和保证订单实施完成的基础支持流程 3T(TCM——全面预算、TPM——全面设备管理、TQM——全面质量管理)。

(2) 流程运转的主动力:市场链。推动整体业务流程运转的主动力不再是过去的行政指令,而是把市场经济中的利益调节机制引入企业内部,将业务关系转变为平等的买卖关系、服务关系和契约关系,将外部市场订单转变为一系列的内部市场订单。

(3) 流程运作的平台:海尔文化和 OEC(日事日毕,日清日高)管理模式。

四、学习型组织理论

（一）学习型组织理论产生的背景

20 世纪 90 年代以来，知识经济的到来，使信息与知识成为重要的战略资源，相应诞生了学习型组织理论。学习型组织理论是美国麻省理工学院教授彼得·圣吉在其著作《第五项修炼》中提出来的。

（二）学习型组织的定义、要素与真谛

所谓学习型组织，是指通过培养弥漫于整个组织的学习气氛、充分发挥员工的创造性思维能力而建立起来的一种有机的、高度柔性的、扁平的、符合人性的、能持续发展的组织。这种组织具有持续学习的能力，具有高于个人绩效总和的综合绩效。

学习型组织应包括五项要素：自我超越、改善心智模式、建立共同愿景、团体学习和系统思考。这五项要素即为学习型组织的五项基本修炼。

学习型组织的真谛可以概括为三个方面。

（1）学习型组织是全体成员全身心投入并有能力负担学习的组织。

（2）学习型组织是让成员体会到工作中生命意义的组织。

（3）学习型组织是通过学习创造自我、扩大未来能量的组织。

管理实例 2-16

微软如何创建学习型组织

创建学习型组织，首先要有正确的学习理念。微软提出的理念是：学习是自我批评的学习、信息反馈的学习、交流共享的学习。为此，微软提出了以下四条原则。

1. 系统地从过去和当前的研究项目与产品中学习

为了系统地从过去和当前的研究项目与产品中学习，微软开展了以下五大活动。

（1）事后分析活动。它要求每个项目组、每个部门开发一个产品、完成一个项目都要写一份事后分析报告，着重揭露存在的问题，通过自我批评进行学习。比尔·盖茨十分喜爱看这样的报告。

（2）过程审计。在微软，审计人员在审计过程中一再告诉被审计对象：我们的审计过程是一个技术交换的过程，是发现先进典型的过程，是学习的过程。

（3）休假会活动。每年一次，主要目的是交流信息、对付难题、提高技巧、学习文件。

（4）小组间资源共享活动。微软鼓励不同部门的人员在不太正式的场合经常交流，部门内部和部门之间定期或不定期举办午餐会，或者通过电子邮件进行互访交流。

（5）"自食其果"活动。微软要求自己的员工首先使用自己开发的产品，通过这样来进行自我反思、自我批评，从而得到学习。

2. 通过数量化的信息反馈学习

微软把产品的质量问题分为四个不同程度的要求。

(1) 整个产品不能使用。

(2) 一种特性不能运行,并无替代方案。

(3) 一个产品不能应用,但是可以代替。

(4) 表面的、微小的问题。

微软规定要把产品的质量信息公布于众,使公司有关部门的员工从中知道问题的严重性,经过反思,找出问题的关键所在。

3. 以客户信息为依据进行学习

学习有两种:一是通过内部获得信息;二是从外部获得信息,即把客户信息作为重要的学习资源。微软每天获得 6000 个用户咨询电话的信息资源。

为了鼓励用户提意见和咨询,产品售出 90 天内,电话费由微软付款。因此,它每天要承受高昂的长途电话费。之所以这样做,就是为了发挥用户信息这个重要的学习资源。还有最终用户满意度调查。微软每年花 50 万美元进行用户满意度调查,包括三个满意度:①微软产品的满意度;②微软公司的满意度;③售后服务的满意度。

微软还开展评选"忠诚客户"活动,条件是:对三个满意度都满意;保证以后都买微软的产品;向别人推荐微软产品。微软为什么会成功?就是因为它想尽办法获得外部学习资源,这是微软的秘密武器。

4. 促进各产品组之间的联系,通过交流共享学习成果

微软的重要理念是通过交流学习实现资源共享。微软公司为了交流共享,采取了三个措施。第一,成立共同操作、沟通系统。微软是个庞大的系统,需要高度的沟通。第二,开展相互交流活动。第三,开展"东走西瞧"活动。比尔·盖茨要求员工工作时间在各产品开发组之间多走一走,看一看,起到沟通、交流、相互学习的作用。

五、核心能力理论

核心能力理论是在 20 世纪 80 年代的资源基础理论上发展而来的。资源基础理论认为,企业的战略应该建立在企业的核心资源上。所谓核心资源,是指有价值的、稀缺的、不完全模仿和不完全替代的资源,它是企业持续竞争优势的源泉。

1990 年,普拉哈拉德和哈默尔在《哈佛商业评论》上发表了《企业核心能力》一文,一下子把众多学者、实践家的目光吸引过去。从核心资源到核心能力,资源基础理论得到了进一步发展。其后,越来越多的研究人员开始投入企业核心能力理论的研究。所谓核心能力,就是所有能力中最核心、最根本的部分,它可以通过向外辐射,作用于其他各种能力,影响着其他能力的发挥和效果。一般说来,核心能力具有如下特征。

(1) 核心能力可以使企业进入各种相关市场参与竞争。

(2) 核心能力能够使企业具有一定程度的竞争优势。

(3) 核心能力应当不会轻易地被竞争对手所模仿。

普拉哈拉德和哈默尔认为,一项能力可以界定为企业的核心能力,必须满足以下五个条件。

(1) 不是单一技术或技能,而是一簇相关的技术和技能的整合。

（2）不是物理性资产。

（3）必须能创造顾客看重的关键价值。

（4）与对手相比,竞争上具有独特性。

（5）超越特定的产品或部门范畴从而为企业提供通向新市场的通道。

核心能力理论认为,现代市场竞争与其说是基于产品的竞争,不如说是基于核心能力的竞争。企业的经营能否成功,已经不再取决于企业的产品、市场的结构,而取决于其行为反应能力,即对市场趋势的预测和对变化中的顾客需求的快速反应,因此,企业战略的目标就在于识别和开发竞争对手难以模仿的核心能力。另外,企业要获得和保持持续的竞争优势,就必须在核心能力、核心产品和最终产品三个层面上参与竞争。在核心能力层面上,企业的目标应是在产品性能的特殊设计与开发方面建立起领导地位,以保证企业在产品制造和销售方面的独特优势。

管理实例 2-17

充分发挥核心能力的作用

为了使公司核心能力得到充分运用,或是在公司所属的各部门或经营单位间共享,或是进入新的市场,这就常常需要在公司内部重新部署核心能力,将它从一个部门或一个经营单位转入另一个部门或单位。在这方面,有的公司做得好,有些做得差,从而使它们的竞争能力和效益出现很大差异。有的企业虽然拥有很强的核心能力,具有许多世界一流水平的科技人才,但却不善于依靠和运用他们进入新的市场和机会,导致企业发展速度缓慢、效益差。相反,另有一些企业虽然拥有的核心能力不如上述那些企业强,但是却能充分利用这种能力,把核心能力的载体适时从一个部门或单位转入另一个急需此种人才和能力的单位,获得了更多进入新市场、新领域的机会,使企业的效益大幅度提高,发展速度成倍增长。

因而,要充分发挥既有核心能力的作用,必须从思想上解决问题和从组织管理上建立有效人才应用机制和制度。在思想认识上,要使人们认识到当今企业之间的竞争已不仅是产品之争、市场之争、资源之争、机会之争,而是各企业之间能力的竞争,不仅是拥有能力之争而且是使用能力之争。竞争对手之间,谁能充分利用好拥有核心能力的人才,谁就将成为竞争中的胜者。

六、组织文化理论

许多学者从各个层面对组织文化进行了深入的研究,其中荷兰学者吉尔特·霍夫斯泰德(Hofstede)对组织文化与管理决策关系的研究影响巨大,且被广泛接受。

霍夫斯泰德认为,五个文化尺度是用来衡量不同国家文化差异、价值取向的一个有效架构。这五个文化尺度是:权力距离、个人主义与集体主义、不确定性规避、男性气质与女性气质、长期取向与短期取向。

（一）权力距离

权力距离是指一个社会对组织机构中权力分配不平等的情况所能接受的程度。在权力距离大的文化中,下属对上司有强烈的依附性,人们心目中理想的上司是开明专制君主,是仁慈的独裁者;在权力距离小的文化中,员工参与决策的程度较高,下属在其规定的职责范围内有相应的自主权。

(二)个人主义与集体主义

个人主义是指在一个松散的社会结构,人们都只关心自己和最亲密的家庭成员;而集体主义则是在一个紧密的社会结构中,人们分为内部群体与外部群体,人们期望自己所在的那个内部群体照顾自己,而自己则对这个内部群体绝对忠诚。

(三)不确定性规避

不确定性规避是指一个社会对不确定和模糊态势所感到的威胁程度,试图保障职业安全,制定更为正式的规则,拒绝越轨的观点和行为,相信绝对忠诚和专业知识来规避上述态势。

(四)男性气质与女性气质

男性气质是指社会中男性价值观占优势的程度,即自信、追求金钱和物质、不关心别人、重视个人生活质量;其反面则是女性价值占优势。

(五)长期取向与短期取向

具有长期取向的文化和社会主要面向未来,较注重对未来的考虑,对待事物以动态的观点去考察;注重节约、节俭和储备;做任何事均留有余地。

具有短期取向的文化与社会则面向过去与现在,着重眼前的利益,注重对传统的尊重,注重承担社会责任;在管理上最重要的是此时的利润,上级对下级的考绩周期较短,要求立见功效,急功近利,不容拖延。

要了解一个国家的管理文化,不仅仅要有关于这个国家的知识,还要对它的文化有一个完整概念,能够心领神会。霍夫斯泰德的独特统计调研法,给出的结果告诉我们,即便在处理最基本的社会问题上,另一个国家的人们的思想、感受以及行动可能都会和我们有很大的差别。霍夫斯泰德的文化尺度理论同时提醒管理人员与战略家们必须牢记:人类总会习惯性地根据他的既有经验去思考、感受和行动,尤其是在国际环境中工作的时候。

管理实例 2-18

不确定性规避

日本是不确定性规避程度较高的社会,因而在日本,"全面质量管理"这一员工广泛参与的管理形式取得了极大的成功,"终身雇佣制"也得到了很好地推行。与此相反,美国是不确定性规避程度低的社会,同样的人本主义政策在美国企业中则不一定行得通,比如在日本推行良好的"全面质量管理",在美国却几乎没有成效。中国与日本相似,也属于不确定性规避程度较高的社会,因而在中国推行员工参与管理和增加职业稳定性的人本主义政策,应该是适合的并且是有效的。此外,不确定性规避程度低的社会,人们较容易接受生活中固有的不确定性,能够接受更多的意见,上级对下属的授权被执行得更为彻底,员工倾向于自主管理和独立的工作。而在不确定性规避程度高的社会,上级倾向于对下属进行严格的控制和清晰的指示。

复习思考题

1. 试述古典管理理论的内容及贡献。
2. 梅奥的霍桑试验解决了管理学中的哪些问题?
3. 简述管理理论丛林中各学派的基本观点。
4. 当代管理思想关注的焦点有哪些?
5. 当代管理思想发展的特点是什么?
6. 试述德鲁克的主要理论成就。

技 能 训 练

技能训练 2-1

县 令 买 饭

南宋嘉熙年间,江西一带山民叛乱,身为吉州万安县令的黄炳,调集了大批人马,严加守备。一天黎明前,探报来说,叛军即将杀到。黄炳立即派巡尉率兵迎敌。巡尉问道:"士兵还没吃饭怎么打仗?"黄炳却胸有成竹地说:"你们尽管出发,早饭随后送到。"黄炳并没有开"空头支票",他立刻带上一些差役,抬着竹箩木桶,沿着街市挨家挨户叫道:"知县老爷买饭来啦!"当时城内居民都在做早饭,听说知县亲自带人来买饭,便赶紧将刚烧好的饭端出来。黄炳命手下付足饭钱,将热气腾腾的米饭装进木桶就走。这样,士兵们既吃饱了肚子,又不耽误进军,打了一个大胜仗。这个县令黄炳,没有亲自做饭,也没有兴师动众,劳民伤财,他只是借别人的人,烧自己的饭。县令买饭之举,算不上高明,看来平淡无奇,甚至有些荒唐,但却取得了很好的效果。

训练要求:

(1)分析县令的做法有何特点。

(2)写一小论文阐述如何利用与整合资源。

技能训练 2-2

克莱斯勒面临的问题

20 世纪 80 年代,李·艾柯卡因拯救濒临破产的美国汽车巨头之一克莱斯勒公司而声名鹊起。今天,克莱斯勒公司又面临另外一场挑战:在过热的竞争和预测到的世界汽车产业生产能力过剩的环境中求生存。为了度过这场危机并再次成功地进行竞争,克莱斯勒不得不先解决以下问题。

首先,世界汽车产业的生产能力过剩,意味着所有汽车制造商都将竭尽全力保持或增加它们的市场份额。美国的汽车公司要靠增加投资来提高效率,日本的汽车制造商也不断在美国建厂。欧洲和韩国的厂商也想增加他们在美国的市场份额。艾柯卡承认,需要对某些车型削价,为此,他运用打折扣和其他激励手段来吸引消费者进入克莱斯勒的汽车陈列室。可是,艾柯卡和克莱斯勒也认为,价格是唯一得到更多买主的方法,但长期来看,这不是最好方法。

克莱斯勒必须解决的第二个问题是改进它所生产汽车的质量和性能。艾柯卡承认,把注意力过分集中在市场营销和财务方面,而把产品开发拱手让给了其他厂家是不好的。他还认识到,必须重视向消费者提出的售后服务的高质量。

艾柯卡的第三个问题是把美国汽车公司(AMC)和克莱斯勒的动作结合起来。兼并美国汽车公司意味着克莱斯勒要解雇许多员工,这包括蓝领工人和白领阶层。剩余的员工对这种解雇的态度从愤怒到担心,这给克莱斯勒的管理产生巨大的压力:难以和劳工方面密切合作、回避骚乱、确保汽车质量和劳动生产率。

为了生存,克莱斯勒承认,公司各级管理人员和设计、营销、工程和生产方面员工应通力协作,以团队形式开发和制造与消费者的需要相匹配的质量产品。克莱斯勒的未来还要以提高效率为基础。今天,克莱斯勒一直注重降低成本、提高质量并靠团队合作的方式提高产品开发的速度,并发展与供应商、消费者的更好关系。在其他方面,艾柯卡要求供应商提供降低成本的建议——他已收到上千条这样的提议。艾柯卡说,降低成本的关键是"让全部 1 万名员工都谈降低成本"。

艾柯卡现已从克莱斯勒公司总裁的职位退休。有些分析家开始预见克莱斯勒的艰难时光。但一位现任主管却说,克莱斯勒有一项大优势:它从前有过一次危机,却度过了危机并生存下来,所以,克莱斯勒能够向过去学到宝贵的东西。

训练要求:

(1) 如何运用当代管理方法解决克莱斯勒面临的问题?

(2) 如何运用权变管理思想解决克莱斯勒面临的问题?

技能训练 2-3

冷饮厂的管理问题

王忠是冷饮厂厂长,该厂专门生产冰淇淋。过去四年中,每年的产量都稳步上升。但是今年的情况发生了较大的变化,到 7 月份,累计销售量比去年同期下降了 17%,生产量比计划少了 15%,缺勤率比去年高了 20%,迟到早退现象也有所增加。王忠认为这种情况的出现,很可能与管理有关,但他不能确定发生这些问题的原因,也不知道应该怎样去改变这种情况。他决定去请教管理专家。

训练要求：

请分别以具有不同管理思想(科学管理思想、行为科学思想、权变管理思想)的管理专家的身份,分析该厂的问题出在哪里,应该提出怎样的解决方法。

技能训练 2-4

伦迪汽车分销公司

伦迪汽车分销公司是一家新成立的企业,下设若干销售门市部。

公司刚成立时,为体现民主管理精神,制定了若干的责任制度,运转尚属顺利。随着时间的推移,员工中相互推诿的事情时有发生,但在处理这种事情时,又说不清谁应承担责任,以致有的事情就不了了之。为了推进民主管理,公司力争让下属参与某些重要决策。公司引进了高级小组制度,从每一个销售门市部挑选一名非管理者,共挑出五人,公司主管人员每月与他们开一次会,讨论各种问题的解决方法和执行策略。尽管如此,人们的积极性还是没有充分调动起来。

经过两年的经营,公司的营业收入有了一定的增长,但企业的税前利润增长却不快,第二年比第一年只增长 1.8%。这给主管人员带来很大的苦恼。

训练要求：

(1) 公司制定了责任制度,却又出现责任不清的现象,你认为原因是什么?

(2) 从人本管理的角度分析,应该如何调动员工的积极性?

(3) 简要分析公司利润增长缓慢的原因。

技能训练 2-5

管理的理论流派

某大学管理学教授在讲授古典管理理论时,竭力推崇科学管理的创始人泰罗的历史功勋,鼓吹泰罗所主张的"有必要用严密的科学知识代替老的单凭经验或个人知识行事"的观点,并且宣传法约尔的 14 条管理原则。

后来,在介绍经验主义学派的理论时,这位教授又强调企业管理学要从实际经验出发,而不应该从一般原则出发来进行管理和研究。他还说,戴尔(Ernest Dale)在其著作中故意不用"原则"一词,断然反对有任何关于组织和管理的"普遍原则"。

在介绍权变理论学派的观点时,这位教授又鼓吹在企业管理中要根据企业所处的内外条件随机应变,没有什么一成不变、普遍适用的"最好的"管理理论和方法。

不少学生认为这位教授的讲课前后矛盾,胸无定见,要求教授予以解答。教授却笑而不答,反倒要求学生自己去思考,得出自己的结论。

训练要求：

(1) 你认为教授的上述观点是否前后矛盾? 为什么?

(2) 在企业管理中,有无可能将管理原理与实践正确结合起来?

(3) 写一小论文阐述管理学究竟是一门科学还是一门艺术。

技能训练 2-6

自我改善的柔性管理

大连三洋制冷有限公司(简称"大连三洋")成立于1992年9月,于1993年正式投产,现有职工400余人,是由日本三洋电机株式会社、中国大连冷冻机股份有限公司和日本日商岩井株式会社三家合资兴办的企业。

大连三洋是在激烈的市场竞争中成立的。当时,它们对外面对来自国内外同行业企业形成的市场压力,对内则面临着如何把引进的高新技术转化成高质量的产品,如何使来自各方面有着文化程度、价值观念、思维方式、行为方式巨大差异的员工,形成统一的经营理念和行为准则,适应公司发展的需要的问题。因此,大连三洋成立伊始,即把严格管理作为企业管理的主导思想,强化遵纪守规意识。

可是,随着公司的发展和员工素质的不断提高,原有的制度、管理思想和方法,有的已不能适应企业的管理需求,有的满足不了员工实现其精神价值的需要。更为重要的是,随着国内外市场竞争的激烈,大连三洋如何增强自身应变能力,为用户提供不同需求的制冷机产品,就成为公司发展过程中必须要解决的问题。因此,公司针对逐渐培养起来的员工自我管理的意识,使其逐步升华成为立足岗位的自我改善行为,即自我改善的柔性管理,从而增强了公司在激烈市场竞争中的应变能力。

大连三洋的经营领导者在实践柔性管理中深深地领悟到,公司不能把员工当成"经济人",他们是"社会人"和"自我实现的人"。基于此,大连三洋形成了自己特有的经营理念和企业价值观,并逐步形成了职工自我改善的柔性管理。

通过这种管理和其他改革办法,大连三洋不但当年投产当年盈利,而且5年利税超亿元,合资各方连续3年分红,很快已收回投资,并净赚了两个大连三洋。

以下是大连三洋自我改善的柔性管理运作的部分内容。

员工是改善活动的主体,公司从员工入厂开始,即坚持进行以"爱我公司"为核心的教育,以"创造无止境改善"为基础的自我完善教育,以"现场就是市场"为意识的危机教育。他们在吸纳和研究员工危机意识与改善欲求的基础上,总结出了自我改善的10条观念。

(1) 抛弃僵化固定的观念。

(2) 过多地强调理由是不求进取的表现。

(3) 立即改正错误是提高自身素质的必由之路。

(4) 真正的原因在"为什么"的反复追问中产生。

(5) 从不可能中寻找解决问题的方法。

(6) 只要你开动脑筋,就能打开创意的大门。

(7) 改善的成功来源于集体的智慧和努力。

(8) 更要重视不花大钱的改善。

(9) 完美的追求从点的改善开始。

(10) 改善是无止境的。

这10条基本观念,如今在大连三洋已成为职工立足岗位自我改善的指导思想和自觉的行为。

大连三洋的职工自我改善是在严格管理的基础上日渐形成的。公司创建伊始,就制定了严格规范的管理制度,要求员工要适应制度,遵守制度,而当员工把严格遵守制度当成他们自我安全和成长需要的自觉行动时,就进一步使制度能有利于发挥员工的潜能,使制度能促进员工的发展具有相对的灵活性。

例如,公司现在的"员工五准则"中第一条"严守时间"规定的后面附有这样的解释:"当您由于身体不适、交通堵塞、家庭有困难,不能按时到公司时,请拨打7317375通知公司。"在这里没有单纯"不准迟到""不准早退"的硬性规定,充分体现了公司规章制度"人性化"的一面。公司创立日举行社庆,公司将所有员工的家属都请来予以慰问。逢年过节,公司常驻外地的营销人员,总会收到总经理亲自操笔的慰问信。在他们那里,"努力工作型"的员工受到尊重。职工合理化提案被采纳的有奖,未被采纳的也会受到鼓励。企业与员工共存,为员工提供舒适的工作环境,不断提升着员工的生活质量,员工以极大的热情关心公司的发展,通过立足岗位的自我改善成了公司发展的强大动力。

训练要求:

(1) 试分析大连三洋柔性管理模式的内涵。

(2) 大连三洋的柔性管理体现了怎样的管理思想转变?

案 例 分 析

案例分析 2-1

老干妈的管理圣经:大道至简

她不识字,没有任何财务知识,但她喜欢钻研,记忆力惊人,不畏艰难,执著于想做的事,对现金近乎偏执地重视,绝不涉足自己不熟悉的行业,每一次迈出扩张的脚步都慎之又慎。2012年,她以36亿元身家登上胡润中国富豪榜。她,就是老干妈陶华碧。2012年,老干妈产值达到33.7亿元,纳税4.3亿元,人均产值168.5万元。老干妈到底是怎么成功的?

陶华碧出生在贵州省湄潭县一个偏僻的山村。由于家里贫穷,陶华碧从小到大没读过一天书。20岁那年,陶华碧嫁给了贵州206地质队的一名地质普查员,但没过几年,丈夫就病逝了。丈夫病重期间,陶华碧曾到南方打工,她吃不惯也吃不起外面的饭菜,就从家里带了很多辣椒做成辣椒酱拌饭吃。经过不断调配,她做出一种很好吃的辣椒酱,这就是现在"老干妈"仍在使用的配方。

丈夫去世后,没有收入的陶华碧为了维持生计,开始晚上做米豆腐(贵阳最常见的一种廉价凉粉),白天用背篼背到龙洞堡的几所学校里卖。由于交通不便,做米豆腐的原材料当时最近也要到5公里以外的油榨街才能买到。每次需要采购原材料时,她就背着背篼,赶最早的一班车到油榨街去买。由于那时车少人多,背篼又占地方,驾驶员经常不让她上车,于是她大多数时候只好步行到油榨街,买完材料后,再背着七八十斤重的东西步行回龙洞堡。由于常年接触做米豆腐的原料——石灰,她的双手一到春天就会脱皮。

1989年，陶华碧在贵阳市南明区龙洞堡贵阳公干院的大门外侧，开了个专卖凉粉和冷面的"实惠饭店"。"说是个餐馆，其实就是她用捡来的半截砖和油毛毡、石棉瓦搭起的'路边摊'而已，餐厅的背墙就是公干院的围墙。"当时餐馆的老主顾韩先生20年后对这个餐馆的记忆依旧清晰。

陶华碧做的米豆腐价低量足，吸引了附近几所中专学校的学生常常光顾。久而久之，就有不少学生因为无钱付账，赊欠了很多饭钱。陶华碧通过了解，对凡是家境困难的学生所欠的饭钱，一律销账。"我的印象是她只要碰上钱不够的学生，分量不仅没减反而额外多些。"韩先生回忆道。

在"实惠饭店"，陶华碧用自己做的豆豉麻辣酱拌凉粉，很多客人吃完凉粉后，还要买一点麻辣酱带回去，甚至有人不吃凉粉却专门来买她的麻辣酱。后来，她的凉粉生意越来越差，可麻辣酱却做多少都不够卖。

有一天中午，陶华碧的麻辣酱卖完后，吃凉粉的客人就一个也没有了。她关上店门去看看别人的生意怎样，走了十多家卖凉粉的餐馆和食摊，发现每家的生意都非常红火。陶华碧找到了这些餐厅生意红火的共同原因——都在使用她的麻辣酱。

1994年，贵阳修建环城公路，昔日偏僻的龙洞堡成为贵阳南环线的主干道，途经此处的货车司机日渐增多，他们成了"实惠饭店"的主要客源。陶华碧近乎本能的商业智慧第一次发挥出来，她开始向司机免费赠送自家制作的豆豉辣酱、香辣菜等小吃和调味品，这些赠品大受欢迎。

货车司机们的口头传播显然是最佳广告形式，"龙洞堡老干妈辣椒"的名号在贵阳不胫而走，很多人甚至就是为了尝一尝她的辣椒酱，专程从市区开车来公干院大门外的"实惠饭店"购买。

对于这些慕名登门而来的客人，陶华碧都是半卖半送，但渐渐地来的人实在太多了，她感觉到"送不起了"。1994年11月，"实惠饭店"更名为"贵阳南明陶氏风味食品店"，米豆腐和凉粉没有了，辣椒酱系列产品开始成为这家小店的主营产品。

尽管调整了产品结构，但小店的辣椒酱产量依旧供不应求。龙洞堡街道办事处和贵阳南明区工商局的干部开始游说陶华碧，放弃餐馆经营，办厂专门生产辣椒酱，但被陶华碧干脆地拒绝了。

陶华碧的理由很简单：如果小店关了，那这些穷学生到哪里去吃饭。"每次我们谈到这个话题的时候，她都是这样说，让人根本接不下去话，而且每次都哭得一塌糊涂。"时任龙洞堡街道办事处副主任的廖正林回忆当时的情景说。

让陶华碧办厂的呼声越来越高，以至于受其照顾的学生都参与到游说"干妈"的行动中。1996年8月，陶华碧借用南明区云关村村委会的两间房子，办起了辣椒酱加工厂，牌子就叫"老干妈"。

刚刚成立的辣酱加工厂，是一个只有40名员工的简陋手工作坊，没有生产线，全部工艺都采用最原始的手工操作。

"老干妈"员工回忆说，当时捣麻椒、切辣椒是谁也不愿意做的苦差事。手工操作中溅起的飞沫会把眼睛辣得不停地流泪。陶华碧就自己动手，她一手握一把菜刀，两把刀抡起来上下翻飞，嘴里还不停地说："我把辣椒当成苹果切，就一点也不辣眼睛了，年轻娃娃吃点苦怕啥。"

在老板的带头下,员工们也纷纷拿起了菜刀"切苹果"。而陶华碧身先士卒的代价是肩膀患上了严重的肩周炎,10个手指的指甲因长期搅拌麻辣酱现在全部钙化。

很快陶华碧发现,她找不到装辣椒酱的合适玻璃瓶。她找到贵阳市第二玻璃厂,但当时年产1.8万吨的贵阳二玻根本不愿意搭理这个要货量少得可怜的小客户,拒绝了为她的作坊定制玻璃瓶的请求。

面对贵阳二玻厂长,陶华碧开始了她的第一次"商业谈判":"哪个娃儿是一生下来就一大个哦,都是慢慢长大的嘛,今天你要不给我瓶子,我就不走了。"

软磨硬泡了几个小时后,双方达成了如下协议:玻璃厂允许她每次用提篮到厂里捡几十个瓶子拎回去用,其余免谈。陶华碧满意而归。

当时谁也没有料到,就是当初这份"协议",日后成为贵阳第二玻璃厂能在国企倒闭狂潮中屹立不倒,甚至能发展壮大的唯一原因。

"老干妈"的生产规模爆炸式膨胀后,合作企业中不乏重庆、郑州等地的大型企业,贵阳二玻与这些企业相比,并无成本和质量优势,但陶华碧从来没有削减过贵阳二玻的供货份额。现在"老干妈"60%产品的玻璃瓶都由贵阳第二玻璃厂生产,二玻的4条生产线,有3条都是为"老干妈"24小时开动。

作坊时代的"老干妈"虽然产量很小,但光靠龙洞堡周边的凉粉店已经消化不了,她必须开拓另外的市场。陶华碧第一次感受到经营的压力。

陶华碧用了一个"笨办法":她用提篮装起辣椒酱,走街串巷向各单位食堂和路边的商店推销。一开始,食品商店和单位食堂都不肯接受这瓶名不见经传的辣椒酱,陶华碧跟商家协商将辣椒酱摆在商店和食堂柜台,卖出去了再收钱,卖不出就退货。商家这才肯试销。

一周后,商店和食堂纷纷打来电话,让她加倍送货。她派员工加倍送去,竟然很快又脱销了。陶华碧开始扩大生产,她给二玻的厂长毛礼伟打了一个的电话:"我要一万个瓶子,现款现货。"

无论是收购农民的辣椒还是把辣椒酱卖给经销商,陶华碧永远是现款现货,"我从不欠别人一分钱,别人也不能欠我一分钱"。从第一次买玻璃瓶的几十元钱,到现在日销售额过千万她始终坚持这个原则。"老干妈"没有库存,也没有应收账款和应付账款,只有高达十数亿元的现金流。

1997年8月,贵阳南明老干妈风味食品有限责任公司成立,工人增加到200多人。陶华碧要做的不再仅仅是带头剁辣椒,财务、人事、各种报表都要她亲自审阅,工商、税务、城管等很多对外事务都要应酬,政府有关部门还经常下达文件要她贯彻执行。除此之外,她还要经常参加政府主管部门召开的各种会议,有时还受命上台发言。

从部队转业到206地质队汽车队工作的长子李贵山得知她的难处后,主动要求辞职来帮母亲。虽然此时的陶华碧已是小有名气的生意人,但她还是觉得李贵山辞掉"铁饭碗"来帮助她是"秀才落难",故极力反对。无奈之下,李贵山只能"先斩后奏",先辞掉工作再找到陶华碧,成为"老干妈"的第一任总经理。

只有高中文化的李贵山,帮陶华碧做的第一件事是处理文件。一个读,一个听。听到重要处，陶华碧会突然站起来，用手指着文件说："这个很重要，用笔画下来，马上去办。"王武和谢邦银说，陶华碧的记忆力和心算能力惊人，财务报表之类的东西她完全不懂，"老干妈"也只有简单的账目，由财务人员念给她听，她听上一两遍就能记住，然后自己心算财务进出的总账，立刻就能知道数字是不是有问题。

需要签字的文件，陶华碧就在右上角画个圆圈——这是她从电视里看来的。李贵山觉得这样很不安全，他在纸上写下"陶华碧"三个大字，让母亲没事时练习。陶华碧对这三个字看了又看，一边摇头，一边为难地感叹："这三个字，好打脑壳哦（贵阳话：太难了）！"但为了写好自己的名字，她像小孩子描红一样一笔一画地整整写了三天。

有人问她练字的感受，陶华碧用她的"特色语言"总结说："比剁辣椒难"。三天后，当她终于"描"会了自己的名字时候，高兴得请公司全体员工加了一顿餐。

直到现在，"陶华碧"是陶华碧认识的仅有的3个字。

1998年，在李贵山的帮助下，陶华碧制定了"老干妈"的规章制度。记者没能得到这份制度的原文，但谢邦银说他们没有员工手册，所谓的规章制度其实非常简单，只有一些诸如"不能偷懒"之类的句子，更像是长辈的教诲而非员工必须执行的制度。就靠这样一套如美国宪法般没改过一个字的简单制度，"老干妈"11年来始终保持稳定，公司内部从来没有出过什么问题。

"陶华碧有自己的一套，你可以叫作'干妈式管理'。"贵州大学讲师熊昉曾作为记者多次采访过陶华碧，他说，"比如龙洞堡离贵阳市区比较远，附近也没什么吃饭的地方，陶华碧决定所有员工一律由公司包吃包住。从当初200人的小厂开始，'老干妈'就有宿舍，一直到现在2000人，他们的工资福利在贵阳是顶尖的。"

在陶华碧的公司，没有人叫她董事长，全都喊她"老干妈"，公司2000多名员工，她能叫出60%的人名，并记住了其中许多人的生日，每个员工结婚她都要亲自当证婚人。

除此之外，陶华碧还一直坚持她的一些"土原则"：隔三岔五地跑到员工家串门；每个员工的生日到了，都能收到她送的礼物和一碗长寿面加两个荷包蛋；有员工出差，她像送儿女远行一样亲手为他们煮上几个鸡蛋，一直送到他们出厂坐上车后才转身回去；贵州过年过节时，有吃狗肉的习俗，陶华碧特地建了个养狗场，长年累月养着80多条狗，每到冬至和春节就杀狗供全公司会餐。

除了"干妈式"管理之外，陶华碧在公司结构设置上也有自己的特色。"老干妈"没有董事会、副董事长、副总经理，只有5个部门，陶华碧下面就是谢邦银和王武，一个管业务，一个管行政。谢邦银笑称自己就是个"业务经理"，因为总要扑到一线拼命。

1998年开始，陶华碧把公司的管理人员轮流派往广州、深圳和上海等地，让他们去考察市场，到一些知名企业学习先进的管理经验。她说："我是老土，但你们不要学我一样，单位不能这样。你们这些娃娃出去后，都给我带点文化回来。"

2005年，李贵山离开总经理岗位，总经理职位空悬了一阵后，职业经理人王海峰上任，现任总经理谢邦银时任总经理助理。而《理财周报》记者了解到的情况是，李贵山在"下课"之前的相当长一段时间里都只是挂名，不再参与公司管理。

"老干妈"的管理团队，大概是中国目前大型企业中最神秘的一支，陶华碧对他们的一个要求就是不能接受外界采访。坊间对这支团队的评价大致为：忠诚、勤勉、低调。而其长子李贵山离职的原因，一直是一个谜。

2001年，为了进一步扩大规模，陶华碧准备再建一处厂房。当时，公司大部分资金都压在原材料上，有人建议她找政府寻求帮助。南明区委很重视，立即协调建行给她贷款。协调好以后，区委办给她打来电话，让她到区委洽谈此事。

陶华碧带上会计来到区委，乘电梯到区长办公室所在的三楼。因为电梯很旧，门已经坏了，陶华碧走出电梯时，一不小心被电梯门挂住了衣服跌倒在地。

陶华碧爬起来后，随行人员以为她要发火，谁知她却说："你们看，政府也很困难，电梯都这么烂，我们不借了。"

随行人员还以为她是在开玩笑，她却叹了一口气，说："我们向政府借钱（编注：陶华碧不知道政府协调银行贷款是什么意思，以为就是向政府借钱），给国家添麻烦。真不借了，我们回去。"

创业期间，陶华碧从来没有和银行打过交道，唯一的贷款是在她发达之后，银行不断托人找上门来请她贷款，却不过情面才勉强贷的。贵阳市商业银行的一位工作人员说，陶华碧对他们说得最多的一句话是："你们就是想找我点利息钱嘛。"

随着企业不断发展，"老干妈"品牌广为人知。但是，"人怕出名猪怕壮"。东西好卖了，仿冒自然而然就出现了。

"老干妈"创立初期，李贵山就曾申请注册商标，但被国家工商总局商标局以"'干妈'是常用称呼，不适合作为商标"的理由驳回。这给了仿冒者可乘之机。

全国各地陆续出现了50多种"老干妈"，陶华碧开始花大力气打假。她派人四处卧底调查，每年拨款数百万元成立了贵州民营企业第一支打假队，开始在全国的打假。

但仿冒的"老干妈"就像韭菜一样，割了一茬又出一茬，特别是湖南"老干妈"，商标和贵州"老干妈"几乎一模一样。

陶华碧这次犯犟了，她不依不饶地与湖南"老干妈"打了3年官司，从北京市二中院一直打到北京市高院，还数次斗法于国家商标局。此案成为2003年中国十大典型维权案例。

2000年8月10日，一审法院认定，贵阳老干妈公司生产的"老干妈"风味豆豉具有一定的历史过程，湖南老干妈构成不正当竞争，判决其停止使用并销毁在未获得外观设计专利权前与贵阳老干妈公司相近似的包装瓶瓶贴，并赔偿经济损失15万元。

这意味着两个"老干妈"可以同生共存，这是陶华碧无法接受的，她很快提起上诉。

其间有很多人劝陶华碧放弃官司，但陶华碧面对前来劝解的人就一句话："我才是货真价实的'老干妈'，他们是岁货（贵州话：假货），难道我还要怕岁货吗？"

最终陶华碧和湖南老干妈的官司，在两位贵人的极力斡旋下得以终结。2003年5月，陶华碧的"老干妈"终于获得国家商标局的注册证书，同时湖南"老干妈"之前在国家商标局获得的注册被注销。

2003年，一些政府领导曾建议陶华碧公司借壳上市，融资扩大公司规模。

这个在其他企业看来求之不得的事情，却被陶华碧一口否决，陶华碧的回答是："什么上市、融资这些鬼名堂，我对这些是懵的，我只晓得炒辣椒，我只干我会的。"有官员感叹，和"老干妈"谈融资搞多元化，比和外商谈投资还要难。

即使是在扩大公司生产规模这样的事情上，陶华碧也保持着自己固执的谨慎。贵阳市官员在劝说陶华碧时也是倍感艰难，最后在市区两级主要官员的多次上门劝说下，陶华碧才勉强同意。

现在，陶华碧几乎不去她的办公室，奔驰座驾也很少使用，因为"坐着不舒服"。除了一个月两三次去厂房车间转转，她生活的全部就是和几个老太太打麻将。

有一天在麻将桌上，有人问她："你赚了那么多钱，几辈子都花不完，还这样拼命干什么？"陶华碧当时没回答上来，晚上她躺在床上翻来覆去地想这个问题，几乎彻夜未眠。

第二天，正赶上公司召开全体员工大会，按着会前的安排，作为董事长的她要给员工们讲一讲当前的经济形势以及如何应对"入世"后的挑战，然后具体工作指标由总经理下达。

按照陶华碧在公开场合发言的惯例，李贵山已经为她拟了一份讲话稿，陶华碧听了三遍，几乎就能一字不差地背下来。

但在会上讲话时，她突然想起昨天那个问题，转换话题了："有几个老阿姨问我，'你已经那么多钱了，还苦哈哈的拼哪样哦'？我想了一晚上，也没有想出个味来。看到你们这些娃娃，我想出点味来了：企业我带不走，这块牌牌我也拿不走。毛主席说过，未来是你们的。我一想呀，我这么拼命搞，原来是在给你们打工哩！你们想想是不是这个道理？为了你们自己，你们更要好好干呀！"

问题：

(1) 老干妈的管理经验主要表现在哪些方面？

(2) 写一小论文阐述老干妈的管理方式能否适应现代企业管理？

案例分析 2-2

亨利·福特的故事

提起亨利·福特，几乎人人都知道他所创造的流水线生产方式，以及随之而来的工业化生产和小汽车普及所带来的一些重大社会变革。但是，亨利·福特和他的福特汽车工业公司为什么会从汽车工业占绝对垄断优势的龙头老大的宝座上跌落下来，福特家族和福特公司内部代表新的经营策略的革新派又怎样被亨利·福特无情地压制下去，只能眼睁睁地看着福特公司衰败下去的失败教训却鲜为人知。

亨利·福特从小就对机械和制造表现出了浓厚的兴趣和好奇心，成年后有人问他，童年时喜欢什么玩具，他回答说：我的玩具全是工具，至今如此。1879 年，17 岁的福特离开父亲的农庄来到底特律，开始了他的汽车生涯。为了给自己的汽车梦积累资金，亨利同时做了两份工作，白天在密歇根汽车公司做机修工，晚上在一家钟表店维修钟表。在维修表的工作中，福特发现，大多数钟表的构造其实可以大大简化，只要精密分工，采用标准部件，钟表的制造成本可以大大降低而性能更加可靠。他自己重新设计了一种简化的手表，估算成本为每只 30 美分，可日产 2000 只。他认为这一计划是完全可行的，唯一使他担心的是，他没有年销 60 万只手表的销售能力，而销售活动又远不如生产那样吸引亨利·福特，因此，亨利·福特最后放弃了这一计划。但是，简化部件，大批量生产，低价销售的"更多、更好、更便宜"的经营思路却在此时大体形成了。

在亨利·福特建立他的流水线之前,汽车工业完全是手工作坊型的,三两个人合伙,买一台引擎,设计个传动箱,配上轮子、刹车、座位,装配1辆,出卖1辆,每辆车都是1个不同的型号。由于启动资金要求少,生产也很简单,每年都有50多家新开张的汽车作坊进入汽车制造业,但大多数的存活期不超过1年。福特的流水线使得这一切都改变了。在手工生产年代,每装配一辆汽车要728个人工小时,而福特的简化设计,标准部件的T型车把装配时间缩短为12.5个小时。进入汽车行业的第12年,亨利·福特终于实现了他的梦想,他的流水线的生产速度已达到了每分钟1辆车的水平,5年后又进一步缩短到每10秒钟1辆车。在福特之前,轿车是富人的专利,是地位的象征,售价在4700美元左右,伴随福特流水线的大批量生产而来的是价格的急剧下降,T型车在1910年销售价为780美元,1911年降到690美元,然后降到600美元、500美元,1914年降到360美元。低廉的价格为福特赢得了大批的平民用户,小轿车第一次成为人民大众的交通工具。福特说:"汽车的价格每下降1美元,就为我们多争取来1000名顾客。"1914年福特公司的13000名工人生产了26.7万辆汽车;美国其余的299家公司66万工人仅生产了28.6万辆。福特公司的市场份额从1908年的9.4%上升到1911年的20.3%,1913年的29.6%;到1914年达到48%,月赢利600万美元,在美国汽车行业占据了绝对优势。

亨利·福特的名字是和汽车联系在一起的。但是,亨利·福特真正热爱的并不是作为产品的汽车,甚至也不是汽车工业所带来的巨额利润;他所梦寐以求的是现代化大工业的那种高度组织、高度精密、高度专业化的生产过程。福特在汽车流水线的建设上非常舍得投资,虽然利润很高,福特却一直不肯分红,而是把所得利润几乎全部投入再生产,不断地用最先进的设备来装备他的流水线。福特的这一做法导致了福特公司的主要投资者之一的道奇兄弟的强烈反对并把福特最终告上法庭。法庭判福特公司履行分红义务,福特本人则能分到分红总额1900万美元中的1100万美元。

为了实现最高限度的专业化,以最大批量的流水线生产来达到最低成本,亨利·福特不允许汽车设计上有任何他认为多余的部件和装置。为了减少因为模具更换而损失的生产时间,也为了避免品种繁多所必然带来的设备费用和库存费用,福特公司只生产单一型号、单一色彩的T型车。其销售人员多次提出要增加汽车的外观喷漆色彩,福特的回答是:"顾客要什么颜色都可以,只要他是黑色的。"针对福特汽车的价格优势,由29家厂商联合组成的通用汽车公司在阿尔弗雷德·斯隆的领导下,在内部推行科学管理的同时,采用了多品牌、多品种的产品特色化策略,在联合公司的框架下,实行专业化、制度化管理,在采购、资金和管理取得规模经济效益的基础上,保留了众多相对独立的雪佛莱、卡迪拉克、别克、朋迪埃克这样的著名品牌,在产品的舒适化、多样化、个性化上下功夫。

1924年,通用汽车公司推出了液压刹车、4门上下、自动排挡的汽车,1929年又推出了6缸发动机,而福特的T型车仍然是4缸、双门、手排挡。面对通用的攻势,亨利·福特根本不以为然,他不相信还有比单一品种、大批量、精密分工、流水线生产更经济、更有效的生产方式。对于销售人员提出的警告,福特认为他们无非都是出于营销部门局部利益的危言耸听。福特不止一次地说,福特汽车公司面临的唯一问题就是供不应求。从1920年到1924年,福特共降价8次,其中1924年一年就降了2次。但是,长期沿用降价策略的前提是市场的无限扩张,而1920年以后,随着人们收入水平的提高,人们的汽车需求转向多样化和舒适性,代步型的经济低价车的市场已经近乎饱和;同时,长期的降价经营使得福特公司利润率已经很低,继续降价的余地很小。农夫型的 T 型车靠降价促销,靠"生产导向型发展"的道路已经走到了尽头。

　　眼看着通用汽车一点一点地吞食福特的汽车市场,福特公司内部许多人都非常着急,希望亨利·福特能够及时调整策略,按照顾客需求重新设计产品,但是这些合理建议都遭到了福特的拒绝和压制并持续数年。后来虽然由于市场压力,亨利·福特终于批准了 6 缸汽车上马,但那已是 7 年以后;福特后来也批准了液压刹车上马,但那已是 14 年以后,为时已经太晚太晚。福特车的销售额不断下降,而外部环境的恶化又使得亨利·福特越来越孤僻,越来越听不进不同意见,正直的人们纷纷离去;身边的圈子越来越窄,不同意见越来越难传入福特的耳中,而福特也变得越来越依靠身边的几个亲信。到 1946 年,亨利·福特不得不让位给孙子亨利·福特二世时,福特公司的亏损已达到每月 1000 万美元;只是因为福特公司的巨大规模和第二次世界大战的政府订货才使福特公司免遭倒闭的噩运。

　　问题:

　　(1) 亨利·福特成功和失败之处在什么地方? 试用学过的管理学理论加以分析。

　　(2) 从亨利·福特的故事中,你得到了怎样的启发,你认为管理理论与管理实践的发展规律是怎样的?

第三章 管理道德与社会责任

 学习目标

1. 了解道德的内涵
2. 了解道德的功能
3. 掌握几种相关的管理道德观（功利主义道德观、权利至上道德观、公正主义道德观、社会契约道德观）
4. 了解影响管理道德的因素
5. 掌握管理道德的培育途径
6. 了解管理的社会责任
7. 掌握企业承担社会责任的基本措施

 本章引言

宁静的夏日午后，一座宅院内的长椅上，并肩坐着一对母子，风华正茂的儿子正在看报，垂暮之年的母亲静静地坐在旁边。

忽然，一只麻雀飞落到近旁的草丛里，母亲喃喃地问了一句："那是什么？"儿子闻声抬头，望了望草丛，随口答道："一只麻雀。"说完继续低头看报。

母亲点点头，若有所思，看着麻雀在草丛中颤动着枝叶，又问了声："那是什么？"儿子不情愿地再次抬起头，皱起眉头："我刚才告诉过您了，妈妈，是只麻雀。"说完一抖手中的报纸，又自顾看下去。

麻雀飞起，落在不远的草地上，母亲的视线也随之起落，望着地上的麻雀，母亲好奇地略一欠身，又问："那是什么？"儿子不耐烦了，合上报纸，对母亲说道："一只麻雀，妈妈，一只麻雀！"接着用手指着麻雀，一字一句大声拼读："摸—啊—麻！七—跃—雀！"然后转过身，负气地盯着母亲。

老人并不看儿子，仍旧不紧不慢地转向麻雀，像是试探着又问了句："那是什么？"这下可把儿子惹恼了，他挥动手臂比画着，愤怒地冲母亲大嚷："您到底要干什么？我已经说了这么多遍了！那是一只麻雀！您难道听不懂吗？"

母亲一言不发地起身，儿子不解地问："您要去哪？"母亲抬手示意他不用跟来，径自走回屋内。

麻雀飞走了，儿子沮丧地扔掉报纸，独自叹气。

过了一会儿，母亲回来了，手中多了一个小本子。她坐下来翻到某页，递给儿子，点指着其中一段，说道："念！"

儿子照着念起来："今天，我和刚满三岁的小儿子坐在公园里，一只麻雀落到我们面前，儿子问了我 21 遍那是什么？我就回答了他 21 遍那是一只麻雀。他每问一次，我都拥抱他一下，一遍又一遍，一点也不觉得烦，只是深感他的天真可爱……"

老人的眼角渐渐露出了笑纹，仿佛又看到往昔的一幕。儿子读完，羞愧地合上本子，强忍泪水张开手臂搂紧母亲，深吻着她的面颊……

原来，母亲不是患有老年痴呆症，只是看到麻雀，回忆起往昔母子间的亲密，故意反复地提问。日记本中那位可爱的孩子，如今已长大成人，不再追着妈妈问那是什么，却只是低头自顾看报，对于身边的母亲，不再关怀。往日的温馨已成追忆，眼前的他仅仅被母亲问了 4 遍就火冒三丈，不耐烦。

这是一个令人反思的故事，不足五分钟，却浓缩了一个沉重的话题：假如爱有长度，儿女对父母的爱，比起父母对儿女来说，相差几许？

管理技能分析

21 与 4 之间的距离不是数字，而是难以言说的爱，对此你有何感想呢？

管理技能应用

你所在的学校或单位采取了哪些措施来保证承担更多的社会责任？

第一节　管理道德

20 世纪 60 年代以前，企业的管理道德与社会责任问题并没有引起人们的广泛关注。随着时代的进步和公众意识的提高，企业管理者经常遇到需要考虑社会效益的决策，如慈善事业、定价问题、雇员问题、资源保护以及产品质量等。可以说，社会责任是企业对变化着的环境的一种积极反应，而道德思考已经成为管理者在制定企业决策时的一个重要标准。

伦理道德在我国有着悠久的历史，对规范和调节人们的行为和关系起着不可替代的作用。并在经济和生产活动中得到了很好的贯彻和发挥，形成中国特有的商业伦理道德观念和行为准则。

国无德不兴，人无德不立。

一、道德的含义与功能

（一）道德的含义

道德是依靠社会舆论、传统习惯、教育和人的信念的力量去调整人与人、个人与社会之间关系的一种特殊的行为规范，是规定行为是非的惯例和原则。一般来说，道德是社会基本价值观一个约定俗成的表现，人们一般都会根据自己对社会现象的理解、社会认同的形态，形成与社会大多数人相同的道德观，大多数人能够知道该做什么不该做什么，哪些是道德的哪些是不道德的。

道德指衡量行为正当与否的观念标准。不同的对错标准来自于特定生产力、生产关系和生活形态。一个社会一般有社会公认的道德规范。只涉及个人、个人之间、家庭等的私人关系的道德，称私德；涉及社会公共部分的道德，称为社会公德。

道德是在一定社会物质生活条件基础上产生的，因此，道德是用以调节人与人之间利益关系的行为规范。道德作为上层建筑的重要组成部分，在不同的时代、不同阶级中有着不同的道德观念标准。道德是精神文明建设的重要内容，也是精神文明的重要标志。

道德一般可分为社会公德、家庭美德、职业道德三类。其中职业道德是同人们的职业活动紧密联系的符合职业特点所要求的道德准则、道德情操与道德品质的总和，是从事一定职业的人在职业劳动和工作过程中应遵守的与其职业活动相适应的行为规范。管理道德是一种特殊的职业道德。

管理实例 3-1

老人跌倒无人敢扶

武汉市 88 岁的李老汉在离家不到百米的菜场口摔倒后，众多围观者无人敢伸出援手，直到老人家人赶到才被送往医院。遗憾的是，由于没有得到及时救治，老人因鼻血堵塞呼吸道窒息死亡。

自从南京"彭宇案"之后，老人摔倒无人敢扶，这样的新闻已经不少。

不久前，武汉一电动车主因好心扶起不慎摔倒的八旬老太，反被老太认定是撞人者。就在车主自认倒霉，准备赔 200 元了事时，在数名现场目击者的坚持下，交警判定这起事故并非交通事故，让车主离开现场。无独有偶，在江苏如皋，也有监控视频证实，一位被老太认定是在路边撞倒自己的大巴司机，实际上是出手相助的热心人。事后，老人全家内疚之余，为司机送去锦旗。

一方称好心助人为乐，一方称对方肇事扶人，这样的"罗生门"案件并不罕见。就在几年前，南京"彭宇案"曾引发全国关注。不久前，天津"许云鹤案"二审开庭。有网友评论，自"彭宇案"后，社会道德滑坡 30 年。各地频现的翻版"彭宇案"，恰是道德丧失、信任危机的体现。

如果没有了监控视频和目击证人，人们还敢做好事吗？

（二）道德的功能

道德作用的发挥有待于道德功能的全面实施,道德的功能是道德对人类自身的生存发展和完善的功效及其意义。道德以自己特殊的职能和特有的方式,反作用于社会经济基础和整个社会生活,表现出巨大的能动作用,道德社会价值正是通过道德功能加以实现的。道德功能归纳起来主要有以下四个方面。

1. 道德的认识功能

在现实社会中,道德能帮助人们认识个人与社会、个人与他人以及个人与自然之间的关系。所以道德的认识功能立足于解决一个"知"的问题。在这一层面,道德是一种认知,是人们认识和改造社会、认识自我和创造人生的指南,从而正确地选择自己的行为和生活道路。

2. 道德的调节功能

道德的调节功能立足于解决一个"行"的问题。人们生活在社会中,总要与自己的周围发生这样那样的关系和联系。因此,不可避免地要产生各种各样的矛盾。在非对抗性的矛盾范围内,就需要道德加以调节,即通过社会舆论、风俗习惯、内心信念等特有形式,以自己的善恶标准去调节个人与家庭成员之间、个人与朋友之间、个人与领导之间、个人与集团之间乃至与国家之间的关系。它以"应该怎么样"为尺度,来衡量和评价人们行为的现状,并力图使人们的行为现状符合于"应当"的尺度。

3. 道德的评价功能

道德评价是一种巨大的社会力量和人们内在的意志力量。道德是人以评价来把握现实的一种方式,它是通过人们把周围社会现象判断为"善"与"恶"而实现的。它培养人们良好的道德意识、道德品质和道德行为,从而树立正确的义务、荣誉、正义和幸福等观念,使人们成为道德纯洁、理想崇高的人。

4. 道德的服务功能

道德是一定社会经济关系的产物,又反过来为产生他的社会经济关系服务。所以,道德的服务功能立足于解决一个"用"的问题。从道德的产生可以看出,道德是随着社会进步与发展,由于人们生活需要,在一定的经济基础上产生的,它反过来又为经济基础和人们的生活服务。任何道德的产生都是用自己的标准评价一定的社会经济关系和社会经济状况的合理性,否定危害它的社会关系的思想和行为。所以,道德为产生它的社会经济关系服务,并通过一定的道德标准、道德规范推动社会的发展和进步。

管理实例 3-2

让美德占据灵魂

一位哲学家带着他的弟子坐在郊外的一片旷野里。哲学家问身边的弟子该如何除去周围长满的杂草。弟子们十分惊愕,没有想到一直探讨人生奥妙的哲学家,最后一课竟会问这么简单的问题。于是,他们给出了各种答案,有的说用铲子就够了,有的说用火烧,有的建议在草上撒上石灰,还有的说要斩草除根,只要把根挖出来就行了。哲学家听完后,站起身说:"课就上到这里,你们回去后,用各自的方法除去一片杂草,没除掉的,一年后,再来除草。"

一年后，他们都来了，不过原来相聚的地方已不再是杂草丛生，而是变成了一片长满谷子的庄稼地。弟子们围着谷子地坐下，等着哲学家的到来，可是哲学家始终没有来。几十年后，哲学家去世，弟子们在整理他的言论时，私自在书的最后补了一章：要想除掉旷野里的杂草，方法只有一种，那就是在上面种庄稼。同样，要想让灵魂无纷扰，唯一的方法就是用美德去占据它。

二、管理道德的含义与功能

（一）管理道德的含义

由于判断一件事情是否"道德"本身就是一个十分复杂而众说纷纭的难题，西方管理学者和伦理学家提出了一种可行的检验方法。他们建议，如果一个管理者对以下三个问题都做出肯定答复的话，那么，他的决定很可能是"道德"的。

（1）我的决定是不是与公司中普遍适用的价值观或标准一致？

（2）我是不是愿意看到我的决定被告诉给每一个受它影响的利益相关者？我是否愿意这个决定及行为被报纸或电视报道？

（3）和我私人关系密切的家人、朋友或是其他企业的管理人员，是否会认同我的决定？

以上三个方面仅仅是检验管理者个人道德的一种方法。

管理道德或者说管理伦理，是从事管理工作的管理者的行为准则与规范的总和，是规定管理行为是非的惯例或原则的总和，简单讲，就是人们判断一件事情对与错的原则与信条。

对管理道德可以从狭义和广义两个方面来理解。

狭义的管理道德是管理者的行为准则与规范的总和，是管理者在社会一般道德基础上建立起来的职业道德规范体系。狭义的管理道德通过规范管理者人个人行为，实现组织内部管理关系的和谐、稳定，并进一步实现管理系统的优化，提高组织的管理效益。

广义的管理道德不仅是企业管理者内部道德标准，还涉及企业对外部环境和利益相关者关系处理时面临的道德选择。也就是说，一个企业的管理道德取决于其组织环境中的社会道德、职业道德和高层管理人员的个人道德三个不同的层次。

管理实例 3-3

管理道德缺失的后果

曾有过这样一家企业，业务遍布全国各地，为了便于管理，分支机构既以省级为单位设立了分公司，而且对于一些地级市也设有分公司。由于公司给予省级分公司经理的权力很大，导致一些山高皇帝远的分公司出现了"土皇帝说了算"的现象。有一个地区的分公司，设立之初业绩很好，但随着管理者的不断轮换，分公司人心浮动，发展每况愈下，根本原因就在于分公司经理管理道德缺失。

这家分公司由于地处偏远，刚刚设立时，第一任经理还算比较负责，分公司发展势头很好，业绩节节攀升。分公司经理上对企业负责，下对员工负责。

但好景不长，不到三年时间，从其他市场调过来一位经理。这位经理身上有很严重的"老爷作风"，以前身处其他分公司还算收敛，可一任这个偏远地区的经理，简直成了"老子天下第一"，想怎样就怎样。

这位分公司经理本性暴露，不仅好吃懒做，而且对于分公司运营几乎不闻不问，只是让几个骨干经销商来代管，他还说"没有天大的事，不要随便给我打电话"。下属慑于他掌管人事任免决定权、薪资权、员工晋职加薪权等，敢怒不敢言。分公司人员常常一两个月都见不到经理，遇事都由他的一位心腹员工和代管的经销商处理，经理却去干"自己的事"。同时，这位经理还在内部搞"办公室政治"，试图将矛盾转移到员工之间、经销商之间，把自己摘得一干二净。

纸终究包不住火，事情终于败露了，该经理在分公司横行了三年，被匿名信、匿名电话、骨干经销商投诉等举报给总公司后，没多久就被罢免了。

（二）管理道德的功能

管理道德是特殊的职业道德规范，是对管理者提出的道德要求。对管理者自身而言，可以说是管理者的立身之本、行为之基、发展之源；对企业而言，是对企业进行管理价值导向，是企业健康持续发展所需的一种重要资源，是企业提高经济效益、提升综合竞争力的源泉，可以说管理道德是管理者与企业的精神财富。

管理道德是表明一个组织在管理过程中遵循的基本价值和希望其成员遵守的行为准则的规范是否符合道德的要求。许多人都说，按照市场经济的法则，企业存在的目的就是要争取利润最大化，而不顾及其他非经济的问题。实际上，在市场经济条件下，管理道德不但不是可有可无的东西，而且还是市场经济条件下企业运行所需的一种重要的新型资本形态，是一个企业精神财富和生命力所在。在深层次上，管理道德对企业管理进行价值导向，是企业创造财富和提高竞争力的源泉。

管理实例 3-4

守住道德底线

摩托罗拉公司对于分公司管理者或员工的财务监管是建立在道德情操上的，公司的做法是：员工把自己发生的票据填好，封好，扔到箱子里（专门的箱子），不用主管签字，财务核一下是真的票据，下个月自动把钱划到员工的账上。对此，你是不是觉得很奇怪，不需要主管或者别的领导审核吗？其实，这就是对人保持不变的尊重。摩托罗拉公司这样做，没有人会投机取巧？这就需要高尚的道德操守来约束了。如果员工今天偷报100，明天偷报200，后天偷报1000，员工可以这么做，但是在摩托罗拉一年有两次审计，一旦某一员工被发现道德存在问题，只有两个字：走人，哪怕只是一分钱，因为这不是多拿了一分钱的问题，而是损害了企业的道德，这就叫作坚持高尚的职业操守。

三、几种相关的管理道德观

将管理与道德结合起来已经成为管理者制定决策以及企业持续发展的必然要求。下面介绍四种不同的道德观。

（一）功利主义道德观

功利主义的道德观是完全按照成果或结果制定决策的一种道德观。功利主义的目标是为尽可能多的人提供尽可能多的利益。例如，他们认为解雇20％的员工是合理的，因为这样剩下80％的人的工作更有保障，并使股东获得更好的利益。一方面，功利主义提倡效率和生产力的提高，并符合利润最大化原则；另一方面，功利主义也可能导致组织资源的配置不合理以及利益相关者的权益被忽视。

（二）权利至上道德观

这种观点认为，管理决策必须在尊重和保护个人基本权利（隐私权、良心自由、言论自由等）的前提下做出。例如，当雇员揭发雇主违法时，应当对雇员的言论自由加以保护。权利至上的道德观在保护个人自由和隐私方面有积极的一面，但它在组织中也有消极的一面，即：由于过分强调个人权益的保护，造成一种过分墨守成规的工作风气，从而阻碍组织生产力和效率的提高。接受这种观点的管理者把个人自由的保护看的比工作的完成更重要。

（三）公正主义道德观

这种道德观要求管理者应该公平公正地制定、实施和贯彻组织规则。持有公正主义道德观的管理者可能会支付给新员工高于最低限度工资的薪金，因为管理者认为最低工资不足以满足雇员的基本财政负担，同时也不利于平衡新老员工之间的关系。实行公正标准同样会有得有失，它保护了那些其利益可能未被充分体现或被忽略的利益相关者，但它也会助长组织降低风险承诺、创新和生产率的意识。

（四）社会契约道德观

社会契约道德观要求管理者在决策时综合考虑实证和规范两个方面的因素。把实证和规范两种方法并入商业伦理中。这种道德观综合了两种"契约"：一是经济参与人当中的一般社会契约，这些现实的或"现存的"社会契约构成了企业道德规范的一个重要源泉；二是一个群体中较为特定数量的人当中的较为特定的契约，这些契约规定了哪些行为方式是可接受的。这些现实的但通常是非正式的社会契约达成一致时，并且其提出的规范与更广泛的伦理学理论原则相一致时，就成为强制性的社会契约。这种道德观提倡把广泛的而传统的社会契约方法同"现在的"社会契约综合起来，故称之为"综合契约论"道德观。

现实管理活动中，大部分管理者对道德行为持功利主义的态度，因为这一观点与企业提高效率、追求高利润指标等目标是一致的。客观上看，由于影响道德的因素十分复杂，组织要实行合乎道德的管理并不容易。

管理实例 3-5

从华人"聪明"美国人"愚笨"谈道德

美国洛杉矶下属一个中等市的市长是一位华人，他已经在这个岗位上工作 10 多年了。日前他对新华社记者谈了 3 件小事，凸现出美国华人与白人行为习惯的差别。新华社记者据此写了一篇报道《华人的"聪明"与美国人的"愚笨"》，经新华网登载后被国内多家报纸转载，可见这些报纸的老总都没有把这几件小事看作不必认真对待的枝节问题。我们不必一一复述这三件事，只简略地介绍其中一件。

有一天，该市一家商场搞促销活动，食用油 5 折出售，限每人买 4 桶，白人都老老实实地买 4 桶，而华人却呼朋引类，蜂拥而进，其中一些人买了 4 桶后，转身又去买。第二天，有美国人给市政府写信投诉，说华人不守规矩。这位市长于是约见华人代表了解此事，试图进行教育。但华人代表根本不买账，说商场并未规定不能通知亲友来买，至于有人买几次，有证据吗？还有人私下里抱怨说："美国人就是笨，还不服。"

四、影响管理道德的因素

一个管理者的行为合乎道德与否，将取决于管理者的道德发展阶段、个人风格、自我强度、组织文化和问题强度等诸多因素。

（一）道德发展阶段

国外学者研究表明，管理道德观的发展经历了三个阶段。

1. 前管理阶段

在这一阶段，管理道德观受个人利益支配，凡是对自己有利的行为就认为是道德的；对自己不利的行为就认为是不道德的。"人不为己，天诛地灭"就是典型的个人利益至上道德观。国有企业中的"穷庙富方丈"问题则是这类道德观在我国现阶段的突出表现。

2. 管理阶段

道德观受他人期望的影响，别人所期望的就是正确的，别人所不期望的就是不正确的。这种道德观有良性的也有恶性的，关键看是哪些人与多少人的期望。一些真正为企业整体利益着想的管理者，把企业发展的需要和本企业职工的期望作为行为依据，坚决提出或执行正确的方案，这种信奉大多数人整体期望的道德观就是良性的。相反，有些企业中不负责任的主管，盲目服从一把手的愿望（即使是既害企业又害一把手自己的决策）。这种以个别人期望为是非标准的管理道德就是恶性的，既危害企业，危害企业员工，也危害一把手和"完全服从者"本人。

这一阶段的道德观适合于中层管理者。应该倡导的是，中层管理者要把企业和大多数职工的期望作为是非标准，不要没主见地盲目服从上司的期望，更不要"阳奉阴违"。

3. 原则阶段

这里的原则是指个人的道德原则。管理道德观受自己认为什么是正确的个人道德原则的支配。个人认为是正确的就道德,反之就不道德,强调个性和个人英雄主义。这种道德观在美国较盛行,原因之一是美国人崇尚冒险和个人英雄主义,认为这种道德观适合于其个人力量与个人素质较高的人。这适合于上层管理者。中下层管理者若处处以个人是非观为行为准则,就会导致整个企业政令受阻和混乱。

有关道德发展阶段的研究表明:①人们一步一步地依次通过这三个阶段,不能跨越;②道德发展可能中断,可能停留在任何一个阶段上,也可能倒退和堕落;③多数成年人的道德发展处在第二阶段上,也有少数人能始终坚持自己信奉的原则,出淤泥而不染。

(二)个人风格

据研究表明,个人风格的形成主要受一个人幼年和童年这十几年生活环境的影响,在这十几年中,也基本形成了他今后人生很难改变的道德观。

管理实例 3-6

责　任

五岁的汉克和爸爸、妈妈、哥哥一起到森林干活,突然间下起雨来,可是他们只带了一块雨披。爸爸将雨披给了妈妈,妈妈给了哥哥,哥哥又给了汉克。汉克问道:"为什么爸爸给了妈妈,妈妈给了哥哥,哥哥又给了我呢?"爸爸回答道:"因为爸爸比妈妈强大,妈妈比哥哥强大,哥哥又比你强大呀。我们都会保护比较弱小的人。"汉克左右看了看,跑过去将雨披撑开来挡在了一朵风雨中飘摇的娇弱小花上面。

(三)自我强度

自我强度是衡量个人自信心强度的指标。它由主见、意志、能力和信念构成。自我强度高的人对事物判断比较准确,在道德准则判断与道德行为之间的一致性上较强,认为对就这样去做。自我强度差的人判断力差,在道德准则判断与道德行为一致性上较差,不宜做中高层管理者。

管理实例 3-7

爱 人 之 心

这是发生在英国的一个真实故事。

有位孤独的老人,无儿无女,又体弱多病,他决定搬到养老院去。老人宣布出售他漂亮的住宅,购买者闻讯蜂拥而至。住宅底价 8 万英镑,但人们很快就将它炒到了 10 万英镑。价钱还在不断攀升。老人深陷在沙发里,满目忧郁,是的,要不是健康情形不行,他是不会卖掉这栋陪他度过大半生的住宅的。

一个衣着朴素的青年来到老人眼前,弯下腰,低声说:"先生,我也好想买这栋住宅,可我只有 1 万英镑。可是,如果您把住宅卖给我,我保证会让您依旧生活在这里,和我一起喝茶,读报,散步,天天都快快乐乐的——相信我,我会用整颗心来照顾您!"

老人领首微笑,把住宅以 1 万英镑的价钱卖给了他。

（四）控制中心

控制中心是衡量相信自己掌握自己命运程度的指标。具有内在控制中心的人相信自己能控制自己的命运；具有外在控制中心的人，往往凭运气办事。具有外在控制中心的人对自己行为的后果不承担责任，往往埋怨客观环境，不适合做管理工作。具有内在控制中心的人对自己行为负责，有独到眼光，很少出现违背道德准则的情况，适合做管理者。

（五）结构变量

结构变量是指一个企业的组织结构设计模式与相关制度。如果结构变量模糊，管理者就容易出现道德问题。

（六）组织文化

强的组织文化可以抵御外来风险，化解内部冲突。海尔吃"休克鱼"实现低成本扩张，就是运用海尔文化成功地解决了一个又一个其他企业兼并中的难点——整合，尤其是兼并后企业中的关键雇员和重要客户等管理道德困境。

（七）问题强度

管理道德问题的强度是从道德问题本身来讲的，有如下几种情况。

（1）某种道德行为的受害者或受益者受到多大程度的伤害或利益。伤害很大则不道德，伤害很小则无所谓。康尼从费尔曼公司中挖走关键雇员洛利是对原数据处理公司及老板的较严重打击，因而这是主人公面临的一个实质性道德困境。

（2）有多少舆论认为这种行为是邪恶的或善良的。如果大多数人认为这种行为恶劣则不道德；若很少人这样认为则无所谓。在我国的行政单位与国有企业办公室，用公家的电话办自己的事，由于公有制单位传统上职工有享受非货币化福利的权利与"习惯"，因而很少人对之斥责。这样在很长时间内，该行为未受到很多人的道德质问。

（3）行为的实际发生和将会引起的可预见的危害或利益的可能性有多大，可能性大者道德问题越严重。

（4）在该行为和它所期望的结果之间持续的时间有多长。如公司制订一减员增效计划，减员对象中有很多是对公司作出长期贡献的人，宣布该计划立即实施和在两年后实施引起的反应是不一样的。前一种方案会被很多职工认为是"没良心的"，而后一种实施方案，大多职工因是以后的事，反应不太强烈。

（5）在心理与物质上，你与该种行为的受害或受益者的接近程度。若是与你亲近的人受害，你会对那种邪恶行为做出很不道德的判断。

（6）行为对有关人员的集中作用程度，即该行为的发生对多少人产生有利或不利的影响。

以上因素基本上决定了一个人管理道德观的形成，但一定时期社会上大多数人的世界观和价值观也会从外部影响、甚至改变个人的管理道德观。

五、管理道德的培育途径

（一）抓好管理道德教育

1. 提高管理道德认识

管理道德认识包括管理者对其管理的地位、性质、作用、服务对象、服务手段等方面的认识。对管理道德价值的认识是培育管理者管理道德的前提，就是要认识管理道德的实质、内涵，充分认识到管理道德对个人、企业乃至社会的重要性。只有提高对管理道德的认识，才能在思想上重视，在行动上实施，在发展中提升。

2. 培养管理道德情感

管理道德情感就是管理者在处理自己和职业的关系及评价管理行为过程中形成的荣辱好恶等情绪和态度，主要包括对所从事管理工作荣誉感、责任感，对服务对象的亲切感，热爱本职工作，敬业乐业等。管理道德情感一经形成，就会成为一种稳定而强大的力量，积极影响人们管理道德行为的形成和发展。

3. 锻炼管理道德意志

管理道德意志就是人们在履行管理义务的过程中所表现出来的自觉地克服一切困难和障碍，做出抉择的力量和精神。是否具有坚毅果敢的管理道德意志，是衡量每个管理者管理道德素质高低的重要标志。

4. 坚定管理道德信念

管理道德信念就是管理者对所从事管理工作应具备的道德观念、道德准则和道德理想发自内心的真诚信仰。管理者一旦牢固地确定了管理道德信念，就能自觉地坚定不移地履行自己的义务，并能据此来鉴别自己或他人的行为。培养和确立终生不渝的管理道德信念，是每个管理者管理道德修养的中心环节。

（二）提炼、规范管理道德准则

管理道德建设的过程，就是管理者管理道德素质形成和不断完善的过程，这需要管理者把管理道德认识、管理道德情感、管理道德意志和管理道德信念等与所从事的管理工作、企业的实际情况等结合起来，注重吸收西方道德观中合理的成分，广泛继承中华民族传统道德观的精华，提炼出体现管理特色的管理道德准则，使管理者了解、明确管理道德规范，认清管理道德的标准和行为准则，以利于管理者形成良好的管理道德。

通过提炼管理道德标准，实行管理道德的规范化管理，使管理者自觉地对照管理道德准则时刻检查自己、规范自己行为，将管理道德准则内化成管理道德认识，从而培养成良好的管理道德行为习惯，既有利于管理者自身建设与发展，又有利于企业管理水平提高与发展。

（三）树立典型，加强引导

在管理道德建设过程中，树立典型、发挥榜样示范的作用是重要的。典型引导是激励人们自觉规范道德行为的有效途径。

1. 注重发挥企业领导者管理道德的表率作用

企业领导者是企业的精英,是高层管理者,其模范、表率行为对其他管理者管理道德的形成具有更直接的效果。对企业领导者来说,管理价值、道德价值高于物质利益,企业领导人应把国家、员工赋予的职位当作为国家、企业贡献、为员工服务的机会,"先天下之忧而忧,后天下之乐而乐",勇于负责,不计得失,自强不息,以身作则,讲真话、办实事,"言必信、行必果",树立领导者良好的管理道德,这对推动整个公司层面管理道德的形成起着举足轻重的作用。

2. 树立典型人物,做好舆论导向,发挥引导作用

像牛玉儒等现实生活中涌现出来的典型人物,他们的感人事迹、表现出来的道德品质是人们所景仰的,在这些典型人物身上也充分体现出了优秀的管理道德。因此,大力宣传典型,把道德规范人格化,有利于使管理者以典型人物为榜样,学习典型人物的人格,激发自身去追求典型人物所拥有的优秀的理想人格,并且以这种理想人格为标准来塑造自己,促进管理者管理道德水平的形成和提高。

(四)管理道德行为列入岗位考核内容

管理者是否具有管理道德,不是看其是否会背诵管理道德的多少规范条款,而要看他是否能理解管理道德,把管理道德要求与自己的工作相结合,落实到实际行动中、具体工作中,形成稳定的职业行为。管理道德规范化、制度化,就会成为管理者的习惯行为,就会在管理工作中发挥巨大作用,也必将在企业内形成良好的道德风尚,使企业步入良性发展轨道。因此,企业应将管理道德建设纳入管理者岗位考核内容之一,加强检查、考核、奖惩,使每一个管理者不断地自我对照准则检查,不断地修正自己的行为方向,最终养成良好的管理道德。

管理者是管理道德的主体,管理道德是对管理者行为的规范和制约,一个合格的管理者也必然是一个有道德的管理者,做有道德的管理者,应该是每一个管理者的职业准则。在当今时代,管理者和企业应注重开展和加强管理道德培育,提高管理者的管理道德,使管理者有所为、有所不为,养成良好的管理道德行为,才能有效地提升企业管理水平,获取更大的效益,实现长效发展。

第二节 管理的社会责任

在社会问题日益增多、社会矛盾日益尖锐的时代,随着企业自身认识的发展和影响力的扩大,以及社会的进步、竞争的压力和公众的日益关注,对企业社会责任的呼声也越来越大。

一、管理社会责任的含义

管理的社会责任是管理道德向社会的延伸,是管理道德规范在更大范围的实施。管理是一种行为概念的表述,而这种行为的实施一般是通过公司或企业来实现的,因此,管理的社会责任在空间界定上就是公司或企业的社会责任。

企业社会责任(corporate social responsibility,CSR)是指企业在其商业运作里对其利害关系人应负的责任。企业社会责任的概念是基于商业运作必须符合可持续发展的想法,企业除了考虑自身的财政和经营状况外,也要加入其对社会和自然环境所造成的影响的考量。

利害关系人是指所有可以影响,或会被企业的决策和行动所影响的个体或群体,包括员工、顾客、供应商、社区团体、母公司或附属公司、合作伙伴、投资者和股东。

美国学者戴维斯就企业为什么以及如何承担这种责任提出了自己的看法,这种看法被称为"戴维斯模型"。具体内容如下。

(1)企业的社会责任来源于它的社会权力。由于企业对诸如少数民族平等就业和环境保护等重大社会问题的解决有重大的影响力,因此社会就必然要求企业运用这种影响力来解决这些社会问题。

(2)企业应该是一个双向开放的系统。企业既要开放地接受社会的信息,也要让社会公开了解它的经营。为了保证整个社会的稳定和进步,企业和社会之间必须保持连续、诚实和公开的信息沟通。

(3)企业的每项活动、产品和服务,都必须在考虑经济效益的同时,考虑社会成本和效益。也就是说,企业的经营决策不能只建立在技术可行性和经济收益之上,而且要考虑决策对社会的长期和短期的影响。

(4)与每一活动、产品和服务相联系的社会成本应该最终转移到消费者身上。社会不能希望企业完全用自己的资金、人力去从事那些只对社会有利的事情。

(5)企业作为法人,应该和其他自然人一样参与解决一些超出自己正常范围之外的社会问题。因为整个社会条件的改善和进步,最终会给社会每一位成员(包括作为法人的企业)带来好处。

管理实例 3-8

三尺柜台温暖顾客

我国的同仁堂药店是举世闻名的老字号,创业于 1669 年,迄今已经历了 300 多年。"同仁堂"这个商号名称,已成为企业德、诚、信的化身。"同仁堂"的创业者尊崇"可以养生,可以济世者,惟医药为最"。300 多年间社会发生着翻天覆地的变化,"同仁堂"养生济世的宗旨却是雷打不动。在这一价值观的指导下,"同仁堂"提出了"想病家患者所想,做病家患者所需"和"患者第一"的经营思想。

多年来,"同仁堂"的优质服务和便民服务一直就没有中断过。他们不事张扬,默默为顾客提供各种服务。来买药的顾客有时对药性不很清楚,许多人是代别人抓药的,难免会有疑问。为此"同仁堂"在店堂中设立了"问病服药处",聘请 4 位有经验的退休老药工为顾客免费提供咨询。

三尺柜台温暖了顾客的心,同仁堂药店每年都要收到许多感谢信,感谢药店服务台介绍的"灵丹妙药",代客寄药业务虽然一直是赔本的买卖,但是同仁堂一直坚持做了下来,而且始终做到有信必答,有求必应。

2001 年他们为全国各地患者回信 7000 多封,邮寄药品 800 多件,共计 28 万多元,其中有两件以特快加急件将急救药"安宫牛黄丸"及时送到患者手中。这些优秀企业在其发展过程中都树立了负责任、重承诺的价值观。有了这种正确价值观的指导,企业必能坚持质量第一、信誉至上、顾客第一、精诚服务,自觉遵守道德准则,并把此贯穿于生产经营的始终。这为企业信誉的提高和企业形象的塑造提供了很好的基础,也是企业取得成功的基石。

资料来源:申望,李秋燕.成功企业的企业文化[M].北京:中国华侨出版社,2002.

二、企业社会责任的内容

市场经济下的企业与社会也有着千丝万缕般的联系。企业来自于社会,也必将还原于社会,这是一种新形势下的社企关系。企业的生生死死、发展壮大或被淘汰出局,都要由社会来承接它失败的代价。更主要的是,社会是企业的生存环境,没有一个好的环境,企业也难以生存。因此,企业与社会是共荣的关系,市场经济下的企业与社会甚至有着更密切的关系,而不是关系变得相对疏远。新形势下的企业与社会关系,一个重要表现就是企业要通过纳税和缴费的形式来履行应尽的社会保障的责任,增强社会的保障能力,而不是千方百计逃避这一责任。就目前的形势看,企业不履行这一责任的问题相当严重。

企业的社会责任表现在企业经营活动过程中,就是企业对社会利益集团的责任和企业对解决社会问题的责任。

有学者将企业社会责任的内容做了如下概括和归纳。

(1) 对股东。证券价格的上升;股息的分配(数量和时间)。

(2) 职工或工会。相当的收入水平;工作的稳定性;良好的工作环境;提升的机会。

(3) 对政府。对政府号召和政策的支持;遵守法律和规定。

(4) 对供应者。保证付款的时间。

(5) 对债权人。对合同条款的遵守;保持值得信赖的程度。

(6) 对消费者/代理商。保证商品的价值(产品价格与质量、性能和服务的关系);产品或服务的方便程度。

(7) 对所处的社区。对环境保护的贡献;对社会发展的贡献(税收、捐献、直接参加);对解决社会问题的贡献。

(8) 对贸易和行业协会。参加活动的次数;对各种活动的支持(经济上的)。

(9) 对竞争者。公平的竞争;增长速度;在产品、技术和服务上的创新。

(10) 对特殊利益集团。提供平等的就业机会;对城市建设的支持;对残疾人、儿童和妇女组织的贡献。

但是,在战略决策的过程中,各个与企业利害相关的团体的利益总是相互矛盾的,不可能有一个能使每一方都满意的战略。因此,企业的高层管理者应该知道哪些团体的利益是要特别重视的。美国管理协会(AMA)曾经对 6000 位经理进行调查,最后得出了表 3-1。

表 3-1　各种利益相关团体对企业的重要性

利益相关团体	得分排序(最高为 7 分)
顾客	6.40
职工	6.01
主要股东	5.30
一般大众	4.52
一般股东	4.51
政府	3.79

管理实例 3-9

孙悟空被开除公职成下岗职工

花果山公司错误判断了今年月饼的销售情况,进货太多以至于中秋节后还有大量存货,销售部经理猪八戒建议低价卖给月饼厂家作为明年的原材料,销售部副经理沙和尚则建议更改生产日期后妥善保存、慢慢卖。店小二孙悟空勇敢地向工商部门举报,结果孙悟空被开除公职,成了下岗职工。

三、企业承担社会责任的基本措施

企业是社会主义市场经济的主体和公民社会的主体,也是企业社会责任的具体承担者,是推进企业社会责任的主角。企业应从以下几个方面着手开展工作。

(一)加强学习研究,树立正确的企业发展观和企业伦理观

广大企业一定要结合实际,牢固树立以人为本、全面协调可持续发展的理念,正确认识和处理企业发展与人的发展、社会发展、环境保护的关系,切实转变粗放式的企业发展方式,走环境友好型、资源节约型、可持续发展的道路。同时,要加强对社会主义荣辱观和正确企业伦理观的学习,增进对全球企业社会责任运动和企业管理潮流的了解,牢固树立正确的企业伦理与社会责任价值观,加强对经营行为的道德约束和自律。

企业管理层更应注意加强学习,及时调整更新观念,以开放的视野,追赶世界企业管理的新潮流,充分认识企业社会责任理念是人类文明发展的重要成果,加强企业社会责任管理,自觉履行社会责任。这是我国进一步融入经济全球化进程,全面参与国际合作与竞争的必由之路,是企业做大做强,提升市场竞争力和社会形象,实现可持续发展的内在要

求，也是落实科学发展观，构建社会主义和谐社会的必然要求。

（二）将社会责任纳入企业发展战略目标，融入企业管理体系

在制定企业发展战略、加强企业文化建设时，除了利润目标以外，还要明确企业的社会责任政策，并写入公司章程，积极构建企业社会责任管理系统，并与现行企业管理体系相融合。

（三）根据企业社会责任建设要求，积极解决企业存在的突出问题

目前，我国企业在社会责任管理方面存在的问题比较多，且不同的行业、不同的企业存在的问题各不相同。这些问题不下决心认真解决，加强企业社会责任建设就是一句空话。企业在提高思想认识、确定将社会责任纳入公司战略以后，就必须下大气力找出自身存在的突出问题，并采取切实有效的措施加以解决。从面上的情况看，主要应解决好以下几个带有普遍性的突出问题。

（1）维护员工合法权益、改善人力资源管理问题。

（2）严格产品与服务质量管理、确保产品与服务安全问题。

（3）转变企业发展方式、保护环境和节约资源问题。

（4）积极参与公益慈善事业、回报社会问题。

以上这些突出问题解决好了，企业的社会责任管理水平就会大大提升。

（四）建立企业社会责任会计审计和自我评价信息披露制度

社会责任会计和审计制度，是研究如何更好地维护可持续发展，为企业管理者、投资者、债权人、政府和社会公众等相关利益集团和个人决策提供企业的社会责任履行情况的信息系统。它通过社会学与会计学有机结合，并用会计学特有的技术和方法，对某一企业的经济活动所带来的社会贡献和社会损害进行反映和控制。企业社会责任会计信息的披露，可以满足企业利益相关者的社会责任信息需求，揭示企业可持续发展的义务和责任。

企业社会责任建设的推进，仅靠政府的引导监督和企业的自律是不够的，社会环境的约束对企业社会责任意识的形成和发展，也具有十分重要的作用。在社会监督与支持方面，应抓好以下几个方面。

1. 加强舆论引导、推动与监督

在现代社会，新闻媒体作为社会道德良知的承担者，媒体在引导和宣传新理念、揭露社会丑恶现象、还原社会真相等方面，具有重大的不可替代的作用。

2. 加强员工、消费者和社会公众的监督

广大员工、消费者和公众意识的觉醒与积极参与，是推动企业履行社会责任的一支重要力量。特别是消费者，在推动企业履行社会责任方面具有不可替代的重要作用。

3. 加强行业协会的监督

行业协会在企业社会责任建设中也具有独特的作用，其基本职能包括代表、服务、沟通、统计、研究、协调、监督、公证等。

4. 社会各界都要积极参与企业社会责任建设

企业履行社会责任的状况,会对社会各界的工作和生活产生直接的影响。因此,社会各界都应根据自己的实际情况,本着尽力而为、量力而行的原则,积极参与企业社会责任建设,共同推动企业履行社会责任。

管理实例 3-10

赏 罚 分 明

某宾馆经理接到处分职工王大成的报告,他觉得问题不太清楚,就作了一番调查。事实是王大成的母亲患病住院,他母亲想喝鸡汤。由于王白天上班,晚上去医院陪母亲,连去市场买鸡的时间都没有。在这种情景下,他在餐厅里偷了一只鸡,犯了错误。经理了解了情况以后,批准了餐厅对王记大过一次、扣发当月奖金。然后,经理带着慰问品去医院看望王的母亲,并对他母亲说:"王大成在工作中表现很好,在家里对你也很孝顺,他是你的好儿子。"患病的母亲含笑听着。次日,经理找王大成谈话,先肯定他工作好,接着又指出偷公家东西是十分错误的,并征求其对处分的想法。

王大成对这种赏罚分明、合情合理的处理十分感动,并表示自己错了,愿意接受处分。

这时,经理离开座位说:"你母亲生病半个多月,我们都不知道,没有给予关心,我们很对不起你。"说后,经理毕恭毕敬地向王大成鞠了一个躬。

复习思考题

1. 管理道德的内涵和功能是什么?
2. 管理道德的基本原则是什么?
3. 管理过程中道德的基本要求是什么?
4. 管理的社会责任及主要内容是什么?
5. 承担社会责任的基本措施有哪些?

技 能 训 练

技能训练 3-1

废 料 处 理

在座的各位是 ABC 废料处理公司的项目执行小组成员,现在正负责为一家化工厂处理一批工业废料,任务是在限定日期之前把这些废料运输到一个指定的倾倒地区填埋。该项目已经经过环保局的批准。在座各位最近听到消息,说有人向环保局反映这批废料中可能含有一种特殊的有毒物质,这种物质用通常的方法是无法检测出来的。环保局正在考虑组建一个专门的小组使用特殊的仪器重新对这批废料进行检验。

现在公司领导决定,让在座各位组成的执行小组赶在环保局重新检查之前倾倒这些废料。因为如果废料被环保局禁止倾倒,按照公司与化工厂的协议,公司将进行赔偿,这样会给公司造成巨额损失,有可能导致公司倒闭。并且,项目执行小组的所有成员都将承担主要的责任。而如果现在就把这批废料处理掉,即使以后发现里面含有有毒物质,公司也不会受到任何处罚,因为已经经过了环保局的批准。

训练要求:

(1) 你认为是否应在环保局进行调查之前将这些废料倒掉?

(2) 你认为在决策后公司应采取什么样的计划和行动?

技能训练 3-2

国内食品安全警钟长鸣

1. 人造蜂蜜事件

某月,中央电视台曝光湖北武汉等地的"人造蜂蜜"事件。自此,所谓"甜蜜的事业"也变得苦涩。据报道,现在蜂蜜造假的手段五花八门,有的是用白糖加水加硫酸进行热制;有的直接用饴糖、糖浆来冒充蜂蜜;有的利用粮食作物加工成糖浆(也叫果葡糖浆)充当蜂蜜。造假分子还在假蜂蜜中加入了增稠剂、甜味剂、防腐剂、香精和色素等化学物质。假蜂蜜几乎没有营养价值可言,而且糖尿病、龋齿、心血管病患者喝了还可能加重病情。

2. 陈化粮事件

某月某日,国家食品药品监督管理局发出紧急通知,因为部分媒体报道北京、天津等地相继发现万吨"陈化粮",并称这些"陈化粮"均是"东北米"。长期储存的陈化粮中的油脂会发生氧化,产生对人体有害的醛、酮等物质。储存时间过长的陈化粮,会残留一定量的农药,而且陈化粮会感染黄曲霉菌,继而产生黄曲霉毒素,长期食用会致癌。

3. 有毒的桂花鱼

内地的多宝鱼事件还没消停,某月底,中国香港食环署食物安全中心对 15 个桂花鱼样本进行化验,结果发现 11 个样本含有孔雀石绿。有问题的样本含孔雀石绿分量并不多,多数属"低"或"相当低"水平。尽管如此,香港食环署仍呼吁市民暂时停食桂花鱼。孔雀石绿是有毒的三苯甲烷类化学物,既是染料,也是杀菌剂,可致癌。它是带有金属光泽的绿色结晶体,可用作治理鱼类或鱼卵的寄生虫、真菌或细菌感染。现已禁用。

4. "注水肉"引起的思考

2009 年 2 月 18 日,广州市"瘦肉精"事件中有 70 人中毒,此后不少人闻"瘦肉精"色变。事实上,"注水肉"更是盛行,其危害远远超过"瘦肉精"。

据有关媒体报道,"注水肉"现象早已存在。国内较早的"注水肉"出现在广州。1985 年广州放开生猪购销市场后,一下子出现了两千多家屠宰厂,一些企业和不法商人为了自身私利,就在猪、牛屠宰前往其胃里强灌大量水,以增加毛重,或在屠宰后往动物心脏里强注大量水,水通过微细血管迅速扩散到肉体,增加净重;或将肉浸在水里,以水冒充肉的重量,使水钱变成肉钱。这些企业和不法商人不仅在动物身上加水,还加入其他成分,如加入阿托品,以扩张血管,达到蓄水的目的;注入血水以使肉色变深,注入矾水以起收敛作用,等等。企业和不法商人的这些行为给消费者的健康造成了极大的危害。

"注水肉"并不是个别现象,近年来,我国食品行业有关食品生产加工的违法违规现象比较普遍。南京冠生园的月饼"陈馅事件",乳品业的"三聚氰胺"事件,阜阳"奶粉事件"等,均表明一些企业为了经济利益,置消费者利益于不顾,无视企业的社会责任,急功近利,竭泽而渔,其结果不仅导致企业信誉的丧失,品牌形象的倒塌,更严重的是,使消费者的权益受到侵害,消费信心受挫,相关行业的发展受到影响。

训练要求:
(1) 请以食品安全事件为例,谈谈企业社会责任的内涵。
(2) 请以食品安全事件为例,谈谈企业社会责任的重要性。
(3) 如果你是企业的管理者,你认为企业应如何履行社会责任?

技能训练 3-3

醉 酒 驾 驶

近日,南京正式通过媒体曝光醉酒驾车者,首批公布的名单共有106人,都是在7月份被警方查获并实施拘留的。交管部门介绍,曝光还将不定期发布。有人提出醉驾者拘留后还要被曝光是不是过于严厉一说,交管部门认为,曝光可以使醉驾者得到震撼,以后不敢有类似的行为,同时给其他司机以警示。

对此,支持者认为,酒后驾驶是一种高危行为,它会给社会公众带来极其严重的安全威胁。将这种潜在威胁告知公众,让大家提防着,何错之有? 同时,曝光醉驾者姓名,让所有司机都深切感受到醉驾的成本实在是太高,从而不敢越雷池一步,又有什么不可以呢?

反对者认为,从我国的现行法律和规章来看,交管部门对醉酒驾驶者的行政处罚方式仅限于拘留、罚款、暂扣或吊销机动车驾驶证。而交管部门在媒体上公开曝光醉驾者,旨在通过道德谴责和贬损人格使醉驾者受到震撼,本质上已经是对醉驾者实施的"法外处罚"和"二次处罚"。

训练要求:
(1) 你如何看待醉酒驾驶问题?
(2) 你认为醉驾者该不该遭曝光?

案 例 分 析

案例分析 3-1

南京冠生园事件及其反思

南京及江苏地区的广大民众都知道,南京冠生园是一个百年历史的老品牌,它就像在全国各地的十多个冠生园企业一样,都伴随着许多人走过美好的历史回忆。冠生园品牌创始人是 1918 年到上海经商的广东人冼冠生，最早经营粤式茶食、蜜饯和糖果。1934 年，该品牌月饼聘请当时影后胡蝶作为形象代言人，广告词为"唯中国有此明星，唯冠生园有此月饼"，产品一时名倾大江南北。1925 年前后，上海冠生园在天津、杭州、南京、重庆、成都等地开设分店。其南京分店就是现在"南京冠生园"的前身。

在计划经济年代，南京冠生园曾有过一段辉煌岁月，但在改革开放的市场竞争下，许多的传统食品企业都受到很大冲击，南京冠生园也因大幅亏损而面临倒闭。1993 年，一位跟随父母回国寻根的海外游子引进资金与冠生园合资。在合资后的八年里，为了提高管理、创造效益，南京冠生园走过了一个有汗水、有耕耘、有欢笑、有收获的艰辛日子。合资后的企业，在公司广大干部职工的艰苦努力下第二年即转亏为盈，每年营业增长、年年获利，累计上缴利税 1560 万元，由小型企业发展为南京市政府核定的 240 家大中型企业之一。

最让南京人民骄傲的是，在竞争最激烈的月饼市场上，冠生园月饼不但在南京成为月饼品牌中的领头羊，广受消费者欢迎，更积极走向全国。几年来外地市场急速扩大，全国近九十个大中城市及全部直辖市都有冠生园月饼的销售网络。2000 年，南京冠生园 2500 万元的销售额中有四分之三是走出南京面向全国的，南京冠生园已经成为一个名副其实的全国性品牌。为了促进企业稳步发展，南京冠生园经营虽然年年创造效益，但每年均在增添设备、改造生产条件上大力投入，以期实现企业的永续发展。南京冠生院所生产的各类食品、糕点不仅享誉中华，而且在日本、韩国以及整个东南亚地区都很有口碑。

然而意想不到的情况出现了，2001 年中秋节前，南京冠生园用陈馅翻炒后再制成月饼出售的事件被中央电视台披露曝光。通过中央电视台 2001 年 9 月 3 日的节目，观众有幸看到以下画面：卖不出去的月饼拉回厂里，刮皮去馅、搅拌、炒制入库冷藏，来年重新出库解冻搅拌，再送上月饼生产线。一时举国哗然，各界齐声痛斥其无信之举。老字号的南京冠生园月饼顿时无人问津，很快被各地商家们撤下柜台，时值月饼销售旺季，其销售却一下子跌入冰点。许多商家甚至向消费者承诺：已经售出的冠生园月饼无条件退货。

让我们来看看南京冠生园是怎么处理的。在中央电视台 2001 年 9 月 3 日报道新闻之后，南京冠生园 2001 年 9 月 18 日在媒体上做出声明，摘录其中几句原话：某媒体 9 月 3 日播出的"南京冠生园大量使用霉变及退回馅料生产月饼"的报道，不但歪曲而且完全失实！对蓄意歪曲事实、毁损我公司声誉的部门和个人，我公司将依法保留诉讼的权利。我公司绝无在月饼生产中使用发霉或退回的馅料生产月饼。记者利用隐藏式摄像机将本公司所谓各"生产过程"片断拍下，经拼接后，再配以旁白陈述以及所谓"目击证人"提供的信息，就作为"事实"的陈述。因为法院起码还会给被诉人申诉的机会，但报道者以歪曲了的所谓"事实"充当法官，在被告缺席的情况下定罪冠生园！如果拍摄当时真的看到冠生园用霉变原料去加工生产的话，记者应立该向执法部门举报，严惩厂家，及时制止防范危害社会大众之事发生，怎可等待近两个月时间，乃至一年后等厂家将生产出的月饼走进全国市场后再做报道？这是怎样的用心呢？这有什么样的目的呢？其实在前面叙述新闻报导的背景原因内,就很明确地知道记者这样有意识安排报道的最大目的就是要用最大力度、在伤害最大的时间对冠生园做致命的打击!

在上面一番话中,南京冠生园着重强调了几点:第一,中央电视台的报道完全失实;第二,记者时隔一年才报道完全是别有用心,其意图就是破坏冠生园的名誉;第三,南京冠生园绝对没有做过这种事情。可见,面对危机,南京冠生园还是没有表现出应有的诚信,而是辩称这种做法在行业内"非常普遍",绝不是南京冠生园一家;在卫生管理法规上,对月饼有保质期的要求,但对馅料并没有时间要求,意即用陈馅做新月饼并不违规。这份苍白无力的公开信只是南京冠生园继续为自己狡辩的工具,而企业却始终没有向消费者作任何道歉,其所作所为不仅令消费者更加寒心,也进一步将自身信誉丧失殆尽。不久,江苏省和南京市卫生防疫部门、技术监督部门组成调查组进驻该厂调查,该厂的成品库、馅料库全部被查封,各类月饼2.6万个及馅料500多桶被封存,南京冠生园食品厂被全面停产整顿。尽管有关部门后来通知商家南京冠生园的月饼经检测"合格",可以重新上柜,但心存疑虑的消费者对其产品避之唯恐不及,南京冠生园月饼再也销不动了。信誉的失落使多年来一直以月饼为主要产品的南京冠生园被逐出了月饼市场,该公司的其他产品如元宵、糕点等也很快受到"株连",没人敢要。

南京某商家一位负责人说,冠生园事件曝光后将重创整个月饼市场,对商家来说,销售至少减少一半,一些当地月饼生产企业对今年的月饼市场前景忧心忡忡。南京市民对"老字号"冠生园的"落马"感到震惊和叹息,表示今后购月饼一定要"擦亮眼睛"。冠生园80多岁的刘老师傅痛心地说,冠生园1918年创立,发展到今天,倾注了多少代人的心血,实在不应该有今天这样的结局。

2002年春节刚过,南京冠生园食品有限公司向南京市中级人民法院申请破产,理由是"经营不善、管理混乱、资不抵债"。

问题:

(1) 你如何评价南京冠生园食品有限公司的商业道德?该公司在履行企业社会责任方面的失误之处有哪些?

(2) 如果你是当时该公司的负责人,在危机事件后应该采取哪些措施来弥补?

案例分析 3-2

英国功利主义思想家的利益观

英国功利主义思想家孟德维尔提出了一个"蜂巢理论":人类社会就像蜂巢,人就像蜜蜂。蜜蜂为了自己卑贱的冲动和虚荣心去投机钻营,身上充满"败行与恶习",但就是在如此的恶行中,蜜蜂的私利得到了满足。假定每只蜜蜂都投机钻营,每只蜜蜂的私利都得到满足,最后就实现了所有蜜蜂的公共福利。人类社会亦是如此,每个人的自私行为充满着丑陋,但合拢起来则成了每个人的"极乐世界"。

英国功利主义思想家密尔承认,牺牲自己利益以增进社会福利的事情是客观存在的,但他认为不正常且应该尽量避免,因为个人利益的牺牲也就减少了由个人利益组成的社会福利,最终必然损害最大多数人的最大利益。

英国功利主义思想家边沁认为,以集体名义损害个人利益最终必然导致损害集体本身的利益。他发问道:如果承认为了增进他人幸福而牺牲一个人的幸福是一件好事,那么,为此而牺牲第二个人、第三个人,以至于无数人的幸福就更是好事了。

问题:

(1) 集体主义能否通过每个人的自私自利来实现?

(2) 集体主义确认的集体利益优先权会导致对集体利益的否定吗?

(3) 写一小论文阐述自我利益牺牲与集体利益损害的关系。

第二篇

计　划

第四章 计划、目标与战略

 **学习目标**

1. 了解计划的含义
2. 了解计划内容结构
3. 掌握《孙子兵法·九变篇》的精神要点
4. 了解并列举计划的作用
5. 了解运用计划的原则
6. 掌握并评述计划的程序
7. 掌握并运用滚动式计划法
8. 了解网络计划技术
9. 了解目标的含义与性质
10. 掌握目标管理的基本思想
11. 掌握目标管理的过程
12. 了解战略管理的含义
13. 掌握战略分析的要点
14. 掌握SWOT分析的运用步骤
15. 掌握《孙子兵法·始计篇》的精神要点
16. 掌握并比较战略选择及评价

 本章引言

　　王勇曾在一家著名的外商独资企业中担任销售部经理,成绩卓著。几年前,他离开了这家企业,自己开了一家建材贸易公司,生意很不错。年初,他准备进一步扩大业务,在若干个城市设立经销处,同时扩大经营范围,增加花色品种。面对众多要处理的问题,王勇决定将部分权力授予下属的各部门经理。他逐一与经理们谈话,一一落实要达到的目标。其中他给采购部经理定下的目标是:保证每一个经销处所需货物的及时供应;所采购到的货物的合格率需保持在98%以上;采购成本保持在采购额的5%以内。采购部经理当即提出异议,认为有的指标不合理。王勇回答说:"可能吧,你尽力而为就是了。"

到年终考核时发现,采购部达到了王勇给他们规定的前两个目标,但采购成本大大超出计划,约占当年采购额的8%。王勇问采购部经理怎么会这样时,采购部经理解释说:"有的事情也只能如此,就目前而言,我认为,保证及时供应和货物质量比我们在采购时花掉多少钱更重要。"

管理技能分析

你认为王勇在实施目标管理中有问题吗? 他应如何改进? 每年召开计划会议有用吗?

管理技能应用

假如你现在要创办一家企业,你会为企业未来的成功计划做什么事情呢?

第一节 计 划 概 述

计划是所有管理职能中最基本的方面,古人所说"运筹帷幄",就是对计划职能的形象概括。计划为组织提供了未来的行动远景,并且这一远景可以根据组织所处环境和条件的变化进行调整。计划的种类繁多,表现形式多样。任何管理人员都必须制订计划,管理者必须计划一系列的事情。近几十年来,计划的重要性不仅没有随着管理环境的变化而下降,反而随着管理环境的动态性和不确定性的增强而备受重视。

一、计划的含义

计划就是根据组织内外部的实际情况,通过科学的预测,提出在未来一定时期内组织所要达到的目标以及实现目标的方法,并且通过将组织在一定时期内的目标和任务进行分解,落实到组织的具体工作部门和个人,从而保证组织工作有序进行和组织目标得以实现的过程。

计划有广义和狭义之分,广义的计划包括制订计划、执行计划和检查计划的执行情况等整个过程;狭义的计划仅指制订计划。

二、计划的内容

西方的学者把计划的内容概括为"5W1H",认为计划工作分为六个方面:决定做什么(What),讨论为什么要做(Why),确定何时做(When)、何地做(Where)、何人做(Who)以及如何做(How)。其具体含义如下。

(一) 做什么

做什么,即对计划的目标和任务的确定。相对于企业生产计划而言,"做什么"是指企业在一定时期内生产什么产品,生产多少,要达到多少产值。相对于政府的国民经济发展计划而言,"做什么"是指一定时期内国民生产总值达到多少,国民经济发展应采取什么措施,应优先发展哪些产业。

(二)为什么做

为什么做,即明确计划工作的原因和目的。实践表明,只有组织成员明确组织计划工作的原因和目的,组织成员的工作才有积极性和主动性。

(三)何时做

何时做,即规定计划工作的时间限制,如何时开始、何时结束。时间的规定是计划工作必不可少的内容,它是组织工作讲求效率,合理安排组织各种资源的重要依据。

(四)何地做

何地做,即对计划实施地点的确定。应规定计划的实施地点和场所,了解计划实施的环境条件和限制,以便合理安排计划实施的地点和场所。

(五)何人做

何人做,即对计划执行者的确定。也就是明确规定实施计划的部门和人员,以便计划得到执行。

(六)如何做

如何做,即实施计划的具体行动措施、政策、规则的规定,对人力与物力资源分配和使用的规定。

这六个方面是任何一项计划都必须包含的基本内容,缺乏其中的任何一项,计划都不全面或不完整。

计划的内容结构见图 4-1。

管理实例 4-1

给 猫 挂 铃

"最近几乎每天晚上都有同伴被猫吃掉,大家想想办法来对付那只猫吧!"有天晚上,老鼠们这样商议着。

"当然有。我有个好主意!我们把铃铛挂在猫的脖子上就行了。"

"对呀!这样大家只要一听到铃铛响,就知道是猫来了。"

"真是个好主意!"老鼠们非常高兴地一致表示赞成,"现在只要在猫的脖子上挂上铃铛,我们就不必再担心了。可是,谁去给可怕的猫挂上铃铛呢?"

"哦!我怕,我不要!"

"我也不行!"

最后,这个计划并没有执行。

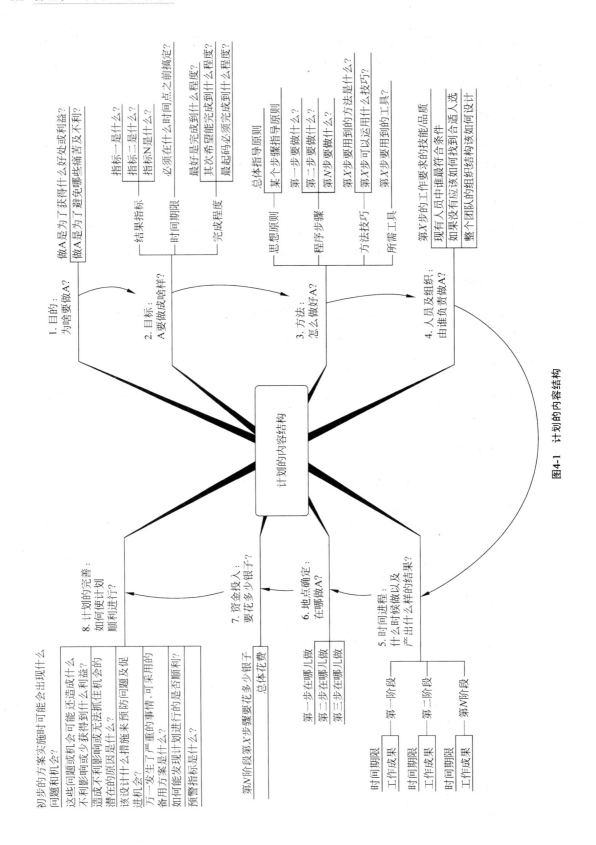

图4-1 计划的内容结构

三、计划的性质

计划工作的性质可以概括为五个主要方面,即目的性、领先性、普遍性、效率性和创新性。

(一)目的性

每一个计划,不论是政府计划,还是企业计划,都有明确的目的性,都是旨在促使组织总目标和一定时期目标的实现。计划工作是最明白地显示出管理的基本特征的主要职能活动。

(二)领先性

计划工作相对于其他管理职能处于领先地位。从管理过程的实际来看,计划工作领先于组织、领导和控制等其他管理职能。从计划在管理过程中的作用看,计划工作影响和贯穿于组织工作、人员配备工作、指导与领导工作和控制工作中。从具体的管理活动来看,计划工作有时是付诸实施的唯一管理职能。因此,主管人员必须首先制订计划,然后才知道需要什么样的组织结构和什么素质的人员,如何最有效地去领导员工,以及采用什么样的控制。要做好组织的管理工作,计划工作必须先行(见图4-2)。

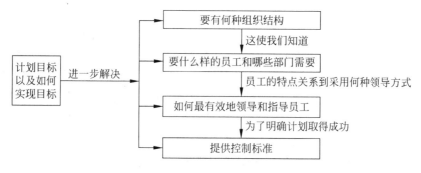

图4-2　计划具有领先性

资料来源:杨文士,张雁.管理学原理[M].北京:中国人民大学出版社,1997.

(三)普遍性

尽管管理工作者的工作性质、管理层次各不相同,但计划工作是全体管理人员的一项共同职能。所有的主管人员,无论是总经理还是班组长都要从事计划工作。因而,计划工作具有普遍性。

(四)效率性

计划工作的任务,不仅要确保实现组织的目标,而且是要在实现目标的途径中选择最优的资源配置方案,以减少组织活动的无序和浪费,提高组织工作的效率。也就是说既要"做正确的事"又要"正确地做事"。因而,计划工作本身具有讲求效率的内在要求。

（五）创新性

计划工作总是针对需要解决的新问题和可能发生的新变化、新机会而做出决定的,因而它是一个创新性的过程。无论什么计划,一味因循守旧是不可能应付变数的。因此,寻求创新也是制订计划的特性和要求。

管理实例 4-2

《孙子兵法·九变篇》

孙子曰:凡用兵之法,将受命于君,合军聚众。圮地无舍,衢地交合,绝地无留,围地则谋,死地则战。涂有所不由,军有所不击,城有所不攻,地有所不争,君命有所不受。故将通于九变之地利者,知用兵矣;将不通于九变之利者,虽知地形,不能得地之利者矣。治兵不知九变之术,虽知五利,不能得人之用矣。

是故智者之虑,必杂于利害。杂于利,而务可信也;杂于害,而患可解也。是故屈诸侯者以害,役诸侯者以业,趋诸侯者以利。故用兵之法,无恃其不来,恃吾有以待也;无恃其不攻,恃吾有所不可攻也。

故将有五危:必死,可杀也;必生,可虏也;忿速,可侮也;廉洁,可辱也;爱民,可烦也。凡此五者,将之过也,用兵之灾也。覆军杀将必以五危,不可不察也。

四、计划的作用

随着生产技术日新月异,生产力水平的提高,生产规模的不断扩大,分工与协作的程度空前提高,社会组织的活动不但受到内部环境的影响,还要受到外来许多因素的影响和制约,组织要不断地适应这种复杂的、变化的环境,只有科学地制订计划才能协调与平衡多方面的活动,求得本组织的生存和发展。一个好的计划即科学性、准确性很强的计划,对于我们的工作将起到事半功倍的作用;相反,若是一个科学性、准确性很差的计划,则会使我们的工作事倍功半,甚至一无所得。因此,制订计划的工作是十分重要的。

具体地说,计划对组织管理的作用主要表现在以下几个方面。

（一）指明方向,协调工作

管理学家孔茨说:"计划工作是一座桥梁,它把我们所处的此岸和要去的彼岸连接起来,以克服这一天堑。"这说明,计划起到了目标与现实位置之间桥梁的作用,计划工作使组织全体成员有了明确的努力方向,并在未来不确定性和变化的环境中把注意力始终集中在既定目标上,同时,各部门之间相互协调,有序地展开活动。

尽管实际工作结果往往会偏离预期目标,但是计划会给管理者以明确的方向,从而使偏离比没有计划时要小得多。另外,不管结果如何,计划工作能迫使管理者认真思考工作和工作方式,弄清这两个问题就是计划工作价值体现之一。

（二）预测变化,降低风险

计划是指向未来的,未来常常会有我们无法准确预知的事情发生,对计划产生冲击,因而未来具有一定的不确定性和风险。面对未来的不可控因素,计划促进组织采用科学的预测,提出预案,早作安排,多手准备,变不利为有利,减少变化带来的冲击,从而把风险降到最低限度。

但是不要误认为"计划可以消除变化"。变化总会有的,计划并不能消除变化,但计划可以预测变化并制定应对措施。

(三)减少浪费,提高效益

一个严密细致的计划,可以减少未来活动中的随意性,能够消除不必要的重复所带来的浪费,同时,还可以在最短的时间内完成工作,减少非正常工作时间带来的损失,有利于组织实行更经济的管理。

(四)提供标准,便于控制

计划和控制是一个事物的两个方面,它们是管理的一对孪生子。未经计划的活动是无法控制的,因为控制就是纠正脱离计划的偏差,以保持活动的既定方向。主管人员如果没有计划规定的目标作为测定的标准,就无法检查其下级完成工作的情况;如果没有计划作为标准,就无法测定控制活动。计划为控制工作提供了标准,没有计划指导控制就会变得毫无意义(见图4-3)。

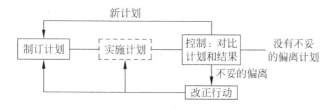

图4-3　计划是控制的基础

资料来源:哈罗德·孔茨.管理学[M].赫国华,等,译.北京:经济科学出版社,1998.

管理实例 4-3

简 单 道 理

从前,有两个饥饿的人得到了一位长者的恩赐:一根鱼竿和一篓鲜活硕大的鱼。其中,一个人要了一篓鱼;另一个人要了一根鱼竿,于是他们分道扬镳了。

得到鱼的人原地就用干柴搭起篝火煮起了鱼,他狼吞虎咽,还没有品出鲜鱼的肉香,转瞬间,连鱼带汤就被他吃了个精光,不久,他便饿死在空空的鱼篓旁。另一个人则提着鱼竿继续忍饥挨饿,一步步艰难地向海边走去,可当他已经看到不远处那片蔚蓝色的海洋时,他浑身的最后一点力气也使完了,他也只能眼巴巴地带着无尽的遗憾撒手人寰。

又有两个饥饿的人,他们同样得到了长者恩赐的一根鱼竿和一篓鱼。只是他们没有各奔东西,而是商定共同去寻找大海,他俩每次只煮一条鱼,经过遥远的跋涉,来到了海边。从此,两人开始了以捕鱼为生的日子。几年后,他们盖起了房子,有了各自的家庭、子女,有了自己建造的渔船,过上了幸福安康的生活。

第二节 计划的类型、原则和程序

一、计划的类型

根据划分标准的不同,计划可以区分为各种不同的类型。

(一)按组织职能划分

按组织职能,可以将计划分成生产计划、营销计划、财务计划等。从组织的横向层面看,组织内有着不同的职能分工,每种职能都需要形成特定的计划。如企业要从事生产、营销、财务、人事等方面的活动,就要相应地制订生产计划、营销计划、财务计划等。计划过程是决策的组织落实过程。计划通过将组织在一定时期内的活动任务分解给组织的每个部门、环节和个人,从而不仅为这些部门、环节和个人在该时期的工作提供具体的依据,而且为决策目标的实现提供组织保证。

(二)按时间期限划分

按时间期限的长短,可以将计划分为短期计划、中期计划和长期计划。一般来讲期限在1年以内的称为短期计划,而期限在5年以上的即为长期计划,介于两者之间的称为中期计划。当然这个划分标准并非绝对,在某些情况下,它还受计划的其他方面因素的影响。

长期计划主要是方向性和长远性的计划,它主要回答的是组织的长远目标与发展方向以及大政方针问题,通常以工作纲领的形式出现。中期计划是根据长期计划制订的,它比长期计划较具体,是考虑了组织内部与外部的条件与环境变化情况后制订的可执行计划。短期计划则比中期计划更加详细具体,它是指导组织具体活动的行动计划,一般是中期计划的分解与落实。

(三)按计划的明确性程度划分

按计划的明确性程度,可以将计划分为指导性计划和具体性计划。指导性计划只规定一些重大方针,而不局限于明确的、特定的目标,或特定的活动方案上。这种计划可以为组织指明方向,统一认识,但并不提供实际的操作指南。具体性计划则相反,要求必须具有明确的可衡量目标以及一套可操作的行动方案。

(四)按综合性程度分类

按综合性程度,可以将计划分为战略计划和战术计划。

战略计划是关于企业活动总体目标和战略方案的计划。它所包含的时间跨度长,涉及范围广;计划内容抽象、概括、不要求直接的可操作性;不具有既定的目标框架作为计划的着眼点和依据;计划方案往往是一次性的,很少能在将来得到再次或重复的使用;计划的前提条件多是不确定的,计划执行结果也往往带有高度的不确定性。

战术计划是有关组织活动具体如何运作的计划,对企业来说,就是指各项业务活动开展的作业计划。战术计划主要用来规定企业经营目标如何实现的具体实施方案和细节。

简单地说,战略计划的目的是确保企业"做正确的事",而战术计划则旨在追求"正确地做事"。

(五) 按不同的表现形式分类

计划活动的结果可以表现为各种具体的计划形式。美国管理学家孔茨和韦里克从抽象到具体把计划分为宗旨、目标、战略、政策、程序、规则、规划和预算八层体系(见图4-4)。

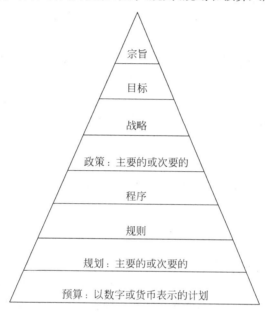

图 4-4　不同表现形式的计划

1. 宗旨

宗旨(purposes missions)是指社会赋予组织的目的或使命,即一个组织是干什么的和应该干什么。比如,学校的使命是教书育人,法院的使命是解释和执行法律,医院的使命是治病救人等。不同的组织表现为不同的宗旨,这也是一个组织存在的基本理由。

2. 目标

目标(objectives)是宗旨的具体化,组织的目标是围绕组织存在的使命而制定的,它说明了组织从事这项事业的预期成果。管理者将组织目标细化,从而得出各方面的目标,从确定目标到目标分解,直至形成目标体系,构成了组织全部计划的基础。目标不仅是计划工作的终点,而且也是组织、领导和控制所要达到的最终结果。

3. 战略

宗旨、目标仍不能清楚地描述一个组织的具体情况,因此,战略(strategies)是为了达到组织的长远目标所采取的行动方针和资源利用的总计划,是实现组织目标的途径。它表现为一种总的方案,指出工作的重点和顺序以及人、财、物等各种资源分配的方法。

4. 政策

政策(policies)是组织在决策或处理问题时用来指导和沟通思想与行为的文字规定。政策作为计划,有助于将一些问题的解决事先确定下来,减少对某些例行事件的处理成本,并给其他派生计划以一个全局性概貌,从而使主管人员能够控制全局。制定政策应酌情考虑下级在一定范围内的自由,使下级在不违背政策的前提下,较好地处置问题。

5. 程序

程序(procedures)是制订处理未来活动的例行方法和时间顺序的计划,它规定了解决例行问题的方法、步骤。程序也可以看作是一种经过优化的计划,是日常工作过程和工作方法的提炼和规范化。通俗地讲,程序也就是办事手续。程序与战略不同,它是行动指南,而非思想指南。程序与政策不同,它没有给行动者自由处理的权力。在实践工作当中,程序一般表现为组织的规章制度。

6. 规则

规则(rules)是指根据具体情况采取或不采取某种特定的行动的规定,通常是一种最简单形式的计划。规则与政策的区别在于规则在应用中不具有自由处置权,而政策在决策时则有一定的自由处置权;规则与程序的区别在于规则是指导行动但不说明时间顺序,可以把程序看作是一系列规则的总和,但一条规则可能是或可能不是程序的组成部分。

7. 规划

规划(programs)是一个组织比较全面的长远发展计划,它包括目标、政策、程序、规则、任务分配、采取的步骤、要使用的资源以及为完成既定行动方针所需要的其他因素。组织的规划是一份综合性的,同时也是粗线条、纲要性的计划。通常情况下,规划需要资金和预算的支持。

8. 预算

预算(budgets)是用数字表示的预期结果,也可以被理解为数字化的计划。一般用货币单位来表示,也可以用诸如工时、机时、产品单位或其他的数字指标来表示。预算是一种主要的控制手段,因为作为数字化的预算是计划与控制的连接点,也是控制的衡量标准。

二、计划的原则

(一)系统性原则

计划的实质是对组织内的资源运用进行最优配置,以实现组织的目标。因此,必须全面、系统地分析组织内外条件,有系统地开展计划工作。系统性原则要求组织的各类计划制订要统筹兼顾、全盘考虑。

(二)平衡原则

组织各层次计划都必须做到自我平衡与全局平衡,无论时间和空间上都要保持一定的平衡。虽然不平衡是绝对的,但求得相对平衡是计划工作的基本要求。按照平衡原则,计划工作就要考虑好不同部门、不同方面的发展制约关系。各部门、各层次的计划应该衔接好。在时间安排上,一定要注意计划的连续性、稳定性。

(三)发展创新原则

计划的本质就是着眼于未来。计划工作力求创新,创造性地提出一些新思路、新方法、新措施,使组织在发展中创新。计划应留有余地,尊重科学和客观实际,避免盲目性。

管理实例 4-4

生产计划排程的原则

(1)交货期先后原则:交期越短,交货时间越紧急的产品,越应安排在最早时间生产。

(2)客户分类原则:客户有重点客户、一般客户之分,越重点的客户,其排程应越受到重视。如有的公司根据销售额按 ABC 法对客户进行分类,A 类客户应受到最优先的待遇;B 类次之;C 类更次之。

(3)产能平衡原则:各生产线生产应顺畅,半成品生产线与成品生产线的生产速度应相同,机器负荷应考虑,不能产生生产瓶颈,出现停线待料事件。

(4)工艺流程原则:工序越多的产品,制造时间愈长,应重点予以关注。

三、计划的程序

任何计划工作的程序,即编制计划的工作步骤都是相似的,依次包括以下环节:认识机会→确定目标→确定前提条件→拟订可供选择的方案→评价各种备选方案→选择方案→拟订辅助计划→编制预算(见图 4-5)。

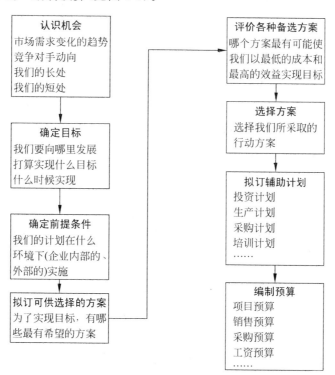

图 4-5 计划工作的程序

资料来源:杨文士,张雁.管理学原理[M].北京:中国人民大学出版社,1997.

（一）认识机会

认识机会是计划工作的一个真正起点,因为它预测到了未来可能出现的变化,清晰而完整地认识到组织发展的机会,搞清了组织的优势、弱点及所处的地位,认识到组织利用机会的能力,意识到不确定因素对组织可能发生的影响程度等。

认识机会,对做好计划工作十分关键。认识机会是战胜风险求得生存与发展的诀窍。诸葛亮"草船借箭"的故事流传百世,其高明之处就在于他预见到了三天后江上会起雾,而曹军有不习水性不敢迎战的机会,神奇般地实现了自己的战略目标。

（二）确定目标

制订计划的第二个步骤是在认识机会的基础上,为整个组织及其所属的下级单位确定目标。目标是指期望达到的成果,它为组织整体、各部门和各成员指明了方向,描绘了组织未来的状况,并且作为标准可用来衡量实际的绩效。计划的主要任务就是将组织目标进行层层分解,以便落实到各个部门、各个活动环节,形成组织的目标结构,包括目标的时间结构和空间结构。

（三）确定前提条件

计划工作的前提条件就是计划工作的假设条件,简言之,即计划实施时的预期环境。负责计划工作的人员对计划前提了解得愈详细、愈透彻,并能始终如一地运用它,则计划工作也将做得越协调。

按照组织的内外环境,可以将计划工作的前提条件分为外部前提条件和内部前提条件;还可以按可控程度,将计划工作前提条件分为不可控的、部分可控的和可控的三种前提条件。外部前提条件大多为不可控的和部分可控的,而内部前提条件大多数是可控的。不可控的前提条件越多,不肯定性越大,就越需要通过预测工作确定其发生的概率和影响程度的大小。

（四）拟订可供选择的方案

计划工作的第四个步骤是拟订可供选择的方案。通常,最显眼的方案不一定是最好的方案,在过去方案的基础上稍加修改和略加推演也不一定会得到最好的方案。因此要注意拟订那些不是马上获得的行动方案,一个看上去不是很明显的方案,结果有时证明是最佳的。另外,方案也不是越多越好,我们可以采用数学方法和借助电子计算机的手段,要对候选方案的数量加以限制,以便把主要精力集中在少数最有成功希望的方案的分析上。

（五）评价各种备选方案

计划工作的第五个步骤是按照目标和前提来权衡各种因素,比较各个方案的利弊,对各个方案进行评价。评价实质上是一种价值判断。它一方面取决于评价者所采用的标准;另一方面取决于评价者对各个标准所赋予的权数。显然,确定目标和确定计划前提条件的工作质量,直接影响到方案的评价。在评价方法方面,可以采用运筹学中较为成熟的矩阵评价法、层次分析法以及在条件许可的情况下采用多目标评价方法。

（六）选择方案

计划工作的第六个步骤是选择方案。这是在前五步工作的基础上做出的关键一步，也是实质性阶段——抉择阶段。可能遇到的情况是，有时会发现同时有两个可取的方案。在这种情况下，必须确定出首先采取哪个方案，而将另一个方案也进行细化和完善，并作为后备方案。

（七）拟订辅助计划

辅助计划是总计划下的分计划，总计划要靠辅助计划来保证和支持。

（八）编制预算

在做出决策和确定计划后，计划工作的最后一步就是把计划转变成预算，使计划数字化。编制预算，一方面是为了计划的指标体系更加明确；另一方面是使企业更易于对计划执行进行控制。定性的计划往往在可比性、可控性和进行奖惩方面比较困难，而定量的计划具有较硬的约束。

管理实例 4-5

快餐店的计划

约瑟夫·斯卡格斯先生在美国公共卫生局工作 20 年后退休不干了。他把他的储蓄存款投资到五家快餐馆。这五家快餐馆是依照获得很大成就的肯塔基油煎鸡全国联营公司的情况经营的。以前的老板是一个小城市的银行家，他一度想重新创新肯塔基油煎鸡公司所取得的成就。当事实证明不能如愿以偿时，他把商店卖给了斯卡格斯。

斯卡格斯在投资前事先进行了研究，这使他深信，只要运用基本的管理原则和技术，这五家商店的利润就能比以前增加。首先，他以为，以前的商店所有者听任这五家商店的经理各自经营，而没有给予集中的指导，这种做法是一个错误。他认为，即使这些商店遍及整个州，因而无法对他们进行日常的监督，但是仍应设法作出努力。同时，他也不想用呆板的章程和程序约束商店经理的手脚，从而挫伤他们的主动性。他认为，把"良好的管理"引进到这个系统的最好的办法是，首先执行主要的管理职能——计划。

斯卡格斯在同五家商店的经理举行的一次会议上提出的计划的概念，是以他在公共卫生局的经验为基础的。对这个被称之为 POAR 的计划可做如下解释：POAR 是由组成计划的四个要素——问题（problem）、目标（objectives）、活动（activities）和资源（resources）这四个词的第一个字母缩写而成的。因此，计划人员（在这个实例中是五家商店的经理）奉命为他们各自的商店所确定的每一个问题制订年度行动计划。因而，此后分配资金以及报告进展情况都将以这些计划为依据。

商店的经理同意斯卡格斯的以下看法：对计划予以更多地强调，应该使人们更明白需要做些什么事情，使所有五家商店获得更多的利润。他们也同意斯卡格斯有权期望他们按他的指示办事，但是他们对 POAR 能否适用于企业的计划多少有点怀疑。他们要求斯卡格斯用例子来说明他的主张。于是,斯卡格斯把他在公共卫生局工作时制订的关于家庭计划的规划拿出来给他们看。这个计划如下。

1. 问题的确定

(1) 预期的情况:应向居住在该县的所有 2500 名育龄妇女提供计划生育服务。

(2) 目前的情况:500 名妇女在公立或私立医院,或医生事务所接受计划生育指导。

(3) 具体的问题:现在问题是预期的情况和目前的情况有差距,因此要解决的问题是向 2000 名妇女提供计划生育的指导。

2. 目标

到本财政年度结束时,将有 1500 名妇女接受公立或私立医疗单位对计划生育的指导。

3. 活动

为了实现上述目标,要求进行下列活动。

(1) 举办 100 次每周一次的门诊,估计每次将有 30 人,总共将达 3000 人次。

(2) 安排医生事务所为 100 个病人视诊。

(3) 为七年级到十二年级的老师举办十次计划生育讲座,参加的教员人数可达 250 名,以后学生人数可达 5000 名。

(4) 举办 20 次正式展览会,向社会和市民小组传播知识。

4. 资金来源

计划的预算开支将为每项活动开支的总和。

门诊费:2000 美元。

医生事务所视诊费用:500 美元。

举办讲座费用:100 美元。

传播知识所需费用:200 美元。

总支出:2800 美元。

第三节　计划的方法

计划工作效率的高低和质量的好坏在很大程度上取决于采用的计划方法。计划工作的方法很多,下面介绍三种常用的有效方法。

一、滚动计划法

(一)滚动计划法的基本思想

1. 含义

滚动计划法是按照"近细远粗"的原则制订一定时期内的计划,然后按照计划的执行情况和环境变化,调整和修订未来的计划,并逐期向后移动,把短期计划和中期计划结合起来的一种计划方法。

2. 适用范围

从时期上看,滚动计划法适用于长期计划的编制,因为计划工作很难准确地预测将来影响企业经营的经济、政治、文化、技术、产业、顾客等的各种变化因素,而且随着计划期的延长,这种不确定性就越来越大。这样,远期的计划就只能是粗略的,而近期计划则可以订得具体些,以指导生产经营活动。

从内容上看,滚动计划法主要适用于产品品种比较稳定的生产与销售计划以及物资供应计划的编制。因为这些计划都具有一定的连续性,便于按期进行不断的滚动。

(二)滚动计划的编制方法

1. 编制程序

(1)通过调查和预测掌握有关情况,然后按照近细远粗的原则,制订一定时期的计划。

(2)在一个滚动时期终了时,分析计划的执行结果,找出差距,了解存在的问题。

(3)根据企业内、外部条件的变化,及上一个滚动期计划的执行情况,对原订的计划进行必要的调整和修订。

(4)根据修改和调整的结果,又按照近细远粗的原则,将计划期向后滚动一个时期,制订出第二个计划时期的计划。

滚动计划的编制就是上述过程的不断重复。

图 4-6 是一个五年期的滚动计划编制过程的示意图。

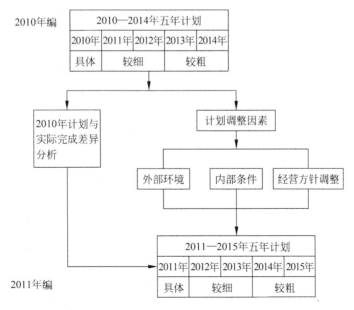

图 4-6　五年期的滚动计划法

2. 计划修正因素

编制滚动计划时,应考虑影响计划的各种因素,对计划进行调整和修订。这些因素统称为计划修正因素,主要有以下三类。

(1) 计划与实际的差异。即将计划的执行结果与原计划进行对比分析,找出两者的差距,分析出现差距的原因,以此作为调整计划的依据。

(2) 客观条件的变化。这种客观条件包括企业的内部条件和企业的外部条件。企业的内部条件包括劳动力构成、技术水平、自动化程度等在企业内部发生的情况;企业的外部条件包括市场情况、政治环境、经济政策、法律因素等企业自身影响范围之外的情况。

(3) 企业经营方针的调整。企业的经营方针是企业制订计划最根本的依据,是企业生产经营活动的行动纲领。因此,企业经营方针的调整必然影响企业计划的制订。

(三) 滚动计划法的评价

滚动计划法虽然使得计划编制和实施工作的任务量加大,但在计算机普通应用的今天,其优点十分明显。

(1) 计划更加切合实际,并且使战略性计划的实施更加切合实际。

(2) 滚动计划方法使长期计划、中期计划与短期计划相互衔接,短期计划内部各阶段相互衔接。这就保证了即使由于环境变化出现某些不平衡时,也能及时地进行调节,使各期计划基本保持一致。

(3) 滚动计划法大大加强了计划的弹性。这在环境剧烈变化的时代尤为重要,它可以提高组织的应变能力。

管理实例 4-6

滚动计划让 S 公司插上成功的翅膀

每逢岁末年初,各企业的领导者都会暂时放下手中的其他工作,与自己的核心团队一同踏踏实实地坐下来,专门花些时间制订来年的工作计划,以求为下一年插上希望和成功的翅膀,让企业各项事业在当年业绩的基础上更上一层楼。但外部环境千变万化,内部条件变数难料,怎样"高明"的计划才能让企业来年 12 个月的"漫长"计划科学合理、高效务实,所有的工作都能按部就班、一帆风顺呢?

S 公司是中国东部地区一家知名企业,原有的计划管理水平低下,粗放管理特征显著,计划管理与公司实际运营情况长期脱节。为实现企业计划制订与计划执行的良性互动,在管理咨询公司顾问的参与下,S 公司逐步开始推行全面滚动计划管理。

首先,S 公司以全面协同量化指标为基础,将各年度分解为 4 个独立的、相对完整的季度计划,并将其与年度紧密衔接。在企业计划偏离和调整工作中,S 公司充分运用了动态管理的方法。所谓动态管理,就是 S 公司年度计划执行过程中要对计划本身进行 3 次定期调整。第一季度的计划执行完毕后,就立即对该季度的计划执行情况与原计划进行比较分析,同时研究、判断企业近期内外环境的变化情况。根据统一得出的结论,对后 3 个季度计划和全年计划进行相应调整。第二季度的计划执行完毕后,使用同样的方法对后两个季度的计划和全年计划执行相应调整。第三季度的计划执行完毕后,仍然采取同样方法对最后一个季度的计划和全年计划进行调整。S公司各季度计划的制订是根据近细远粗、依次滚动的原则开展的。这就是说,每年年初都要制订一套繁简不一的四季度计划:第一季度的计划率先做到完全量化,计划的执行者只要拿到计划文本就可以一一遵照执行,毫无困难或异议;第二季度的计划要至少做到50%的内容实现量化;第三季度的计划也要至少使20%的内容实现量化;第四季度的计划只要做到定性即可。同时,在计划的具体执行过程中,对各季度计划进行定期滚动管理——第一季度的计划执行完毕后,将第二季度的计划滚动到原第一计划的位置,按原第一季度计划的标准细化到完全量化的水平;第三季度的计划则滚动到原第二季度计划的位置并细化到至少量化50%内容的水平,依次类推。第二季度或第三季度计划执行完毕时,按照相同原则将后续季度计划向前滚动一个阶段并予以相应细化。本年度4个季度计划全部都执行完毕后,下年度计划的周期即时开始,如此周而复始,循环往复。

其次,S公司以全面协同量化指标为基础建立了三年期的跨年度计划管理模式,并将其与年度计划紧密对接。跨年度计划的执行和季度滚动计划的思路一致。S公司每年都要对计划本身进行一次定期调整。第一年度的计划执行完毕后,就立即对该年度的计划执行情况与原计划进行比较分析。同时研究、判断企业近期内外环境的变化情况,根据统一得出的结论对后三年的计划和整个跨年度计划进行相应调整;当第二年的计划执行完毕后,使用同样的方法对后三年的计划和整个跨年度计划进行相应调整,依次类推。

S公司立足于企业长期、稳定、健康地发展,将季度计划、年度计划、跨年度计划环环相扣,前后呼应,形成了独具特色的企业计划管理体系,极大地促进了企业计划制订和计划执行相辅相成的功效,明显提升了企业计划管理、分析预测和管理咨询的水平,为企业整体效益的提高奠定了坚实的基础。

二、网络计划技术

网络计划技术是20世纪50年代后期在美国产生和发展起来的,是一种应用于组织大型工程项目或生产计划安排的科学的计划管理方法。它以网络图的形式,反映组成一项生产任务或一项工程中各项作业的先后顺序及相互关系,并通过相应计算方法找出影响整项生产任务或项目的关键作业和关键路线,对生产任务或项目进行统筹规划和控制,是一种能缩短工期、降低成本、用最高的速度完成工作的有效方法。

(一)网络计划技术的基本步骤

网络计划技术的原理是把一项工作或项目分成各种作业,然后根据作业顺序进行排列,通过网络图对整个工作或项目进行统筹规划和控制,以便用最少的人力、物力、财力资源,用最高的速度完成工作。网络计划技术的基本步骤见图4-7。

(二)网络图

网络图是网络计划技术的基础。任何一项任务都可以分解成许多步骤工作。根据这

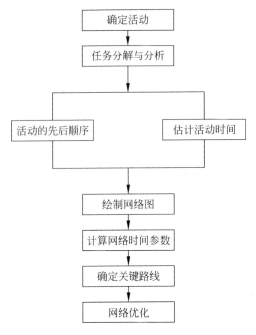

图 4-7　网络计划技术的基本步骤

些工作在时间上的衔接关系,用箭头表示它们的先后顺序,画出一个由各项工作相互联系,并注明所需时间的箭头图,这个箭头图就称为网络图。图 4-8 是一个网络图实例。

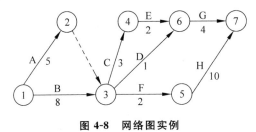

图 4-8　网络图实例

分析图 4-8 可以发现,网络图由以下几个部分的内容组成。

1. 活动

活动是指一项工作或一道工序。一般来讲,活动需要花费时间,消耗一定的资源。活动用"→"表示。一般规定,箭线上方注明活动内容,下方注明活动消耗时间。

2. 事项

事项是指一项活动的开始或完成,一般用带有编号的圆圈表示。在网络图中,圆圈是两条或两条以上箭线的交接点,故又称节点(node)。事项不占用时间和资源,它只是表示某项活动的开始或结束。为了便于识别、检查和计算,对节点要进行编号,编号按箭头方向由小到大,并常用箭线首尾的编号表示某一项活动的名称。应特别注意,每一项活动都应有自己唯一的节点编号。另外,同一节点号码不能重复使用。

3. 虚工序

因为箭线首尾的节点编号只能唯一地表示一项活动,而对于平行活动来讲,要正确表示活动之间的关系,往往借助虚工序。

虚工序用虚箭线表示,它仅仅起着表示活动先后顺序的作用,并不是一项真正的活动,它没有活动名称,既不占用时间,也不消耗资源。计算网络时间参数时,可以把虚工序看成作业时间为零的一项活动,如图中连接事项 2 和 3 的虚工序。

4. 线路和关键线路

线路是指从网络始点事项开始,顺着箭线方向,到网络终点为止,中间由一系列首尾相连的节点和箭线所组成的通路。关键线路是网络中花费时间最长的事项和活动的序列。

为了反映工序先后顺序关系,经常使用紧前工序或紧后工序的概念。若有 A、B 两道工序,当 A 工序完工以后,才能紧跟在它后面开始 B 工序,则称 A 是 B 的紧前工序,或 B 是 A 的紧后工序。一道工序可能有若干道紧前工序,也可能有若干道紧后工序,没有紧前工序的工序是项目的初始工序,没有紧后工序的工序是项目的最后工序。

(三) 网络时间参数的计算和关键路线的确定

网络计划技术作为组织与控制工程项目进度的方法,在把工程项目绘制成网络图的基础上,要进行各项时间参数的计算和关键路线的确定,以便对工程项目中各道工序在时间上进行科学合理的安排。

确定工序作业时间是网络计划的重要前提,它直接关系到工期的长短,是计算其他网络时间参数的基础。工序作业时间是指完成某道工序所需要的时间。

对于确定型网络,作业时间的估计采用单一时间估计法,即对每道工序的作业时间仅确定一个估计值,用 $t(i,j)$ 表示工序 (i,j) 的作业时间。因为在确定型网络中各道工序有先进、科学、合理的劳动定额或项目有先例可借鉴,这种情况下,作业时间的估计比较正确。

对于非确定型网络,一般没有有关工序作业时间的确切资料,作业时间采用三点估计法,即对某道工序作业时间做出三种时间估计,用这三个时间值的加权平均作为对该工序时间的估计。这三个时间值分别是:①最乐观时间,指在最顺利的情况下,完成某道工序的最短时间,记为 a;②最保守时间,指在最不利的情况下,完成某道工序的最长时间,记为 b;③最可能时间,指在正常情况下,完成某道工序的时间,记为 m。

工序时间的期望值 $t_e(i,j)$ 可按下述公式计算。

$$t_e(i,j) = \frac{a + 4m + b}{68}$$

网络计划技术中迭代计算的时间参数如下。

(1) $ET(i)$——节点 i 的最早时间,指以该节点为起始节点的所有工序的最早开始时间。

$$ET(1) = 0, \quad ET(j) = \max[ET(i) + t(i,j)]$$

这里,$i \rightarrow j$ 表示箭线由节点 i 直接指向节点 j。

(2) $LT(i)$——节点 i 的最迟时间。

$$LT(i) = \min[LT(j) - t(i,j)], \quad LT(n) = ET(n) \quad (n \text{ 为终点编号})$$

（3）ES(i,j)——工序(i,j)的最早开始时间。

$$ES(i,j) = ET(i)$$

（4）EF(i,j)——工序(i,j)的最早结束时间。

$$EF(i,j) = ES(i,j) + t(i,j)$$

（5）LS(i,j)——工序(i,j)的最晚开始时间。

$$LS(i,j) = LF(i,j) - t(i,j)$$

（6）LF(i,j)——工序(i,j)的最晚结束时间。

$$LF(i,j) = LT(j)$$

（7）TF(i,j)——工序总时差，是指在不影响整个项目最早结束的条件下，工序最早开始（或结束）时间可以推迟的时间。

$$TF(i,j) = LS(i,j) - ES(i,j) = LF(i,j) - EF(i,j) = LT(j) - ET(i) - t(i,j)$$

（8）FF(i,j)——工序单时差，是指在不影响紧后工序最早开始时间的前提下，该工序可以推迟开始或结束的时间。

$$FF(i,j) = ET(j) - ET(i) - t(i,j) = ET(j) - EF(i,j)$$

关键路线就是由总时差为零的工序组成的线路，关键路线上各工序作业时间之和即为总工期。如果把网络图看成一个有向图，关键路线即有向图的最长路。根据图 4-8 所示的网络图，可以计算得出表 4-1，由表 4-1 可以清楚地看出关键路线为①→③→⑤→⑦。关键路线一般用双箭线表示。

表 4-1　网络时间参数计算表

工序名称	节点编号	作业时间	ES(i,j)	EF(i,j)	LS(i,j)	LF(i,j)	TF(i,j)
A	(1,2)	5	0	5	3	8	3
B	(1,3)	8	0	8	0	8	0
C	(3,4)	3	8	11	11	14	3
D	(3,6)	1	8	9	15	16	7
E	(4,6)	2	11	13	14	16	3
F	(3,5)	2	8	10	8	10	0
G	(6,7)	4	13	17	16	20	3
H	(5,7)	10	10	20	10	20	0

掌握和控制关键路线是实施网络计划技术的精髓。关键路线的长度决定了工期，缩短关键路线上工序作业时间即可缩短工期，但是关键路线上工期的缩短并非无止境的，当缩短到一定程度时，关键路线将变成非关键路线，非关键路线的总时差被全部利用后，也会变成关键路线。另外，关键路线可能不止一条，关键路线越多，关键工序就越多，就越需要加强管理。

（四）网络计划技术的评价

网络计划技术之所以被广泛地运用是因为它有很多的优点。

（1）该技术能清晰地表明整个工程的各个项目的时间顺序和相互关系，并指出了完成任务的关键环节和路线。因此，管理者在制订计划时可以统筹安排，全面考虑，重点管理。

（2）可对工程的时间进度与资源利用实施优化。在计划实施过程中，管理者调动非关键路线上的人力、物力和财力从事关键作业，进行综合平衡，这既可节省资源又能加快工程进度。

（3）可事先评价达到目标的可能性。该技术指出了计划实施过程中可能发生的困难点，以及这些困难点对整个任务产生的影响，准备好应急措施，从而减少完不成任务的风险。

（4）便于组织与控制。管理者可以将工程，特别是复杂的大项目，分成许多支持系统来分别组织实施与控制，这种既化整为零又聚零为整的管理方法可以达到局部和整体的协调一致。

（5）易于操作，并具有广泛的应用范围，适用于各行各业以及各种任务。

三、运筹学方法

运筹即运算筹划、以策略取胜的意义。运筹学方法是计划工作的最全面的分析方法之一。

运筹学是一种分析的、实验的和定量的科学方法，用于研究在物质条件已定的情况下，为了达到一定的目的，如何统筹兼顾整个活动所有各个环节之间的关系，为选择一个最好的方案提出数量上的依据，以便能为最经济、最有效地使用人、财、物做出综合性的合理安排，取得最好的效果。

在计划工作中应用运筹学的一般程序分为五个步骤。

（1）规定目标和明确问题：包括把整个问题分解成若干子问题，确定问题的尺度、有效性度量、可控变量和不可控制变量。

（2）收集数据和建立模型：包括定量关系、经验关系和规范关系。

（3）求解模型和优化方案：包括确定求解模型的数学方法、程序设计、调试运行和方案选优。

（4）检验模型和评价：包括检验模型在主要参数变动时的结果是否合理，输入发生微小变化时，输出变化的相对大小是否合适以及模型是否容易解出等方面的检验和评价。

（5）方案实施和不断优化：包括应用所得的结果解决实际问题，并在方案实践过程中发现新的问题，不断优化方案。

上述五个步骤在实际过程中往往交叉重复进行，不断反复。

运筹学作为一个系统科学中的学科体系，研究的内容十分广泛，主要分支有线性规划、非线性规划、整数规划、几何规划、大型规划、动态规划、图论、网络理论、博弈论、决策论、排队论、库存论、搜索论等。

20世纪五六十年代是运筹学研究和应用的鼎盛时期，但有人对运筹学的作用提出了怀疑，主要集中在以下两个方面。

（1）任何模型的应用都必须满足一定的条件，在究竟是让模型适合问题还是让问题适合模型这一点上，许多运筹学家把原来的问题抽象简化，直到数学难点和计算难点都被舍去为止,从而使问题的解答失去了实际意义。

（2）运筹学最终要得到问题的最优解,但从管理实践的角度,由于决策目标通常有多个,且各个目标之间的常常存在冲突,因此最终的解决方案一般都是折中的结果,管理者实际需要的是这种"满意"解,而不是数学上的附加各种假定条件的最优解。

第四节　目标管理

一、目标的含义与性质

（一）目标的含义

目标是根据组织的使命而提出的组织在一定时期内或人们从事某项活动所要达到的预期成果。目标是整个组织存在的灵魂,也是组织奋斗的方向。

不同的社会组织由于性质和任务等的不同,其组织目标也有差异。例如,政府的目标是为人民提供最佳的服务,以完成公众的需要为前提。政治和社会团体组织、教育组织、卫生组织、新闻文化事业组织、体育事业组织、科研组织、福利组织等非营利组织也有其特定的目标。

（二）目标的性质

1. 目标的控制性和突破性

目标可以分为控制性目标和突破性目标。控制性目标是指生产水平或经营活动水平维持在现有水平。它强调组织目标应具有可及性。突破性目标是指使生产水平或经营活动水平达到前所未有的水平。它强调组织目标应具有挑战性。富有挑战性的目标是激励组织成员的动力,组织目标的设立应使员工"跳起来摘桃子"。例如,某公司利润率维持在20%左右的目标为可控性目标;通过加强管理,提高工作效率,使利润增加15%,这个目标就叫突破性目标。

2. 目标的层次性

组织目标形成一个有层次的体系,范围从广泛地组织战略性目标到特定的个人目标。这个体系的顶层是组织的远景和使命陈述。第二层次是组织的任务。在任何情况下,组织的使命和任务必须要转化为组织总目标和战略,总目标和战略更多地指向组织较远的未来,并且为组织的未来提供行动框架。这些行动框架必须要进一步地细化为更多的具体的行动目标和行动方案,这样,在目标体系的基层,有分公司的目标、部门和单位的目标、个人目标等。对于组织任何层次的人员来说,都应该有个人目标,包括业绩和个人发展目标。

3. 目标的网络化

组织中各类、各级目标构成为一个网络,网络表示研究对象的相互关系。一个组织的目标通常是通过各种活动的相互联系、相互促进来实现的。目标和具体的计划通常构成一个网络,它们很少表现为线性的方式,即目标与目标之间左右关联、上下贯通、彼此呼应、融合成一个网络整体。由于组织目标是按一定的网络的方式互相连接的,因此要使一个网络具有效果,就必须使各个目标彼此协调,互相配合,互相支援,互相连接。

4. 目标的多样性

一个组织的目标通常是多种多样的。同样,在目标层次体系中的每个层次的具体目标,也可能是多种多样的。但是,如果目标的数目过多,其中无论哪一个都没有受到足够的注意,则计划工作是无效的。因此,在考虑追求多个目标时,必须对各目标的相对重要程度进行区分。

5. 目标的时间性

按时间长度,可以将目标分为短期目标和长期目标。短期目标和长期目标的区分是相对而言的。通常长期目标主要是方向性和长远性的,它主要回答的是组织的长远发展方向以及方针走向,是短期目标的指南;短期目标是长期目标得以实现的基础,因为任何长期目标的实现必然是由近及远。在长期目标的第一年中实现的短期目标应该是全面具体的。一方面,第一年所要做的工作必须为以后相继各年所要做的工作打下基础;另一方面,短期目标必须体现长期目标,必须是为了实现长期目标。

6. 目标的可考核性

按考核目标的性质可以将目标分为定量目标和定性目标。定量目标是指可以数量化的目标,例如企业利润增加 15%。定性目标是指不宜用数量表示的目标,例如员工思想政治工作的目标。我们强调目标必须是可考核的,而使目标具有可考核性的最方便的方法就是使之定量化。但是,许多目标是不宜用数量表示的,硬性地将一些定性的目标数量化和简单化的做法可能是危险的,其结果有可能将管理工作引入歧途。这方面最典型的例子就是关于素质教育是否应该以考试成绩作为主要目标的争论。

7. 目标的可接受性

人们在工作中的积极性或努力程度(激发力量)是效价和期望值的乘积。其中效价指一个人对某项工作及其结果(可实现的目标)能够给自己带来满足程度的评价,即对工作目标有用性(价值)的评价;期望值指人们对自己能够顺利完成这项工作可能性的估计,即对工作目标能够实现的概率的估计。因此,如果一个目标对其接受者要产生激发作用的话,这个目标必须是其可接受的,可以完成的。对一个目标完成者来说,如果目标超过其能力所及的范围,则该目标对其没有激励作用。

8. 目标的挑战性

如果一项工作完成所达的目的对接受者没有多大意义的话,接受者也没有动力去完成该项工作;如果一项工作很容易完成,对接受者来说,是件轻而易举的事件,那么接受者也没有动力去完成该项工作。

目标的可接受性和挑战性是对立统一的关系,在实际工作中,必须把它们统一起来。

9. 目标的反馈性

信息反馈是把目标管理过程中目标的设置、目标实施情况不断地反馈给目标设置和实施的参与者,让人员时时知道组织对自己的要求、自己的贡献情况。如果建立了目标再加上反馈,就能更进一步改善员工工作表现。

综上所述,设置目标的数量一般不宜太大,应包括工作的主要特征,并尽可能地说明必须完成什么和何时完成,如有可能,也应明示所期望的质量和为实现目标的计划成本。此外,目标应能促进个人和职业上的成长和发展,对员工具有挑战性,并适时地向员工反馈目标完成情况。

管理实例 4-7

山田本一的故事

山田本一是 20 世纪 80 年代日本的一名马拉松运动员,以下是他的故事。

1984 年,在东京国际马拉松邀请赛中,名不见经传的日本选手山田本一出人意料地夺得了世界冠军。当记者问他凭什么取得如此惊人的成绩时,他说了这么一句话:"凭智慧战胜对手。"当时许多人都认为,这个偶然跑在前面的矮个子选手是故弄玄虚。马拉松是体力和耐力的运动,只要身体素质好又有耐性就有望夺冠,爆发力和速度都在其次,说用智慧取胜,确实有点勉强。

两年后,在意大利国际马拉松邀请赛上,山田本一又获得了冠军。有记者问他:"上次在你的国家比赛,你获得了世界冠军,这一次远征米兰,又压倒所有的对手取得第一名,你能谈一谈经验吗?"山田本一性情木讷,不善言谈,回答记者的仍是上次那句让人摸不着头脑的话:"用智慧战胜对手。"这回记者在报纸上没再挖苦他,只是对他所谓的智慧迷惑不解。

十年后,这个谜团终于被解开了,山田本一在他的自传中这么说:"每次比赛之前,我都要乘车把比赛的线路仔细看一遍,并把沿途比较醒目的标志画下来,比如第一个标志是银行;第二个标志是一棵大树;第三个标志是一座红房子,这样一直画到赛程的终点。比赛开始后,我就以百米冲刺的速度奋力向第一个目标冲去,等到达第一个目标,我又以同样的速度向第二个目标冲去。四十几公里的赛程,就被我分解成这么几个小目标轻松地跑完了。起初,我并不懂这样的道理,常常把我的目标定在 40 公里以外终点的那面旗帜上,结果我跑到十几公里时就疲惫不堪了。我被前面那段遥远的路程给吓倒了。"

二、目标管理概览

(一)目标管理概念和由来

目标管理(management by objectives,MBO)是指组织的最高管理层根据组织面临的形势和发展需要,制定出一定时期内组织经营活动所要达到的总目标,然后层层分解落实,要求下属各部门主管人员以及每个员工根据上级制定的目标分别制定各项工作目标,明确相应的责任和职权,形成一个目标体系,并把目标完成情况作为各部门或个人考核依据的一种管理制度和方法。

目标管理是美国管理学家彼得·德鲁克在 1954 年提出的。1954 年,德鲁克在《管理实践》一书中,首先提出了"目标管理和自我控制"的主张。他认为,并不是有了工作才有目标,而是相反,有了目标才能确定每个人的工作。所以"企业的使命和任务,必须转化为目标",如果一个领域没有目标,这个领域的工作必然被忽视。因此,管理者应该通过目标对下级进行管理,当组织最高管理者确定了组织目标后,必须对其进行有效分解,转变成各个部门以及各个人的分目标,管理者根据分目标的完成情况对下级进行考核、评价和奖惩。德鲁克的主张在企业界和管理学界产生了极大的影响,对形成和推广目标管理起了巨大的推动作用。

目标管理提出后,便在美国迅速流传。时值第二次世界大战后西方经济由恢复转向迅速发展的时期,企业急需采用新的方法调动员工积极性以提高竞争能力,目标管理的出现可谓应运而生,逐渐被广泛应用,并很快为日本、西欧国家的企业所仿效,在世界管理界大行其道。我国企业于 20 世纪 80 年代开始引进目标管理方法,并取得了较好成效。

(二)目标管理的基本思想

(1)企业的任务必须转化为目标。企业管理人员必须通过这些目标对下级进行领导并以此来保证企业总目标的实现。凡是在工作成就和成果直接地、严重地影响企业的生存和繁荣的部门中,目标都是必需的,并且经理取得的成就必须是从企业的目标中引申出来的,他的成果必须用他对企业的目标有多大的贡献来衡量。

(2)目标管理是一种程序。目标管理使一个组织中的上下各级管理人员共同来制定共同的目标,确定彼此的成果责任,并以此项责任作为指导业务和衡量各自贡献的准则。一个管理人员的职务应该以达到公司目标所要完成的工作为依据。如果没有方向一致的分目标来指导每个人的工作,当企业的规模越大、人员越多时,发生冲突和浪费的可能性就越大。

(3)总目标需要由子目标来支持。每个企业管理人员或工人的分目标就是企业总目标对他的要求,同时也是这个企业管理人员或工人对企业总目标的贡献。只有每个人的分目标都完成了,企业的总目标才有完成的希望。

(4)管理人员和工人是靠目标来管理的。由所要达到的目标为依据,进行自我指挥、自我控制,而不是由他的上级来指挥和控制。

(5)企业管理人员对下级进行考核和奖惩也是依据这些分目标。

(三)目标管理特点

1. 以整个组织的成果和成功为中心,注重成果第一,看重实际贡献

德鲁克在关于目标管理的论述中强调:"企业中每一个成员都有不同的贡献,但所有的贡献都必须是为着一个共同的目标。他们的努力必须全都朝着同一方向,他们的贡献必须互相衔接而形成一个整体。"目标管理注重成果第一,看重实际贡献。组织实行目标管理,由于有了一套完善的目标考核体系,从而能够按员工的实际贡献大小如实地评价一个人。目标管理还力求组织目标与个人目标更密切地结合在一起,以增强员工在工作中的满足感。这对于调动员工的积极性,增强组织的凝聚力起到了很好的作用。

2. 提倡参与管理,目标由实现目标的有关人员共同制定

目标管理提倡民主、平等和参与的管理思想,不主张管理者闭门造车而独断专行。目标的实现者同时也是目标的制定者,即由上级与下级在一起共同协商讨论确定目标。首先确定出总目标,然后对总目标进行分解,逐级展开,通过上下协商,制定出企业各部门、各车间直至每个员工的目标;用总目标指导分目标,用分目标保证总目标,形成一个"目标—手段"链。目标管理使得组织层层、处处、人人、事事有目标。

3. 强调自我控制

德鲁克认为:"目标管理的主要贡献之一,就是它使得我们能用自我控制的管理来代替由别人统治的管理。"目标管理通过预先确定目标,适当授权和及时的信息反馈,推动各级管理人员及员工实行自我控制。它使管理人员能够控制他们自己的成绩,这种自我控制可以成为更强烈的动力,推动他们尽自己最大的力量把工作做好,而不仅仅是"过得去"就行了。

4. 强调授权,促使权力下放

集权与分权的矛盾是组织的基本矛盾之一,唯恐失去控制是阻碍大胆授权的主要原因之一。授权是组织领导对自己和员工自信的表现。因为只有宽容而自信的领导才不怕自己失去对组织的领导力,才敢于授权,而且他对员工的才华和能力能够给予充分的信任。推行目标管理有助于促使权力下放,有助于在保持有效控制的前提下,调动员工的想象力和创造力,发挥其主观能动性,把组织局面搞得更有生气和更有效率一些。

(四)目标管理应遵循的原则

(1)坚持员工参与制定目标,使员工认清实现企业总目标自己应负的责任。

(2)坚持个人目标与组织目标有机结合,形成实现企业总体目标的合力。

(3)激发员工实现个人目标的责任感,增强为实现目标而努力工作的自觉性。

(4)坚持目标与权限对等原则,上级授权下级,信任下级,使下级自我完善、自我管理,努力实现目标。

(5)坚持自我评价、自我调整,对目标实行动态管理。

(五)目标管理的过程

目标管理是一个全面的管理系统,它用系统的方法,使许多关键管理活动结合起来,并且有意识地瞄准有效地和高效率地实现组织目标和个人目标。

1. 制定目标

制定目标包括确定组织的总体目标和各部门的分目标。总体目标是组织在未来从事活动要达到的状况和水平,其实现有赖于全体成员的共同努力。为了协调这些成员的努力,各个部门的各个成员都要建立与组织目标相结合的分目标。这样就形成了一个以组织总体目标为中心的一贯到底的目标体系。在制定每个部门和每个成员的目标时,上级要向下级提出自己的方针和目标,下级要根据上级的方针和目标制定自己的目标方案,在此基础上进行协商,最后由上级综合考虑后做出决定。

制定目标时,孔茨提供了一种衡量表(见表 4-2)用以帮助目标制定者判断和改进工作。

表 4-2　目标衡量表

1. 目标是否概括了该项职务主要特点?
2. 所定目标数量是否太多? 能否把有些目标合并?
3. 目标能否考核,也就是说,人们能否在计划期末知道他们是否已实现了目标?
4. 目标是否指明①数量多少? ②质量(多好或具体的规格要求)? ③时间(何时)? ④费用(耗用多少)? ⑤如果是属于定性目标,它们是否仍然可以考核?
5. 目标能否激励人们去争取完成,是否现实可行?
6. 是否规定目标主次轻重(顺序、重要程度等)?
7. 这些目标是否还包括:①改进工作的目标? ②个人发展的目标?
8. 这些目标是否与别的经理和组织所制定的目标相协调? 是否与上级主管人员的、部门的、公司的目标相吻合?
9. 这些目标是否已向需要知道的所有人传达了?
10. 短期目标是否与长期目标相吻合?
11. 据以拟定目标的一些设想是否都已清楚指明?
12. 这些目标是否已清楚或以文字表明了?
13. 目标是否适时地提供反馈信息,从而能够采取一切必要的纠正步骤?
14. 现有的资源和职权是否足以去实现这些目标?
15. 是否提供了机会,期望人们去实现这些目标,让他们提出自己的目标来?
16. 人们是否掌握了委派他们负责的那些工作?

2. 组织实施

目标的实施是目标管理一个重大环节。首先要宣传鼓动。使有关人员对目标内容、意义、依据、实施步骤、有利条件和困难有透彻的了解,充分调动其积极性和主观能动性。其次,强调自控。鼓励各部门、各岗位以及员工对目标实施情况进行自控和自评,主动采取措施确保目标实施进度与质量。最后,协助指导。上级管理者通过信息反馈渠道或亲临现场,要帮助下级解决工作中出现的困难问题,当出现意外、不可预测事件严重影响组织目标实现时,也可以通过一定的程序修改原定的目标。

3. 检查评价

目标管理的第三步是检查评价。对各级目标的完成情况,要事先规定出期限,定期进行检查。检查的依据就是事先确定的目标。检查的方法可灵活地采用自检、互检和成立专门的部门进行检查。

成果评价既是实行奖惩的依据,也是上下左右沟通的机会,同时还是自我控制和自我激励的手段。成果评价既包括上级对下级的评价,也包括下级对上级、同级关系部门相互之间的评价,以及各层次的自我评价。

制定目标、组织实施、检查评价是目标管理前后衔接、相辅相成的三个阶段,当所有的阶段完成后,目标管理将进入下一轮循环过程。目标管理的程序见图 4-9。

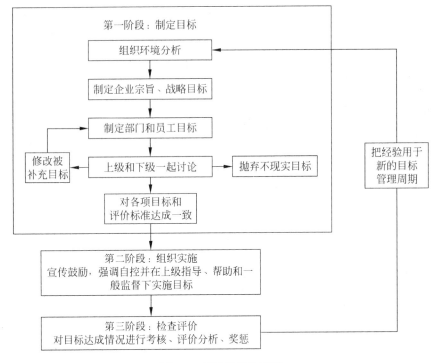

图 4-9　目标管理的程序

（六）对目标管理的评价

1. 目标管理的优点

（1）目标管理对组织内部易于度量和分解的目标能够产生非常明显的工作绩效,尤其是那些在责任、任务和技术上具有可分性的明确目标的工作。

（2）目标管理有助于企业组织发现授权不足与职责不清等缺陷,有利于组织结构与职责分工的改进。

（3）由于强调自我控制和自我调节,把个人利益与组织利益紧密联系,因而能调动了职工的主动性、积极性和创造性。

（4）目标管理有助于人与人的意见交流和理解,促进组织间人际关系的改善。

2. 目标管理的缺点

（1）企业组织的变革与发展迅速,组织环境的变化导致组织目标的调整,快速的节奏造成组织内部目标的不可确定,最终使目标管理失效。

（2）对于组织内部相同的目标,只能是唯一的。当有两个以上的类似目标存在,会造成目标界限的模糊;当有两个或以上相同目标同时存在,会导致目标的相互牵制。

（3）由于任何管理体系非理想性的存在,所以,目标管理同样取决于组织有效的过程监督以及参与人员的承诺、自觉、协调和自治。

（4）因为目标的商定需要上下的沟通和统一,因此,很可能会增加管理成本。

（5）由于目标管理组织成员都非常关注自身目标的完成,因此,彼此间对资源等的争夺很可能导致本位主义、临时观点和急功近利倾向的滋生。

（6）只强调组织目标的管理，忽视了思想与制度工作，由此削弱了目标管理的效果。

管理实例 4-8

目标的制定

总公司制定的印刷公司管理绩效评价内容主要包括四个方面：企业成本费用控制状况、企业专业管理能力状况、企业资产效益状况、企业发展能力状况。

印刷公司每年的总目标是根据总公司下达的考核目标，结合企业长远规划，并根据企业的实际，兼顾特殊产品要求而制定的，主要体现在印刷公司每年的行政报告上。依据厂级行政报告，印刷公司将总目标逐层向下分解，将细化分解的数字、安全、质量、纪律、精神文明等指标，落实到具体的处室、车间，明确具体的负责部门和责任承担人，并签署《企业管理绩效目标责任状》，以确保安全、保质、保量、按时完成任务，此为二级目标，即部门目标。然后部门目标进一步向下分解为班组和个人目标，此为三级目标。由于班组的工作性质，不再继续向下分解。部门内部小组（个人）目标管理，其形式和要求与部门目标制定相类似，签订班组和员工的目标责任状，由各部门自行负责实施和考核。具体方法是：先把部门目标分解落实到职能组，任务再分解落实到工段、工段再下达给个人。要求各个小组（个人）努力完成各自目标值，保证部门目标的如期完成。

管理实例 4-9

目标管理出问题了

一家制药公司，决定在整个公司内实施目标管理。事实上，该公司之前在为销售部门制定奖金系统时已经用了这种方法。公司通过对比实际销售额与目标销售额，支付给销售人员相应的奖金。这样销售人员的实际薪资就包括基本工资和一定比例的个人销售奖金两部分。销售大幅度提上去了，但是却苦了生产部门，他们很难完成交货计划。销售部抱怨生产部不能按时交货。

总经理和高级管理层决定为所有部门和个人经理以及关键员工建立一个目标设定流程。为了实施这个新的方法，他们需要用到绩效评估系统。生产部门的目标包括按时交货和库存成本两个部分。他们请了一家咨询公司指导管理人员设计新的绩效评估系统，并就现有的薪资结构提出改变建议。他们付给咨询顾问高昂的费用修改基本薪资结构，包括岗位分析和工作描述。还请咨询顾问参与制定奖金系统，该系统与年度目标的实现程度密切相连。他们指导经理们如何组织目标设定的讨论和绩效回顾流程。

总经理期待着很快能够提高业绩。然而不幸的是，业绩不但没有上升，反而下滑了。部门间的矛盾加剧，尤其是销售部和生产部。生产部埋怨销售部销售预测准确性太差，而销售部埋怨生产部无法按时交货。每个部门都指责其他部门的问题。客户满意度下降，利润也在下滑。

第五节 战略管理

战略管理是指企业或组织确定其使命,根据组织外部环境和内部条件设定企业的战略目标,为保证目标的正确落实和实现进度谋划,并依靠企业内部能力将这种谋划和决策付诸实施,以及在实施过程中进行控制的一个动态管理过程。

一个规范性的、全面的战略管理过程大体分为三个阶段,即战略分析、战略选择及评价、战略实施与控制。

一、战略分析

战略分析是指对企业的战略环境进行分析,并预测这些环境未来发展的趋势,以及这些趋势可能对企业造成的影响及影响方向。一般说来,战略分析包括企业外部环境分析和企业内部环境分析两部分。

(一)外部环境分析

外部环境分析包括一般环境分析和行业环境分析。

1. 一般(或宏观)环境分析

一般环境是指给企业造成市场机会或威胁的主要社会因素,对所有企业都会产生影响。

其中,对政策法规环境(politics)、经济环境(economy)、社会文化环境(society)以及技术环境(technology)四方面的评估,构成了比较常用的一般环境分析,即 PEST 分析(见图 4-10)。

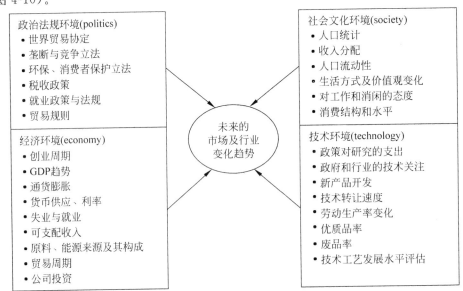

图 4-10 PEST 分析

表 4-3 是一个典型的 PEST 分析。

表 4-3 PEST 分析举例

政治(包括法律)要素	经济要素	社会要素	技术要素
环保制度	经济增长	收入分布	政府研究开支
税收政策	利率与货币政策	人口统计、人口增长率与年龄分布	产业技术关注
国际贸易章程与限制	政府开支	劳动力与社会流动性	新型发明与技术发展
合同执行法 消费者保护法	失业政策	生活方式变革	技术转让率
雇用法律	征税	职业与休闲态度 企业家精神	技术更新速度与生命周期
政府组织/态度	汇率	教育	能源利用与成本
竞争规则	通货膨胀率	潮流与风尚	信息技术变革
政治稳定性	商业周期的所处阶段	健康意识、社会福利及安全感	互联网的变革
安全规定	消费者信心	生活条件	移动技术变革

通过 PEST 分析,可以辨识企业长期的变化驱动力及外部环境要素对企业的不同作用,从而确定关键环境因素,并以此制定企业战略,调整组织结构,使企业与环境相适应。

2. 行业(或产业)环境分析

行业(或产业)环境是指对企业活动有直接影响的外部环境。其主要分析方法是美国战略管理大师迈克尔·波特(M. E. Porter)提出的五种基本竞争力模型。波特所说的五种基本竞争力包括现有竞争者、供应商、顾客、潜在进入者和替代品(见图 4-11)。五种力量的不同组合变化,最终将影响行业利润潜力变化。

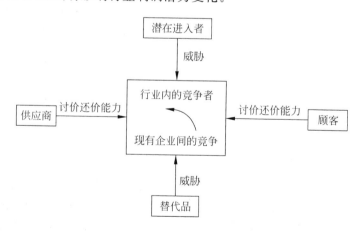

图 4-11 迈克尔·波特的五种竞争力模型

(1) 潜在进入者的威胁。潜在进入者(新进入者)进入一个产业的难易程度由规模经济性、品牌忠诚度、资本规模、预期的报复措施等因素决定。潜在进入者越容易进入,则产业竞争越激烈。

（2）替代品的威胁。替代品是指那些来自不同产业的产品和服务，但这些产品和服务的功能与该产业的相同或相近。转换成本、价格、质量、购买者忠诚度等因素决定了顾客对购买替代产品的偏好程度。

（3）顾客讨价还价的能力。顾客在产业中的影响程度受顾客数量、顾客掌握的信息、替代产品的可获得性等因素的影响。

（4）供应商讨价还价的能力。供应商可能会通过提高价格或降低产品的质量来对产业内的竞争企业显示自己的力量。供应商在产业中的影响力由供应商的集中度、替代投入的可获得性等因素所决定。

（5）现有企业间的竞争。产业增长率、需求变化、产品的差异等因素决定了产业中现有企业之间的竞争度。

管理者需要对这五种力量进行评估，结合对其他环境因素，如工会、政府的力量等的分析，确定存在的威胁和机会，以此为基础选择适合的竞争战略。波特指出，管理者应该选择能够给企业带来竞争优势的战略，并进一步提出，竞争优势或者是比竞争对手更为低廉的成本，或者是与竞争对手的显著差异。

企业外部环境分析的目的是为了适时地寻找和发现有利于企业发展的机会，以及对企业来说所存在的威胁，做到"知彼"，以便在制定和选择战略中能够利用外部条件所提供的机会而避开对企业的威胁因素。

管理实例 4-10

两则小故事

故事 1　我国的永久、飞鸽自行车都是国内外久负盛名的优质产品，但在卢旺达却十分滞销，因为卢旺达是一个山地国家，骑自行车的人经常要扛车步行，我国的永久、飞鸽车重量大，令当地人感到十分不便。日本人瞅准这一空子，在做了详细的市场调查后，专门生产一种用铝合金材料作车身的轻型山地车，抢夺了市场。我国的企业由于只知己不知彼，错过了一个很好的占领市场的机会。

故事 2　20 世纪 80 年代初，我国向某阿拉伯国家出口塑料底鞋，由于忽视了研究当地人的宗教信仰和文字，设计的鞋底的花纹酷似当地文字中"真主"一词，结果被当地政府出动大批军警查禁销毁，造成了很大的经济损失和政治损失。

（二）内部环境分析

企业的内部环境即是企业本身所具备的条件，也就是企业所具备的素质。它包括企业的有形资源和无形资源，企业的研究开发、生产、营销、财务、组织文化等的企业能力，企业的核心竞争能力等。企业内部条件分析的目的是为了发现企业所具备的优势或弱点，以便在制定和实施战略时能扬长避短、发挥优势，有效地利用企业自身的各种资源，发挥出企业的核心竞争力。

企业内部分析的方法主要是 SWOT 分析法。SWOT 分析法是由麦肯锡咨询公司提出的,包括分析企业的优势(strengths)、劣势(weaknesses)、机会(opportunities)和威胁(threats)。因此,SWOT分析实际上是将对企业内外部条件各方面内容进行综合和概括,进而分析组织的优劣势、面临的机会和威胁的一种方法。

通过SWOT分析,可以帮助企业把资源和行动聚集在自己的强项和有最多机会的地方,并让企业的战略变得明朗。优劣势分析主要是着眼于企业自身的实力及其与竞争对手的比较;而机会和威胁分析将注意力放在外部环境的变化及对企业的可能影响上。在分析时,应把所有的内部因素(即优劣势)集中在一起,然后用外部的力量来对这些因素进行评估。

1. 机会与威胁分析

环境发展趋势分为两大类:一类表示环境威胁;另一类表示环境机会。环境威胁指的是环境中一种不利的发展趋势所形成的挑战,如果不采取果断的战略行为,这种不利趋势将导致公司的竞争地位受到削弱。环境机会就是对公司行为富有吸引力的领域,在这一领域中,该公司将拥有竞争优势。

对环境的分析也可以有不同的角度。比如,一种简明扼要的方法就是PEST分析;另外一种比较常见的方法就是波特的五力分析。

2. 优势与劣势分析

竞争优势可以指消费者眼中一个企业或它的产品有别于其竞争对手的任何优越的东西,它可以是产品线的宽度、产品的大小、质量、可靠性、适用性、风格和形象,以及服务的及时、态度的热情等。虽然竞争优势实际上指的是一个企业比其竞争对手有较强的综合优势,但是明确企业究竟在哪一个方面具有优势更有意义,因为只有这样,才可以扬长避短,或者以实击虚。

由于企业是一个整体,而且竞争性优势来源十分广泛,所以,在做优劣势分析时必须从整个价值链的每个环节上,将企业与竞争对手做详细的对比。如产品是否新颖,制造工艺是否复杂,销售渠道是否畅通,以及价格是否具有竞争性等。如果一个企业在某一方面或几个方面的优势正是该行业企业应具备的关键成功要素,那么,该企业的综合竞争优势也许就强一些。

企业在维持竞争优势过程中,必须深刻认识自身的资源和能力,采取适当的措施。因为一个企业一旦在某一方面具有了竞争优势,势必会吸引到竞争对手的注意。

而影响企业竞争优势的持续时间,主要的是三个关键因素:①建立这种优势要多长时间?②能够获得的优势有多大?③竞争对手做出有力反应需要多长时间?

如果企业分析清楚了这三个因素,就会明确自己在建立和维持竞争优势中的地位了。

3. SWOT分析的步骤

(1) 确认当前的战略是什么?

(2) 确认企业外部环境的变化(PEST分析或波特五力分析)。

(3) 根据企业资源组合情况(见表4-4)确认企业的关键能力和关键限制。

表 4-4　企业资源组合情况

潜在资源力量	潜在资源弱点	公司潜在机会	外部潜在威胁
• 有力的战略 • 有利的金融环境 • 有利的品牌形象和美誉 • 被广泛认可的市场领导地位 • 专利技术 • 成本优势 • 强势广告 • 产品创新技能 • 优质客户服务 • 优秀产品质量 • 战略联盟与并购	• 没有明确的战略导向 • 陈旧的设备 • 超额负债与恐怖的资产负债表 • 超越竞争对手的高额成本 • 缺少关键技能和资格能力 • 利润的损失部分 • 内在的运作困境 • 落后的研发能力 • 过分狭窄的产品组合 • 市场规划能力的缺乏	• 服务独特的客户群体 • 新的地理区域的扩张 • 产品组合的扩张 • 核心技能向产品组合的转化 • 垂直整合的战略形式 • 分享竞争对手的市场资源 • 竞争对手的支持 • 战略联盟与并购带来的超额覆盖 • 新技术开发通路 • 品牌形象拓展的通路	• 强势竞争者的进入 • 替代品引起的销售下降 • 市场增长的减缓 • 交换率和贸易政策的不利转换 • 由新规则引起的成本增加 • 商业周期的影响 • 客户和供应商的杠杆作用的加强 • 消费者购买需求的下降 • 人口与环境的变化

（4）按照通用矩阵或类似的方式打分评价。

（5）将结果在 SWOT 分析图上定位（见图 4-12）。

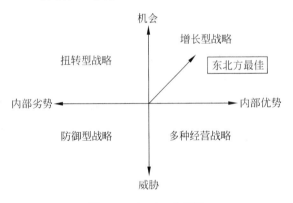

图 4-12　SWOT 分析图

管理实例 4-11

《孙子兵法·始计篇》

孙子曰：兵者，国之大事，死生之地，存亡之道，不可不察也。

故经之以五事，校之以计而索其情：一曰道，二曰天，三曰地，四曰将，五曰法。道者，令民与上同意也，故可与之死，可与之生，而不畏危。天者，阴阳、寒暑、时制也。地者,高下、远近、险易、广狭、死生也。将者,智、信、仁、勇、严也。法者,曲制、官道、主用也。凡此五者,将莫不闻,知之者胜,不知者不胜。故校之以计而索其情,曰:主孰有道?将孰有能?天地孰得?法令孰行?兵众孰强?士卒孰练?赏罚孰明?吾以此知胜负矣。

将听吾计,用之必胜,留之;将不听吾计,用之必败,去之。

计利以听,乃为之势,以佐其外。势者,因利而制权也。兵者,诡道也。故能而示之不能,用而示之不用,近而示之远,远而示之近;利而诱之,乱而取之,实而备之,强而避之,怒而挠之,卑而骄之,佚而劳之,亲而离之。攻其无备,出其不意。此兵家之胜,不可先传也。

夫未战而庙算胜者,得算多也;未战而庙算不胜者,得算少也。多算胜,少算不胜,而况于无算乎!吾以此观之,胜负见矣。

二、战略选择及评价

通过战略分析,管理人员对企业所处的外部环境和行业结构、企业自身的资源和能力有了比较清楚的了解,接下来的任务是为企业选择一个合适的战略。战略选择及评价过程实质就是战略决策过程,即对战略进行探索以及选择。

(一)战略类型选择

1. 总成本领先战略

总成本领先战略的主导思想是以低成本取得行业中的领先地位。它要求坚决建立起大规模的高效生产设施,选择的市场必须对某类产品有稳定、持久和大量的需求,产品的设计要便于制造和生产,要广泛地推行标准化、通用化和系列化。

2. 差别化战略

所谓差别化战略,就是使企业在行业中别具一格,具有独特性,并且利用有意识形成的差别化建立起差别竞争优势。实行差别化战略的方式有许多,如树立名牌、产品有特性、服务别具一格等。

3. 专一化战略

这类战略是主攻某个特殊的细分市场或某一种特殊的产品。前提是企业业务的专一化,能够以更高的效率、更好的效果为某一狭窄的战略对象服务,从而在某一方面或某一点上超过那些有较宽业务范围的竞争对手。

各种战略的类型见图 4-13。

(二)战略选择的决定因素

关于企业战略选择的决定因素的分析,管理学家和战略管理学家有过很多精辟的论述,总体来看可以分为两条线路:①从外部环境(特别是产业结构)的视角探讨企业战略选择的决定因素;②从内部资源和能力的角度研究企业战略选择的决定因素。

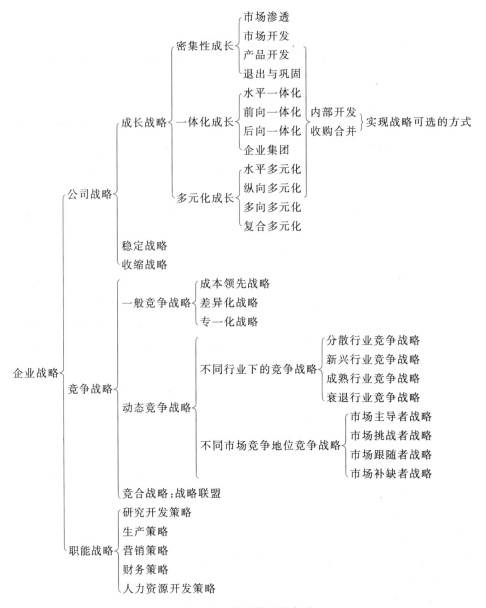

图 4-13　各种战略的类型

1956 年，美国贝恩（Bain）提出了"结构—行为—绩效的分析模型"（structure-conduct-performance model，SCP 模型），指出企业绩效依赖于企业行为，后者又依赖于市场结构。

1962 年，钱德勒（Chandler）则把贝恩教授的 SCP 模型具体应用于战略决策的分析之中。在钱德勒看来，战略决策首先要以企业未来的发展为出发点来决定企业的基本目标和与此紧密相关的经营目标和经营方针；然后是为实现经营目标和方针对企业所拥有的资源进行分配和调整的决策行动。钱德勒的理论开创了从外部环境（特别是产业结构）的视角研究战略选择决定因素的先河，并为安索夫（Ansoff）的计划学派和安德鲁斯

(Andrews)的设计学派继承和发展。20世纪80年代,以SCP模型为基础,波特提出了竞争定位理论,成为企业战略选择的主导理论。波特认为产业结构决定了产业内的竞争状态,进而决定企业的战略选择行为,并最终决定企业的绩效。

鲁默尔特(Rumelt)则提醒人们注意"产业内的利润差异甚至比产业间的差异还要大",而且,过分强调市场的作用,往往会诱导一些企业进入利润很高但缺乏经验或与自身优势毫不相关的产业。于是,学者们重新思索美国管理学家切斯特·巴纳德的观点:企业组织生存和发展的必要条件取决于企业对外部各种机会的利用能力和企业自身调动职工积极性的能力两个方面。沿着巴纳德的理论逻辑发展了两大理论流派,即资源学派和能力学派。

(1)资源学派认为,企业竞争优势是建立在企业所拥有的独特资源及它在特定的竞争环境中配置这些资源的方式基础之上的,如果一个企业拥有异质性的有价值的资源,那么这个企业在资源占有上就具备了一种类似于"垄断"的市场地位,由此而产生持久的竞争优势,获取长期的超额利润。资源学派强调要素市场的不完全性,认为企业不可模仿、难以复制、非完全转移的独特的资源是企业可持续竞争优势的源泉。

(2)能力学派认为,企业竞争优势的根源在于组织内部的能力(组织内部的技能和集体学习及对组织的管理技能),能力的差异是企业持续竞争优势的源泉。能力学派强调以企业生产、经营过程中的特有能力为出发点,来制定和实施企业竞争战略。

综上所述,按照竞争优势的来源可以将战略选择的决定因素分成两类:①强调外界环境的机遇与威胁以及产业结构是导致企业战略选择的基本因素;②强调企业战略就是合理配置企业内部独特资源、整合企业内部各种能力适应环境的变化,才能获取可持续的竞争优势。

(三)战略选择的评价

对每种战略方案进行鉴别和评价,以选出适合企业自身的战略方案,这个过程要考虑两点:①该方案能否支持和加强企业的实力,并且能否克服企业的弱点;②该方案能否完全利用外部环境变化所带来的机会,同时又能否使企业面临的威胁最小或者完全消除。

战略评价就是要保证所选战略具有适用性、可行性和可接受性。

(1)适用性。适用性是指所提出的战略对组织所处的环境的适应程度以及与其自身资源的匹配性。

(2)可行性。可行性是指组织有能力成功地实施既定的战略。一个可行的战略应该是组织依靠当前拥有的资源和能力就可顺利实施且能达到既定要求的战略。

(3)可接受性。可接受性意味着所选择的战略能满足人们的期望,不致伤害利益相关者的利益。

目前对战略评价已有多种战略评价方法,如波士顿咨询集团的市场增长率—相对市场占有率矩阵法、行业寿命周期法等。

三、战略实施与控制

一个组织的战略方案确定后,必须通过具体化的实际行动,才能实现战略及战略目标。战略实施与控制包含以下四个阶段。

(1) 战略发动阶段。为了调动起大多数员工实现新战略的积极性和主动性,要对管理人员和员工进行培训,灌输新的思想、新的观念,使大多数人逐步接受一种新的战略。

(2) 战略计划阶段。将经营战略分解为几个战略实施阶段,每个战略实施阶段都有分阶段的目标,相应的有每个阶段的政策措施、部门策略以及相应的方针等。要对各分阶段目标进行统筹规划、全面安排。

(3) 战略运作阶段。战略的实施运作主要与各级领导人员的素质和价值观念、组织机构、组织文化、资源结构与分配、信息沟通、控制及激励制度等因素有关。

(4) 战略的控制与评估阶段。主要包括建立控制系统、监控绩效和评估偏差、控制及纠正偏差三个方面。

管理实例 4-12

出口 10 亿部手机赚不到 1% 的利润

2012 年,我国出口手机突破 10 亿部,成为拉动我国通信类产品出口增长的唯一动力。然而,看似风光的数据背后,暴露的却是中国手机业令人寒心的"利润":出口手机占全球市场的比重接近八成,但巨额利润都归属国外巨头,众多中国企业还赚不到 1% 的利润。

究竟是什么原因造成了中国手机出口量占全球市场近八成,却换不来 1% 的利润?

中国出口手机赚取的仍然只是极其微薄的组装费用。

国产品牌手机主要还都是集中在低端领域。

更麻烦的是,多重危机正在逼近"中国制造"。

危机一:手机产业革命正在给传统手机制造商造成颠覆性冲击,增产不增收已经成为传统手机厂商的必然命运。

依靠开创自己的"封闭循环生态圈",苹果手机一枝独秀。三星后来居上,成为和苹果平起平坐的手机巨头。但在这一过程中,大部分中国手机企业还处于拼装、贴牌和修改 UI 界面的层次。

现在中国手机行业的状态和多年前计算机行业具有惊人的类似,上游研发都被微软和英特尔把持,生产得越多,交的专利费就越多,就是在替别人辛苦。

危机二:贸易保护和贸易壁垒增多、力度增大,国际上阻遏中国通信产品出口动作频频。

由于缺乏议价能力,庞大的手机产能甚至形成了"社会负效益"。在苹果公司成为全球最赚钱企业的同时,其代工企业的工厂却不断曝出一些用工丑闻。这暴露了代工企业无法向下游争取利润空间、继续依赖劳动力成本优势扩张的不良态势。

复习思考题

1. 名词解释。

计划工作　目标　目标管理　战略　滚动计划法

2. 简述计划工作程序。

3. 简述组织目标的性质和作用。

4. 目标管理的内容是什么？其优点和缺点是什么？

5. 如何进行战略分析、选择和实施？

技 能 训 练

技能训练 4-1

华 生 集 团

华生集团是美国最大的银行企业，有 3300 家分支机构。该集团被认为是创新银行业务的领导者，而且被认为有一个得力的领导团体。在整个 20 世纪 80 年代，这家银行机构几乎每年都盈利。尽管华生集团在金融业拥有强大的实力，而且具有良好的管理力量，但它近来还是受到了世界范围银行业危机的影响——许多银行纷纷倒闭，其数量创纪录。特别在以下三个领域，一直困扰着华生集团：美国政府债权交易中糟糕的业绩、公司伦敦分部的困境和投资银行业拓展势力的失败。

华生集团的管理者不得不宣布：计划步其他许多美国公司的后尘，进行经济规模收缩。公司虽然没有财政困难，但是希望通过积极主动的行为避免未来出现的问题。作为紧缩的一部分，公司决定削减 2000 个职位。正如所预料的，公司雇员反应十分强烈，并有两名雇员自杀。压力增大，导致了工作事故和失误的显著增加。

华生集团意识到了伴随紧缩出现的问题，并采取措施去帮助雇员应付面临的不确定性，收效还不错。

训练要求：

(1) 华生集团是如何应对环境变化的？

(2) 华生集团内部出现的这些问题应该怎样处理？

技能训练 4-2

二 八 法 则

19 世纪末 20 世纪初意大利经济学家帕累托认为，在任何一组东西中，最重要的只占其中一小部分，约 20%，其余 80% 尽管是多数，却是次要的。例如，社会约 80% 的财富集中在 20% 的人手里,而 80% 的人只拥有 20% 的社会财富。这种统计的不平衡性在社会、经济及生活中无处不在,这就是二八法则。

训练要求:

(1) 在客户服务过程中,如何利用二八法则达到事半功倍的效果?

(2) 企业领导人应如何把主要精力花在解决主要问题、抓主要项目上?

技能训练 4-3

蝴 蝶 效 应

20 世纪 70 年代,美国一个名叫洛伦兹的气象学家在解释空气系统理论时说,亚马孙雨林一只蝴蝶翅膀偶尔振动,也许两周后就会引起美国得克萨斯州的一场龙卷风。这就是著名的"蝴蝶效应"的来历。蝴蝶效应是说,初始条件十分微小的变化经过不断放大,对其未来状态会造成极其巨大的差别。有些小事可以糊涂,有些小事如经系统放大,则对一个组织、一个国家来说是很重要的,就不能糊涂。

训练要求:

(1) 企业命运会如何受"蝴蝶效应"的影响?

(2) 如何理解"你一朝对客户不善,公司就需要 10 倍甚至更多的努力去补救"这句话?

(3) 如何理解"能够让企业命运发生改变的'蝴蝶'已远不止'计划之手'"这句话?

技能训练 4-4

羊 群 效 应

羊群效应:头羊往哪里走,后面的羊就跟着往哪里走。

在一群羊前面横放一根木棍,第一只羊跳了过去,第二只、第三只也会跟着跳过去。这时,把那根棍子撤走,后面的羊,走到这里,仍然会像前面的羊一样,向上跳一下,尽管拦路的棍子已经不在了,这就是所谓的"羊群效应",也称"从众心理"。

羊群效应是管理学上一些企业市场行为的常见现象。它是指由于对信息不充分的和缺乏了解,投资者很难对市场未来的不确定性做出合理的预期,往往是通过观察周围人群的行为而提取信息,在这种信息的不断传递中,许多人的信息将大致相同且彼此强化,从而产生的从众行为。羊群效应是由个人理性行为导致的集体的非理性行为的一种非线性机制。

训练要求:

列举现实生活中能够体现羊群效应的现象,思考羊群效应的作用。

技能训练 4-5

建筑公司败走日本

某建筑公司经过几十年的发展,已经成为当地知名的建筑龙头企业。总结企业成功的经验,许多管理人员归结为天时、地利、人和,如国家经济的持续发展,与当地政府、银行的良好关系,几十年形成的固定客户和良好的信誉,良好的员工素质等。在 2008 年北京奥运景气鼓舞下,公司确立了打破地区界限,成为全国乃至世界知名建筑企业的远景和使命。当企业树立这样的远景和使命并为之努力时,发现曾经作为优势的"天时、地利、人和"似乎不在。例如,就在前不久,日本一家建筑企业在与公司谈判时,让公司在两天内给出一个项目的报价。由于公司没有既懂建筑专业又精通日语的人员,没有能够及时报价,很遗憾地没有抓住该项目。

训练要求:

分析该公司所处内外部环境的变化,给出你的应对措施。

案 例 分 析

案例分析 4-1

华谊兄弟:中国的民营电影帝国

进军影业无心插柳

　　20 世纪 60 年代,王中军出生于北京的部队大院。1976 年初中未毕业他就应征入伍,到保定当侦察兵,五年后复员,进入国家物资总局物资出版社任美术设计、摄影记者。1985 年,王中军从物资总局辞职,到中国永乐文化发展总公司任广告部经理。1989 年,王中军赴美国密歇根大学读传媒,1994 年获得美国纽约州立大学大众传媒专业硕士学位后,怀揣在美国打工赚到的 10 万美元回北京创业。

　　华谊兄弟的名字来源非常偶然。王中军回国后重操广告旧业,与弟弟王中磊承包经营了一家华谊展览广告公司,后来须自己独立注册一个公司,情急之间,就沿用了"华谊",并加上"兄弟"二字以示区别,这就是"华谊兄弟"的最初起源。

　　成立之初,华谊兄弟的主要业务是做一本直投广告杂志,收些餐饮广告,合集成类似《吃在北京》之类的册子,然后邮寄给外国驻华机构、外资企业、三星级以上高级公寓。在此期间,王中军发现中国的银行还都没有统一的标识,而在美国,稍有规模的企业,网点都是统一设计的。王中军开始向多家银行推销自己的 CI 设计方案,并拿下了中国银行全国1.5 万个网点的企业形象标准化和信用卡标准化等一系列 CI 项目。随后不久,王中军又拿下了华夏银行的单子。再后来,中石油、国家电力、中国联通等大型企业也成为王中军的客户。这使王中军兄弟挖得了事业的第一桶金,并使华谊兄弟广告成为当时中国十大广告公司之一。

　　"这是太简单的方式,其实国外已经有几十年的历史了,中国没有。这不是我创新的,而是我学来别人的方式。"王中军后来公开表示。

　　华谊兄弟从广告业进军影视业,看似偶然,其实也存在某种必然性,因为当时中国甚至可以说还没有成型的"影视业"。所谓"影视业",总是与广告公司有说不清的千丝万缕的联系。1997 年,王中军的广告公司销售额已经达到 6 亿元。作为广告公司,必须从电视台购买一定的时段作为广告的播出平台,而单纯购买时段竞争很激烈,成本和难度也较大,于是他选择了一条大多数广告公司都会走的路——通过投拍影视剧卖给电视台以换取贴片广告。

以此为目的，华谊投拍了第一部电视剧《心理诊所》，净赚 400 多万元，收益率达到 90% 以上。同年，尝到甜头的华谊投资拍摄了第一部电影——姜文的《鬼子来了》，正式涉足影视圈。这时候，用王中军的话说，他还没有进军影视业的想法，"作为一个私人广告公司，我们没有任何战略布局、没有宏大的理想"。

在投资英达导演的电视剧《心理诊所》时，王中军兄弟通过英达认识了后来对华谊至关重要的人物——冯小刚。

王中军开出天价邀请冯小刚加盟，成为华谊兄弟影视业的起点。公司上市后，又为明星大腕们设计股权"金手铐"以稳定公司"隐形资产"。

如果说在拍《鬼子来了》时，华谊还处于影视业的玩票阶段，那么《没完没了》则可称华谊电影事业的开始，通过投资这部电影，华谊全面、系统地接触了电影行业。那是 1999 年，华谊 800 万元投资换回了 3300 万元的火爆票房，曾有媒体这么形容影片反响："电影院内是观众由衷发出的没完没了的笑，售票处是观众掏出的没完没了的钞票。"

尽管初期的华谊"没有任何战略布局、没有宏大的理想"，但还是有意无意地在影视业做了一些开创性的工作，这些大多和其广告业的背景有关。比如，华谊是内地最早在电影上加上自己片头的公司，王中军从一开始就对品牌营销特别重视，在所有的电影宣传中，"华谊兄弟"四个字也一直被重点推介；还比如对植入式广告的长期利用，它为华谊兄弟增加了收入来源，也缓解了资金链的压力，起到了融资的效果。

明星资产

华谊兄弟上市时，招股书中的《重大事项提示》第 8 条有这么一段话："另外，由于公司目前业务规模有限，少数签约制片人及导演对公司业绩的贡献占比相对较高。如电影业务，冯小刚工作室在报告期内出品了《集结号》和《非诚勿扰》两部影片，这两部影片约占报告期内发行人电影业务收入的 40% 和总营业收入的 18%，公司对冯小刚团队具有一定的依赖性……"

这段重大提示充分体现了"人才"在公司市值里的重大比重，最典型的当然是冯小刚。

在拍摄《没完没了》期间，冯小刚和华谊还只是一般的合作关系，但在 2000 年《一声叹息》的拍摄过程中，却出现了冯、王牵手的契机。当时，冯小刚拍摄的《一声叹息》与以往的喜剧风格大有不同，引起投资人对影片市场前景的担忧，表示要撤资。这个时候，王中军兄弟勇敢地接下了担子。

王中军信任冯小刚是一个重要原因，但他还有经济上的底气，因为华谊在当时市场不太健全、电影票房不太理想的情况下，还有自己独特的盈利手段，就是植入广告。

借由《没完没了》，冯小刚加盟华谊兄弟，王中军许以难以拒绝的合作条件，比如以导演工作室的方式，支付冯小刚每年正常的行政开支，给他远高于当时市场的片酬。王中军后来称，给冯小刚开的薪水"远远比我每年挣的钱要多得多"。两张纸的合约，一直延续到了《天下无贼》。之后，冯小刚脱离华谊与张国立自组公司单干，但终究是不能胜任公司运营，最终还是回到华谊旗下。

冯小刚的加盟，甚至可以说是华谊兄弟影视业的正式起点。2000 年之前属于投资的盲目期，之后，华谊兄弟逐渐走上比较成熟的商业化、产业化之路。在很长一段时间内，能在商业上持续复制的成功者,中国电影界只有一个冯小刚,只有一个华谊。

"当年签冯小刚的时候我付出了1000万元,所有人都觉得太冒险了,简直是天价。但是现在看来1000万元简直太值得了。"王中军后来说。

2000年,加盟华谊的另一位重量级人物是王京花。王京花是中国第一代文化经纪人,从1991年涉足歌坛经纪开始,打造了高枫、戴娆、白雪等一系列实力派歌手,1993年转入影视经济,又打造出程前、尤勇、李冰冰、任泉、胡军、刘威、范冰冰等一大批男女明星。2000年,王氏兄弟力邀王京花成立华谊兄弟经纪公司,双方各占五成股份。王京花担任总裁,全权负责艺人演艺,在五年的合作中,华谊兄弟迅速发展成国内顶尖的大牌经纪公司,旗下有40多位艺人,几乎将国内的一线艺人"一网打尽"。

不过,2005年合作期满后,王京花离开了华谊,同时也带走相当数量的华谊艺人。王京花的离去,对双方都是一种损失,王京花损失了后来华谊上市可能带来的巨额财富,而华谊的明星资产也遭动摇。但王中军同时也庆幸王京花的离开使得华谊更快地实现了经纪人的行业化,而不是过于依赖某个强势的"金牌经纪人"。

2009年,华谊兄弟并购经纪公司中乾龙德,造就了近年来国内娱乐行业经纪公司间最大规模的并购案。

华谊上市后,导演冯小刚、张纪中,演员李冰冰、黄晓明等人都掌握了华谊的大量股份,华谊兄弟对明星资产的重视可见一斑。为明星大腕们设计股权"金手铐"以稳定公司"隐形资产",至少在中国影视界,这是一个创新。

资本运作路线图

除了拍出优秀的电影之外,华谊兄弟对中国影视业最大的贡献当属对娱乐行业的商业化做出的种种尝试。作为后来的国内第一家娱乐行业上市公司,华谊兄弟从一开始就一直在持续不断地进行着资本层面的运作,一步步借助各方面力量搭建起商业王国。

在最初几部电影投资后,华谊兄弟就遇到了发展的"瓶颈"——资金不足。当时,由于政策、经济环境的制约,华谊兄弟基本没有机会获得银行贷款或风险投资,王中军最后选择了融资。像当初国内的很多公司一样,这一轮融资也非常"拍脑门"。王中军喜欢骑马,在马场上他遇到了马友太合控股有限责任公司的王伟,王伟是一个地产商,资金充裕,又对娱乐传媒业有兴趣,双方一拍即合,共同设立了北京华谊兄弟太合影视投资有限公司,注册资本2600万元,双方各占注册资本的50%,后来因王伟又投资太合麦田,双方股份就调整成王氏兄弟控股55%。"这次融资对公司的帮助非常大,公司可以拍大一点的戏,可以垄断一些人才资源,抗风险能力也大大提高了。"

不久后,华谊就收购了王京花的经纪公司,2003年收购西影发行公司,2004年收购战国音乐,2005年进入电视行业,收购天音传媒,收编了导演张纪中。没用几年,华谊就基本建立了从导演到演员、制作到发行以及影院等完整的产业链。

2004年,华谊兄弟做了一个重要决定,引进战略投资人,TOM集团以500万美元入股华谊兄弟公司,占股27%。TOM能入股华谊,是因为当年国家广电局出台了允许外资投资内地广电业的规定,TOM集团又恰好对国内影视业市场前景看好。在引进TOM之前,王氏兄弟从太合回购了华谊太合的股份,并将华谊太合更名为华谊影业。

这次引进战略投资人使王中军付出了相当大的代价。为方便日后退出,TOM的条款非常苛刻：如果华谊影业三年内无法上市，则 TOM 有权将所持股份返售给王中军兄弟以规避风险。这份"对赌协议"要求王中军拿别墅等做担保，但他二话没说就答应了。"要知道，他的收藏回报可能比主业都要多。"连冯小刚都为他的这种冒险精神吃惊。

这个代价是值得的。今天回过头去看 2004 年，当时的华谊兄弟在几家民营娱乐公司里也不过处于中游。但是，华谊兄弟在这些公司里第一家引进了私募，私募的引进对华谊后面几年的发展道路具有决定性作用——它把企业从一个作坊向公司化机制转型，它使华谊从此只能下定决心谋求上市。

天有不测风云。2005 年 7 月，文化部、广电总局等五部委联合制定的《关于文化领域引进外资的若干意见》正式生效，该意见明确规定"禁止外商投资电影制作行业"。这个文件的出台使 TOM 之前的全盘打算落空，只能选择退出，而王中军需要筹资回购 TOM 的股份。

为了规避政策风险，王中军放弃了华谊影业，重新打造华谊传媒，并通过一系列关联交易，将电影、电视剧以及艺人经纪业务转移到华谊传媒旗下。TOM 方面则以信托方式委托自然人周石星代持华谊传媒股份，并伺机退出。为了回购 TOM 股份，2006 年，王中军引入马云 1200 万美元投资，购入华谊影业母公司华谊广告 15% 的股权，这是马云以个人名义出资的唯一的投资项目。2007 年，江南春、虞锋、鲁伟鼎等向华谊注资 2000 万美元，认购华谊 24.9% 的股份。

紧锣密鼓的三轮私募后，2009 年 10 月 30 日，华谊兄弟作为创业板首批 28 家公司之一登陆深交所。华谊兄弟(300027)开盘价为 63.66 元，收盘 70.81 元，市值近 119 亿元。按照 2008 年同期每股收益 0.40 元，华谊市盈率高达 177 倍，动态市盈率接近 140 倍。"华谊上市是一个里程碑式的事件。"曾经投资过华谊的信中利董事长汪潮涌说，"一家影视公司的市值、市盈率，竟然达到了互联网公司的市值、市盈率。华谊兄弟开创了中国影视娱乐产业的经营正规化、业务规模化、收入阳光化的先河。"

华谊的未来

目前，华谊兄弟传媒旗下有华谊兄弟广告公司、华谊兄弟影业投资公司、华谊兄弟文化经纪公司、华谊兄弟音乐公司、西影华谊兄弟电影发行公司、华谊兄弟电影国际发行公司等多家公司，大致分为两个板块，主要包括电影业务、电视业务、经纪业务、广告业务、音乐业务。

按照王中军的说法，"电影电视及其衍生产品放在一起是一个板块，娱乐营销、音乐公司和经纪人公司划分到第二大板块。相互补充的强势产业链，形成了华谊兄弟的核心竞争力。"

其实，在王中军的心里，华谊的未来应该是"中国的迪斯尼"或"中国的时代华纳"。华谊对迪斯尼架构的解读是：迪斯尼是一个金字塔的结构，金字塔的塔尖上的旗帜就是它的电影，但它下面有非常好的支撑，首先是电影的制作发行，然后有 ABC(美国广播公司)，第三是有主题公园，第四是消费品商标授权。

由于国情和政策原因，迪斯尼的全产业链华谊不可能都涉足，比如消费品做不了，因为盗版太容易，比如国内的电视媒体进入不了，因为不开放给民营企业，于是主题公园成了华谊最有希望突破的关口。目前，华谊酝酿的产品有 3 种业态：海口冯小刚公社、苏州主题公园以及深圳坪山文化城。"我的主要支出就是品牌授权＋项目注册资金,而换回来的是干股＋品牌收入。有些项目我注册资金6000万,品牌授权回收1个亿,算下来投资一开始就是'倒挂'净赚的,一旦项目投产还可以有源源不断的现金流。"王中军对主题公园业务有"0风险"的自信。但主题公园的问题是回报周期比较长。

在华谊的大投资项目中,还有迪斯尼体系中所没有的,那就是对电影院线的投资,这又是国情之一。投资电影院有助于公司增强渠道发行能力,产生协同效应,但短期内一定是亏损的。

当然,在华谊的投资中,也有挣了大钱的,典型例子就是对掌趣科技的投资。在8月份出台的半年报中可以看到,公司分别以58元、55元的价格减持掌趣科技160万股和350万股,为公司贡献了2.24亿元投资收益。对手游开发商龙头银汉科技的收购也有可能成为公司新的业绩增长点。

对互联网业的投资凸显王中军兄弟长期与马云等科技圈要人交往的人际收益。但近年来,在其主业领域却新增强劲对手。在华谊的成功示范效应下,大量资金涌入电影、电视剧行业,华谊兄弟已不再是一家独大。2011年8月,光线传媒上市,市值81亿元。2013年5月,光线传媒凭借《泰囧》《致我们终将逝去的青春》的持续发力,市值达到145亿元,华谊兄弟141亿元,光线传媒市值第一次超越华谊兄弟。

尽管不久后,华谊兄弟又以230亿市值超过光线传媒的201亿元,但这都是缘于掌趣高位套现以及收购银汉科技,相比光线传媒,华谊兄弟显然更深谙资本运作。但也有分析师担忧,热衷资本的华谊兄弟,越来越难认真专注地生产电影。

华谊兄弟的忧患,不在近期,而在长远。华谊兄弟最大的对手不是光线,而是如何继续保有专注和专心。

资料来源:信海光.华谊兄弟:中国的民营电影帝国[J].清华管理评论,2013(5).

问题:
(1) 华谊兄弟的战略目标是什么?
(2) 华谊兄弟如何继续保有专注和专心?

案例分析 4-2

顾军的打算

进入12月份后,宏远实业的总经理顾军一直在想两件事:一是年终已到,应好好总结一年来的工作;二是好好谋划一下明年怎么办,更远的是该想想以后五年怎么干,以至于以后10年怎么干。

上个月顾军抽出身来,到省财经学院工商管理学院听了三次关于现代企业管理知识的讲座,教授们精彩、诙谐的演讲对他触动很大。公司成立至今,转眼已有10多个年头了。10多年来,公司取得了很大的成就,其中有运气,有机遇,当然也有自身的努力。仔细琢磨,公司的管理全靠经验,特别是顾军自己的经验,遇事都是由他拍板,从来没有公司通盘的目标和计划。可现在公司已发展到几千万元资产,300多人,再这样下去可不行了。顾军每想到这些,晚上都睡不着觉,到底该怎样制定公司的目标和计划?

宏远公司是一家民营企业,是改革开放的春风为宏远公司建立和发展创造了条件。

15年前,顾军三兄弟来到省里的工业重镇滨海市,借了一处棚户房落脚,每天出去找营生。在一年的时间里,他们收过废旧物资,贩过水果,打过短工。兄长顾军经过观察和请教,发现滨海市的建筑业发展很快,但建筑材料如黄沙和水泥却很紧缺。他想到,在老家镇边上,他表舅开了家小水泥厂,由于销路问题,不得不减少生产。三兄弟一商量,决定做水泥生意。他们在滨海市找需要水泥的建筑队,讲好价,然后到老家租船借车把水泥运出来,去掉成本每袋水泥能赚几块钱,利虽然不厚,但积少成多,一年下来他们赚了几万元。三年后,他们从家乡组建工程队开进了城,当然水泥照样贩,算是两条腿走路了。

一晃15年过去了,顾军三兄弟已经成为拥有几千万元资产的宏远公司老板了。公司现有一家贸易公司、一家建筑装饰公司和一家房地产公司,有员工300多人。兄长顾军当公司总经理,两个弟弟做副总经理,顾军妻子的叔叔任财务主管,表舅的儿子做销售主管,顾军具有绝对的权威。去年,顾军代表宏远公司拿出50万元捐给省里的贫困县建希望小学而使顾军名声大振,不过,顾军心理明白,公司近几年的日子也不太好过,特别是今年,建筑公司任务还可以,但由于成本上升,只能勉强维持,略有盈余。贸易公司今年做了两笔大生意,挣了点钱,其余的生意均没有成功,而且仓库里的存货很多,无法出手,贸易公司的日子也不好过。房地产公司更是一年不如一年,生意越来越难做,留着的几十套房子把公司压得喘不过气来。

面对这些困难,顾军一直在想如何摆脱,如何发展。发展的机会也不是没有,上个月在省财经学院工商管理学院听讲座时,顾军认识了滨海市一家国有大公司的老总,得知这家公司正在寻找在非洲销售他们公司当家产品——小型柴油机的代理商,据说这种产品在非洲很有市场,这家公司老总很想与宏远公司合作,利用民营企业的优势去抢占非洲市场。顾军深感这是个机会,但该如何把握呢?10月1日,顾军与市建委的一位处长在一起吃饭,这位老乡告诉他,市里规划从明年开始江海路拓宽工程,江海路两边都是商店,许多大商店都想借这一机会扩建商厦,但苦于资金不够,这位处长问顾军,有没有兴趣进军江海路,如想的话,他可牵线搭桥。宏远公司早就想进军江海路了,现在诱人的机会来了,但投入也不少,该怎么办?随着住房分配制度的变化,一段时间没有正常运作的房地产是不是该动了?这些问题一直盘旋在顾军的脑海中。

问题:
(1) 宏远公司是否应该制订短、中、长期计划?
(2) 你如何为顾军编制公司发展计划出谋划策?
(3) 写一小论文阐述你对顾军捐资修建希望小学的看法。

第五章 预测与决策

 学习目标

1. 了解预测的概念与重要性
2. 了解预测的程序
3. 掌握《孙子兵法·作战篇》的精神要点
4. 掌握预测的方法
5. 了解决策的概念
6. 了解决策的特征
7. 掌握决策程序
8. 掌握决策方法的运用
9. 掌握定性决策与定量决策

 本章引言

如今的美国到处充斥着一次性尿布、一次性相机等用后即可丢弃的一次性商品。但是当金·吉列在1903年开始销售装有一次性刀片的安全剃须刀时,美国人并未随意接受它,因为这与美国人的节俭观念相冲突。当时男人剃须是一件不容易的活,金·吉列也常常深受其害,因此他决定发明简便的安全剃须刀。吉列花费了8年的时间研究如何将刀片变得足够薄、足够便宜,从而在其被用钝之后可以毫不心疼地扔掉。功夫不负有心人,终于在1901年,他发明了第一把带有一次性刀片的剃须刀,申请了专利,并成立了吉列公司。

第一次世界大战时,吉列公司更是向美国军队提供了350万把吉列剃须刀及3200万个刀片,赴外作战的美国士兵把吉列安全剃刀的影响扩展至全世界。

"安全剃刀大王"金·吉列开辟了美国一次性商品时代。

管理技能分析

你认为有哪些决策技能促使吉列取得成功?

管理技能应用

假如你是单位负责人,在做出一项决策之前,你需要掌握哪类信息,要考虑哪些因素呢?

第一节 预测概述

一、预测的概念与重要性

预测是根据预测对象的过去和现在的有关信息,通过科学的方法和逻辑推理,对事物未来的发展趋势和水平做出推测和判断。

计划是对未来行动的部署,预测是对未来事件的陈述,是计划工作的一个环节。对于一个组织来说,无论是制订经济计划还是做出经济决策都必须对未来的状况做出估计,并以这种估计作为计划和决策的依据。如果缺乏必要的预测,将会给组织带来严重的经济后果。

具体来说,预测的重要性表现在以下几个方面。

(1) 预测既是计划工作的前提条件又是计划工作的结果。

(2) 预测是使管理具有预见性的一种手段。

(3) 预测有助于促使各级主管人员向前看,即为将来做准备。

(4) 预测有助于发现问题,从而集中力量加以解决。

(5) 预测工作在一定程度上决定了组织活动的成败。

管理实例 5-1

诸葛亮借东风

三国时代,有个诸葛亮借东风的故事,至今仍在我国民间流传。

当时,曹操率兵 50 万,号称 80 万,进攻孙权。孙权兵弱,他和曹操的敌人刘备联合,兵力也不过三五万,只得凭借长江天险,拒守在大江南岸。

这年十月,孙权和刘备的联军在赤壁同曹操的先头部队遭遇。曹军多为北方兵士,不习水战,很多人得了疾病,士气很低。两军刚一接触,曹操方面就吃了一个小败仗。曹操被迫退回长江北岸,屯军乌林,同联军隔江对峙。

为了减轻船舰被风浪颠簸,曹操命令工匠把战船连接起来,在上面铺上木板。这样,船身稳定多了,人可以在上面往来行走,还可以在上面骑马。这就是所谓"连环战船",曹操认为这是个渡江的好办法。但是,"连环战船"目标大,行动不便。所以,有人提醒曹操防备吴军乘机火攻。曹操却认为:"凡用火攻,必借东风,方令隆冬之际,但有西北风,安有东南风耶?吾居于西北之上,彼兵皆在南岸,彼若用火,是烧自己之兵也,吾何惧哉?若是十月阳春之时,吾早已提备矣。"周瑜也看到了这个问题,只是由于气候条件不利火攻,急得他"口吐鲜血,不省人事"。刘备军师诸葛亮用"天有不测风云"一语,点破了周瑜的病因,并密书十六字:"欲破曹公,宜用火攻;万事俱备,只欠东风"。可见,对于火攻的条件,曹、周、诸葛三人都有共同的认识。

诸葛亮由于家住赤壁不远的南阳,对赤壁一带气候规律的认识比曹、周两人更深刻、更具体。西北风只是气候现象,在气候背景下可以出现东风,这是天气现象。在军事气象上,除了必须考虑气候规律之外,还须考虑天气规律作为补充。当时,诸葛亮根据对天气气候变化的分析,凭着自己的经验,已准确地预报出出现偏东风的时间。但为糊弄周瑜,他却设坛祭神"借东风"。十一月的一个夜晚,果然刮起了东南风,而且风力很大。周瑜派出部将黄盖,带领一支火攻船队,直驶曹军水寨,假装去投降。船上装满了饱浸油类的芦苇和干柴,外边围着布幔加以伪装,船头上插着旗帜。驶在最前头的是十艘冲锋战船。这十艘船行至江心,黄盖命令各船张起帆来,船队前进得更快,逐渐看得见曹军水寨了。这时候,黄盖命令士兵齐声喊道:"黄盖来降!"曹营中的官兵,听说黄盖来降,都走出来伸着脖子观望。曹兵不辨真伪,毫无准备。黄盖的船队距离曹操水寨只有二里路了。这时黄盖命令"放火",号令一下,所有的战船一齐放起火来,就像一条火龙,直向曹军水寨冲去。东南风愈刮愈猛,火借风力,风助火威,曹军水寨全部着火。"连环战船"一时又拆不开,火不但没法扑灭,而且越烧越盛,一直烧到江岸上。只见烈焰腾空,火光烛天,江面上和江岸上的曹军营寨陷入一片火海之中。孙、刘联军把曹操的大队人马歼灭了,把曹军所有的战船都烧毁了。

二、预测的步骤

无论采用何种预测方法,进行预测时都必须遵循下面几个步骤(见图 5-1)。

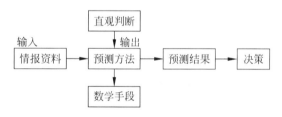

图 5-1 预测的步骤

(1)确定预测的用途。确定我们进行预测所要达到的目标。

(2)选择预测对象。确定我们需要对什么对象进行预测。

(3)决定预测的时间跨度。确定所进行预测的时间跨度是短期、中期、还是长期。

(4)选择预测模型。根据所要预测的对象的特点和预测的性质选择一种合适的预测模型来进行下一步的预测。

(5)收集预测所需的数据。收集预测所需数据时,一定要保证这些数据资料的准确性和可靠性。

(6)验证预测模型。确定我们选择的预测模型对于我们要进行的预测是否有效。

(7)做出预测。根据前面收集的相关数据资料和确定的预测模型对我们需要预测的对象做出合理的预测。

(8)将预测结果付诸实际应用。将得到的预测结果应用到实际中去,从而达到我们进行预测的目标。

管理实例 5-2

提醒自我

有个老太太坐在马路边望着不远处的一堵高墙,总觉得它马上就会倒塌,见有人向墙走过去,她就善意地提醒道:"那堵墙要倒了,远着点走吧!"被提醒的人不解地看着她大模大样地顺着墙根走过去了——那堵墙没有倒。老太太很生气:"怎么不听我的话呢!"又有人走来,老太太又予以劝告。三天过去了,许多人在墙边走过去,并没有遇上危险。第四天,老太太感到有些奇怪,又有些失望,不由自主便走到墙根下仔细观看,然而就在此时,墙倒了,老太太被掩埋在灰尘砖石中,气绝身亡。

管理实例 5-3

《孙子兵法·作战篇》

孙子曰:凡用兵之法,驰车千驷,革车千乘,带甲十万,千里馈粮。则内外之费,宾客之用,胶漆之材,车甲之奉,日费千金,然后十万之师举矣。

其用战也胜,久则钝兵挫锐,攻城则力屈,久暴师则国用不足。夫钝兵挫锐,屈力殚货,则诸侯乘其弊而起,虽有智者不能善其后矣。故兵闻拙速,未睹巧之久也。夫兵久而国利者,未之有也。故不尽知用兵之害者,则不能尽知用兵之利也。

善用兵者,役不再籍,粮不三载,取用于国,因粮于敌,故军食可足也。

国之贫于师者远输,远输则百姓贫;近师者贵卖,贵卖则百姓财竭,财竭则急于丘役。力屈财殚,中原内虚于家,百姓之费,十去其七;公家之费,破军罢马,甲胄矢弓,戟盾矛橹,丘牛大车,十去其六。

故智将务食于敌,食敌一钟,当吾二十钟;萁秆一石,当吾二十石。

故杀敌者,怒也;取敌之利者,货也。车战得车十乘以上,赏其先得者而更其旌旗。车杂而乘之,卒善而养之,是谓胜敌而益强。

故兵贵胜,不贵久。

故知兵之将,民之司命,国家安危之主也。

第二节　预测的种类和方法

一、预测的种类

(一)按业务类型分类

1. 经济预测

经济预测是指通过预计通货膨胀率、货币供给、房屋开工率及其他有关指标来预测经济周期。

2. 技术预测

技术预测是指预测会导致产生重要的新产品,从而带动新工厂和设备需求的技术进步。

3. 需求预测

需求预测是指为公司产品或服务需求所做的预测。这些预测决定公司的生产、生产能力及计划体系,并使公司财务、营销、人事作相应变动。

(二)按时间跨度分类

1. 短期预测

短期预测时间跨度最多为 1 年,通常少于 3 个月。它用于购货、工作安排、所需员工、工作指定和生产水平的计划工作。

2. 中期预测

中期预测的时间跨度通常是从 3 个月到 3 年。它用于销售计划、生产计划和预算、现金预算和分析不同作业方案。

3. 长期预测

长期预测的时间跨度通常为 3 年及 3 年以上。它用于规划新产品、资本支出、生产设备安装或添置,以及研究开发。

二、预测的方法

20 世纪 60 年代以来,预测技术的发展极迅速,世界各国研究出了 150 多种预测方法,常用的也有十余种。每种方法都有其适用范围和对象,有时为提高预测的准确性,也会同时用几种方法来预测同一个问题。预测方法名目繁多,但从方法本身的性质来说,大体可分为定性预测与定量预测两大类。二者的区别在于是否使用数学模型和计算公式。定量预测要借助数学模型,定性预测则不需使用数学模型。

(一)定量预测法

一般将借助数学模型进行预测分析的各种方法称为定量预测法。下面介绍外推法中的时间序列分析法和因果预测法中的回归分析预测法。

1. 时间序列分析法

时间序列分析法是按时间将过去统计得到的数据排列起来,看它的发展趋势。

时间序列最主要的特征是它的数据具有不规则性。因此,为了尽可能减少偶然因素的影响,一般采用移动算术平均法和指数滑动平均法这两种计算方法。

(1)移动算术平均法。移动算术平均法是假设未来的状况与较近时期(例如几个月)有关,而与更早的时期关系不大。移动算术平均法的原理如下。

已有过去时期的数据,也就是一组时间序列,$X_1, X_2, \cdots, X_t$,用它来预测未来时段

$t+1$ 的预测值 X_{t+1}。如果现在只考虑前 3 个月的数据,可用下列公式计算预测值

$$X_{t+1} = \frac{X_t + X_{t-1} + X_{t-2}}{3}$$

一般情况下,如果考虑到过去几个月的数据,则取前几个月平均值,计算公式为

$$X_{t+1} = \frac{X_t + X_{t-1} + \cdots + X_{t-n}}{n}$$

（2）指数滑动平均法。指数滑动平均法是对滑动平均法的一种改进。因为滑动平均法计算的是算术平均值,即认为每个数据对未来预测值具有相同的作用。实际上,每个数据的作用是不同的,预测值也未必只与较近过去的时间序列有关。因此,当时间序列已表现出某种规律性趋势时,例如上升、下降和周期性变化等,预测就必须考虑这些趋势的意义。因此,还要采用指数滑动平均法。

指数滑动平均法是对整个时间序列进行加权平均。预测公式为

$$X_t = X_{t-1} + a(\hat{X}_{t-1} - X_{t-1})$$

式中,X_{t-1} 为 $t-1$ 期的实际值;X_t 和 X_{t-1} 分别为 t 期和 $t-1$ 期的预测值;a 为指数,取值区间为 $0 \sim 1$,一般取 $0.7 \sim 0.8$。

2. 因果预测方法

因果预测方法是研究变量之间因果关系的一种定量方法。变量之间的因果关系通常有两类:一类是确定性关系,也称函数关系;一类是不确定性关系,也称相关关系。因果法就是要找到变量之间的因果关系,据此预测未来。下面介绍的回归分析预测法就是其中一种。

回归分析的做法是:首先进行定性分析,确定有哪些可能的相关因素,然后收集这些因素的统计资料,应用最小二乘法求出各因素(各门变量)之间的相关系数和回归方程。根据这个方程就可预测未来。求一个变量(例如年份)对另外几个变量(例如某个产品的几个主要性能)的回归分析问题,叫作多元回归分析法。

一元回归方程为

$$Y = a + bX$$

式中,a 和 b 是回归系数。

多元回归方程为

$$Y = b_0 + b_1 X_1 + b_2 X_2 + \cdots + b_k X_k$$

式中,b_0 为常数,$X_1, \cdots, X_k$ 为自变量,Y 为因变量,$b_1, \cdots, b_k$ 为回归系数。

（二）定性预测法

定性预测法又称经验判断法,是指预测者依靠熟悉业务知识、具有丰富经验和综合分析能力的人员与专家,根据已掌握的历史资料和直观材料,运用个人的经验和分析判断能力,对事物的未来发展做出性质和程度上的判断,然后,再通过一定形式综合各方面的意见,作为预测未来的主要依据。

下面重点介绍德尔菲法。我国习惯把德尔菲法称为专家预测法。德尔菲是 Delphi 的译名,它是希腊历史遗址,为神谕灵验的阿波罗殿所在地。传说中,阿波罗具有预见未

来的能力。美国兰德公司在 20 世纪 50 年代初与道格拉斯公司协作研究如何通过有控制的反馈使得收集专家意见更为可靠,以德尔菲为代号,德尔菲法由此而得名。1946 年,兰德公司首次用这种方法进行预测,后来该方法被迅速广泛采用。

德尔菲法依据系统的程序,采用匿名发表意见的方式,即专家之间不得互相讨论,不发生横向联系,只能与调查人员发生关系,通过多轮次调查专家对问卷所提问题的看法,经过反复征询、归纳、修改,最后汇总成专家基本一致的看法,作为预测的结果。这种方法具有广泛的代表性,较为可靠。

1. 德尔菲法的具体实施步骤

(1) 组成专家小组。按照课题所需要的知识范围,确定专家。专家人数的多少,可根据预测课题的大小或涉及面的宽窄而定,一般不超过 20 人。

(2) 向所有专家提出所要预测的问题及有关要求,并附上有关这个问题的所有背景材料,同时请专家提出还需要什么材料。然后,由专家做书面答复。

(3) 各个专家根据他们所收到的材料,提出自己的预测意见,并说明自己是怎样利用这些材料算出预测值的。

(4) 将各位专家第一次判断意见汇总,列成图表,进行对比,再分发给各位专家,让专家比较自己同他人的不同意见,修改自己的意见和判断。也可以把各位专家的意见加以整理,或请身份更高的专家加以评论,然后把这些意见再分送给各位专家,以便他们参考后修改自己的意见。

(5) 将所有专家的修改意见收集起来,汇总,再次分发给各位专家,以便做第二次修改。逐轮收集意见并为专家反馈信息是德尔菲法的主要环节。收集意见和信息反馈一般要经过三、四轮。在向专家进行反馈的时候,只给出各种意见,但并不说明发表各种意见的专家的具体姓名。这一过程重复进行,直到每一个专家不再改变自己的意见为止。

(6) 对专家的意见进行综合处理。

2. 运用德尔菲法的注意事项

(1) 问题必须十分清楚,其含义只能有一种解释。否则,专家回答就可能十分离散。

(2) 问题的数量不要太多,一般以回答者可在 2 小时内答完一轮为宜。要求专家们独自回答,不要串联讨论,也不要请人代劳。

(3) 要忠实于专家们的回答,调查者在任何情况下不得显露自己的倾向。

(4) 对于不熟悉这一方法的专家,应事先讲清楚意义与方法。参加这个活动毕竟要付出相当精力,应给专家们以适当的精神与物质的奖励。

3. 德尔菲法的优点和缺点

德尔菲法同常见的召集专家开会、通过集体讨论、得出一致预测意见的专家会议法既有联系又有区别。

德尔菲法能发挥专家会议法的优点,主要体现为:①能充分发挥各位专家的作用,集思广益,准确性高;②能把各位专家意见的分歧点表达出来,取各家之长,避各家之短。同时,德尔菲法又能避免专家会议法的缺点:①权威人士的意见影响他人的意见;②有些专家碍于情面,不愿意发表与其他人不同的意见;③出于自尊心而不愿意修改自己原来不全面的意见。德尔菲法的主要缺点是过程比较复杂,花费时间较长。

管理实例 5-4

拍脑袋决策

《梦溪笔谈》记载:海州知府孙冕很有经济头脑,他听说发运司准备在海州设置三个盐场,便坚决反对,并提出了许多理由。后来发运使亲自来海州谈盐场设置之事,还是被孙冕顶了回去。当地百姓拦住孙冕的轿子,向他诉说设置盐场的好处,孙冕解释道:"你们不懂得作长远打算。官家买盐虽然能获得眼前的利益,但如果盐太多卖不出去,三十年后就会自食恶果了。"然而,孙冕的警告并没有引起人们的重视。

他离任后,海州很快就建起了三个盐场。几十年后,当地刑事案件上升,流寇盗贼、徭役赋税等都比过去大大增多。由于运输、销售不通畅,囤积的盐日益增加,盐场亏损负债很多,许多人都破了产。这时,百姓才开始明白,在这里建盐场确实是个祸患。

第三节　决　策

计划与决策的关系是一个有争议的问题。

亨利·西斯克认为,计划是一个较为宽泛的概念,决策是这个过程中的一项活动,是在两个或两个以上的可选择方案中作一个选择。

以西蒙为代表的决策理论学派则认为,管理就是决策,决策贯穿了整个管理过程。因此,决策不仅包括计划,也包括整个管理活动。

这两种对立的观点反映出学者们对计划与决策关系的不同理解。

本书采纳前一种观点,把计划看作一个含义宽泛的概念,而决策只是计划过程的一个环节。

一、决策的概念

决策(decision making)就是做出决定或选择。时至今日,对决策概念的界定不下上百种,但仍未形成统一的看法,诸多界定归纳起来,基本有以下三种理解。

(1)把决策看作是一个包括提出问题、确立目标、设计和选择方案的过程。这是广义的理解。

(2)把决策看作是从几种备选的行动方案中做出最终抉择,是决策者的拍板定案。这是狭义的理解。

(3)认为决策是对不确定条件下发生的偶发事件所做的处理决定。这类事件既无先例,又没有可遵循的规律,做出选择要冒一定的风险。也就是说,只有冒一定的风险的选择才是决策。这是对决策概念最狭义的理解。

本书认为,决策就是人们为了达到一定目标,运用科学的方法拟定并评估各种方案,从两个以上的可行方案中选择一个合理方案的分析判断过程。

管理实例 5-5

抉　择

一个农民从洪水中救起了他的妻子,他的孩子却被淹死了。事后,人们议论纷纷。有的说他做得对,因为孩子可以再生一个,妻子却不能死而复活。有的说他做错了,因为妻子可以另娶一个,孩子却不能死而复活。我听了人们的议论,也感到疑惑难决:如果只能救活一人,究竟应该救妻子还是救孩子呢?于是我去拜访那个农民,问他当时是怎么想的。他答道:"我什么也没想。洪水袭来,妻子在我身边,我抓住她就往附近的山坡游。当我返回时,孩子已经被洪水冲走了。"归途上,我琢磨着农民的话,对自己说:"所谓人生的抉择不少便是如此。"

二、决策的类型

管理活动的复杂性、多样性,决定了决策有多种不同的类型。

(一)按决策的影响范围和重要程度不同分类

1. 战略决策

战略决策是指对企业发展方向和发展远景做出的决策,是关系到企业发展的全局性、长远性、方向性的重大决策。如对企业的经营方向、经营方针、新产品开发等决策。战略决策由企业最高层领导做出。它具有影响时间长、涉及范围广、作用程度深刻的特点,是战术决策的依据和中心目标。它的正确与否,直接决定企业的兴衰成败,决定企业发展前景。

2. 战术决策

战术决策是指企业为保证战略决策的实现而对局部的经营管理业务工作做出的决策。如企业原材料和机器设备的采购,生产、销售的计划,商品的进货来源,人员的调配等属此类决策。战术决策一般由企业中层管理人员做出。战术决策要为战略决策服务。

(二)按决策的主体不同分类

1. 个人决策

个人决策是由企业领导者凭借个人的智慧、经验及所掌握的信息进行的决策。决策速度快、效率高是其特点,适用于常规事务及紧迫性问题的决策。个人决策的最大缺点是带有主观和片面性,因此,对全局性重大问题不宜采用。

2. 集体决策

集体决策是指由会议机构和上下相结合的决策。会议机构决策是通过董事会、经理扩大会、职工代表大会等权力机构集体成员共同做出的决策。上下相结合决策则是领导机构与下属相关机构结合、领导与群众相结合形成的决策。集体决策的优点是能充分发挥集团智慧，集思广益，决策慎重，从而保证决策的正确性、有效性；缺点是决策过程较复杂，耗费时间较多。它适宜于制订长远规划、全局性的决策。

（三）按决策内容是否重复分类

1．程序化决策

程序化决策是指决策的问题是经常出现的问题，已经有了处理的经验、程序、规则，可以按常规办法来解决。故程序化决策也称为常规决策。例如，企业生产的产品质量不合格如何处理？商店销售过期的食品如何解决？就属于程序化决策。

2．非程序化决策

非程序化决策是指决策的问题是不常出现的，没有固定的模式、经验去解决，要靠决策者做出新的判断来解决。非程序化决策也叫非常规决策。例如，企业开辟新的销售市场，商品流通渠调整，选择新的促销方式等，都属于非程序化决策。

（四）按决策问题所处条件不同分类

1．确定型决策

确定型决策是指在决策过程中提出各备选方案，在确知的客观条件下，每个方案只有一种结果，比较其结果优劣做出最优选择的决策。确定型决策是一种肯定状态下的决策。决策者对被决策问题的条件、性质、后果都有充分了解，各个备选的方案只能有一种结果。这类决策的关键在于选择肯定状态下的最佳方案。

2．风险型决策

在决策过程中提出各个备选方案，每个方案都有几种不同结果可以知道，其发生的概率也可测算，在这样条件下的决策就是风险型决策。例如某企业为了增加利润，提出两个备选方案：一个方案是扩大老产品的销售；另一个方案是开发新产品。不论哪一种方案都会遇到市场需求高、市场需求一般和市场需求低几种不同的可能性，它们发生的概率都可测算，若遇到市场需求低，企业就要亏损。因而在上述条件下决策，带有一定的风险性，故称为风险型决策。风险型决策之所以存在，是因为影响预测目标的各种市场因素是复杂多变的，因而每个方案的执行结果都带有很大的随机性。决策中，不论选择哪种方案，都存在一定的风险性。

3．未确定型决策

在决策过程中提出各个备选方案，每个方案有几种不同的结果可以知道，但每一结果发生的概率无法知道，这种条件下的决策就是未确定型决策。它与风险型决策的区别在于：风险型决策中，每一方案产生的几种可能结果及其发生概率都知道，未确定型决策只知道每一方案产生的几种可能结果，但发生的概率并不知道。未确定型决策是由于人们对市场需求的几种可能客观状态出现的随机性规律认识不足而出现的，增大了决策的不确定性程度。

管理实例 5-6

领 导 决 策

某城市繁华地段有一个食品厂,因经营不善长期亏损,该市政府领导拟将其改造成一个副食品批发市场,这样既可以解决企业破产后下岗职工的安置问题,又方便了附近居民。为此进行了一系列前期准备,包括项目审批、征地拆迁、建筑规划设计等。不曾想,外地一开发商已在离此地不远的地方率先投资兴建了一个综合市场,而综合市场中就有一个相当规模的副食品批发场区,足以满足附近居民和零售商的需求。

面对这种情况,市政府领导陷入了两难境地:如果继续进行副食品批发市场建设,必然亏损;如果就此停建,则前期投入将全部泡汤。在这种情况下,该市政府盲目做出决定,将该食品厂厂房所在地建成一居民小区,由开发商进行开发,但由于对原食品厂职工没能做出有效的赔偿,使该厂职工陷入困境。该厂职工长期上访不能解决赔偿问题,对该市的稳定造成了隐患。

管理实例 5-7

林肯"独断"

美国总统林肯上任后不久,有一次将六个幕僚召集在一起开会。林肯提出了一个重要法案,而幕僚们的看法并不统一,于是七个人便热烈地争论起来。林肯在仔细听取其他六个人的意见后,仍感到自己是正确的。在最后决策的时候,六个幕僚一致反对林肯的意见,但林肯仍固执己见,他说:"虽然只有我一个人赞成,但我仍要宣布这个法案通过了。"

三、决策的特征

决策是最重要的管理职能之一,它具有以下几方面的特征。

(一)目标性

决策目标就是决策所需要解决的问题,任何组织决策都必须首先确定组织的活动目标,目标是组织在未来特定时限内完成任务程度的标志。无目标的决策或目标性不明的决策往往会导致决策无效甚至失误。

(二)可行性

决策所做的若干个备选方案应是可行的,这样才能保证决策方案切实可行。"可行"是指:①能解决预定问题,实现预定目标;②方案本身具有实行的条件,比如技术上、经济上都是可行的;③方案的影响因素及效果可进行定性和定量的分析。

(三)选择性

决策的实质是选择,没有选择就没有决策。决策必须具有两个以上的备选方案,通过比较评定来进行选择,如果无法制订方案或只有一个方案,那就失去了决策的意义。

（四）超前性

任何决策都是针对未来行动的,是为了解决现在面临的、待解决的新问题以及将来可能出现的问题,所以决策是行动的基础。这就要求决策者要具有超前意识,思想敏锐,目光远大,能够预见事物的发展变化,适时做出正确的决策。

（五）过程性

决策是一个过程,而非瞬间行动,决策既非单纯的"出谋划策",又非简单的"拍板定案",而是一个多阶段、多步骤的分析判断过程。决策的重要程度、过程的繁简及所费时间的长短固然有别,但都必然具有过程性。

（六）科学性

科学决策并非易事,它要求决策者能够透过现象看到事物的本质,认识事物发展变化的规律性,作出符合事物发展规律的决策。科学性并非否认决策有失误、有风险,而是要善于从失误中总结经验教训,要尽量减少风险,这是决策科学性的重要内涵。

管理实例 5-8

要　　求

有三个人要被关进监狱三年,监狱长给他们每人一个要求。美国人爱抽雪茄,要了三箱雪茄;法国人最浪漫,要一个美丽的女子相伴;而犹太人说,他要一部与外界沟通的电话。

三年过后,第一个冲出来的是美国人,嘴里鼻孔里塞满了雪茄,大喊道:"给我火,给我火!"原来他忘了要火了。接着出来的是法国人,只见他手里抱着一个小孩子,美丽女子手里牵着一个小孩子,肚子里还怀着第三个。最后出来的是犹太人,他紧紧握住监狱长的手说:"这三年来我每天与外界联系,我的生意不但没有停顿,反而增长了 200%,为了表示感谢,我送你一辆劳斯莱斯!"

四、决策程序

（一）确定决策目标

决策目标是指在一定外部环境和内部环境条件下,在市场调查和研究的基础上所预测达到的结果。决策目标是根据所要解决的问题来确定的,因此,必须把握住所要解决问题的要害。只有明确了决策目标,才能避免决策失误。

（二）拟订备选方案

决策目标确定以后,就应拟订达到目标的各种备选方案。拟订备选方案,第一步是分析和研究目标实现的外部因素和内部条件,积极因素和消极因素,以及决策事物未来的运动趋势和发展状况；第二步是在此基础上，将外部环境各不利因素和有利因素、内部业务活动的有利条件和不利条件等，同决策事物未来趋势和发展状况的各种估计进行排列组合，拟订出实现目标的方案；第三步是将这些方案同目标要求进行粗略的分析对比，权衡利弊，从中选择出若干个利多弊少的可行方案，供进一步评估和抉择。

（三）评价备选方案

备选方案拟订以后，随之便是对备选方案进行评价，评价标准是看哪一个方案最有利于达到决策目标。评价的方法通常有三种，即经验判断法、数学分析法和试验法。

（四）选择方案

选择方案就是对各种备选方案进行总体权衡后，由决策者挑选一个最好的方案。

（五）执行方案

任何方案只有真切地得到实施后才有其实际的意义，执行方案是决策的落脚点。

（六）回馈评估方案

通过对决策的追踪、检查和评价，可以发现决策执行的偏差，以便采取措施对决策进行控制。

五、决策的方法

决策方法归纳起来可以分为两大类：一类是定性决策方法；另一类是定量决策方法。把决策方法分为两大类只是相对的，真正科学的决策方法应该把两者结合在一起，综合利用。

（一）定性决策方法

定性决策的方法主要有以下几种。

1. 德尔菲法

这种方法已经在预测的方法中介绍过。事实上，无论是作为一种预测方法，还是作为一种决策方法，德尔菲法都是非常实用而有效的。

管理实例 5-9

产品销售量预测

某公司研制出一种新兴产品，市场上还没有相似产品出现，因此没有历史数据可以获得。公司需要对可能的销售量做出预测，以决定产量。于是该公司成立专家小组，并聘请业务经理、市场专家和销售人员等 8 位专家，预测全年可能的销售量。8 位专家提出个人判断，经过三次反馈得到结果（见表 5-1）。

表 5-1 产品销售量预测反馈结果 单位：万个

专家编号	第一次			第二次			第三次		
	最低销售量	最可能销售量	最高销售量	最低销售量	最可能销售量	最高销售量	最低销售量	最可能销售量	最高销售量
1	500	750	900	600	750	900	550	750	900
2	200	450	600	300	500	650	400	500	650
3	400	600	800	500	700	800	500	700	800
4	750	900	1500	600	750	1500	500	600	1250
5	100	200	350	220	400	500	300	500	600
6	300	500	750	300	500	750	300	600	750
7	250	300	400	250	400	500	400	500	600
8	260	300	500	350	400	600	370	410	610
平均	345	500	725	390	550	775	415	570	770

平均值预测：在预测时，最终一次判断是综合前几次的反馈做出的，因此在预测时一般以最后一次判断为主。如果按照 8 位专家第三次判断的平均值计算，则预测这个新产品的平均销售量为：(415＋570＋770)/3＝585。

2. 头脑风暴法

头脑风暴法(brain storming)是 1993 年美国人 A. F. 奥斯本首创的一种决策方法，其思想是邀请有关专家在敞开思路、不受约束的形式下，针对某些问题畅所欲言。奥斯本为实施头脑风暴法提出了四条原则：①对别人的意见不允许进行反驳，也不要作结论；②鼓励每个人独立思考，广开思路，进行反驳，也不要重复别人的意见；③意见或建议越多越好，允许相互之间的矛盾；④可以补充和发表相同的意见，使某种意见更具说服力。

头脑风暴法的目的在于创造一种自由思考的环境，诱发创造性思维的共振和连锁反应，产生更多的创造性思维。一般头脑风暴法的参与者最佳为 5～6 人，多则 10 余人，时间 1～2 小时。头脑风暴法适用于明确、简单的问题的决策，这种方法的鉴别与评价意见的工作量比较大。

管理实例 5-10

直升机扇雪

有一年，美国北方格外严寒，大雪纷飞，电线上积满冰雪，大跨度的电线常被积雪压断，严重影响通信。过去，许多人试图解决这一问题，但都未能如愿以偿。后来，电信公司经理应用奥斯本发明的头脑风暴法，尝试解决这一难题。他召开了一种能让头脑卷起风暴的座谈会，参加会议的是不同专业的技术人员，要求他们必须遵守以下原则。

第一，自由思考。即要求与会者尽可能解放思想，无拘无束地思考问题并畅所欲言，不必顾虑自己的想法或说法是否"离经叛道"或"荒唐可笑"。

第二，延迟评判。即要求与会者在会上不要对他人的设想评头论足，不要发表"这主意好极了""这种想法太离谱了"之类的"捧杀句"或"扼杀句"。至于对设想的评判，留在会后组织专人考虑。

第三，以量求质。即鼓励与会者尽可能多而广地提出设想，以大量的设想来保证质量较高的设想的存在。

第四，结合改善。即鼓励与会者积极进行智力互补，在增加自己提出设想的同时，注意思考如何把两个或更多的设想结合成另一个更完善的设想。

按照这种会议规则，大家七嘴八舌地议论开来。有人提出设计一种专用的电线清雪机；有人想到用电热来化解冰雪；也有人建议用振荡技术来清除积雪；还有人提出能否带上几把大扫帚，乘坐直升机去扫电线上的积雪。对于这种"坐飞机扫雪"的设想，大家心里尽管觉得滑稽可笑，但在会上也无人提出批评。相反，有一工程师在百思不得其解时，听到用飞机扫雪的想法后，大脑突然受到冲击，一种简单可行且高效率的清雪方法冒了出来。他想，每当大雪过后，出动直升机沿积雪严重的电线飞行，依靠高速旋转的螺旋桨即可将电线上的积雪迅速扇落。他马上提出"用直升机扇雪"的新设想，顿时又引起其他与会者的联想，有关用飞机除雪的主意一下子又多了七八条。不到一小时，与会的 10 名技术人员共提出 90 多条新设想。

（二）定量决策方法

定量决策方法主要有以下几种。

1. 线性规划

在决策过程中，人们希望找到一种能达到理想目标的方案，而实际上，由于种种主客观条件的限制，实现理想目标的方案在一般情况下是不存在的。不过，在现有的约束条件下，在实现目标的多种方案中，总存在一种能取得较好效果的方案，线性规划就是在一定约束条件下寻求最优方案的数学模型的方法。

利用线性规划建立数学模型的步骤是：①确定影响目标大小的变量；②列出目标函数方程；③找出实现目标的约束条件，列出约束条件方程组，并从中找到一组能使目标函数达到最大值或最小值的可行解，即最优可行解。

2. 不确定型决策方法

不确定型决策所面临的问题是决策目标、备选方案尚可知，但很难估计各种自然状态发生的概率。因此，此类决策主要靠决策者的经验、智力及对承担风险态度。不确定型决策的主要方法有以下几种。

（1）等概率决策法。既然各种各样自然状态出现的概率无法预测，不妨按出现的概率机会相等计算求期望值，作出方案的抉择。

例如，某企业准备生产一种新产品，对于市场的需要量估计为三种情况，即较多、中等和较少。企业拟订了三种方案：第一方案是改建生产线；第二方案是新建生产线；第三方案是与外厂协作生产。对这种产品，工厂拟生产五年。根据计算，其收益值见表 5-2。

表 5-2　各种方案下的期望收益值　　　　　　　　　单位：万元

自然状态 方案	不同需求量的收益值			期望收益值
	较多概率 0.33	中等概率 0.33	较少概率 0.33	
① 改建生产线	18	6	−2	①＝0.33×18＋0.33×6＋0.33×(−2)＝7.5
② 新建生产线	20	5	−5	②＝0.33×20＋0.33×5＋0.33×(−5)＝6.6
③ 协作生产	16	7	1	③＝0.33×16＋0.33×7＋0.33×1＝7.9

从表 5-2 可以看出，协作生产期望值最理想，故决策方案为协作生产。

（2）悲观原则决策法（小中取大法）。采用这种方法，先要找出各个方案的最小收益值，然后选择最小收益值中最大的那个方案为最优方案。

仍以表 5-2 为例，看出方案①最小收益值为−2，方案②最小收益值为−5，方案③最小收益值为 1。因此，第三方案应为最优方案。

与悲观原则决策法（小中取大法）相对应的一种决策方法是最大收益值法（大中取大法）。仍以表 5-2 为例，各方案的最大收益值分别为 18、20、16，从中选择最大值，这样方案②将成为最优方案。这种方法风险较大，要慎用。

（3）乐观系数决策法。小中取大法是从悲观估计出发，大中取大法是从最乐观的估计出发。两种方法都是受个人个性影响。有的专家提出一种折中的方法，要求决策者对未来发展作出判断，选择一个系数 a 作为主观概率，叫作乐观系数。

仍以表 5-2 为例，若 $a＝0.7$，则有

改建生产线的期望收益值＝0.7×18＋0.3×(−2)＝12(万元)

新建生产线的期望收益值＝0.7×20＋0.3×(−5)＝12.5(万元)

协作生产的期望收益值＝0.7×16＋0.3×1＝11.5(万元)

三种方案中，新建生产线期望收益值最高。

（4）后悔值原则决策法（最小后悔值法）。某一种自然状态发生时，即可明确哪个方案是最优的，其收益值是最大的。如果决策人当初并未采用这一方案而采取其他方案，这时就会感到后悔，最大收益值与所采用的方案收益值之差，叫后悔值。

对表 5-2，我们还可作如下分析：首先，从表中找出各自然状态的最大值分别为 20、7、1；其次，对各个自然状态，用最大收益值减去同种状态的其他收益值，得出各自的后悔值。计算后的结果见表 5-3。

表 5-3　各种方案下的最大后悔值　　　　　　　　　单位：万元

自然状态 方案	在不同需求下的后悔值			最大后悔值
	需求较多	需求中等	需求较少	
① 改建生产线	20−18＝2	7−6＝1	1−(−2)＝3	3
② 新建生产线	20−20＝0	7−5＝2	1−(−5)＝6	6
③ 协作生产	20−16＝4	7−7＝0	1−1＝0	4

从表 5-3 可见,各方案的最大后悔值分别为 3、6、4,决策者应者应选择最大后悔值中最小的那个方案为较优方案。因此,改建生产线方案是最佳决策方案。

3.风险型决策法

风险型决策有明确的目标,如获得最大利润;有可以选择的两个以上的可行方案;有两种以上的自然状态;不同方案在不同自然状态下的损益值可以计算出来;决策者能估算出不同自然状态出现的概率。因此决策者在决策时,无论采用哪个方案,都在承担一定风险。

风险型决策常用的方法是决策树。决策树是以图解方式分别计算各个方案不同自然状态下的损益值,通过综合损益值比较,做出决策。决策树是将可行方案、影响因素用一张树形图表示。以决策点为出发点,引出若干方案枝,每个方案枝都代表一个可行方案。在各方案枝末端有一个自然状态节点,从状态结点引出若干概率枝,每个概率枝表示一种自然状态。在各概率枝末梢,标注有损益值(见图 5-2)。

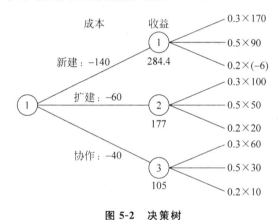

图 5-2　决策树

例如,某工厂准备生产一种新产品,对未来三年市场预测资料如下:现有三个方案可供选择,即新建一车间,需要投资 140 万元;扩建原有车间,需要投资 60 万元;协作生产,需要投资 40 万元。三个方案在不同自然状态下的年收益值见表 5-4。

表 5-4　不同自然状态下的年收益值　　　　　　　　　　　单位:万元

自然状态与概率 收益值方案	市场需求		
	高需求 (0.3)	中需求 (0.5)	低需求 (0.2)
新建车间	170	90	—6
扩建原有车间	100	50	20
协作生产	60	30	10

要求:

(1)绘制决策树;

(2)计算收益值;

(3)方案优选(剪枝)。

答:

(1) 根据条件绘制决策树(见图 5-2)。

(2) 计算三年内不同方案的综合收益值。

新建车间的收益值=[0.3×170+0.5×90+0.2×(−6)]×3＝284.4(万元)

扩建车间的收益值=[0.3×100+0.5×50+0.2×20]×3＝177(万元)

协作生产的收益值=[0.3×60+0.5×30+0.2×10]×3＝105(万元)

新建方案净收益＝284.4−140＝144.4(万元)

扩建方案净收益＝177−60＝117(万元)

协作方案净收益＝105−40＝65(万元)

(3) 方案优选。比较三个方案计算结果,新建方案的预期净收益为 144.4 万元,大于扩建方案和协作方案收益,所以新建方案是最优方案。

定量决策方法的发展提高了决策的准确性、时效性和可靠性,使管理者得以从大量繁杂的常规决策中解放出来;同时,有利于培养决策者严密的逻辑论证习惯,克服主观随意性。但是,定量决策法也有一定的局限性:①定量决策方法适用于处理常规性决策,而对相当一部分重要的、战略性的、非常规性决策来说,还没有恰当的数学方法可供使用;②建立数学模型和使用计算机分析的过程往往要耗费大量的时间、人力和费用,因此,采用定量决策方法要考虑所获得的效益与所付出的代价相比是否值得;③对于一般管理决策者来说,有的数学方法过于深奥,掌握起来有一定的难度;④某些决策问题中的变量涉及社会因素、心理因素等难以量化的因素和诸多不确定的变化因素,加大了建立数学模型的困难,也会降低决策的可靠性。

因此,通常将定量决策方法与定性决策方法相结合,会取得更为理想的决策结果。

管理实例 5-11

"叽叽喳喳"的决策模式

就像美味的中餐可以出自"乱七八糟"的厨房,有创意的决策往往也是一群人叽叽喳喳的结果。《商业周刊》的编辑罗斯菲德(Jeffrey Rothfeder)研究本田的创新能力后发现,"叽叽喳喳"(Waigaya)还真的是这家汽车企业的决策习惯。

本田汽车的高管藤泽先生(Takeo Fujisawa)开创了公司的"叽叽喳喳"决策方法。少到 3 人,多至 20 人,公司员工习惯聚集在一起,放言讨论任何生产中的问题,没有固定的议程,不分行政职务的高低,每个人都有说话权,各个意见都能充分表达。以美国本田分公司上一次引擎出噪音的返工事件为例,流水线小组 10 个人"叽叽喳喳"讨论后,找到一个不需要拆卸引擎就能调整角度的方法。本来需要花 3 个小时拆装引擎,现在 1 小时内搞定。类似的创新实践积累多年,形成了本田"叽叽喳喳"决策方法的四点规则:①团队里没有笨人,更没有蠢意见;②让值得争论的主意充分表达;③讲出来后就是集体的,不必扯什么"对事不对人";④一定以"落实"结束会议,从人、岗位、责任到任务和时间。罗斯菲德在他的新书中总结道,"叽叽喳喳"决策文化成就了本田的创新。

"叽叽喳喳"的决策有道理,因为没有任何单个人注定掌握正确的答案。在《理想国》中,哲学家柏拉图形容人类的思维就像"陷于洞穴里的人",对于洞穴外(人以外的世界)是什么,为什么,洞穴人只能根据投射在墙壁的光影来猜测。两千年过去,即使科学有了长足发展,柏拉图的哲学比喻仍然有道理。为平衡、弥补单个自然人的认知残缺,越来越聪明的社会人提倡参与式的讨论,鼓励非权威化的对话。从企业的创新活动到社会与家庭组织的内部治理,它已经被反复证明是有效的方法。

"叽叽喳喳"的决策有优势,因为随机碰撞是创新解决方案的重要来源,科学的发展也证明了这一点。传统牛顿物理学关注线性的力学现象,强调直接的因果关系,形成"决定论"的思维模式。现代量子力学研究微观粒子的运动现象,发现随机互动与影响的关系,形成"概率论/可能性"的思维模式。通俗地讲,第一,我们看到的"确实"不过是概率/可能性大小的现象,始终处于变化中;第二,随机碰撞创造丰富的可能性;第三,没有数量就没有质量,丰富的选择为高质量的决策提供保障。

20世纪初,在量子力学形成阶段,即使许多大科学家也难接受"随机概率"思维。爱因斯坦咬定"上帝不会掷骰子"(随机创造);量子学家波尔友好地提醒他,"爱因斯坦,别代表上帝说话!"所以,对那些持"绝对论"和"决定论"的人,我们也要像波尔一样提醒他们。

"叽叽喳喳"的决策文化代表一种乐观向上的价值观。它永不满足于已经有的解释,并相信可以持续修改和不断进步。因此,对于任何被宣称是终极的理论,我们要持谨慎的怀疑态度。22年前,美国政治学者福山(Francis Fukuyama)写了《历史的终结》。受苏联解体的影响,福山认为,只有一种制度,"自由民主"(liberal democracy)模式将统领全球。因此,未来不过是同一政治剧本不断重复。所以,在他看来,历史结束了。二十年后,他应该看到更多不同的政治与社会治理模式在各国出现。历史非但没有结束,还以令人目炫的方式创造着新的选择。

毫无疑问,决策方法多种多样,"叽叽喳喳"的方法不是唯一的决策选择。例如,1876年开始,由美国罗伯特将军总结的《罗伯特议事规则》就是另外一套决策规则。它提供了一套有章有法的交换意见和达成共识的刚性流程。这套决策规则受到孙中山先生的大力推崇。1917年,孙中山先生亲自翻译编写了《民权初步》,讲解如何开会,怎样组织公共事务的讨论。中国的一些社区业主委员会尝试利用《罗伯特议事规则》,已经获得较好的效果。利用它,大家可以激烈争论,但不失相互尊重;能够保持不同的观点,但不妨碍循序渐进地提高社区的福祉。

尽管决策的方法有多种多样,只要涉及公共事务,高质量的决策保持着一致的逻辑:参与和程序的规则,要么是随机的参与规则,要么是刚性的程序规则。因此,在社会活动中,对于那些既不允许参与,也不遵守程序的决策,我们都可以怀疑它的决策质量,甚至不妨拿起批判的武器。

资料来源:鲍勇剑."叽叽喳喳"的决策模式[J].新闻晨报,2014-08-12.

复习思考题

1. 阐述预测的重要性和如何进行预测。
2. 说明德尔菲法的要点及注意事项。
3. 影响科学决策的因素有哪些?常用的决策方法有哪些?

4. 试比较定量决策法与主观决策法的优缺点。

5. 说明预测、决策及计划之间的关系。

技 能 训 练

技能训练 5-1

青 蛙 现 象

把一只青蛙直接放进热水锅里,由于它对不良环境的反应十分敏感,就会迅速跳出锅外。如果把一只青蛙放进冷水锅里,慢慢地加温,青蛙并不会立即跳出锅外,水温逐渐提高的最终结局是青蛙被煮死了,因为等水温高到青蛙无法忍受时,它已经来不及,或者说是没有能力跳出锅外了。

青蛙现象告诉我们,一些突变事件往往容易引起人们的警觉,而易置人于死地的却是在自我感觉良好的情况下,对实际情况的逐渐恶化没有清醒的察觉。

训练要求:

(1) 组织和社会生存的主要威胁来自哪里?

(2) 如何防范那种缓慢而又微小的危险?

技能训练 5-2

决 策 树 法

某厂为生产一种新产品提出两种方案:一是新建一个车间;二是改建一个旧车间。两个方案中,车间的使用期限皆为 10 年,新建一个车间需投资 30 万元,改建则需投资 12 万元。据预测,新产品上市后畅销的可能性为 70%,滞销的可能性为 30%。如果新建车间,在销路好的情况下年收益为 100 万元,销路差的情况下每年要亏损 20 万元;而改建旧车间,在销路好的情况下年收益为 40 万元,销路差的情况下年收益为 30 万元。

训练要求:

用决策树法对上述两种方案作出评价。

技能训练 5-3

欧洲迪斯尼的错误决策

法国迪斯尼开张两年后,尽管每月有 300 万游客,每天却损失 100 万美元,问题出在哪儿呢?

迪斯尼一直充满雄心,结果造成严重的战略和财务失误,在利率开始上升时过于依靠负债。本来迪斯尼可以卖掉一些股份用于偿还债务,但管理层认为乐园会继续火爆,所以拒绝出售股份。另外,迪斯尼也存在一些其他的错误决策,包括成本超出,无酒精政策(在法国午餐有一瓶葡萄酒是正常的),太少的淋浴卫生间,错误认为法国人不在饭店餐厅用早餐等。

迪斯尼公司认为是连续的欧洲经济衰退、高利率、法郎升值等造成了这些问题。但是公司与员工关系很糟。法国建设与工业部的一位官员说："因为他们是迪斯尼公司的,所以他们什么都懂!"欧洲迪斯尼的管理者感到,自己不过是在充当总公司管理的副手而已。

迪斯尼在许多方面都表现得过于自信。管理者夸口到他们能预测巴黎未来的生活模式:他们认为人们会转移到离欧洲迪斯尼很近的东部来;他们相信能够改变欧洲人的习惯。例如欧洲人不像美国人那样对孩子逃学认可,他们宁可在吃饭上少花时间也要更多的休闲时间。迪斯尼认为它能改变这些习惯。迪斯尼的一位前任管理者说:"有一种倾向相信人们所接触的都是最完美的。"迪斯尼认为在佛罗里达能做到的,在法国一样能做到。过分骄傲、批评的压力、工人的士气低落等在一开始就使得游客远离。欧洲迪斯尼的门票要比美国的门票高,且迪斯尼完全没有看到欧洲经济处于不景气当中。一名高层管理者说:"由于受到计划规定的开园日期的压力以及开园的诱惑,我们没能意识到一场大的经济衰退正在来临。"

迪斯尼的主席米歇尔·艾思纳曾经鼓励说,欧洲迪斯尼要在计划中大方一些,他执着要保证迪斯尼的质量,忽视做事情的预算和评论家的警告。

当事情完全出乎预料时,迪斯尼威胁要关掉乐园,但是在谈判的最后关头,又赞成了新的财务计划。也有许多观察家认为欧洲迪斯尼没有关门的危险,公司还有许多好牌,例如,它的债权人准备提供低于市场利率的贷款7500万美元,法国政府则开始为迪斯尼乐园提供公路和铁路网。

新管理层降低了门票价格并致力于削减成本,欧洲迪斯尼开始逐渐恢复并在财务上走向正轨。但是,迪斯尼再一次惹怒了欧洲人。动画电影《大力神》和《钟楼怪人》对原著的粗暴歪曲激怒了人们。一家欧洲的主要报纸评述说,"卡通(指大力神)歪曲和滥用欧洲文化的一个基本传说",并进一步说,"在美国虽然对政治上是否正确非常敏感,在素材来源的地方也是一样。只顾赚钱,他们真的这样做并赚了上亿的钱。"还有人评论道,"好莱坞为自己的顾客比迪斯尼更加歪曲欧洲文化。"

训练要求:

(1) 在这个案例中,你能找出多少次决策? 对于这样一个巨大计划,哪些应该做而没有做?

(2) 在这个案例中,有哪些概念和本章相关? 你认为迪斯尼高层有什么错误?

(3) 为了长期利益,迪斯尼可以做哪些工作?

(4) 你如何评价最后一段中所描写的欧洲人的反映? 迪斯尼应该怎样做?

技能训练 5-4

蔬菜管理

彼得·莫斯是一名生产和经营蔬菜的企业家。现在他已有50000平方米的蔬菜温室大棚和一座毗邻的办公大楼,并且聘请了一批农业专家顾问。莫斯经营蔬菜业务是从一个偶然事件开始的。有一天,他在一家杂货店看到一种硬花球花椰菜与花椰菜的杂交品种,他突发奇想,决定自己建立温室培育杂交蔬菜。

莫斯用他从祖父那里继承下来的一部分钱,雇用了一班专门搞蔬菜杂交品种的农艺专家,这个专家小组负责开发类似于他杂货店中看到的那些杂交品种蔬菜,并不断向莫斯提出新建议,如建议他开发菠生菜(菠菜与生菜杂交品种)、橡子萝卜瓜、橡子南瓜以及萝卜的杂交品种。特别是柠檬辣椒,是一种略带甜味和柠檬味的辣椒,他们的开发很受顾客欢迎。

同时,莫斯也用水栽法生产传统的蔬菜,销路很好。生意发展得如此之快,以致他前一个时期很少有时间更多考虑公司的长远发展。最近,他觉得需要对一些问题着手进行决策,包括职工的职责范围与生活质量、市场与定价策略、公司的形象等。

莫斯热衷于使他的员工感到自身工作的价值,他希望通过让每个员工"参与管理"了解公司的现状,调动职工的积极性。他相信,这是维持员工兴趣和激励他们的最好办法。

莫斯决定在12月1号上午九时召开一次由每一个农艺学家参加的会议,其议程如下。

(1)周末,我们需要有一个农艺师在蔬菜种植现场值班,能够随叫随到,并为他们配备一台步话机,目的是一旦蔬菜突然脱水或者枯萎,可以找到这些专家处理紧急情况,要做的决策是:应该由谁来值班,他的责任是什么?

(2)我们公司的颜色是绿色的,要做的决策是:新地毯、墙纸以及工作服等应该采取什么样的绿色色调?

(3)公司有一些独特的产品还没有竞争对手,而另外一些产品在市场上竞争十分激烈。要做的决策是:对不同的蔬菜产品应当如何定价?

彼得·莫斯要求大家务必准时到会,积极参与发表意见,并期望得到最有效的决策结果。

训练要求:

(1)一个决策的有效应取决于( )。

    A. 决策的质量高低   B. 是否符合决策的程序

    C. 决策的质量与参与决策的人数   D. 以上提法均不全面

(2)按照利克特的行为模式,彼得·莫斯的工作作风与管理方式属于( )。

    A. 协商式   B. 群体参与式   C. 开明—权威式   D. 民主式

(3)12月1日所召开的会议是必要的吗,为什么?( )

    A. 很必要,体现了民主决策

    B. 不必要,会议议题与参与者不相匹配

    C. 有必要,但开会的时间选择为时过晚

    D. 对一部分议题是必要的,对另一部分议题是不必要的

(4)公司的装潢问题是否需要进行群体决策?( )

    A. 完全需要,因为绿色是企业的标志

    B. 需要,但参加决策的人应当更广泛一些

    C. 不需要,此项决策可以由颜色与装潢专家决定,或者运用民意测验方法征询意见

    D. 需要与不需要只是形式问题,关键在于决策的质量

(5)定价问题是否需要列入彼得·莫斯12月1日的决策议事日程?( )

A. 需要，因为它是企业的重大问题

B. 不需要，因为该项决策的关键是质量问题，而不是让所有的员工参与和接受

C. 在稳定的市场环境下，不需要；在变化的市场环境下，则需要集思广益，群体决策

D. 定价应当由经济学家来解决

案 例 分 析

案例分析 5-1

王厂长的会议

王厂长是佳迪饮料厂的厂长，回顾 8 年的创业历程真可谓是艰苦创业、勇于探索的过程。全厂上下齐心合力，同心同德，共献计策，为饮料厂的发展立下了不可磨灭的汗马功劳。但最令全厂上下佩服的，还数 4 年前王厂长决定购买二手设备（国外淘汰生产设备）的举措。饮料厂也因此挤入国内同行业强手之林，令同类企业刮目相看。今天，王厂长又通知各部门主管及负责人晚上 8 点在厂部会议室开会。部门领导们都清楚地记得 4 年前在同一时间、同一地点召开会议，王厂长做出了购买进口二手设备这一关键性的决定。在他们看来，又有一项新举措即将出台。

晚上 8 点会议准时召开，王厂长庄重地讲道："我有一个新的想法，我将大家召集到这里是想听听大家的意见或看法。我们厂比起 4 年前已经发展了很多，可是，比起国外同类行业的生产技术、生产设备来，还差得很远。我想，我们不能满足于现状，我们应该力争世界一流水平。当然，我们的技术、我们的人员等诸多条件还差得很远，但是我想为了达到这一目标，我们必须从硬件条件入手立即引进世界一流的先进设备，这样一来，就会带动我们的人员、带动我们的技术等一起前进。我想这也并非不可能，4 年前我们不就是这样做的吗？现在厂的规模扩大了，厂内外事务也相应地增多了，大家都是各部门的领导及主要负责人，我想听听大家的意见，然后再做决定。"

会场一片肃静，大家都清楚记得，4 年前王厂长宣布引进二手设备的决定时，有近 70% 成员反对，即使后来王厂长谈了他近三个月对市场、政策、全厂技术人员、工厂资金等厂内外环境的一系列调查研究结果后，仍有半数以上人持反对意见，10% 的人持保留态度。因为当时很多厂家引进设备后，由于不配套和技术难以达到等因素，均使高价引进设备成了一堆闲置的废铁。但是，王厂长在这种情况下仍采取了引进二手设备的做法。事实表明，这一举措使佳迪饮料厂摆脱了企业由于当时设备落后、资金短缺所陷入的困境。二手设备那时价格已经很低，但在我国尚未被淘汰。因此，佳迪厂也由此走上了发展的道路。

王厂长见大家心有余悸的样子，便说道："大家不必顾虑，今天这一项决定完全由大家决定，我想这也是民主决策的体现，如果大部分人同意，我们就宣布实施这一决定；如

果大部分人反对的话,我们就取消这一决定。现在大家举手表决吧!"结果是,会场上有近70％人投了赞成票。

问题:

(1) 王厂长的两次决策过程合理吗? 为什么?

(2) 如果你是王厂长,在两次决策过程中应做哪些工作?

(3) 影响决策的主要因素有哪些?

案例分析 5-2

阿迪达斯怎么了

如果你是一名认真的长跑者,那么在 20 世纪 60 年代或 70 年代初,你只有一种合适的鞋可供选择: 阿迪达斯(Adidas)。阿迪达斯是德国的一家公司,是为竞技运动员生产轻型跑鞋的先驱。在 1976 年的蒙特利尔奥运会上,田径赛中有 82％的获奖者穿的是阿迪达斯牌运动鞋。

阿迪达斯的优势在于试验。它使用新的材料和技术来生产更结实和更轻便的鞋。它采用袋鼠皮绷紧鞋边。四钉跑鞋和径赛鞋采用的是尼龙鞋底和可更换鞋钉。高质量、创新性和产品多样化,使阿迪达斯在 20 世纪 70 年代中支配了这一领域的国际竞争。

20 世纪 70 年代,蓬勃兴起的健康运动使阿迪达斯公司感到吃惊。一瞬间,数以百万计的以前不喜欢运动的人们对体育锻炼产生了兴趣。成长最快的健康运动细分市场是慢跑。据估计,到 1980 年有 2500 万～3000 万美国人加入了慢跑运动,还有 1000 万人是为了休闲而穿跑鞋。尽管如此,为了保护其在竞技市场中的统治地位,阿迪达斯并没有大规模地进入慢跑市场。

20 世纪 70 年代出现了一大批竞争者,如彪马(Puma)、布鲁克斯(Brooks)、新布兰斯(New Ballance)和虎牌(Tiger)。但有一家公司比其余更富有进取性和创新性,那就是耐克(Nike)。由前俄勒冈大学的一位长跑运动员创办的耐克公司,在 1972 年俄勒冈尤金举行的奥林匹克选拔赛中首次亮相。穿着新耐克鞋的马拉松运动员获得了第四至第七名,而穿阿迪达斯鞋的参赛者在那次比赛中占据了前三名。

耐克的大突破出自 1975 年的"夹心饼干鞋底"方案。它的鞋底上的橡胶钉比市场上出售的其他鞋更富有弹性。夹心饼干鞋底的流行及旅游鞋市场的快速膨胀,使耐克公司 1976 年的销售额达到 1400 万美元,而在 1972 年仅为 200 万美元。自此,耐克公司的销售额飞速上涨。今天,耐克公司的年销售额超过了 300 亿美元,并成为行业的领导者,占有运动鞋市场 26％的份额。

耐克公司的成功源于它强调的两点: ①研究和技术改进; ②风格式样的多样化。公司有将近 100 名雇员从事研究和开发工作。它的一些研究和开发活动包括人体运动高速摄影分析,对 300 个运动员进行的试穿测验,以及对新的和改进的鞋及材料的不断的试验和研究。

在营销中,耐克公司为消费者提供了最大范围的选择。它吸引了各种各样的运动员,并向消费者传递出最完美的旅游鞋制造商形象。到 20 世纪 80 年代初,慢跑运动达到高峰时,阿迪达斯已成了市场中的"落伍者"。竞争对手推出了更多的创新产品,更多的品种,并且成功地扩展到了其他运动市场。例如,耐克公司的产品已经统治了篮球和年轻人市场,运动鞋已进入了时装时代。到 20 世纪 90 年代初,阿迪达斯的市场份额降到了可怜的 4%。

问题:

(1) 耐克公司的管理当局做出了什么决策使它如此成功?

(2) 到 20 世纪 90 年代初,阿迪达斯的不良决策如何导致了市场份额的极大减少?这些决策怎么使得阿迪达斯的市场份额在 90 年代初降到了可怜的地步? 不确定性在其中扮演了什么角色?

第三篇

组　　织

第六章 组织工作

 学习目标

1. 了解组织的含义
2. 了解组织的特点
3. 掌握正式组织和非正式组织的含义
4. 了解组织工作的过程
5. 掌握非正式组织的作用
6. 掌握组织工作的原则
7. 掌握并评价德鲁克关于组织工作的七项原则

 本章引言

几年前,当拉克希米·拉马拉杰供职于一家非营利性机构时,她发现该机构员工的离职率很高。导致高离职率的原因并非来自工作本身,而是该机构的管理制度。"事实上,员工们很热爱自己的工作,但他们却感到管理人员并不尊重他们。"拉马拉杰说,"那些员工受到不公正的贬低,时常受到来自管理人员的训责。"对这种工作环境的不满,最终导致大量员工离职。

现在,拉马拉杰的这段经历促成了她和沃顿商学院管理学教授西格尔·巴萨德的一次合作,她们撰写了一篇《工作何以如此艰难——来自组织的尊重对于社会服务行业中员工倦怠现象的影响》的论文。根据巴萨德所持的观点,"员工最大的不满之一,在于他们的工作没有获得组织足够的认同。而尊重是认同的组成因素之一。当员工感到自己没有受到组织的重视和尊重时,他们往往会产生更强烈的倦怠情绪。"或者,正如拉马拉杰所言,"通常并不是工作本身让人筋疲力尽,问题在于组织本身。"

管理技能分析

组织工作对组织发展有什么重要意义?如何做好组织工作?

管理技能应用

假如你负责筹备暑期下乡调研,目前有 10 名志愿者,你将如何组织好他们呢?

第一节　组织概述

一、组织的含义

组织的定义有很多,人们对组织的认识仍处于不断深入的过程中,并随着实践的发展而进一步演变和深化。

组织既是一个名词又是一个动词。作为动词,指的是组织工作,就是对人的集合体中各个成员的角色安排、任务分配。这种组织,是管理的一项职能。作为名词,指按照一定的宗旨和目标建立起来的集体,如工厂、机关、学校、医院、各级政府部门、各个层次的经济实体、各个党派和政治团体等,这些都是组织。

从名词上说的组织可以按广义和狭义划分。

(一)从广义上理解

组织是指由诸多要素按照一定方式相互联系起来的系统。从这个角度来看,组织和系统是同等程度的概念。

(二)从狭义上理解

组织就是指人们为着实现一定的目标,互相协作结合而成的集体或团体,如党团组织、工会组织、企业、军事组织等。

本章所要研究的组织是狭义的组织。

管理实例 6-1

《荀子·王制篇》

人何以能群?曰:分。分何以能行?曰:义。故义以分则和,和则一,一则多力,多力则强,强则胜物。故宫室可得而居也,故序四时,裁万物,兼利天下,无它故焉,得之分义也。故人生不能无群,群而无分则争,争则乱,乱则离,离则弱,弱则不能胜物。故宫室不可得而居也,不可少顷舍礼义之谓也。

管理实例 6-2

德国 MBB 公司：灵活上下班制度

在德国的主要航空和宇航企业 MBB 公司,可以看到这样一种情景:上下班的时候,职工们把自己的身份卡放入电子计算器,马上就显示到当时为止该职工在本星期已经工作了多少小时。原来,该公司实行了灵活上下班制度。公司对职工的劳动只考核其成果,不规定具体时间,只要在所要求的期间内按质量完成工作任务就照付薪金,并按工作质量发放奖金。由于工作时间有了一定的机动性,职工不仅免受交通拥挤之苦,而且可以根据工作任务和本人方便,与企业共同商定上下班时间。这样,职工感到个人的权益得到尊重,因而产生责任感,提高了工作热情,同时企业也受益。

二、组织的特点

(一)组织是一个职务结构或职权结构

组织中每个成员都有特定的职责权力,组织工作的主要任务就在于明确这一职责结构以及根据组织内外环境的变化使之合法化。组织中的每一个成员不再是独立的、自己只对自己负责的个人,而是组织中的既定角色,承担着实现组织目标的任务。

(二)任何一个组织必须有一个共同的目标

组织之所以有存在的理由,是因为在实际中许多工作和任务一个人是根本没有办法和能力去完成的,尤其是一些较为复杂的系统工程,需要很多人的团结和协作,共同去完成。

(三)组织是实现组织目标的工具

组织既有一个共同的目标,同时,它又是实现自己目标的工具。一个组织目标能否顺利地实现,就要看组织内部要素之间的协调、配合程度,组织的资源配置是否有效合理以及组织本身的结构是否合理,是否和组织的任务相匹配。

(四)组织是一个责任系统,反映着上下级关系和横向沟通网络

在这个网络中,下级有向上级报告自己工作效果的义务和责任,上级有对下级的工作进行指导的责任,同级之间应进行必要的沟通。组织要顺利地实现自身的目标,就必须分工协作,充分调动组织上下的积极性,使组织形成一个分工明确、责权明确的有机整体。这是一个组织整体效率高低的重要标志。

管理实例 6-3

分　粥

有七个人曾经住在一起,每天分一大桶粥。要命的是,粥每天都是不够的。一开始,他们抓阄决定谁来分粥,每天轮一个。于是乎每周下来,他们只有一天是饱的,就是自己分粥的那一天。后来他们开始推选出一个道德高尚的人出来分粥。强权就会产生腐败,大家开始挖空心思去讨好他,贿赂他,搞得整个小团体乌烟瘴气。然后大家开始组成三人的分粥委员会以及四人的评选委员会,互相攻击、扯皮,弄得粥吃到嘴里全是凉的。最后想出来一个方法:轮流分粥,但分粥的人要等其他人都挑完后拿剩下的最后一碗。为了不让自己吃到最少的,每人都尽量分得平均,就算不平均,也只能认了。大家快快乐乐,和和气气,日子越过越好。

三、组织的类型

依据不同的分类标准,组织可以分为不同的类型。

(一)根据组织规模分类

根据组织规模大小,可以将组织分为小型组织、中型组织和大型组织。

按这个标准进行分类是具有普遍性的,不论何类组织都可以作这种划分。以组织规模划分组织类型,是对组织现象的表面认识。比如,同是企业组织,就有小型企业、中型企业和大型企业;同是医院组织,就有个人诊所、小型医院和大型医院;同是行政组织,就有小单位、中等单位和大单位。

(二)根据组织职能分类

根据组织职能,可以将组织分为文化性组织、经济性组织和政治性组织。

1. 文化性组织

文化性组织是一种人们之间相互沟通思想、联络感情,传递知识和文化的社会组织,各类学校、研究机关、艺术团体、图书馆、艺术馆、博物馆、展览馆、纪念馆、报刊出版单位、影视电台机关等都属于文化性组织。文化性组织一般不追求经济效益,属于非营利组织。

2. 经济性组织

经济性组织是一种专门追求社会物质财富的社会组织,它存在于生产、交换、分配、消费等不同领域,工厂、工商企业、银行、财团、保险公司等社会组织属于经济性组织。

3. 政治性组织

政治性组织是为某个阶级的政治利益服务的社会组织,立法机关、司法机关、行政机关、政党、监狱、军队等都属于政治性组织。

(三)按组织内部是否有正式分工关系分类

按组织内部是否有正式分工关系,可以将组织分为正式组织和非正式组织。

1. 正式组织

如果一个社会组织内部存在着正式的组织任务分工、组织人员分工和正式的组织制度,那么它就属于正式组织。政府机关、军队、学校、工商企业等都属于正式组织。正式组织是社会中主要的组织形式,是人们研究和关注的重点。

2. 非正式组织

如果一个社会组织的内部既没有确定的机构分工和任务分工,没有固定的成员,也没有正式的组织制度等,这种组织就属于非正式组织。非正式组织可以是一个独立的团体,比如学术沙龙、文化沙龙、业余俱乐部等,也可以是一种存在于正式组织之中的无名而有实的团体。这是一种事实上存在的社会组织,这种组织现在正日益受到重视。

在一个正式组织的管理活动中,应特别注意非正式组织的影响作用。对这种组织现象的处理,将会影响到组织任务的完成和组织运行的效率。

管理实例 6-4

谋求与非正式组织领袖的合作

非正式组织中的领袖人物集中体现了非正式组织成员的共同价值观和共同志趣,他们往往凭借自身的技术专长和个人魅力在非正式组织中享有很高的威望和影响力。有时他们的实际影响力甚至远远超过那些正式组织任命的管理者。他们的思想和行动直接影响着非正式组织的思想和行动。因此,当非正式组织出现"紧密化""危险化"的发展趋势时,管理者应对非正式组织中领袖的影响给予高度重视,积极谋求与他们在各个层面上进行有效沟通,并在理性和合作的基础上解决危机。

第二节 组织工作的概念、特点和原则

一、组织工作的含义

组织工作作为一项管理职能,是指在组织目标已经确定的情况下,将实现组织目标所必需进行的各项业务活动加以分类组合,并根据管理宽度原理,划分出不同的管理层次和部门,将监督各活动所必需的职权授予各层次、各部门的主管人员,以及规定这些层次和部门间的相互配合关系。

组织工作职能的内容包括以下四个方面。

(1) 根据组织目标设计和建立一套组织机构和职位系统。

(2) 确定职权关系,从而把组织上下左右联系起来。

(3) 与管理的其他职能相结合,以保证所设计和建立的组织结构有效运转。

(4) 根据组织内外部要素的变化,适时地调整组织结构。

管理实例 6-5

不拉马的士兵

一位年轻的炮兵军官上任后,到下属部队视察操练情况,发现有几个部队操练时有一个共同的情况:在操练中,总有一个士兵自始至终站在大炮的炮筒下,纹丝不动。经过询问,得到的答案是:操练条例就是这样规定的。原来,条例因循的是马拉大炮时代的规则,当时站在炮筒下的士兵的任务是拉住马的缰绳,防止大炮发射后因后坐力产生的距离偏差,减少再次瞄准的时间。现在大炮不再需要这一角色了,但条例没有及时调整,出现了不拉马的士兵。这位军官的发现使他受到了国防部的表彰。

二、组织工作的特点

组织工作一般具有以下几个特点。

（一）组织工作是一个过程

设计、建立并维持一种科学的、合理的组织机构，是为成功实现组织目标而采取行动的一个连续的过程，它一般有以下几个步骤。

（1）确定组织目标。

（2）对目标进行分解，拟定派生目标。

（3）明确为了实现目标所必需的各项业务工作或活动，并加以分类。

（4）明确组织自身所拥有的资源，并使资源与上述工作相匹配，由此形成部门。

（5）把相应的职责授予各部门的负责人，并形成职务说明书，规定该职务的职责与权限。

（6）把相关的职权关系以及各部门的业务活动关系用组织系统图表示出来。

管理实例 6-6

老 农 移 石

有一位老农的农田当中，多年以来横亘着一块大石头。这块石头碰断了老农的好几把犁头，还弄坏了他的中耕机。老农对此无可奈何，巨石成了他种田时挥之不去的心病。

一天，在又一把犁头打坏之后，想起巨石给他带来的无尽麻烦，老农终于下决心了结这块巨石。于是，他找来撬棍伸进巨石底下，却惊讶地发现，石头埋在地里并没有想象那么深，那么厚，稍使劲道就可以把石头撬起来，再用大锤打碎，清出地里。老农脑海里闪过多年被巨石困扰的情景，再想到可以更早些把这桩头疼事处理掉，禁不住一脸苦笑。

（二）组织工作是动态的

通过组织工作建立起来的组织结构不是一成不变的，而是随着组织内外部要素的变化而变化的。

必须根据环境条件的变化，不断地修正目标。目标的变化自然会影响到随同目标而产生的组织结构，为使组织结构能切实起到促进组织目标实现的作用，就必须对组织结构做出适应性的调整。

即使组织的内外要素的变化对组织目标影响不大，但随着社会的进步，科学技术的发展，原有的组织结构已不能高效地适应实现目标的要求时，也需要进行组织结构的调整和变革。

所以，组织工作具有动态的特点。

管理实例 6-7

两 头 鸟

从前，某个国家的森林内，喂着一只两头鸟，叫"共命"。这鸟的两个头"相依为命"。遇事向来两个"头"都会讨论一番，才会采取一致的行动，比如到哪里去找食物，在哪儿筑巢栖息等。

有一天，一个"头"不知为何对另一个"头"发生了很大误会，造成谁也不理谁的仇视局面。

其中有一个"头"想尽办法和好，希望还和从前一样快乐地相处，另一个"头"则睬也不睬，根本没有要和好的意思。

如今，这两个"头"为了食物开始争执，那善良的"头"建议多吃健康的食物，以增进体力；但另一个"头"则坚持吃"毒草"，以便毒死对方才可消除心中怒气！和谈无法继续，于是只有各吃各的。最后，那只两头鸟就终因吃了过多的有毒食物而死去了。

（三）要重视非正式组织的作用

由霍桑试验以及巴纳德等人的研究可知，组织有正式组织和非正式组织之分。非正式组织是在组织成员之间感情投合的基础上，由现实观点、爱好、兴趣、习惯、志向等一致而自发形成的结伙关系。

非正式组织在满足组织成员个人的心理和感情需要上，比正式组织更有优越性。所以，应充分发挥非正式组织的凝聚作用。

非正式组织形式灵活，稳定性弱，覆盖面广，几乎所有的正式组织的成员都会介入某种类型的非正式组织。根据这两个特点，主管人员应有意识、有计划地促进某些具有较多积极意义的非正式组织的形成和发展。要尽量维持组织目标与非正式组织目标的平衡，避免对立，并在领导与指导时对非正式组织加以利用，使之为正式组织的工作服务。

管理实例 6-8

大学班级中的非正式组织

大学生来自五湖四海，个人爱好、观念、成长心理、感情、喜好等方面存在着差异，根据"物以类聚，人以群分"定理，许多人必然会选择从属于某个和自己爱好相投或兴趣相近的小团体、小圈子，这种小团体、小圈子就是一种非正式组织。

就大学校园班级中的非正式组织来说，其作用和影响不外乎体现在两个方面。

1. 积极作用

第一，为组织成员提供了一定的社会满足感，增强了他们的归属感。第二，促进各成员之间的交流和沟通。第三，有利于增强组织的凝聚力，培养班级文化的发展和促进班级优秀文化的形成。

2. 消极作用

第一，易在正式组织——班集体内部拉帮结派，形成利益小团体，分裂班集体，给班级管理带来巨大困难，影响大家正常的工作和学习秩序。第二，在班级中传播谣言，搬弄是非，破坏班集体和同学之间的团结。第三，易于导致盲目的"集体行为"和"集体思维"，不利于个人的良好发展。

三、组织工作的原则

从确保组织正常运转这一基本要求来看，组织工作至少应遵循以下一些原则。

（一）目标一致性原则

组织不是一个松散的自由组合成的群体，是人们为了实现共同的目标而建立的。共同的目标是组织产生和发展的基础和原因，它规定并制约着组织的其他要素。正是因为存在着组织的共同目标，组织成员才会有效地进行分工协作，并最终实现共同的目标。共同的目标是维系组织成员的纽带，是组织管理工作的依据。

管理实例 6-9

一 日 厂 长

韩国精密机械株式会社实行了"一日厂长"这一独特的管理制度，即让职工轮流当厂长管理厂务。"一日厂长"和真正的厂长一样，拥有处理公务的权力。当"一日厂长"对工人有批评意见时，要详细记录在工作日记上，并让各部门的员工收阅。各部门、各车间的主管，得依据批评意见随时核正自己的工作。这个工厂实行"一日厂长"制后，工厂的向心力增强，工厂管理成效显著，开展的第一年就节约生产成本 300 多万美元。

（二）分工协作原则

尽管作为一个可运行的组织来说，物料、设备等物质实体是组织的重要因素，但对任何组织来说，人员是更重要的要素。没有人员的存在，便没有组织。为了使组织成员能够有效配合，产生合力，组织设计时必须注重职务明确、控制幅度合理、专业分工明确、责任与权力相符、协作有序等一系列组织设计原则。

管理实例 6-10

裤 子 奇 遇

阿东明天要参加小学毕业典礼，怎么也得精神点儿，把这一美好时光留在记忆之中，于是他高高兴兴地上街买了条裤子，可惜裤子长了两寸。吃晚饭的时候，趁奶奶、妈妈和嫂子都在场，阿东把裤子长两寸的问题说了一下，饭桌上大家都没有反应。饭后大家都去忙自己的事情，这件事情就没有再被提起。

妈妈睡得比较晚，临睡前想起儿子明天要穿的裤子还长两寸，于是就悄悄地一个人把裤子剪好、叠好，放回原处。

半夜里，狂风大作，窗户"咣"的一声关上，把嫂子惊醒，猛然醒悟到小叔子裤子长两寸，自己辈分最小，怎么也得自己去做，于是披衣起床将裤子处理好才又安然入睡。

老奶奶觉轻，每天一大早醒来给小孙子做早饭上学，趁水未开的时候也想起孙子的裤子长两寸，马上快刀斩乱麻。

最后，阿东只好穿着短四寸的裤子去参加毕业典礼了。

（三）责权关系原则

责权关系是组织构成要素的核心内容。可以这样说，组织即是各种责权关系的体现。在组织管理过程中，明确各部门、各职位与整体组织之间的责权关系，使每个组织成员都明确自己应该干什么,有哪些方面的权力,归属谁直接领导,这是保持组织的稳定性和增进组织运行效果的前提条件。

(四) 信息畅通原则

组织各部门和组织成员的工作是靠信息交流维系着的。在一个组织中,信息交流包括自上而下、自下而上及同级之间的信息交流,这是组织成员进行有效协调、控制的基础。信息是组织的血液,有效的组织工作必须保持组织内外部的信息交流畅通无阻。

组织工作的目标不能仅仅为了维持组织的正常运转,更要培养出能够支撑企业生存与发展的能力。为此,还应遵循一些更深层的原则。下面转引著名管理学家彼得·德鲁克的基本观点。

管理实例 6-11

德鲁克关于组织工作的七项原则

1. 要明晰,不是简单

哥特式大教堂在设计上并不简单,但在里面,你的位置是显而易见的:你知道站在何处,应该走向何方。一座现代化的办公大楼在设计上非常简单,但在里面很容易迷路,它不是分明的。

2. 努力用经济来维持管理,并把摩擦减至最小限度

用于控制、监督、引导人们取得成绩的力量应该保持在最低限度。组织结构应该使人们能够自我控制,并鼓励人们自我激励。

3. 眼光直接投向产品,而不是投向生产过程;投向效果,而不投向所做的努力

组织可以比作一种传输带,这种传输带越"直接",各个活动取得成绩时的速度越快和方向的改变就越小,组织就越有效率。必须使意愿和能力为成果而工作,而不是为工作而工作;为未来而工作,而不是躺在过去的成绩上;为了增强实力,而不是为了虚胖。

4. 每一个人都要理解他自己的任务,以及组织总体的任务

组织的每一个成员,为了把他的努力同共同的利益联系起来,需要了解如何使他的任务适应整体的任务,以及整体的任务要求他自己的任务与贡献是什么。组织结构需要促进而不是阻碍信息交流。

5. 决策把注意力集中在正确问题上时要面向行动,而且尽可能使最底层的管理人员做出决策

6. 要稳定,反对僵化,以求在动乱中生存下来;要有适应性,以便从动乱中学到东西

它必须在其周围的世界处于动乱时代仍能进行工作。稳定性并不是僵硬性,一个极其僵化的组织是不稳定的,而是脆弱的。只有一个组织结构能使自己适应新的情况、新的需求、新的条件,以及新的面孔和新的个性时,它才能继续存在。

7. 要能永存和自我更新

一个组织必须能够从内部产生未来的领导者。为此一个基本条件是组织不应该有太多的层次;组织结构应该帮助每一个人在他担任的每一个职位上学习和发展,应该设计得使人能够继续学习;必须接受新思想并愿意和能够做新事情。

复习思考题

1. 组织的含义是什么？
2. 组织的特点是什么？
3. 组织工作的原则是什么？
4. 什么是正式组织和非正式组织？

技 能 训 练

鹏程小学是否应该撤销

某大城市外来务工人员较多，为了解决外来务工人员的子女就学问题，一些外来务工人员子弟学校开办了，鹏程小学就是其中之一。但是，由于外来务工人员收入不高，所以学校的教育设施比较简陋，师资力量薄弱，卫生状况很差。而且鹏程小学未在该城市教育部门登记备案，属于擅自开办。根据教育部门已有的文件，凡是未登记备案的教学机构一律要予以取缔。但是，一旦取缔鹏程小学这样的外来务工人员子弟学校，大量外来务工人员的子女将面临失学、辍学的危险。现在，该城市教育部门对此事作了认真研究，出现了如下两种意见：①撤销鹏程小学的办学资格；②破例保留鹏程小学的办学资格。

训练要求：

假设你是该城市教育部门的负责人，将按哪种意见处理？为什么？

案 例 分 析

案例分析 6-1

一封辞职信

尊敬的钟院长：

您好！

我叫李玲，是医院内科的护士长，我当护士长已经有半年了，但我再也无法忍受这种工作了，我实在干不下去了。我有两个上司，他们有不同的要求，都要求优先处理自己布置的事情。然而我只是一个凡人，没有分身术，我已经尽了自己最大的努力来适应这样的工作要求，但看来我还是失败了，让我给您举个例子吧！

昨天早上 8:00，我刚到办公室，医院的主任护士叫住我，告诉我她下午要在董事会上作汇报,现急需一份床位利用情况报告,让我 10:00 前务必完成。而这样一份报告至少要花一个半小时才能写出来。30 分钟以后,我的直接主管,基层护士监督员王华走进来突然质问我为什么不见我的两位护士上班。我告诉她外科李主任因急诊外科手术正缺人手,从我这要走了她们两位借用一下,尽管我表示反对,但李主任坚持说只能这么办。王华听完我的解释,叫我立即让这些护士回到内科来,并告诉我一个小时以后,他回来检查我是否把这事办好了! 像这样的事情举不胜举,每天都要发生好几次。

这样的工作我实在无法胜任,特向您辞职,请批准!

问题:

(1) 案例中李玲所在的这家医院在组织结构的运行上合理吗? 为什么?

(2) 要想避免案例中的这种结局,你有什么建议?

案例分析 6-2

一 盘 散 沙

人们通常用一盘散沙来比喻缺乏组织,互不团结,力量分散。建筑用的钢筋混凝土的制造过程是将一定比例的水泥、沙子、石块按照一定比例配比,加上一定量的水,充分搅拌均匀后,加入钢筋,放置一定时间后形成坚不可摧的设施。否则,同样是这么多东西,不按照科学的方法进行组合,就不会达到这种结果,可能就是一盘散沙。钢筋混凝土制造过程与组织的形成机制完全类似。组织也正是需要不同的原料,即不同的人员,按照一定的比例关系,进行组织结构设计,充分整合(搅拌、放置),达到有机结合,形成 1+1>2 的协同效应。

众所周知,在自然科学领域,石墨与钻石都是由碳原子构成的,构成要素一样,但两者的硬度和价值简直无法相提并论。钻石为什么会比石墨坚硬? 钻石为什么比石墨值钱? 造成他们之间差异的根本原因就是原子间结构的差异:石墨的碳原子之间是"层状结构",而钻石的碳原子之间是独特的"金刚石结构"。社会化大生产的管理组织也是这样,由于管理系统内部分工协作的不同,所建立起来的管理组织可能具有不同的效能。有位管理学家曾说过,高水平的组织就如同原子核裂变一样,可以放射出像"蘑菇云"一样巨大的能量。可以说,组织结构之于企业,就像人的骨骼系统之于身体一样,是企业生存发展所不可缺少的重要条件。而为了给企业建立起一个合理的、健全的组织结构,管理者就必须有效地开展组织工作。

问题:

根据上述案例,写一篇小论文阐述组织工作的重要性。

第七章 组织设计

学习目标

1. 了解组织设计的含义
2. 掌握组织设计的目的
3. 了解组织设计的任务
4. 掌握职务(岗位)说明书的编制
5. 了解组织设计的原则
6. 掌握组织设计的影响因素
7. 掌握组织设计的程序
8. 掌握管理幅度与管理层次
9. 掌握管理幅度与管理层次的设计
10. 了解部门设计
11. 了解职位设计
12. 掌握并比较组织结构的类型
13. 掌握并评价多维立体组织结构

本章引言

  某开发投资有限公司,主要承担政府重大建设项目的投融资;接受政府授权持有并运作国有股权;自主开展资本运营,促进资产跨地区、跨行业、跨部门、跨所有制的流动和重组。

  该公司采用集团公司的组织形式,公司目前有 6 个部门:研究发展部、资本运营部、投资开发部、财务融资部、人力资源部和总经理工作部。公司有 3 个子公司,现有人员27 人。

  公司的一把手是新上任的汪总经理,他进入企业后的第一件事,就是了解企业内部管理的现状,发现企业当前的优势与劣势,并借助外部第三方专业咨询公司的力量,对组织架构及管控模式进行初步调研与分析,并提出组织架构新的改进方案。

某专家团队在对公司的临时组织——项目专家组和专家咨询委员会的组织职能与管控模式进行分析时,发现这两个临时组织的内部管理存在着两个问题。

(1) 项目专家组和专家咨询委员会职责模糊,界限不清。

(2) 临时性委员会无固定人员维持工作。

管理技能分析

你是否认为组织结构设计是一件不同寻常的工作? 你认为可能影响组织结构的主要因素是什么?

管理技能应用

假如你是单位负责人,需要对当前的组织结构进行改变,你将做出怎样的改变?

第一节　组织设计概述

为了完成组织的各项任务,实现组织的目标,必须对组织内部的结构进行合理安排,进行组织设计。组织设计包括部门划分、职务设计、职权划分和组织内部协调机制。

一、组织设计的含义

组织设计(organizational design)是指管理者将组织内各要素进行合理组合,建立和实施一种特定组织结构的过程。组织设计是有效管理的必备手段之一,实质是对管理人员的管理劳动进行横向和纵向的分工。以下三种情况需要进行组织设计。

(1) 新建的企业需要进行组织结构设计。

(2) 原有组织结构出现较大的问题或企业的目标发生变化时,原有组织结构需要进行重新评价和设计。

(3) 组织结构需要进行局部的调整和完善。

二、组织设计的目的

组织设计是以组织中结构安排为核心的组织系统的整体设计工作,是一项操作性很强的工作。组织设计的核心问题是如何划分职权结构、部门结构和制定各项规章制度。从动态的角度看,组织设计还要解决组织运行中的协调、控制、激励、绩效评估、人员配置与训练以及信息沟通等问题,也就是组织职能的全部内容与要求。

美国管理学家福克斯认为,组织设计的主要目的是建立有益于管理的组织。部门的划分、职位与职务的确定、相应的组织结构类型及组织变革都是为了适应管理的要求及实现组织目标而进行的。

因此,要做好正式组织的设计,必须符合下列六个要求。

(1) 符合组织目的的要求。

（2）能使组织成员的能力在组织中发挥最大效用。

（3）有利于使组织成员对组织作出贡献的欲望不断提高。

（4）有利于形成和增长组织成员对组织的归属感。

（5）应使组织持续不断地发展。

（6）组织应当富有效率。

管理实例 7-1

王氏年糕厂的抉择

王小旺本是北京平谷的一位普通农民，不过人们早就知道他家有一种祖传绝招——烹制一种美味绝伦的年糕——王氏年糕。

20世纪80年代，王小旺办起了"王家饭馆"，而他做的年糕绝不亚于他的祖上。1987年，他就在本村办起了利平年糕厂，开始生产"老饕"牌袋装和罐装系列年糕食品。由于其独特风味和优等质量，牌子很快打响。不说本县，也在北京市里呈供不应求之势。王小旺厂长如今已管理着这家100多名职工的年糕厂和多家经营"王氏年糕"的王家饭馆、小食品店。王小旺厂长在经营上有自己的想法，他固执地要求保持产品的独特风味与优秀质量，如果小食品店服务达不到规定标准，职工的技能培训未达应有水平，宁可不设新点。王小旺强调质量是生命，宁可放慢速度，也决不冒险危及产品质量，不能砸了牌子。

王小旺年糕厂里的主要部门有质量检验科、生产科、销售科和设备维修科，还有一个财会科以及一个小小的开发科。其实这厂的产品很少有什么改变，品种也不多。王小旺坚持就凭几种传统产品，服务的对象也是"老"主顾们，彼此都很熟悉。

不久前，王小旺的表哥周大龙回村探亲。周大龙来访表弟王小旺，对年糕厂的发展称赞一番，还表示想投资入伙。但他指出王小旺观点太迂腐保守，不敢开拓，认为牌子已创出，不必僵守原有标准，应当大力扩充品种与产量，大力发展北京市内市场甚至向北京以外扩展。他还指出，目前厂里这种职能型结构太僵化，只适合于常规化生产，为稳定的顾客服务，适应不了变化与发展，各职能部门眼光只限在本领域内，看不到整体和长远，彼此沟通和协调不易。他建议王小旺彻底改组本厂结构，按不同产品系列来划分部门，才好适应大发展的新形势，千万别坐失良机。但王小旺对表哥的建议听不进去，他说他在基本原则上绝不动摇。两人话不投机，语句转为激烈。最后周大龙说王小旺是"土包子""死脑筋""眼看着大财不会赚"。王小旺反唇相讥说："有大财你去赚得了，我并不想发大财，要损害质量和名声的事坚决不做。你走你的阳关道，我过我的独木桥！"周大龙听罢拂袖而去，两人不欢而散。

三、组织设计的任务

组织设计的任务是设计清晰的组织结构，规划和设计组织中各部门的职能和职权，确定组织中职能职权、参谋职权、直线职权的活动范围并编制职务说明书。

（一）设计组织结构

简单地说，组织设计就是设计组织结构。所谓组织结构，是指组织的框架体系，是对完成组织目标的人员、工作、技术和信息所做的制度性安排。组织结构可以用复杂性、规范性和集权性三种特性来描述。组织结构设计的具体任务是要绘制组织结构图。

组织结构图是描述组织部门以及部门之间关系的框图。它描述了组织的职权分配、信息传递方式、部门划分以及组织的集权分权程度。通过组织结构图,可以一目了然地看到组织的架构和信息传递渠道、网络、各部门之间的关系等,在组织结构需要调整改革时,哪些部门需要调整,哪些部门应当加强。但组织结构图最大的缺陷是对组织中非正式关系没有描述,这恰恰又是组织结构运行中不可缺少的要素。

关于组织结构设计的具体内容详见本章第二节。

(二)编制职务说明书

职务说明书是描述管理岗位上管理者的工作内容、职责权力、任务性质、与其他部门以及管理者之间关系、应当具备的基本素质、学历、经历等内容的文件。职务说明书要求简单明了,清楚规范。

职务说明书的编制是组织的一项重要基础工作,成果也是组织的重要管理文件和规范。经过全面科学分析制定的组织职务说明书应当有相当的稳定性,而且还应当印刷之后装订成册。

(三)职务分析

明确职务这项工作一般情况下是比较困难的。目前有比较法、职务系数法和时距判定法等具体方法来明确职务的工作内容与要求。

1. 比较法

具体做法是先确定几个关键的职位,如总经理、总会计师等,然后将其他的职位与这些职位相比较,来确定该职位的责任、权力和应达到的工作目标,以及应当获得的报酬。

2. 职务系数法

先选择好职务系数,然后确定它们的权数与分值,以一定的数值来表示。这些系数的确定与职位所需的学历、资历、经验、技能、承担的责任等有关。在确定分值的基础上,提出一个系列等级,来编制各个职务。

3. 时距判定法

时距判定法是英国管理学家埃利奥特·贾克斯提出的方法。他认为,一个职务的重要程度和价值可以用在这个职位上作出一定的准确决策所需花费的时间的长短来确定,所花时间越长,那么这个职位就越重要。但这种方法在现实中运用比较困难。因为判断一个职位作出正确决策究竟需要多长的时间本身是不清楚的。决策的正确与否只有在执行之后才可能知道,而不同的人在完成同样一项决策上所花费的时间也是不同的。

管理实例 7-2

如何编写职务(岗位)说明书

职务(岗位)说明书目前已经成为现代人力资源管理的核心工具,几乎人力资源管理的全部工作,如员工招聘、培训规划、绩效考核、薪酬设计、人力资源规划甚至员工职业生涯规划等,都是围绕职务说明书或者以职务说明书为基础展开的。

1. 职务说明书的格式

职务说明书的格式五花八门、各不相同,有简单,有复杂。简单的职务说明书仅仅描述一下职务名称,罗列几条岗位职责就完事。复杂的职务说明书则包罗万象,将岗位的危险系数、需要哪些物品、脑力和体力消耗程度、着装要求等悉数列入,令人眼花缭乱。其实,无论形式如何千变万化,只要牢牢抓住"6W1H",然后辅以必要的相关说明,就能基本达到专业水平,简单、复杂都不可取。

"6W1H"即 Who(谁来做)、Where(在哪里做)、What(做什么)、When(什么时候做)、Why(为什么做)、Whom(为谁做)、How(怎么做)。

2. 职务说明书的编制过程

职务说明书的编制过程一般都是先进行岗位分析、调查,发放大量的岗位调查问卷,根据调查和分析的结果进行编制。编制职务说明书应以科学的分析、研究、判断为主(当然要求编制者具有丰富的理论与实际操作经验),以摸底调查为辅,并且调查者最好为该岗位的主管,以求得真实的数据。

3. 职务说明书的细节问题

(1) 绩效标准的规定。对于每个岗位职责,都应寻找出其目标特征。如果是经营层、管理层或市场、研发等岗位,就要找出其 KPI 指标;如果是普通管理层、技术操作层、后勤服务类岗位,就要找出其岗位标准或行为准则,即"行为锚"。而且,KPI 类职务说明书应跟随企业经营战略的变化做出相应调整。

(2) 需要签字确认。在职务说明书上预留相关责任人签字的空白栏是非常有必要的。一般来说,必须有以下三人签字才能够称为规范:该岗位的主管、编制人、批准人。必要时,可以要求该岗位员工本人签字确认。

(3) 要规定时限(有效期)。职务说明书应该是针对一定时期的,比如一年或者半年。因为岗位的职责、目标以及其他相关情况都是随企业的发展而不断变化的,如果不规定有效期,则无法考证该版本的新旧,也无法确定其生效时限。通常,职务说明书每年需要调整一次。

四、组织设计的原则

组织设计时,要遵循以下一些共同的原则。

(一)目标明确原则

每个组织都有自己明确的目标,一定的组织结构就是实现这个目标的载体,那么组织设计应当与组织目标相一致,应当最有利于组织目标的实现。

(二)优化原则

组织结构的重新设计要充分考虑内外部环境,使企业组织结构适应于外部环境,谋求企业内外部资源的优化配置。

（三）均衡原则

组织结构的重新设计应力求均衡，不能因为企业现阶段没有要求而合并部门和职能，在企业运行一段时间后又要重新进行设计，一句话：职能不能没有，岗位可以合并。

（四）重点原则

随着企业的发展，会因环境的变化而使组织中各项工作完成的难易程度以及对组织目标实现的影响程度发生变化，企业的工作中心和职能部门的重要性亦随之变化，因此在进行企业组织结构设计时，要突出企业现阶段的重点工作和重点部门。

（五）人本原则

设计企业组织结构前要综合考虑企业现有的人力资源状况以及企业未来几年对人力资源素质、数量等方面的需求，以人为本进行设计，切忌拿所谓先进的框架往企业身上套，更不能因人设岗，因岗找事。

（六）适用原则

企业组织结构的重新设计要适应企业的执行能力和一些良好的习惯，使企业和企业员工在执行起来时容易上手，而不能脱离企业实际进行设计，使企业为适应新的组织结构而严重影响正常工作的开展。

（七）强制原则

重新设计的组织结构必然会因企业内部认识上的不统一、权利重新划分、人事调整、责任明确且加重、考核细致而严厉等现象的产生而导致干部和员工的消极抵制甚至反对。在这种情况下，设计人员和企业老总要有充分的心理准备，采取召开预备会、邀请员工参与设计、舆论引导等手段，消除阻力。在最后实施时，必须强制执行，严厉惩罚一切违规行为，确保整体运行的有序性。

五、组织设计的影响因素

组织结构的确定和变化会受到许多因素的影响，既有外部环境因素，也有自身战略、规模等因素。这些因素称为"权变"因素。权变理论认为，不存在一个唯一的"理想"组织设计适合于所有情况，理想的组织设计取决于各种权变因素。

（一）组织规模

组织规模直接影响着组织结构的复杂性程度。一般认为，组织规模越大，组织结构就会趋于复杂和规范化。早在20世纪60年代初，英国管理学家琼·伍德沃德等人通过对美国100多个公司的调查研究，认为一个组织结构设计与其本身的规模的关系大体为：

①组织规模越大,工作越专业化;②组织规模越大,标准操作化程序和制度越健全;③组织规模越大,分权的程度越高。

(二)组织战略

在影响组织结构的众多因素中,组织战略是一个重要的因素。组织结构只是实现组织目标的手段,而组织目标又源于组织的总体战略。因此,组织结构与组织战略是紧密联系在一起的,组织结构的设计和调整必须服务于战略,只有如此,组织战略才能更有效地执行,才能取得竞争优势。

美国管理学家雷蒙德·迈尔斯和查尔斯·斯诺在其著作《组织的战略、结构和程序》中提出了如下关于战略影响组织结构的观点(见表7-1)。

表 7-1 战略对组织结构的影响

战 略	目 标	环 境	组织结构特征
防守型战略	追求稳定和效益	相对稳定的	严格控制,专业化分工程度高,规范化程度高,规章制度多,集权程度高
进攻性战略	追求快速,灵活反应	动荡而复杂的	松散型结构,劳动分工程度低,规范化程度低,规章制度少,分权化
分析型战略	追求稳定、效益和灵活相结合	变化的	适当集权控制,对现有的活动实行严格控制,但对一部分部门让其分权或相对自主独立的方式;组织结构采用一部分有机式,一部分机械式

管理实例 7-3

战 略 匹 配

一个企业要有效地运营必须将战略与组织结构相联系。在战略管理中,有效地实施战略的关键之一在于:建立适宜的组织结构,以使其与战略相匹配。它们之间匹配的程度如何,将最终影响企业的绩效。确定战略所需要的组织,从方法论上来说一般需要考虑六个因素:工作的专门化、部门化、命令链、控制跨度、集权与分权、正规化。

(三)组织环境

组织环境是对影响组织行为的所有因素的统称,它包括组织内部环境和组织外部环境两个方面的因素。组织总是在一定的环境下开展活动,不同的环境对组织结构的影响不一样。总体来看,环境的状态可以分为稳定和不稳定两种情况,因而组织结构也相应有两种不同形式。

1. 机械式组织

机械式组织又可称为科层式组织,它所处的环境是相对稳定的,应采用严格的规章制度,靠高度专业化和权威式的领导来安排组织的一切活动。

2. 有机式组织

有机式组织所处的环境是不稳定的,其组织结构具有灵活性,能根据环境的变化迅速作出反应和调整。

管理实例 7-4

思维惯性调整

美国杜邦公司是世界上最大的化学公司,至今已有 200 多年历史。

1962 年,公司第十一任总经理科普兰上任,他被称为危机时代的起跑者。上任没有几年,科普兰就把总经理一职史无前例地让给了非杜邦家族的马可,财务委员会议议长也由别人担任,自己专任董事长一职,从而形成了一个"三驾马车式"的体制。1971 年,科普兰又让出了董事长的职务。这一变革看似没有对组织架构进行任何调整,意义却非同小可。要知道,杜邦公司是美国典型的家族公司,公司内部几乎有一条不成文的法律,即非杜邦家族的人不能担任任何高层管理职务。杜邦公司甚至实行同族通婚,以防家族财产外溢。而科普兰大刀阔斧的改革,彻底改变了原先狭隘的"家族理念"与用人体制方面的思维定式,大胆使用并授权于"外人"。事实也证明,20 世纪 60 年代后杜邦公司的几次成功,不能不说与新的用人体制密切相关。

(四) 技术

技术不仅包括生产技术,而且包括管理技术。从技术发展的历程看,生产技术的变化曾经导致流水线的出现,而现代计算机和网络技术的飞速进步,一方面使敏捷制造和柔性制造成为可能,同时也使管理手段相应发生了变化,分权型、灵活型组织结构不断演进。

美国组织学家查尔斯·佩罗(Charles Perrow)认为,应重点分析知识技术而不是生产技术。他建议从两个方面对技术进行考察:①任务多变性;②问题可分析性。佩罗以这两个变量的分析为基础,将技术分为常规技术、工程技术、手艺技术和非常规技术四类。

1. 常规技术

常规技术只有少量的例外,对其问题可用一般的逻辑分析来解决。大型钢铁公司、汽车行业及石油炼制业属于这种类型。这类组织应建立严格控制的组织结构。

2. 工程技术

工程技术有大量例外情况,但可用理性和逻辑分析来解决问题,如建筑业属于这一类。这类组织通常规范化程度低,但集权程度较高。

3. 手艺技术

手艺技术虽然技术相对简单,但不确定问题较多,如服装、家具业等。这类组织的规范化程度适中,但需适度分析。

4. 非常规技术

非常规技术有许多例外问题,难以系统化分析,如科研机构、高新技术企业等。这类组织宜采用灵活的组织形式,以分权管理为主,以提高组织的应变能力。

(五) 权力控制

美国管理学家斯蒂芬·罗宾认为,"规模、战略、环境和技术等因素组织起来,对组织结构会产生较大的影响。但即使组合起来,也只能对组织结构产生 50% 的影响,而对组织结构产生决定性的影响作用的是权力控制"。

斯蒂芬·罗宾的理由如下。

（1）组织的权力控制者对组织结构模型的选择有最后的决策权。

（2）任何组织都是由各种利益的代表团所组成，一个组织的结构反映的是最强利益集团的利益，或多个较强集团之间利益的妥协。

（3）权利控制者总是不愿轻易放弃自己的权力，即使是分权，也以不失去控制为最低。

（4）权力控制者会采用合理的方式，即在组织利益的范围内，寻找组织利益与个人或自己代表的利益集团的利益的结合点，既公私兼顾，又合理合法。

管理实例 7-5

杯酒释兵权

为了加强中央集权，赵匡胤采取了许多英明措施。建隆二年（公元961年）七月初九晚上，宋太祖宴请禁军将领石守信等人。

饮到一半，宋太祖说："要不是靠众将拥立，我不会有今日。但是，当了天子，日子也实在难受，还不如当节度使逍遥自在。如今我几乎没有一夜睡得安稳。"

石守信等人问道："陛下如今贵为天子，还有什么忧虑？"

宋太祖道："我这个位置，谁不想坐啊！"

石守信等听出话中有话，忙表白说："如今天命已定，谁还敢有异心？"

太祖苦笑着说："你们虽然不会有异心，但是，假如有朝一日部下将黄袍披到你们身上，你们即使不想做皇帝，恐怕也不行吧！"

石守信等一听，大惊失色，慌忙下跪拜叩，流着泪说："我们实在愚蠢，没有想到这一点，请陛下为我们指出一条生路。"

赵匡胤说道："一个人的寿命，像白驹过隙那样短促；人生在世，不过是为了荣华富贵，享受安乐罢了。我为你们打算，不如交出兵权，去地方上当官，购置些良田美宅，为子孙后代留下份产业，自己也可以天天饮酒作乐，快活一辈子。我再与你们联姻，这样，在君臣之间就没有了猜疑，上下相安，岂不是很好吗？"

石守信等人听了这一番恩威兼施的话，第二天就知趣地交出了兵权。

六、组织设计的程序

组织设计是一个动态的工作过程，它包含了众多的工作内容，既有职位、职权的确定与部门的分工，也有组织内部各机构运行规则的制定和各部门联系方式的规定，还包括对人员的配备和训练。总体来看，要做好一个组织设计，必须经过以下八个环节。

1. 设计原则的确定

根据企业的目标和特点，确定组织设计的方针、原则和主要参数。

2. 职能分析和设计

确定管理职能及其结构，层层分解到各项管理业务和工作中，进行管理业务的总设计。

3. 结构框架的设计

设计各个管理层次、部门、岗位及其责任、权力,具体表现为确定企业的组织系统图。

4. 联系方式的设计

进行控制、信息交流、综合、协调等方式和制度的设计。

5. 管理规范的设计

主要设计管理工作程序、管理工作标准和管理工作方法,作为管理人员的行为规范。

6. 人员培训和配备

根据结构设计,定质、定量地配备各级管理人员。

7. 运行制度的设计

设计管理部门和人员绩效考核制度,设计精神鼓励和工资奖励制度,设计管理人员培训制度。

8. 反馈和修正

将运行过程中的信息反馈回去,定期或不定期地对上述各项设计进行必要的修正。

第二节　组织结构设计

一、管理幅度设计

管理幅度又称管理宽度,是指在一个组织结构中,管理人员所能直接管理或控制的部属数目。这个数目是有限的,当超过这个限度时,管理的效率就会随之下降。因此,主管人员要想有效地领导下属,就必须认真考虑究竟能直接管辖多少下属的问题,即管理幅度问题。

20 世纪 70 年代,美国洛克希德导弹与航天公司对管理中依据的变量与管理幅度的关系进行了研究。他们验证了若干决定管理幅度的重要变量,这些变量主要有以下几方面。

1. 职能的相似性

职能的相似性是指一名主管人员领导下的各部门或人员所执行的职能的异同程度。显然,下属职能相似程度高,则管理幅度可较大。

2. 地区的邻近性

地区的邻近性是指一名主管人员领导下的单位或个人在地理位置上的集中或分散程度。下属较为集中的,管理幅度可较大。

3. 职能的复杂性

职能的复杂性是指要完成的任务和要管理的部门的特点和工作性质的难易程度。

4. 指导与控制的工作量

指导与控制的工作量包括领导一方与被领导一方的工作能力、业务熟练程度、需要训练的工作量、授权的多少,以及需要亲自关心的程度等。

5. 协调的工作量

协调的工作量是指本单位与上级单位、同级单位之间,以及与下属各部门之间的协调配合所需花费的精力和时间。

6. 计划的工作量

计划的工作量是指用来反映主管人员及其所在单位的计划工作职能的重要性、复杂性和时间要求。

在明确了决定管理幅度的变量依据之后,该公司把这些变量按困难程度分成五级,每级规定一个权数,表示影响管辖人数的重要程度。

管理幅度的确定受许多因素的影响,但这诸方面因素影响程度的不同,决定了管理幅度的弹性是很大的,并没有一个固定的数值。因此,这就要求处于各级主管职位的主管人员应根据本单位的具体情况,随机制宜地考虑各种影响因素,运用各种方法,来确定自己理想的管理幅度。

哈罗德·孔茨与海因茨·韦里克对宽管理幅度与窄管理幅度的优缺点进行了比较(见表 7-2)。

表 7-2　宽管理幅度与窄管理幅度的优缺点

比　较　项	宽管理幅度	窄管理幅度
优点	迫使上级授权 必须制定明确的政策 必须谨慎选择下级人员	严密的监控 严密的控制 上下级之间联络迅速
缺点	上级负担过重,容易成为决策的瓶颈 上级有失控的危险 要求管理人员具备特殊的素质	上级往往过多地参与下级的工作 管理的多层次 多层次引起高费用 最低层次与最高层之间距离过长

资料来源:方振邦.管理学基础[M].北京:中国人民大学出版社,2008.

管理实例 7-6

洛克希德法

洛克希德法又称变量依据法,是洛克希德导弹与航天公司发明的一种更"科学"的用来确定适合管理幅度的方法。这种方法使用了工作评估联想技术,把指导管理的各种因素列出清单,逐项考察,然后根据这些因素所包含的指导责任的程度来评价管理指导的作用。

该方法认为,影响管理幅度的若干主要变量可能有所不同,因而需要从多种因素中选择,并确定对特定企业影响较大的主要变量。通过研究分析与验证,把以下 6 个变量作为主要变量:①职能的相似性;②地区的相似性;③职能的复杂性;④指导与控制的工作量;⑤协调的工作量;⑥计算的工作量。

这些变量分成 5 个等级,并根据处在不同等级上的变量对上级工作负荷的影响程度,分别给予相应的权数,最后按照组织的情况加以修正,决定每个管理岗位的管理幅度(见

表 7-3）。

表 7-3　管理幅度各变量对主管工作负荷量的影响程度表

影响管理幅度的主要变量	工作量的等级与权数				
职能的相似性	完全相同 1	基本相同 2	相似 3	基本不同 4	根本差别 5
地区的临近性	完全在一起 1	同一办公楼 2	同一工厂不同办公楼 3	地区相同不同地点 4	不在同一地区 5
职能的复杂性	简单工作 2	例行公事 4	稍微复杂 6	复杂多变 8	非常复杂多变 8
指导与控制的工作量	管理训练工作量少 3	管理工作量有限 6	适当定期管理 9	经常持续管理 12	始终严密管理 15
协调的工作量	与其他人的关系极少 2	明确规定的有限关系 4	适当的便于控制的相互关系 6	相当密切关系 8	接触面广,不复杂关系 10
计划的工作量	规模与复杂性很小 2	规模与复杂性有限 4	中等规模与复杂性 6	要求相当的努力,有相关政策指导 8	要求极大努力,范围与政策均不明确 10

　　根据得分多少,就可以确定管理岗位的管理幅度。该方法还根据得分的多少,提出了管理幅度的建议值(见表 7-4)。

表 7-4　管理幅度标准值表

变量的权数总和	幅度人数
22～24	8～11
25～27	7～10
28～30	6～9
31～33	5～8
34～36	4～7
37～39	4～6
40～42	4～5

二、管理层次设计

　　所谓管理层次,就是在职权等级链上所设置的管理职位的级数。当组织规模相当有限时,一个管理者可以直接管理每一位作业人员的活动,这时组织就只存在一个管理层次。而当规模的扩大导致管理工作量超出了一个人所能承担的范围时,为了保证组织的正常运转,管理者就必须委托他人来分担自己的一部分管理工作,这使管理层次增加到两个层次。随着组织规模的进一步扩大,受托者又不得不进而委托其他的人来分担自己的工作,依此类推,就形成了组织的等级制或层次性管理结构。

（一）管理层次产生的原因

随着生产的发展、科技的进步和经济的增长，组织的规模越来越大，管理者与被管理者的关系随之复杂化。为处理这些错综复杂的关系，管理者需要花费大量的时间与精力。而每个管理者的能力、精力与时间都是有限的，主管人员为有效地领导下属，必须考虑能有效地管理直接下属的人数问题。当直接管理的下属人数超过某个限度时，就必须增加一个管理层次，通过委派工作给下一级主管人员而减轻上层主管人员的负担。如此下去，就形成了有层次的组织结构。

（二）管理层次的划分

组织中管理层次的多少，应根据组织的任务量与组织规模的大小而定。一般地，管理层次分为上、中、下三层，每个层次都应有明确的分工。

（1）上层也称最高经营管理层或战略决策层。上层的主要职能是从整体利益出发，对组织实行统一指挥和综合管理，并制定组织目标和大政方针。

（2）中层也称为经营管理层。中层的主要职能是为达到组织总的目标，为各职能部门制定具体的管理目标，拟定和选择计划的实施方案、步骤和程序，评价生产经营成果和制定纠正偏离目标的措施等。

（3）下层也称为执行管理层或操作层。下层的主要职能是按照规定的计划和程序，协调基层组织的各项工作和实施计划。

各管理层的职能可用"安东尼结构"来加以说明。美国斯隆管理学院提出一种叫作"安东尼结构"的经营管理层次结构。该结构把经营管理分成三个层次，即战略规划层、战术计划层和运行管理层。这相当于我们上面所说的上层、中层、基层的划分法。这三个层次情况见表7-5。

表 7-5 经营管理层次

层次 项目	战略规划层 上层	战术计划层 中层	运行管理层 基层
主要关心的问题	是否上马，什么时候上马	怎样上马	怎样干好
时间幅度	3～5 年	半年～2 年	周或月
视野	宽广	中等	狭窄
信息来源	外部为主，内部为辅	内部为主，外部为辅	内部
信息特征	高度综合	中等汇总	详尽
不肯定的冒险程度	高	中	低

从表7-5可看出，"安东尼结构"中的战略规划层考虑的是组织的全局性、方向性以及涉及与目标有关的大政方针问题，例如一个项目要不要上马，什么时候上马合适，这些都是一个组织中的最基本的决策问题。一旦决策失误，那么效率越高就意味着损失越大。战术计划层主要考虑的是在既定方针下怎样组织和安排，即要回答的是怎样上马的问题。而运行管理层关心的是怎样干好的问题，即具体实行计划、组织生产是他们的主要任务。

（三）确定管理层次应考虑的因素

当组织规模一定时,管理层次和管理幅度之间存在着一种反比例的关系。较大的管理幅度意味着较少的层次,较小的管理幅度意味着较多的层次。这样,按照管理幅度的大小以及管理层次的多少,就可分成两种结构:扁平结构和直式结构。

1. 扁平结构

扁平结构是指管理层次少而管理幅度大的结构,直式结构则相反。扁平结构有利于密切上下级之间的关系,信息纵向流动快,管理费用低,被管理者有较大的自由性和创造性,因而有满足感,同时也有利于选择和培训下属人员。但是,扁平结构不能严密地监督下级,上下级协调较差;同级间相互沟通联络困难。

2. 直式结构

直式结构具有管理严密、分工细致明确、上下级易于协调的特点,但层次增多带来的问题也越多:管理人员之间的协调工作急剧增加,互相扯皮的事不断;管理费用增加;上下级的意见沟通和交流受阻;上层对下层的控制变得困难;管理严密影响了下级人员的积极性与创造性。一般地,为了达到有效,应尽可能地减少管理层次。

管理实例 7-7

为什么领导不好行政处的工作

某局机关因工作需要,新成立了一个行政处,由局原办公室副主任李佳任处长,原办公室的 8 名后勤服务人员全部转到行政处。李佳上任后便到处物色人才,又从别的单位调进 5 名工作人员。这样,一个 14 人的行政处便开始了正常工作。李佳 38 岁,年富力强,精力旺盛,在没有配备副手的情况下,他领导其他 13 人开展工作。开始倒没什么,时间长了,问题也就多了。因为处里不管是工作分配、组织协调还是指导监督、对外联络,都是李佳拍板定夺。尽管他工作认真负责,每日起早贪黑,也适应不了如此繁杂的事务,哪个地方照顾不到都会出娄子,行政处内部开始闹矛盾,与其他处室也发生了不少冲突。

在这种情况下,局领导决定调出李佳,派局办公室另一位副主任王强接任行政处处长。王强上任后,首先,着手组建行政处内部组织机构,处下设置四个二级机构:办公室、行政一科、行政二科、行政三科;其次,选调得力干将,再从原来的局办公室选调两位主任科员任行政处副处长,在业务处选 3 位副主任科员任行政一、二、三科的科长,其余科长、副科长在原 13 名工作人员中产生。王强采取这些做法,目的就是改变处里的沉闷空气,调动大家的工作积极性,提高行政处的工作效率。

这样,一个 19 人的行政处在三位正副处长、8 位正副科长的领导下,再次以新的面貌投入到工作之中。但是过了不久,行政处的工作效率不仅没有提高,反而更加糟糕了。有些下属认为王强经常越权乱指挥,他们的工作没法开展;有的下属则认为王强到处包办代替,没事找事干,和科长争权;有的人认为行政处官多兵少,没有正经干活的。不到半年,行政处又陷入重重矛盾之中,不但人际关系紧张复杂,而且大家都没干劲。王处长带来的几个人也要求调回原处室。在这种情况下,王强只好辞职。但他很困惑:自己工作热情很高,为什么还领导不好行政处的工作?

三、部门的设计

（一）部门的概念

组织的部门是指按照一定的原则和方法，把组织中的人和事划分成便于管理的构成单位。

组织的部门设计一般是指对组织的特定层次上的横向结构的划分。由于组织的构成包括不同的层次，所以，组织的部门设计实际上包含着对组织各层次部门的设计。

部门在不同的组织有不同的称呼，在政府机构称为部、局、处、科；在企业称为分公司、部、处；在高校称为院、系、教研室，等等。

（二）部门划分的影响因素

建立一个部门主要应考虑以下五个方面的因素。

（1）所开展工作的职能，包括经营职能和管理职能，如：是计划工作还是财务工作？财务工作包括成本的核算、资金的组织、预算等，这就要求具备相应专业技能的人在一起开展工作，以有利于企业的财务管理。

（2）所提供的业务和服务。业务不同对人员的要求不一样，为了提高效率和效益，就有必要将从事某一业务的人员集中到一起，从而形成一个业务部门。

（3）所设定的目标顾客或客户。

（4）投入转换为产出、使用的过程。

（5）所覆盖的地理区域。

很明显，在部门设置或部门划分过程中依据的因素不一样，会形成不同的部门化方式，如职能部门化、顾客部门化、区域部门化等。

（三）部门划分的原则

部门划分是组织结构设计的基础性工作，部门划分是否合理，既关系到部门工作的效率，也影响到部门之间的协调，最终影响到组织目标的实现。因此，在进行部门划分时，必须坚持如下原则。

1. 最少部门原则

最少部门原则是指组织结构中的部门力求量少而精简，这是以有效实现组织目标为前提的。

2. 弹性原则

弹性原则是指划分部门应随业务的需要而增减。在一定时期划分的部门，没有永久性的概念，其增设和撤销应随业务工作而定。组织也可以设立临时部门或工作组来解决临时出现的问题。

3. 目标实现原则

目标实现原则是指必要的职能均应具备，以确保目标的实现。当某一职能与两个以上部门有关联时,应将每一部门所负责的部分加以明确规定。

4. 指标均衡原则

指标均衡原则是指各部门职务的指标分派应达到平衡,避免忙闲不均,工作量分摊不均。

5. 检查职务与业务部门分设原则

考核和检查业务部门的人员,不应隶属于受其检查评价的部门,这样就可以避免检查人员"偏心",能够真正发挥检查职务的作用。

(四) 部门划分的方法

部门划分是将工作和人员组织成可以管理的单位的过程。选择什么类型的部门化方法需要反映最有利于实现组织目标和各单位目标的要求。

划分部门的常用方法有以下几种。

1. 按人数划分

这是一种最简单的划分方法,即每个部门规定一定数量的人员,由主管人员指挥完成一定的任务。这种划分的特点是只考虑人力因素,在企业基层组织的部门划分中使用较多,如每个班组人数的确定。

2. 按时间划分

这种方法也常用于基层组织划分,如许多工业企业按早、中、晚三班制进行生产活动,那么部门设置也是早、中、晚三套。这种方法适用于那些正常的工作日不能满足市场需求的企业。

3. 按职能划分

这种方法是根据生产专业化原则,以工作或任务的性质为基础来划分部门的。这些部门被分为基本的职能部门和派生的职能部门。基本的职能部门处于组织机构的首要一级,当基本职能部门的主管人员感到管理幅度太大,影响到管理效率时,就可将本部门任务细分,从而建立派生的职能部门。这种划分方法的优点是遵循了分工和专业化原则,有利于充分调动和发挥企业员工的专业才能,有利于培养和训练专门人才,提高企业各部门的工作效率。其缺点是各职能部门容易从自身利益和需要出发,忽视与其他职能部门的配合,各部门横向协调差。

4. 按产品划分

按这种方法划分的部门是按产品或产品系列来组织业务活动。这样能发挥专业设备的效率,部门内部上下关系易协调;各部门主管人员将注意力集中在特定产品上,有利于产品的改进和生产效率的提高。但是,这种方法使产品部门的独立性比较强而整体性比较差,加重了主管部门在协调和控制方面的负担。

5. 按地区划分

相比较而言,这种方法更适合于分布地区分散的企业。当一个企业在空间分布上涉及地区广泛,并且各地区的政治、经济、文化、习俗等存在差别并影响到企业的经营管理,这时就将某个地区或区域的业务工作集中起来,委派一位主管人员负责。这种方法的优点是因地制宜,取得地方化经营的优势效益。其缺点是需要更多的具有全面管理能力的人员,增加了最高层主管对各部门控制的困难,地区之间不易协调。

6. 按服务对象划分

这种方法多用于最高层主管部门以下的一级管理层次中的部门划分。它根据服务对象的需要,在分类的基础上划分部门。如生产企业可划分为专门服务于家庭的部门、专门服务于企业的部门等。这种方法的优点是:提供服务针对性强,便于企业从满足各类对象的要求出发安排活动。其缺点是:按这种方法组织起来的部门,主管人员常常列举某些原因要求给予特殊照顾和优待,从而使这些部门和按照其他方法组织起来的部门之间的协调发生困难。

以上介绍的是划分部门的基本方法。这些方法各有优缺点,在实际的组织结构设计中,特别是组织规模较大时,仅仅采用一种方法是不够的,往往综合利用上述方法,以取得较好效果。

20 世纪 90 年代,划分部门的两种趋势:一是以顾客为基础进行部门化越来越受欢迎——为了更好地了解消费者的需求,并有效地对消费者的需求做出反应,许多组织强调以顾客为基础划分部门;二是跨越传统部门界限的工作团队越来越多,大有取代传统的职能性部门的趋势。

(五) 部门职能设计

部门的职能是指某个具体的部门的职责范围。部门的职能可以从以下三个方面来进行界定。

1. 部门的本职工作

部门的本职工作反映部门的本质职能,是部门设置的基础。部门的本职工作可以用一句话来进行表述,例如,组织生产是生产部的本职工作,而设备的维护则是工程部的本职工作,这些职能都不能根据各级领导的意愿而改变。

2. 部门的主要职能

部门的主要职能是由本职工作衍生出来,按行业惯例或传统基本上不能变更的职能。它反映了某一部门具体的工作范围,不因时间的推移、不同上级变更或部门负责人的变更而变化,是连续、稳定的。例如,公共关系部的主要职能包括:广告、宣传、组织形象设计、组织公关活动等。主要职能不能轻易改变,如有变动,就会导致行业或组织的革命性变化。

3. 部门兼管职能

部门兼管职能是指可以在不同部门之间改变责任范围的职能。它反映了各部门时间业务工作的衔接与联想,属于边界或相关职能。例如,组织内部的车辆管理,有时属于总部,有时属于行政办公室(或总经理办公室),有时也可能是分散管理。兼管职能的内容可以由管理当局按一定程序进行增减。

合理界定部门之间的职责范围,要符合以下两个方面的要求。

(1) 各部门的职能互不重叠:①"一事无二管",即部门的工作在时间上、范围上不重叠;②不能"政出多门",各部门应该有固定的分工,不能混杂,造成职责不清,责任不明。

(2) 职能部门的职能相互衔接:①在部门设置时,首先要保证组织运转所需要的各项经营和管理职能都有相应的部门负责,不能留下任何空白;②组织内部不能有两个职能相同或类似的部门,否则就会造成管理工作的混乱,违背了"一事无二管"的原则;③要根据既定的部门职能,对相关部门可能交叉的业务进行具体界定。

(六)部门关系的分析协调

部门的设置是管理专业化和分工的必要所决定的,但是,这种分工如果不进行合作,则无法形成一个高效的组织和有机的整体,这种状况也就会影响组织的产出和效率,制约组织目标的实现,这就需要部门之间关系的分析协调。部门关系的分析协调主要包括以下三方面的内容。

(1)对工作性质、业务内容和活动方式相同或相似的部门进行必要的合并,以保证组织机构的精简有效。

(2)对相互严重冲突或矛盾的部门进行整改或合并,以减少组织运行中的阻力。

(3)对不同部门的任务、作用和活动之间的关系进行逻辑分析,以确定组织各部门之间的理性关系,明确组织运行的正常程序。

管理实例 7-8

劳动生产率会议

为了扭转劳动生产率日益下降的趋势,美国比奇飞机公司从 20 世纪 80 年代中期以来建立了"劳动生产率会议"制度。公司从 9000 名职工中选出 300 名作为出席"劳动生产率会议"的代表。

当某一职工想提一项合理化建议时,他就可以去找任何一名代表,并与该代表共同填写建议表。当这个提议交到"劳动生产率会议"后,由领班、一名会议代表和一名劳动生产率会议的干部组成的小组负责对这项建议进行评价。如果这个小组中的两个人认为该建议能提高劳动生产率并切实可行,则提建议者可得到一笔初审合格奖金。接着由"劳动生产率会议"对上述建议进行复审,复审通过后,即按该建议产生效果大小给提议职工颁发奖金。这项制度给公司带来了巨大效益。

四、职位设计

组织中的职位是指组织中每个员工的工作职务及其所承担的责任。

职位以"事"为中心,因事设人,将不同工作任务、责任分配给与此要求相适应的不同的员工。凡是有某项工作需要由专人执行并承担责任,就应设置一个职位,并随工作任务的变化而变化。职位由以下三要素构成。

(1)职务。职务是指规定承担的工作任务,或为实现某一目标而从事的明确的工作行为。

(2)职权。职权是指依法或企业的规定所赋予职位的相应权力,以提供完成某项工作任务的保障。

(3)责任。责任是指承担一定职务的员工,对其工作标准与要求的同意或承诺。

组织职位设计涉及许多员工的工作任务和责任,必须遵循一定的原则,运用一些方法,保证组织职位设计的科学性和合理性。

(一)职位设计的原则

1. 目标原则

所有职位都应当表现出一个目标并服从企业的总目标,即职位存在的目的是达到特定工作成果,而不是从事某些活动。

2. 相符原则

权利和责任必须相符合,相适应。

3. 能级原则

上级对所属下级的工作的职责是绝对的,同时应拥有绝对的权威。

4. 组织阶层原则

组织结构通过职位的职能层来下达。

5. 控制幅度原则

每一职位所辖的直接联系的下级不应超过 8～9 人,高层管理者则应更少。

6. 专业化原则

每个职位应限制为一种单一的职能。

7. 协调原则

职位的设置要考虑相互的协调性。

8. 明确性原则

对每一职位都要有明确界定的职责范围的规定。

9. 对事不对人原则

设置职位绝不是安排人,而是从组织的整体角度安排,并非因人设事。

(二)职位的分类

职位分类的基本内容包括:①进行职位设置;②制定职位说明书;③确定职务;④确定级别。

职位分类具有重要的作用,表现在以下几方面。

1. 它是按劳取酬的依据

员工报酬取决于其工作性质、难易程度及责任大小。职位分类将员工工作依此进行了明确的区分,起到了将职位、资格与报酬相统一的作用,因而奠定了按劳分酬的基础。

2. 有利于绩效考核

职位分类的前提是对每一职位工作标准与要求的具体、明确的规定。以此为准则,可以对员工从事的工作及任务完成情况进行测量和评估,并激励员工不断提高工作质量和工作效率。

3. 有利于成本费用的控制

职位分类对企业内部各部门所需职位数量及工作总量都有准确的统计,并有相应的工作报酬方面的规定。这就使企业在控制劳动成本与人员使用上有了衡量的标准,从而极大地提高成本、费用控制的准确性,使成本核算具有科学性。

4. 增强培训效果

职业教育与岗位培训成效如何,取决于对不同职位的不同业务要求。职位分类使任职资格和对工作任务的要求具体化,据此进行有针对性的培训,因切合实际需要,可收到良好效果。

(三)职位设置

1. 确定职位职责

职位设置必须在政府批准的职能范围内,在职能分解的基础上进行。从上至下,从部门至内设各机构,直到每一个职位,层层明确其职责。

2. 确定职位的设置层次

职位的设置必须与机构规格相符,不得超过其机构规格设置职位或搞变相升格。

3. 确定职位设置的数量

职位设置数量应遵循严格、高效、精干的原则,必须严格按照企业规定执行。

4. 确定职位名称

职位名称必须简明、规范,能体现出该职位的特点和所处层次。

(四)职位说明书的项目及说明

职位说明书应包括以下七个方面的内容。

(1)职位名称。

(2)职位代码:指每一个职位的代表号码。

(3)工作项目:列出职位按照职责应担负的全部工作项目。

(4)工作概述:按照工作项目简要说明工作的内容、程序、职责及权限。

(5)所需知识能力:完成本职工作所需的学识、才能、技术和经验。必须以职位的工作需要为依据,而不是按现有人员的情况认定。

(6)转任和升迁的方向:职位上的任职人员按照业务一般要求可以转任和升迁的方向。

(7)工作标准:每个工作项目所应达到的质量和数量的基本标准。

(五)编制和审定职位说明书

(1)编制和审定职位说明书要求简明、实用。

(2)职位说明书原则上由职位任职人员按照本职位的职责填写,在特殊情况下(如职位缺员等)也可由各职位的直接领导或人事部门负责填写。

(3)职位的直接领导人员和上级领导人员审核职位说明书。

(4)单位人事部门审核职位说明书,报部门领导人员审定。职位说明书经部门领导人员审定后即可作为人员录用、考核、培训、晋升的依据之一。

(5)因工作需要,增加、减少职位或改变工作内容,须按上述程序及原则重新编制职位说明书。

第三节　组织结构的类型

每个组织都要分设若干管理层次和管理机构,这些不同机构的组合方式构成了组织结构,它反映了各个部门组成部分之间的相互联系和相互作用,是实现组织目标的框架或体制。

常见的组织结构类型有:直线制、职能制、直线职能制、事业部制、矩阵制结构、多维立体组织结构等。在当今经济全球化和知识经济趋势不断发展的今天,组织结构还在不断地创新和发展,出现了团队、网络型组织结构等新的组织结构形式。

一、直线制组织结构

直线制组织结构是历史上最为久远的组织结构,也是最为简单的一种结构。其特点是组织从决策到执行构成一个单线系统,组织最高领导人是组织的决策者,最低一级是执行者,从上至下执行着单一命令,不设专门的职能机构(见图 7-1)。

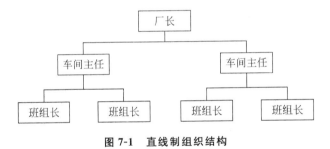

图 7-1　直线制组织结构

直线制组织结构的优点是结构比较简单、权力集中、权责分明、信息沟通方便,便于统一指挥、集中管理。

直线制组织结构的缺点是没有职能机构当领导助手,所有管理职能都集中由直线主管承担,容易产生忙乱现象;当组织规模扩大、管理工作复杂后,往往由于个人的知识和能力限制而感到难于应付。此外,每个部门只关心本部门的工作,造成部门之间的横向协调较差。

因此,这种组织结构只适用于小规模的组织。

二、职能制组织结构

职能制组织结构是根据按职能划分部门的方式建立起来的。其特点是组织内部除直线主管外还相应地设立一些职能机构,分担某些管理业务。这些职能结构有权在自己的业务范围内向下级单位下达命令和指示。因此,下级直线主管除了接受上级直线主管的领导外,还必须接受上级各职能机构的领导和指示。职能制组织的基本结构形式见图 7-2。

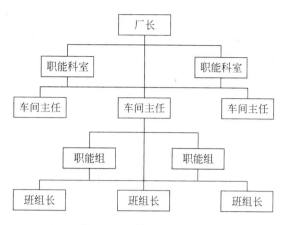

图 7-2 职能制组织结构

职能制组织结构的优点是能够适应现代组织技术比较复杂和管理分工较细的特点，能够发挥职能机构的专业管理作用，避免人力和物质资源的重复配置，减轻上级主管人员的负担。但是，它的缺点也很明显：各种职能部门各自为政，难以实现横向协调，不利于培养全面型的管理人才；特别是妨碍了组织必要的集中领导和统一指挥，形成了多头领导、多头指挥，使下级无所适从，不利于明确划分直线人员和职能科室的职责权限，容易造成管理混乱。

因此，它通常在只有单一类型产品或少数几类产品面临相对稳定的市场环境的企业中采用。

三、直线—职能制组织结构

直线—职能制组织结构是在直线制组织结构的基础上发展起来的。这种组织结构的特点是，组织是在直线制组织结构的每一领导层中设置必要的职能管理部门，以协助该层次管理工作。直线—职能制组织结构见图 7-3。

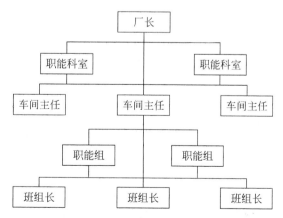

图 7-3 直线—职能制组织结构

直线—职能制组织结构的优点在于,它既保持了直线制组织结构集中、统一指挥的优点,又汲取了职能制组织结构发挥专业管理的长处,从而提高了管理工作的效率。

直线—职能制组织结构在管理实践中也有不足之处:①权力集中于最高管理层,下级缺乏必要的自主权;②各职能部门之间的横向联系较差,容易产生脱节和矛盾;③信息传递路线较长,反馈较慢,适应环境变化的能力较差。

直线—职能制组织结构一般适应于组织规模较小、产品较单一、集中在一个地区的组织。

管理实例 7-9

乐百氏早期的组织结构

从 1989 年创业到 2001 年 8 月,乐百氏一直都是采取直线—职能制组织结构,按产、供、销分成几大部门,再由全国各分公司负责销售。这种组织结构之所以在早期有效,是因为企业高层管理者能将企业发展目标有效传递到企业基层,作为高层管理者也能够有效监管。在企业发展目标正确、高层决策无误的情况下,企业能得到很好的发展。但是,随着企业的发展和壮大,原来事必躬亲的高层管理者就必须抽身出来,把时间更多地用于企业的长远发展规划与战略决策。

四、事业部制组织结构

事业部制组织结构是大型组织采用的一种组织结构,是一种分权式的组织形式。

事业部制的主要特点是"集中决策,分散经营",即在集权领导下实行分权管理。具体来说,就是在总公司领导下,按产品或地区分别设立若干事业部,每个事业部都是独立核算单位,在经营管理上有很大的自主权。总公司只保留预算、人事任免和重大问题的决策权,并运用利润等指标对事业部进行考核和控制。在管理实践中,企业可依据产品、地区、顾客类型、销售渠道等划分事业部。事业部制组织结构见图 7-4。

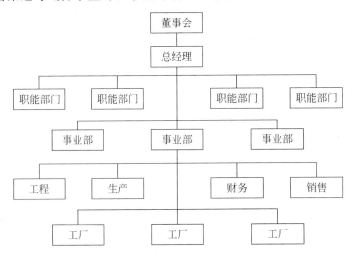

图 7-4 事业部制组织结构

事业部制组织结构的主要优点是：①改善了组织决策结构,划小核算单位,有利于大公司进行目标管理和提高决策效率;②提高了管理的灵活性和适应性,有利于调动事业部的积极性,提高总公司的经营效率;③有利于大公司开展多元化经营。

事业部制组织结构的主要缺点是：①增加了管理层次,造成机构重叠,增加了管理人员和管理费用;②由于各事业部独立经营,各事业部之间人员互换困难,相互支援较差;③事业部之间的过度竞争会造成公司资源浪费;④各事业部经常从本部门利益出发,容易滋长不顾公司整体利益的本位主义和分散主义倾向。

管理实例 7-10

美的事业部制组织结构

美的按照产品逐步建立了事业部体系。各个事业部在集团统一领导下,拥有自己的产品和独立的市场,拥有很大的经营自主权,实行独立经营、独立核算。各事业部既是受公司控制的利润中心,又是产品责任单位或市场责任单位,对销、研、产以及行政、人事等管理负有统一领导的职能。此外,各事业部内部的销售部门基本上设立了市场、计划、服务、财务、经营管理五大模块,将以上功能放到销售部门,形成了以市场为导向的组织架构。

事业部制的建立使美的集团总部脱身于日常琐事管理,将主要精力集中在总体战略决策、控制规模额度和投资额度、各事业部核心管理层任免的人事权以及市场的统一协调工作。

五、矩阵制组织结构

矩阵制组织结构是一种非长期的组织结构,是由纵横两套管理系统组成的组织结构:一套是纵向的职能领导系统,一套是为完成任务而组成的横向项目系统。具体来说,就是把按照职能部门划分和按照产品或项目划分的专题小组结合起来,形成一个矩阵。项目小组是为完成一定的管理目标或某种临时性的任务而设置的,由具有不同专长技能、选自不同部门的人员组成。为了加强对项目小组的管理,每个项目在总经理或厂长领导下由专人负责。小组成员既受项目小组领导,又与职能部门保持组织与业务联系,受职能部门领导,因而形成了纵横交错的矩阵结构(见图 7-5)。

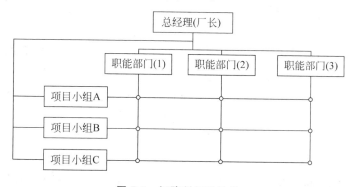

图 7-5 矩阵制组织结构

矩阵制组织结构的主要优点是：①机构的设置和人员安排比较灵活,有较强的应变能力,可以适应变化较大的环境;②有利于提高组织内资源的利用效率,加快产品开发的速度;③有利于协调条块关系。

矩阵制组织结构存在的主要问题是：①稳定性差,由于小组成员是由各职能部门临时抽调的,容易产生临时观点;②权责不清,由于每个小组成员都要接受双重领导,容易造成管理混乱。

管理实例 7-11

矩阵制组织结构的运营模式

某教育软件开发企业(下面简称 A 企业)采用的是直线—职能制和局部矩阵结构相结合的组织架构。各部门分工协作,各司其职。

(1) 产品部负责产品规划和市场运作管理,主要由产品经理组成。

(2) 研发部负责新产品开发,并按专业分为四个部：教研部由各科教师组成,负责软件的内容编写;美工部由美工人员组成,负责软件的美术设计;高级程序组由软件工程师组成,负责将教研组编写的内容程序化;信息部负责整个软件开发过程的技术支持。

(3) 销售部负责产品销售,在全国范围内设立销售网络。

(4) 大客户部主要负责为大客户提供定制服务和整体解决方案。

(5) 客户服务部主要负责软件售后服务和客户关系管理。

产品部根据公司发展目标,收集市场信息,进行产品规划和市场策划;产品策划方案报营销总监和总经理审批通过后进入软件开发阶段,进入研发中心;研发总监根据产品策划方案的特点和要求,从研发中心各部门中选择合适的项目经理,项目经理将对整个软件开发项目负责;项目经理和研发中心各部门的经理一起协商进入项目组的候选成员,然后举行由所有候选人参加的项目协调会,讨论相关的技术细节,会后将最终确定进入项目组的成员,软件开发项目组成立。项目组成员召开第一次项目会议,项目经理负责拟订总体开发计划,对软件开发的时间、成本、质量和人员做总体安排,相关负责人将对总体计划进行细化。开发项目按照计划进行,项目结束后人员回到各自部门。

六、多维立体组织结构

多维立体组织结构是近年来随着环境变化而出现的一种新型的组织形式,是从系统的观点出发构建的一种复杂的结构形态。其结构分为三维：①按产品划分的事业部,是产品利润中心;②按职能划分的专业参谋机构,是专业成本中心;③按地区划分的管理机构,是地区利润中心。多维立体组织结构见图 7-6。

通过建立多维立体组织结构,可以使上述三个方面机构协调一致,紧密配合,为实现企业的总目标服务。

多维立体组织结构适用于多种产品开发、跨地区经营的大型跨国公司。

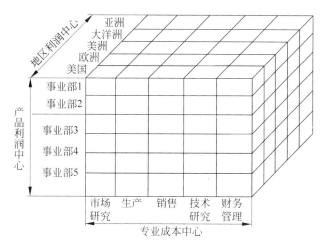

图 7-6 多维立体组织结构

管理实例 7-12

"生物链"式结构

所谓"生物链"式结构,是一种更倾向于从行业角度考虑企业组织结构的设计思路。产业界的"生物链"不仅仅指产业中的供应链,它还包括价值链形成过程中不同企业间或同一企业集团涉及不同行业间的相互依赖现象。许多企业采取结盟的方式产生企业联盟或形成从事相互关联行业的企业集团,优势互补,资源共享,以实现企业的生存和发展。这种"联盟"的成员或企业集团的行业间形成了类似自然界生物链的结构。世界计算机软件界"大户"微软与芯片大王英特尔公司组成的 Wintel 联盟就是此种结构中"联盟"企业的典型。

复习思考题

1. 组织设计的影响因素有哪些?
2. 组织设计的程序包括哪几个环节?
3. 影响组织结构的因素有哪些?为什么说"组织机构追随组织战略"?
4. 现实的组织中有哪些组织结构类型?各有什么特点?

技 能 训 练

技能训练 7-1

你会怎么办

单位(外企)经费紧张,现只有 20 万元,要办的事情有下列几项。

（1）解决办公打电话难的问题。

（2）装修会议室大厅等，以迎接上级单位委托承办的大型会议。

（3）支付职工的高额医疗费用。

（4）五一节为单位职工发放福利。

很明显，20万元无法将这四件事情都办圆满。

训练要求：

如果你是这个单位的分管领导，将如何使用这笔钱？

技能训练 7-2

谁拥有权力

王华明近来感到十分沮丧。一年半前，他获得某名牌大学工商管理硕士学位后，在毕业生人才交流会上，凭着满腹经纶和出众的口才，力挫群芳，荣幸地成为某大公司的高级管理职员。由于其卓越的管理才华，一年后，他又被公司委以重任，出任该公司下属的一家面临困境的企业的厂长。当时，公司总经理及董事会希望王华明能重新整顿企业，使其扭亏为盈，并保证王华明拥有完成这些工作所需的权力。考虑到王华明年轻，且肩负重任，公司还为他配备了一名高级顾问严高工（原厂主管生产的副厂长），为其出谋划策。

然而，在担任厂长半年后，王华明开始怀疑自己能否控制住局势。他向办公室高主任抱怨道："在我执行厂管理改革方案时，我要各部门制定明确的工作职责、目标和工作程序，而严高工却认为，管理固然重要，但眼下第一位的还是抓生产、开拓市场。更糟糕的是他原来手下的主管人员居然也持有类似的想法，结果这些经集体讨论的管理措施执行受阻。倒是那些生产方面的事情推行起来十分顺利。有时我感到在厂里发布的一些命令，就像石头扔进了水里，我只看见了波纹，随后，过不了多久，所有的事情又回到了发布命令以前的状态，什么都没改变。"

训练要求：

（1）王华明和严高工的权力各来源于何处？

（2）严高工在实际工作中行使的是什么权力？你认为，严高工作为顾问应该行使什么样的职权？

（3）这家下属企业在管理中存在什么问题？如果你是公司总经理助理，请就案例中该企业存在的问题向总经理提出你的建议，以改善现状。

案 例 分 析

案例分析 7-1

乐百氏组织结构的调整

在乐百氏的历史上，经历了三种业态的架构模式：从1989年创业到2001年8月，乐百氏一直都是采取直线—职能制，按产、供、销分成几大部门，再由全国各分公司负责销售；从2001年8月到2002年3月，乐百氏实施了产品事业部制，虽然实施的时间很短，但为实施区域事业部制奠定了基础,实现了组织结构变革的平稳过渡。架构调整无疑是一个公司的重大战略转变,也必然是外界甚至内部的各种环境变化促成的。值得关注的是,乐百氏在不到 8 个月的时间里,就进行了两次架构调整,原因何在?

1. 直线—职能制

1989 年,广东中山市小榄镇,何伯权等五个年轻人租用"乐百氏"商标开始创业。据乐百氏一位高层人员介绍,创业伊始,何伯权等与公司的每个员工都保持一种很深的交情,甚至同住同吃同玩,大家都感觉得到,乐百氏就是一个大家庭,"有福同享,有难同当",公司的凝聚力很强。这时采用直线—职能制这种架构模式,使乐百氏在创业初期得到快速稳定的发展。

12 年间,五位创始人不但使乐百氏从一个投资不足百万的乡镇小企业发展成中国饮料工业龙头企业,而且把一个名不见经传的地方小品牌培育成中国驰名商标。然而,随着乐百氏的壮大,原来的组织结构显得有点力不从心。此时,再按前面那位高层人士的话说,何伯权不可能再与公司的每一个员工同吃同住,领导方式势必要发生变化,何伯权有些迷茫了。特别是自 2000 年 3 月与法国最大的食品饮料集团达能签订合作协议,并由达能控股后,直线—职能制的弊端更加暴露无遗。

为了完成销售任务,分公司都喜欢把精力放在乳酸奶这些好卖的产品上,其他如茶饮料那些不太成熟的产品就没人下功夫,这对新产品成熟非常不利。更糟糕的是,由于生产部门只对质量和成本负责,销售部门只对销售额和费用负责,各部门都不承担利润责任,其结果就变成了整个集团只有何伯权一个人对利润负责。

近几年来,乐百氏的销售额直线下降,有着 50 年国际运作经验的达能肯定不愿看到这种局面,因此,寻求变化势在必行,其中组织架构的改革就是适应新形势的举措之一。

2. 产品事业部制

2001 年 8 月,乐百氏进行了历史上最为关键的一次组织结构变革,75% 的员工换了"座位",原五人创业组合中的四大元老位置同时发生重要变化,都退出原先主管的实力部门。何伯权是唯一的不变,仍然任总裁。改革后,乐百氏的事业部制架构变为:在总裁之下设 5 个事业部、8 个职能部门和 1 个销售总部。其目的是利润中心细分,瓶装水、牛奶、乳酸奶、桶装水和茶饮料共 5 个事业部每一个都将成为一个利润中心。同时减少了中间层,集团的权力结构由从前的 5 人会议,变为一个总裁和 14 个总经理,成为一个比较扁平化的组织架构。这是公司首次将战略管理和日常营运分开,形成多利润中心的运作模式。促成这次改革的重要力量是达能这个欧洲第三大食品集团,它自 1987 年进入中国成立广州达能酸奶公司后,就开展了一系列"收购行动",并且每次都神鬼莫测,"收购刀法极其温柔"。尤其是在水市场上对行业内领袖企业的浙江娃哈哈、深圳益力、广州乐百氏、上海梅林正广和的控股或参股,足以让人相信达能已经完成了它在中国水市场的布局,已经成了当之无愧的老大。但这老大只是表面现象,许多问题都摆在达能管理者的面前,收购的这些企业能够赢利的很少,它需要整合资源,减少运行成本。乐百氏连年亏损的状况,迫使何伯权痛下决心实施组织结构改革。然而,新的架构还没实施几天,就在 2001 年 11 月底,乐百氏爆出大新闻:何伯权、杨杰强、王广、李宝磊、彭艳芬五位乐百氏创始人向董事会辞去现有职务,并决定由达能中国区总裁秦鹏出任乐百氏总裁。何伯权称,五位元老集体辞职的原因是与董事会的战略思路发生重大分歧,无法达成一致,并且,还因为没有完成董事会下达的销售任务。还没有来得及检验自己的改革成果,何伯权就匆匆退出了乐百氏的历史舞台。

3. 区域事业部制

又一场架构改革在秦鹏的控制下悄悄地酝酿。2002 年 3 月 11 日,区域事业部正式出台,乐百氏按地域分为五大块:西南、中南、华东、北方和华北。这次架构改革距上次仅仅 7 个多月的时间,据业内人士分析,速度之所以这样快,其中一个重要原因还是达能的全国战略思路在操纵着这次变革。随着达能旗下产品的不断增多,它也在寻求一种更能整合现有生产和销售资源的最佳方法,来改变许多品牌因为亏本成为负担的局面。据可靠消息,达能为了加强对自己绝对控股的乐百氏的支持,要求乐百氏扮演更加重要的角色,甚至欲将其他如深圳益力、上海梅林正广和、广州怡宝等在外地的工厂和销售渠道交由乐百氏托管。并且,除了上述一些已收购的品牌,达能的收购行动远未停止。前不久,达能将持有豪门啤酒和武汉东西湖啤酒分别 62.2% 和 54.2% 的股份转让给华润;华润则以桃报李,心甘情愿让达能收购其旗下的怡宝公司。然而,正如达能一位高层人士所说,这还只是它欲将中国水市场进一步控制在自己手中的一个很小的行动计划。据一些媒体报道,达能已将触角伸到了许多地方品牌。乐百氏也因拥有良好、稳定的经销商网络,使达能委以重任,它在中国市场上的战略地位将愈来愈重要。随着乐百氏托管的产品增多,每个市场的产品更加复杂、各种产品的销售情况各不相同。原来的产品事业部制可能对客户的变化需求反应不再迅速,很快不再适合新的发展,于是地域事业部制,这种以工厂为中心、更扁平的组织结构应运而生。因为它将更有助于了解消费者的需求,能更灵活地进行品牌定位。其次,区域事业部将更有利于培养事业部的全局观念。负责人注重利润的追求,使决策和运营更加贴近市场,对市场形势和客户需求作出快速预测和反应,加强了区域的市场主动权和竞争力,对资源的调控更为快捷和趋于合理。同时,让总部从日常业务中脱离出来,多进行一些宏观性的战略决策。换句话说,原来的乐百氏只有何伯权一人是企业家,现在的乐百氏可以造就五个甚至更多有全局观念的企业家。有业内人士开玩笑说,善于资本运作的达能将乐百氏一分为五之后,如果到了一定的时候,它可以把其中的任何一个事业部单独转让,既灵活,并且分开卖比整体卖更赚钱。但达能一位高层人士矢口否认这种说法,他认为,因为"水"是达能的三大主业(其余二项是乳制品和饼干)之一,达能只有加强水市场的投资力度和资源整合,没有理由把自己的主业都卖掉。当然,这次改革还有一个不容忽视的原因,那就是随着领导的更替,特别是前者是有极强影响力的何伯权,他与其他四位创业者亲密无间的合作一直被业内和传媒传为美谈,何伯权的名字一直与乐百氏紧密相连。何伯权等五位创业元老在乐百氏的关系错综复杂,根深蒂固,他们这些高层领导的出局,肯定在乐百氏内部布下一层阴影,带来一些消极因素。新的领导上任后,不得不采取一些有效的措施改变这种被动局面。组织架构的重新调整,必然会导致各种人事关系、职位的变动,所谓"一朝天子一朝臣",新的领导把老的人才重新分配,把涣散的人心收拢,尽快摆脱"何伯权时代"的阴影,提出新的发展方向,有利于增强公司的凝聚力。事实证明,乐百氏人并未受这次"乐百氏地震"的高层领导更替事件的影响,没有外界想象中的动荡和冲突,顺利进入了"秦鹏时代"。3 月 16 日西南事业部会议开完后的当天晚上,几位核心人士聚到一起,他们为这种给予了他们更多自主权的架构模式感到兴奋,无不摩拳擦掌,对今年能取得更好的业绩充满信心。

问题：

(1) 乐百氏的早期组织结构为什么是有效的,而后来却不适应了?

(2) 结合本案例,谈谈乐百氏组织结构变化的历程。

(3) 组织结构与人的心理与行为有关系吗?为什么?写一篇小论文对此进行阐释。

(4) 结合本案例,讨论各种组织结构的适用性及特点?是否存在一种完美无缺的组织结构?

(5) 你从乐百氏组织结构改革的实践中得到了什么启示?

案例分析 7-2

荣董事长的困惑

1. 公司发展概况

古兴集团前身是一家乡镇企业,创业 15 年来,已发展成为一家以铜冶炼加工为主体,多行业并存,集科、工、贸、服务于一体的大型跨国集团。公司在岗职工 3500 余人,资产总值 16 亿元,其中固定资产 11.5 亿元。公司形成了 10 万吨冶炼、10 万吨电解铜、10 万吨铜加工材的生产能力。产品有电解铜、各类铜及铜合金板、带、管、棒、线材系列。2004 年实现工业总产值 19.5 亿元,利润 1.6 亿元。公司铜冶炼加工综合能力位居全国第 4 位,是铜加工行业中最具竞争实力的企业之一。产品已通过 ISO 9000 认证,铜锭取得了进入伦敦金属交易所(LME)的免检资格,公司成为上海金交所的会员单位并取得两个席位。公司复合铜带材生产和毛细管材生产的装备和技术水平已达到 20 世纪 90 年代国际先进水平,在国内居绝对领先地位。集团公司下属的独资或控股子公司 13 家,其中 9 家为境内企业,4 家为境外企业。

最近,古兴集团刚投资 2 亿元将一家全面亏损的国有铜加工企业的一条板带连铸连轧生产线购入,在生产线购入三个月内就产出第一批优质铍青铜带,并直接出口美国,效益十分可观。企业经营状况良好,前景一片光明,公司正在实施低成本扩张战略,已成功地兼并了几家关联企业,按计划将在 5 年内成为中国同业的霸主。对此,年届不惑的荣董事长充满信心。

然而,深谋远虑的荣董事长并非盲目乐观之人。他隐约感到公司似乎已处在某种生死攸关的嬗变阶段,许多问题操作起来都不如以前那么得心应手,第六感官告诉他,潜在的危机越来越大。经过几天的冥思苦想之后,他请来了新近才担任公司高级人事顾问的李教授。

两个星期后,通过与公司所有上层管理成员的深入接触,以及一系列规范化的调查分析,李教授所带领的研究小组基本厘清了公司的管理状况以及荣董事长所讲的潜在危机。

2. 荣董事长其人

李教授按着 360 度大回转的思路,从不同视角调查后,综合列出了荣董事长的基本秉性特征:敏捷的思维、快速的反应、犀利的眼光、坚毅的个性、充沛的精力,以及敢于冒险的果断精神融为一体。他每天的休息时间极少,除了工作外,几乎没有其他任何个人嗜好,精力十分充沛,是一个典型的工作狂。他几乎每天都要到几个主要生产车间去看看,喜欢现场办公,也常常现场处分员工。公司上下都熟悉他那身灰色工作服,也有点惧怕他。荣董事长十分健谈,如果不是什么事情迫使他停下来的话,他可以连续不断地对你说上几个小时。任何一次会议,只要有荣董事长在,他总是自始至终的发言人,人家的讲话总被他打断。专家们反映：以前荣董事长不能静下来听他们陈述意见，但荣董事长又不太喜欢看书面报告，对此十分苦恼。好在荣董事长思维敏捷，反应快，总能及时发现问题并立即调整方案，化险为夷。管理层普遍感到难以跟上荣董事长的跳跃式思维，难以沟通，但也基本上形成了一个共识：按荣董事长的意见办，准成。

3. 公司结构和管理层的运作

古兴集团是先有一个核心企业，再由"核心"扩散发展起来的，产权纽带紧密，实质上属于一种较典型的母子控股公司模式。集团公司对下属子公司的经营战略、重大投资决策和人事任免均有绝对控制权。荣成既是集团公司董事长兼总经理，又是所有二级控股（独资）公司的董事长、法人代表。集团公司总部管理班子十分精干，总共不到80人。新老三会在职能上实际是交叉互兼的：党委会、工会与职代会的主要领导是监事会的主要成员。集团董事会是最高权力和决策机构，由集团正副总和各二级公司总经理组成的理事会，实质上是协商和执行机构，无决策权。这是一种较典型的中小企业集团的管理模式。

在职能部门设置方面，董事会下实际上只有董事会办公室是实体，其职能并未与董事会的需求相吻合；董事会的一办四部是最近才设立的，职能也未明确界定。从人员配置上看，各部部长都是由对应的主管副总兼任，即职能部门除了能实际协助所在层级的领导人之外，还有权在自己的职能范围内向下层人员下达指令。同时，公司组织机构变动频繁，高层管理人员的职位更迭更是像走马灯似的，许多高层经理都弄不清楚公司现在的组织结构。

4. 公司的成功经验

荣董事长最得意的事情是他成功的用人之道。只有小学文化程度的荣成先生最喜爱《三国演义》和《毛泽东选集》这两本书，他能随意指出某一段故事在书的第几章、第几页。刘备的"尊老敬贤"与毛主席的群众路线思想是他用人的主要原则，公司内部处处体现了他的"仁德、民本、重义、尊贤"的思想。集团公司专门成立的总工程师办公室完全不同于其他企业作为职能部门的总工办，它由几位专职工作人员管理着从全国各地聘请来的56位铜冶炼、加工专家，其中有11位是国家级有突出贡献的专家，18位曾担任过国有大中型冶铜加工企业的厂长、副厂长或总工，公司为他们专门修建了高级专家公寓楼，并为每一位专家配备了一名专职服务员。专家们的月薪从3000元到数万元不等，在进入企业时由双方商定，没有统一的标准。此外，荣董事长还根据各人的贡献大小以红包形式发放奖金。他们都有各自的具体岗位，总工办只负责其生活后勤管理及参谋咨询的组织工作。荣董事长把他们统称为军师，对他们十分尊敬。

跟随荣董事长一起打天下的一班老臣最叫人头痛。他们历经艰辛，劳苦功高，但大多文化水平不高，又居高自傲，排斥外来人才和年轻人。为此，几经周折，荣董事长终于下决心于1996年进行了一次全面清理，对在公司工作5年以上的员工一一论功行赏，根据工龄、职位和贡献大小，一次性"买断功绩"：最早跟随荣董事长创业的元老们每人得到一栋小别墅，8年以上者可得到一笔可观的奖金，工作5年以上者各得到一份依据工龄而不同的退休保险单，可以每月从银行支取一笔固定的收入。荣董事长组织专门力量根据能力面前人人平等原则，按工作需要重新聘用员工。此举使公司的许多外来优秀人才和年轻人脱颖而出，从而开创了公司1996年后快速发展的新局面。荣董事长对这一决策颇为自得,认为历史上李自成没有解决的难题,在他手上却成功地解决了,保持了公司的活力。

5. 荣董事长的困惑

从荣董事长自身的角度,他请来李教授,主要是为了解决以下三大难题。

一是集权分权问题。荣董事长觉得自己太累了,每天签审公司上下报账的财务票据就要花2个小时,公司其他大小事情几乎都要他拍板,总有做不完的事。他平均每天只睡3个小时,最近就有两次晕倒在办公室,再这样干下去肯定不行。

二是决策风险问题。公司越做越大,大小决策都集中在荣董事长身上。"我总是胆战心惊的,"荣董事长诚恳地说,"过去我拍板下去,涉及的资金少的只有几十元,多的也就几万、几十万元;现在任何决策动辄就是几千万上亿元,弄不好就是全军覆没。我心里没底,但也得硬着头皮拍板,怎么会不紧张惧怕呢?我表面故作轻松,其实心理压力太大了。这不,才四十岁,头发几乎全白了。"

三是控制问题。在深入的交谈中,荣董事长向李教授剖白了心迹:外面的人总以为我在公司里是绝对权威,甚至耀武扬威、随心所欲。其实我觉得要控制这家公司是越来越困难了。过去,我给员工发一个小红包,拜个年什么的,就会得到员工真诚努力的回报。近年来,尤其是2001年有关部门界定我个人在公司中的产权占90%、镇政府只占10%后,员工们的心理似乎在悄悄地变化,过去最亲密的战友都和我疏远了,工作表面上很努力,实际上大多是在应付我。我给他们的工资一加再加,现在高层经理年薪已达10万~15万元,还每人配备了专车、司机和秘书,但他们就是怪怪的,提不起劲。现在公款消费和大手大脚浪费的现象也开始在公司蔓延,原有民营企业的优势正在逐步消失。我感觉到我的公司在全面地腐化堕落。更糟的是,我控制不了局面,在这个庞大的公司面前竟显得那么虚弱和无能为力。我对前景感到害怕……

问题:

(1) 你认为荣董事长在公司壮大前期的管理成功之处是什么?

(2) 随着公司的快速成长,你认为荣董事长的担心与他个人的什么能力有关?

(3) 公司目前的机构设置有问题吗?你认为设置成什么样的组织结构更合理?

(4) 如果你是咨询专家,写一篇分析报告,说说你将如何帮助企业有效地解决三大难题?

第八章 组织职权

 **学习目标**

1. 了解职权与权力的含义
2. 了解职权的作用
3. 掌握并比较直线职权、参谋职权、职能职权的含义
4. 掌握直线职权、参谋职权、职能职权之间的关系
5. 掌握集权与分权的含义
6. 掌握并评价集权、分权的优缺点
7. 掌握集权和分权的影响因素
8. 了解授权的含义
9. 掌握授权的原则与程序
10. 了解并评价委员会集体决策

 本章引言

王某是师大的毕业生,毕业后到县教育局工作,后任办公室主任,并于 2015 年 4 月被提为副局长,分管办公室、计财股和县职业中学。在当办公室主任时,由于对其他同志写的材料及领导讲话稿不满意,局里的重大材料及领导讲话都是由王某亲自动手完成。当副局长后,他还是认为分管部门的同志业务能力不精,因此办公室的重要材料还是由王某组织撰写,有些甚至亲自动手。而计财股涉及的项目申报、审批等,无论金额大小,王某均要亲自过问。分管的县职业中学的教师管理、学生管理、人事调动,甚至是食堂也是三天一查,两天一看,于是王某几乎每天加班到晚上 10 点,周末也不例外。一年来,试用期结束后,上级领导进行考核时,下面同志对王某提了很多意见,王某觉得非常委屈。

管理技能分析

是什么原因让许多管理者不愿意授权?

管理技能应用

假如你是单位负责人,你将如何安排好集权与分权的关系?

第一节　组织职权概述

组织职权是组织各部门、各职位在职责范围内决定事务、支配和影响他人或者集体行为的权力。组织职权是组织结构设计和运行的基本问题。

一、职权与权力

（一）职权的概念

职权是指管理职位所固有的发布命令和希望命令得到执行的一种权力,是管理人员在职务范围内的管理权限。

每一个管理职位都具有某种特定的、内在的权力,任职者可以从该职位的等级或头衔中获得这种权力。因此,职权与组织内的一定职位相关,是一种职位的权力,而与担任该职位管理者的个人特性无关,它与任职者没有任何直接的关系。某人被辞退掉有权的职位,离职者就不再享有该职位的任何权力。职权仍保留在该职位中,并给予新的任职者。

管理实例 8-1

董事会职权

（1）召集股东会会议,并向股东会报告工作。

（2）执行股东会的决议。

（3）决定公司的经营计划和投资方案。

（4）制订公司的年度财务预算方案、决算方案。

（5）制订公司的利润分配方案和弥补亏损方案。

（6）制订公司增加或者减少注册资本以及发行公司债券的方案。

（7）制订公司合并、分立、解散或者变更公司形式的方案。

（8）决定公司内部管理机构的设置。

（9）决定聘任或者解聘公司经理及其报酬事项,并根据经理的提名决定聘任或者解聘公司副经理、财务负责人及其报酬事项。

（10）制定公司的基本管理制度。

（11）公司章程规定的其他职权。

（二）权力的概念

权力是指改变个人或团体行为的能力。也可以说,权力是引起他人或团体采取与原来不同的行为的力量。权力的构成基础有法定权、强制权、奖赏权、专长权和表率权。

1. 法定权

法定权是指组织中各职位所固有的合法的、正式的权力。这种权力来自一个人在组织中的职位,代表一个人在正式层级中占据某一职位所相应得到的一种权力。

2. 强制权

强制权是建立在惧怕之上的权力。一个人对不遵从上级意图所可能产生的负面结果的惧怕,促使他对这种权力做出反应。

3. 奖赏权

奖赏权与强制权相对应。下属服从上司的命令,是因为他认识到这种服从会带来正面的、有利的结果,即奖励与赏识。所以,一个能给他人施以他们认为有价值的奖赏的人,就对这些人拥有一种权力,即奖赏权。

4. 专长权

专长权是来自特殊技能或专门知识的一种影响力。凡是具有某种别人无法与之抗衡的特殊技能或专门知识的人,就享有专长权。

5. 表率权

表率权是与个人的品质、魅力、经历、背景等相关的权力,是建立在一个人对另一个人的认可和信任的基础上的。在一个组织中,总有某些人的行为、思想可以作为其他人的表率,由于他们具有某种超人的禀赋,或者好的品质、作风、学识,受到别人的敬佩和赞誉,愿意模仿和服从他。

管理实例 8-2

总经理权力

(1) 主持公司的生产经营管理工作,组织实施董事会决议。

(2) 组织实施公司年度经营计划和投资方案。

(3) 拟订公司内部管理机构设置方案。

(4) 拟订公司的基本管理制度。

(5) 制定公司的具体规章。

(6) 提请聘任或者解聘公司副经理、财务负责人。

(7) 聘任或者解聘除应由董事会聘任或者解聘以外的负责管理人员。

(8) 公司章程和董事会授予的其他职权。

管理实例 8-3

权 力 滥 用

有网友爆料称,某省负责职称评审的评委名单刚刚确定即遭泄露,有评委专门在宾馆开房收钱。对此,该省教育厅表示高度重视,已终止当事者刘某 2011 年度高校教师系列职称评审专家资格,有关情况正在进一步调查核实。

(三) 权力同职权的区别与联系

古典管理学家把职权同权力视为同义词,他们认为职权是权力的唯一来源。现代管理学家对权力的认识更加深入全面,权力的含义被大大扩展了,内容也更丰富了。巴纳德的权力接受理论认为,职权只有在下级接受其上级的指令时,才取得它的合法性,或者说职权是一种双向认可的关系。这一观点认为,下级人员的支持与合作、领导者的领导能力都包括在权力的含义之中。

巴纳德之后,权力是影响力的观点广为流行,该观点认为权力就是一个人影响另一个人的能力。能力包括的范围很广,如专业能力、说服教育能力、人际关系能力、决策能力等。权力是影响力的观点认为,权力不仅仅是自上而下的命令与服从的关系,也可能是自下而上的影响其决策的关系。

还有人认为,权力不仅仅包括能力,还包括道德、个人魅力、成就等方面的因素。如有很多领导者有一种超自然的魅力,群众相信他们,愿意跟随他们。

综上所述,权力的含义要比职权的含义大得多,权力不仅包括职权,还包括影响他人决策行为的能力或影响力。

(四) 职权的作用

(1) 职权在决策的制定和执行过程中,具有强制的作用。
(2) 职权起着协调的作用。
(3) 职权对职责的行使起着保障作用。有责无权,责任就不能很好地落实。

管理实例 8-4

且 慢 下 手

大多数的同人都很兴奋,因为单位里调来了一位新主管,据说是个能人,专门被派来整顿业务。可是,日子一天天过去,新主管却毫无作为,每天彬彬有礼进办公室后,便躲在里面难得出门。那些紧张得要死的坏分子,现在反而更猖獗了。他哪里是个能人,根本就是个老好人,比以前的主管更容易糊弄。

四个月过去了,新主管发威了,坏分子一律开除,能者则获得提升。下手之快,断事之准,与四个月前表现保守的他,简直像换了一个人。年终聚餐时,新主管在酒后致辞:相信大家对我新上任后的表现和后来的大刀阔斧一定感到不解,现在听我说个故事,各位就明白了。

我有位朋友,买了栋带着大院的房子,他一搬进去,就对院子全面整顿,杂草杂树一律清除,改种自己新买的花卉。某日,原先的房主回访,进门大吃一惊地问,那株名贵的牡丹哪里去了? 我这位朋友才发现,他居然把牡丹当草给割了。后来他又买了一栋房子,虽然院子更杂乱,但他却按兵不动,果然冬天以为是杂树的植物,春天里开了繁花;春天以为是野草的,夏天却是锦簇;半年都没有动静的小树,秋天居然红了叶。直到暮秋,他才认清哪些是无用的植物,进而大力铲除,并使所有珍贵的草木得以保存。

说到这儿,主管举起杯来说:“让我敬在座的每一位! 如果这个办公室是个花园,你们就是其间的珍木,珍木不可能一年到头开花结果,只有经过长期的观察才认得出啊!”

二、组织职权分类

(一) 职权的类型

一个正式组织的职权分为三种形式,即直线职权、参谋职权和职能职权。

1. 直线职权

直线职权是组织内直线管理系统的管理人员所拥有的包括发布命令及执行决策等

的权力,也就是通常所指的管理人员所拥有的管理权力。很显然,每一管理层的主管人员都应有这种职权,只不过每一管理层次的功能不同,其职权的大小及范围各不同而已。

直线职权关系有两条必须遵循的原则。

(1) 分级原则。每一层次的直线职权应分明,这样才有利于执行职责和信息沟通。

(2) 职权等级原则。作为下级来讲,应该"用足"自己的职权,在己职权范围内做出决策,只有当问题的解决超越自身职权界限时,才可提给上级。相反,惧怕担当风险或才能平庸的主管人员,常常把一切问题上交,一方面造成上级忙于应付具体事务;另一方面自己则失去指挥功能,徒占其位。

2. 参谋职权

参谋职权是某项职位或某部门(参谋)所拥有的辅助性职权,主要是提供咨询、建议的权力。其目的是实现组织目标,协助直线人员有效工作。在中外历史上很早就出现了一种为统治者出谋划策的智囊人物。

参谋职权可分为个人参谋型和专业参谋型。

(1) 个人参谋型,即参谋人员。参谋人员是直线人员的咨询人,他协助直线人员执行职责。如一个"总经理助理"和一个"副总经理",他们之间有重大区别,"总经理助理"只是总经理的个人助手。他通常不履行具体的职能,但他接受总经理的各种指派,在接受每一指派时就被授予了一定的职权。此外,他还充当着总经理的私人代理人。要注意到,副总经理并不是一名辅助管理人员,而是属于直线组织关系的一部分。业务经理要通过副总经理向总经理汇报工作。总经理可以向副总经理指派各种具体的工作任务。

(2) 专业参谋型,即专业参谋,常为一个单独的组织或部门。专业参谋部门聚合了一些专家,运用集体智慧,协助直线主管进行工作。

参谋和直线之间的界限是模糊的。作为一个主管人员,他既可以是直线人员,也可以是参谋人员,这取决于他所起的作用及行使的职权。当他处在自己所领导的部门中,他行使直线职权,是直线人员;而当他同上级打交道或同其他部门发生联系时,他又成为参谋人员。

3. 职能职权

职能职权是指参谋人员或某部门的主管人员所拥有的原属直线主管的那部分权力。在纯粹参谋的情形下,参谋人员所具有的仅仅是辅助性职权,并无指挥权,但是,随着管理活动的日益复杂,主管人员不可能是完人,也不可能通晓所有的专业知识,仅仅依靠参谋的建议还很难做出最后的决定。这时,为了改善和提高管理效率,主管人员就可能将职权关系做某些变动,把一部分本属自己的直线职权授予参谋人员或某个部门的主管人员,这便产生了职能职权。

职能职权具有以下几个特点。

(1) 职能职权是直线职权的一部分,是直线职权的特定内容的让与。

(2) 职能职权必须在特定的范围内行使。职能职权必须依据业务分工和授权范围,并根据一定的程序和规定来行使,否则会损害直线指挥系统的统一性和完整性。

(3) 职能职权的行使是以职能专家的专业知识为基础的。行使这种职权的部门由具有较丰富专业知识的职能专家所组成。

职能职权虽然能给管理带来了许多好处,但如果职能职权无限扩大,则容易导致多头领导、管理混乱、效率低下。

应该注意适当限制职能职权的使用:①限制使用范围,限于解决如何做、何时做等方面的问题,再扩大就会取消直线人员的工作;②限制使用级别,下一级职能职权不应越过上一级直线职权。

(二)直线职权与参谋职权的关系

1. 参谋人员多谋,直线指挥人员善断

参谋是为直线主管提供信息、出谋划策、配合主管工作的。发挥参谋作用时,参谋应独立提出建议,直线主管不为参谋左右,即直线职权与参谋职权是主导—从属关系。

2. 直线职权和参谋职权是正式组织中的不同职权

两者在职位、职务、职责、权力、利益诸方面都有所不同。例如,人们可以把主要给最高层管理人员提出建议的公共关系部看作是参谋部门,可是在这种部门内仍有直线关系:公共关系部主任对于其直接下属来说仍然居于直线职权位置。与此相反,负责生产的副总裁可能领导着一个明显被普遍看作是直线的部门,他或她的工作主要不是向总裁提出建议。然而,如果这位副总裁就整个公司的生产政策向总裁提出建议,这种关系就成为参谋关系了。

当人们从总体上观察一个组织机构,就可以看出整个组织直线与参谋关系的总的性质。某些部门在整个组织的关系上主要是参谋,而其他部门主要是直线。图 8-1 为某制造公司的简化组织结构图。对于公司经营的重要方向来说,把研究部主任和公共关系部主任的业务主要地看成顾问性质是确切的,因此经常被认为是参谋活动。财务、生产和销售部门,由于其活动一般与公司的主要职能有关,所以通常被看成是直线部门。

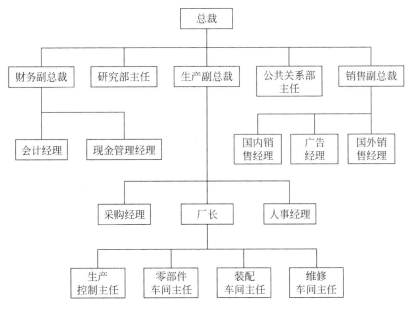

图 8-1　某制造公司的简化组织结构

（三）处理好三种职权的关系

1. 注意发挥参谋职权的作用

①参谋应能独立地提出建议；②直线主管不要为参谋所左右。

2. 适当限制职能职权

一要限制职能职权的使用范围；二要限制级别，职能职权不应越过上级下属的第一级，应当在组织中关系最接近的那一级。

管理实例 8-5

田 忌 赛 马

齐国使者到大梁来，孙膑以刑徒的身份秘密拜见，劝说齐国使者。齐国使者觉得此人是个奇人，就偷偷地把他载回齐国。齐国将军田忌非常赏识孙膑，并且待如上宾。田忌经常与齐国众公子赛马，设重金赌注。孙膑发现他们的马脚力都差不多，马分为上、中、下三等，于是对田忌说："您只管下大赌注，我能让您取胜。"田忌相信并答应了他，与齐王和各位公子用千金作为赌注。比赛即将开始，孙膑说："现在用您的下等马对付他们的上等马，用您的上等马对付他们的中等马，用您的中等马对付他们的下等马。"已经比了三场比赛，田忌一场败而两场胜，最终赢得齐王的千金赌注。于是田忌把孙膑推荐给齐威王，齐威王向他请教了兵法，把他当成老师。

第二节　组织权力的合理配置

一、集权与分权的含义

集权就是把较多和较重要的权力集中在组织的高层或几个人手中；分权就是把较多和较重要的权力分散到组织的中下层去。

集权和分权是一个相对的概念。绝对的集权意味着组织中的全部权力集中在一个主管手中，组织活动的所有决策均由主管作出，主管直接面对所有的执行者，没有任何中间管理人员，没有任何中层管理机构。这在现代社会经济组织中显然是不可能的。而绝对的分权则意味着全部权力分散在各个管理部门，甚至分散在各个执行、操作者手中，没有任何集中的权力，因此主管的职位显然是多余的，一个统一的组织也不复存在。所以，在现实社会中的组织，可能是集权的成分多一点，也可能是分权的成分多一点。我们需要研究的不是应该集权还是分权，而是哪些权力宜集中，哪些权力宜分散，在什么样的情况下集权的成分应多一点，何时又需要较多的分权。

二、集权的优缺点

一个组织，当它的规模还比较小的时候，高度集权可能是必需的，而且可以充分显示出其优越性。但随着组织规模的发展,如果将许多决策权过度地集中在较高的管理层次,则可能表现出种种弊端。

(一) 集权的优点

(1) 政令统一,标准一致,便于统筹全局。
(2) 指挥方便,命令容易贯彻执行。
(3) 有利于形成统一的企业形象。
(4) 容易形成排山倒海的气势。
(5) 有利于集中力量应付危局。

(二) 集权的缺点

(1) 不利于发展个性,顾及不到事物的特殊性。
(2) 缺少弹性和灵活性。
(3) 适应外部环境的应变能力差。
(4) 下级容易产生依赖思想。
(5) 下级不愿承担责任。

管理实例 8-6

马

马,本来自由自在地在山间撒野,渴了喝点山泉,累了就睡在地上晒太阳,无忧无虑。可是自从有了伯乐,马的命运就改变了,给它的头戴上笼辔,在它的背上置放鞍具,拴着它,马的死亡率已经是十之二三了,然后再逼着它运输东西,强迫它日行千里,在它的脚上钉上铁掌,马的死亡率就过半了。马本来就是毫无规矩、毫无用处的动物,让它吸取日月之精华,天地之灵气,无用无为,还得以享尽天年;教化它,让它懂得礼法,反而害了它的生命。

三、集权和分权的影响因素

影响集权与分权的因素通常有以下几类。

1. 决策的重要性

一般地,重要的决策应由高一层次的组织作出,不太重要的决策可以授权给下一级作出。按此法各层级逐级授权。

2. 政策的一致性要求

组织内部执行政策的一致性越强,集权的程度就应越高。政策一致有利于企业组织的作业标准化、绩效可比化以及员工待遇的公平。

3. 规模问题

组织规模越大,决策的数目就越多,协调、沟通及控制也越困难,宜于分权;反之,则宜于集权。

4. 企业的文化

有的企业领导信奉集权的管理哲学,不愿放弃对职权的掌握,企业的集权程度就较高。如果企业是由小到大、从内到外发展起来的,就往往表现出保持权力集中化的倾向。而通过联合或合并而扩展起来的企业,一般(至少在合并初期)会显示出职权分散化的倾向。

5. 主管人员的数量和管理水平(质量、素质)

主管人员数量充足,经验丰富,训练有素,管理能力较强,则可较多地分权;反之,应趋向集权。有些企业往往通过培训等增强下级主管能力的方法,来提高企业的分权程度。而职权分散本身也为培养更多的合格管理人才提供了机会和空间。

6. 控制技术和手段是否完善

如果上级没有有效的控制方法,即没有办法保证某项职权能够得到恰当运用,这种情况下就不能授权。通信技术的发展、电子计算机的应用和统计方法、会计控制以及其他技术的改进,都有助于企业组织向分权化迈进。

7. 组织的动态特征

处于迅速发展中的组织,往往面临增长带来的许多复杂问题,要求分权程度较高。而一些老的、相对完善或比较稳定的组织,一般趋向于集权。当然,变动缓慢的企业的职权也不能过分集中,否则,将丧失组织创新和组织发展的活力。

8. 环境影响

影响分权程度的还有一些外部因素,包括经济、政治、文化等因素。如果外部环境变化较快,职权可以分散些,便于企业更好地适应变化的需要;反之,则宜于集权。此外,外部环境的恶化,如竞争加剧、经济萧条,常常促使企业集权,以便于加强领导,渡过难关。

管理实例 8-7

降 低 相 权

一天早晨,文武大臣都一个个汇报自己的工作,接着退到殿外。

走在最后的是后周老宰相范质。当范质快要走出殿门时,宋太祖突然传话,说:"范老爱卿,请稍稍留步,朕有一事与你相商。"

听到传话,范质转过身走回到殿上,重新坐到自己的宰相之座。

原来,在中国古代宰相的地位是很高的,可以和皇帝坐着说话。人们常说宰相是一人之下、万民之上的官儿,就是皇帝对宰相也是很尊重,也得礼让三分。因此,在上朝君臣议事的时候,宰相可以坐着跟皇帝说话,而其他官员则只能站着。

范质坐下来以后,宋太祖递给他一份大臣汇报的奏折,说:"范爱卿,你看这事如何解决才好?"范质接过奏折仔细地看了起来。

这时宋太祖从龙椅上站了起来,向后宫走去。

宰相范质看完奏折后,心里已经想好解决的方法,可是,左等不见皇帝出来,右等也不见皇帝出来,范质实在等不住了,就起身去找皇帝。

此刻,宋太祖走了出来,范质连忙坐下,可是回头一看,椅子没有了。

原来,趁范质起身不注意时,身边的侍卫悄悄把椅子拿走了。

范质不知道如何是好,只得站着和宋太祖说话。

以后再上朝,宰相也和其他大臣一样只能站着和皇帝说话,这一制度后来被各朝所沿用。

这个故事说明宋太祖要降低相权,独揽大权。

四、授权

(一)授权的含义

授权是指主管将职权或职责授给某位部属负担,并责令其负责管理性或事务性工作。授权是一门管理的艺术,充分合理的授权能使管理者们不必亲力亲为,从而把更多的时间和精力投入到企业发展上,以及如何引领下属更好地运营企业。

20个世纪50～60年代,伊恩·戈登基于大公司面临的等级制度弊端和管理效率低下问题,提出了这一管理思想。

(二)授权的原因

(1)任何组织都不可能由一个人独自控制,必须通过权力的分散来控制。

(2)职权和职责是相辅相成的,没有职权,下级就不能很好地完成任务。

(3)只有授权,才能缓解压力,赢得时间。一个领导者如果事必躬亲或者下级事事向他请示,就会陷入烦琐的日常事务中无法自拔,更不用说考虑组织的全局问题和战略问题。

(4)有效的授权可以增加下级的满意度和成就感,起到良好的激励作用。

(三)授权的程序

1. 分配责任

分配责任是向接受权力的下属清楚地描述他们的工作内容、预期要获得的结果。即上级分配给下级一项任务或职责,指明下级该做什么工作、完不成任务的后果。

(1)对工作的性质有一个清醒的认识,哪些工作必须自己亲自完成,哪些工作可以交给下属完成。

(2)明确工作的内容,特别是应达到的目标。

(3)要倾听接受权力的下级的意见,帮助他们接受任务并完成任务。

实践证明,很多管理人员不愿接受上级的授权,主要是担心失败,所以在落实任务时,要认真听取下级意见。

2. 授予职权

授予职权不是简单地下放权力,而是一项细致的工作。

(1)要公开授权,通过各种公开的方式,帮助下级建立起运用权力的权威。

(2)要支持下级正确地行使权力、履行职责的行动。

(3)授权同时要求接受权力的下级就完成任务拿出自己的规划和方案,并同下级一并讨论方案的可行性,以保证授权的效率。

（4）授权者在明确了下级的权责之后，对下级的权力运用不能横加干涉。

3. 规定汇报义务

下属的汇报义务是授权的最终结果，汇报不是下属愿不愿接受的任务，而是授权的基本内容，下属应认真地对待汇报工作。

管理实例 8-8

诸葛亮挥泪斩马谡

三国时代，诸葛亮与司马懿在街亭对战，马谡自告奋勇要出兵守街亭，诸葛亮心中虽有担心，但马谡表示愿立军令状，若失败就处死全家，诸葛亮才勉强同意他出兵，并指派王平将军随行，并交代在安置完营寨后须立刻回报，有事要与王平商量，马谡一一答应。可是军队到了街亭，马谡执意扎兵在山上，完全不听王平的建议，而且没有遵守约定将安营的阵图送回本部。等到司马懿派兵进攻街亭，围兵在山下切断粮食及水的供应，使得马谡兵败如山倒，重要据点街亭失守。事后，诸葛亮为维持军纪而挥泪斩马谡，并自请处分降职三等。

（四）授权的原则

授权的基本依据是目标责任，要根据责任者承担的目标责任的大小授予一定的权力。在授权时，还要遵循以下一些原则。

1. 明确具体原则

对下级的授权应具体、明确，最好有书面说明。说明应包括：主要目标和具体目标、可指挥的人员、可利用的资金和设备、被授权者的权力范围、应向谁汇报以及完成任务的时限等。这样可以使下属既能大胆做出决策，又不致超越规定的决策权限。

2. 授要原则

授要原则是指授给下级的权力应该是下级在实现目标中最需要的、比较重要的权力，能够解决实质性问题。

3. 明责授权

授权要以责任为前提，授权同时要明确其职责，使下级明确自己的责任范围和权限范围。

4. 动态原则

针对下级的不同环境条件、不同的目标责任及不同的时间，应该授予不同的权力。贯彻动态原则体现了从实际需要出发授权，具体可采取以下措施。

（1）单项授权。即只授予决策或处理某一问题的权力，问题解决后，权力即行收回。

（2）条件授权。即只在某一特定环境条件下，授予下级某种权力，环境条件改变了，权限也应随之改变。

（3）定时授权。即授予下级的某种权力有一定的时间期限，到期权力应该收回。

5. 适度控制原则

授权后适当程度的监控是必要的。授权者应定期检查被授权者的工作情况，了解其工作进展，要求被授权者定期反馈有关信息。对被授权者出现的错误要及时纠正，遇到的困难要给予帮助，对取得的成绩要给予认可和奖励。控制的目的还在于了解自己的授权是否恰当,出现问题,有可能是任务说明有严重的缺陷,也有可能是被授权者本身的问题。

管理实例 8-9

子 贱 放 权

孔子的学生子贱有一次奉命担任某地方的官吏。他到任以后,时常弹琴自娱,不管政事,可是他所管辖的地方却治理得井井有条,民兴业旺。这使那位卸任的官吏百思不得其解,因为他每天即使起早摸黑,从早忙到晚,也没有把地方治好。于是他请教子贱:"为什么你能治理得这么好?"子贱回答说:"你只靠自己的力量去治理,所以十分辛苦;而我却是借助别人的力量来完成任务。"

五、委员会的合理使用

委员会是"将多个人的经验和背景结合起来,跨越职能界限地处理一些问题的另一种组织设计"。目前,委员会作为一种集体管理的主要形式而被各种类型的组织广泛应用,也是组织结构整合的重要途径。

(一)委员会的类型

委员会有多种多样的形式。

1. 按时间分类

(1)临时性委员会。临时性委员会是为了某一特定目的而临时成立,事毕撤销。

(2)常设委员会。常设委员会在组织中长时间存在并发挥作用,通常是为促进协调沟通与合作,行使制定和执行重大决策的职能。

2. 按职权分类

(1)直线式。直线式委员会做出的决策要下级去执行,如企业董事会。

(2)参谋式。参谋式委员会为直线管理人员提供咨询、建议和服务等。

3. 按是否人为设立分类

(1)正式委员会。正式委员会作为组织结构的一部分而存在,具有特定的职权和职责。

(2)非正式委员会。非正式委员会是因为某些专题需要人们集思广益或集体做出决策而组织起来的,也设有特定的职责和权力。

4. 根据发挥的作用分类

(1)决策性委员会。

(2)协调性委员会。

(二)委员会集体决策的优点

1. 集思广益

委员会由一组人组成,其知识、经验、判断力均较其中任何一个人为优。通过集体讨论、集体判断可以避免仅凭主管人员个人的知识和经验所可能造成的判断错误。

2. 集体决策

在委员会会中,各委员的权力是平等的,委员会最后是以少数服从多数的原则作出决策并采取集体行动的。决策作出后,可以很快地在组织内贯彻实施。

3. 防止权力过于集中

委员会集体决策,可以防止个别人或部门权限过大、避免个人或少数人独断专行、以权谋私的弊端,还可以使委员会成员之间起到相互制约的作用。

4. 加强职权的联合与协调

通过委员会活动,受共同问题影响的各方都能同时得到信息,都有同等的机会了解所接受的决策,促进各部门间协调活动。

5. 有利于培养中下层管理人员

委员会可使下级主管人员和组织成员参与决策与计划的制订过程。通过委员会,中下层管理人员能够了解其他管理者的管理经验,有机会学习上层管理者的管理经验,认识组织所面临的问题,从而对整个组织活动增加了解,便于提高其整体管理能力。上级主管人员也可以在委员会中考评下级人员的能力,以作为选拔的依据。

(三)委员会集体决策的局限性

1. 委曲求全,折中调和

在委员会中,各方代表来自不完全相同的利益团体,当意见不一致时,往往是互不相让、旷日持久、议而不决。要么是讨价还价,各做让步,采取折中的方法解决。

2. 权责分离

没有人愿意对那些至多只体现自己部分意见的决策及其执行结果负责。不仅一般成员,委员会主席也是如此。这是委员会集体决策的一个重要缺陷。所以有人认为,委员会只处理执法性问题或解决纠纷,效果会更好。

3. 成本较高

委员会有时作出决策可能长时间争论不休,这既花费很多资金,又造成时间上的延误,增加决策成本。

(四)充分发挥委员会集体决策作用

如何有效地发挥委员会这种集体决策组织形式的积极作用,对于组织的正常运行是很重要的。在实际运用过程中,应注意以下几方面的问题。

1. 明确委员会的目标、任务和职责权力范围

只有组织发展需要解决的长远性、全局性、战略性的问题,才适宜用委员会的方式来决策。

2. 精心挑选委员

由哪些委员组成,要以委员会的工作目的为依据。委员要有代表性,具备相关的能力、素质和职业道德。

3. 确定合适的规模

委员会的规模要尽可能做到适当。一般认为,委员会以 5～7 人为宜,大的委员会也不超过 17 人。委员会的规模只有适当才能提高工作效率。

4. 发挥委员会主席的作用

选择有较强组织能力的人担任委员会主席,是提高委员会工作效率和工作效果的重要保证。

管理实例 8-10

"挑战者"号事件

1986 年 1 月 28 日,在佛罗里达肯尼迪航天中心,"挑战者"号航天飞机在升空 73 秒后爆炸解体,7 名宇航员殉职。这次事故是美国宇航局也是人类太空探索史上最沉重的悲剧。

事后的调查表明,此次事故的根源来自一个不起眼的橡胶部件——"O-ring"(O 型环)。由于发射时气温过低,橡胶失去弹性,使得原本应该是密封的固体火箭助推器内的高压高热气体泄漏,最终导致高速飞行的航天飞机在高空解体。

除了设计和天气原因之外,调查委员会还将事故原因部分归咎于美国宇航局本身不完善的内控制度和决策机制。事故调查报告中谈道:"那些决策者们根本就没有注意到最近有关密封圈和连接方面出现的一系列问题,也没有注意到承造商所写的说明书中关于禁止在 53 度以下发射的建议。承造商萨科尔公司与宇航局没有向公众公布相关的消息,这是他们管理中的重大失误。"报告公布以后,美国众议院科技委员会花了两个月的时间来研究这个报告。1986 年 11 月,他们发表了自己的结论。委员会认同了调查团的一些观点,同时指出:"根本的问题在于美国宇航局和萨科尔公司几年来所做的拙劣的技术决策。"

复习思考题

1. 举出任何一种组织(工商企业、教会、政府及其他组织)中的一些职位作为例子,按直线与参谋加以分类。

2. 为什么不适当的授权往往是造成管理失败的最重要的唯一原因?

3. 如果你是经理,你会分权吗? 你怎样保证不过分分散权力?

4. 职权应当尽量下授吗?

技 能 训 练

技能训练 8-1

选谁当办公室主任

董事长要选择一个办公室主任,以下是 4 位人选:

A. 薛宝钗　　B. 贾母　　　C. 王熙凤　　　D. 林黛玉

训练要求：

你觉得选谁最合适？为什么？

技能训练 8-2

比特丽公司

比特丽公司是美国一家大型联合公司，总部设在芝加哥，下面有 450 个分公司，经营着 9000 多种产品，其中许多产品，如克拉克棒糖、乔氏中国食品等，都是名牌产品。公司每年的销售额达 90 多亿美元。

多年来，比特丽公司都采用购买其他公司来发展自己的积极进取战略，因而取得了迅速发展。公司的传统做法是：每当购买一家公司或厂家以后，一般都保持其原来的产品，使其成为联合公司一个新产品的市场；另一方面是对下属各分公司都采用分权的形式。允许新购买的分公司或工厂保持其原来的生产管理结构，这些都不受联合公司的限制和约束。由于实行了这种战略，公司变成由许多没有统一目标，彼此又没有什么联系的分公司组成的联合公司。1976 年，负责这个发展战略的董事长退休以后，德姆被任命为新董事长。

新董事长德姆的意图是要使公司朝着他新制定的方向发展。根据他新制定的战略，德姆卖掉了下属 56 个分公司，但同时又买下了西北饮料工业公司。

据德姆的说法，公司除了面临发展方向方面的问题外，还面临着另外两个主要问题：一个是下属各分公司都面临着向社会介绍并推销新产品的问题，为了刺激各分公司的工作，德姆决定采用奖金制，对下属干得出色的分公司经理每年奖励 1 万美元。但是，对于这些收入远远超过 1 万美元的分公司经理人员来说，1 万美元奖金恐怕起不了多大的刺激作用。另一个面临的更严重的问题是，在维持原来的分权制度下，应如何提高对增派参谋人员必要性的认识，应如何发挥直线与参谋人员的作用问题。德姆决定要给下属每个部门增派参谋人员，以更好地帮助各个小组开展工作。但是，有些管理人员则认为只增派参谋人员是不够的，有的人则认为没有必要增派参谋人员，可以采用单一联络人联系几个单位的方法，即集权管理的方法。公司专门设有一个财务部门，但是这个财务部门根本就无法控制这么多分公司的财务活动，因此造成联合公司总部甚至无法了解并掌握下属部门支付支票的情况等。

训练要求：

（1）比特丽公司可以在分权方面做得更好吗？

（2）写一份报告，谈谈你对德姆的激励方法的看法。

（3）参谋人员有何作用？如何协调直线和参谋人员之间的关系？

技能训练 8-3

领导影响力

朱杰是一家公司的财务部经理，他手下有 9 名会计人员和办事员。最近他招聘了一位商学院去年最优秀的毕业生赵斌。在一段不长的时间后，办公室中的每个人都觉得赵斌是一个友善、开朗的人，易于相处，而且对会计也相当在行。不多久，赵斌就成了这些同事的朋友。朱杰注意到，许多会计人员开始将他们出现的疑问和问题向赵斌征询意见。而赵斌似乎总有解决的办法，并且很乐意花时间帮助他人。他个人的一切工作也完成得十分出色。赵斌工作独立性很强，他的到来使朱杰的工作轻松多了。只有在涉及本部门外要求的决策时，赵斌才会来询问朱杰。在某种意义上说，朱杰很为这里情况的变化感到欣慰。但有两件事使他担忧：一是部门内有些人员甚至开始同赵斌谈个人的事情。朱杰比赵斌大20岁，他觉得在这些方面他更有经验。二是赵斌在本部门以外也交了不少朋友，尤其是同公司的两位资深经理有很好的关系。对此，朱杰感到很不安，他想赵斌在职务上超过他只是早晚的事。朱杰决定采取行动，他开始寻找机会在同事面前批评赵斌。当有人有问题或疑问找赵斌时，他就会提醒他们说，我是你们的直接上司。而且，朱杰会想法更改或贬低赵斌的建议。没多长时间，办公室的人都了解到这一信号。朱杰的策略终于奏效了，赵斌辞职走了。但一段时间后，朱杰部门的其他三个会计人员也提出了辞职，整个部门陷入混乱之中。

训练要求：

（1）赵斌拥有哪些权力？朱杰的权力又有哪些？

（2）根据此案例写一篇小论文，谈谈你对领导影响力的认识。

技能训练 8-4

通用电气公司管理制度的变化

20世纪50年代初，美国通用电气公司年销售额已超过20亿美元。公司规模大了，但权力完全集中于美国纽约总部，已经不能适应公司的发展，需要改良组织结构。于是公司总裁卡迪纳先生决定实施分权制度。该分权制度由斯密迪一手策划，斯密迪行伍出身，非常强调纪律的作用，他认为，实施新的制度肯定会有阻力，所以必须由他说了算，基层人员要绝对服从，不能有异议。

斯密迪的新制度有以下几点内容。

第一，一个经理自己所能管理的企业规模是有界的。

他认为，一个经理自己所能胜任的经营规模，最大不能超过5000万美元1年，再大就管不了了，按照他的观点，通用电气公司要拆成150个部门，各部门的经营规模不超过5000万美元1年，各部门相对独立，各有各的经营业务，由各部门的经理负责管理，每个部门的经营直接对总裁负责。这样，通用电气公司就等于分成了150个"小公司"。这就导致了一个很不好的格局：当某部门的经营业务超过5000万美元时，按照斯密迪的观点，必须分成两个相互独立的业务部门。

第二，部门经营的好坏要有具体的量化指标。

斯密迪在测评一个部门经营好坏时，设计了8项指标，其中有两项较为典型：一个是利润；另一个是部门长期利益和短期利益的平稳。在实际工作中，利润是很容易测定的，是多少就是多少。而长期利益和短期利益的平衡怎么测定呢？当时无法测定，实际情况也测定不了。

第三，管理是一种职业，真正懂得管理的人，什么都能管理好。

他认为,能管理好一个钢铁厂的人,也能管理好一个大菜市场。因此,作为一个管理人员,应特别注重流动能力的训练。一个管理人员应有多方面的技能,能做许多方面的工作,要训练他做市场工作、工程工作、制造工作等。这样一来,通用电气公司的一个部门经理,头3年可能在做洗衣机生意,另外3年可能又去做核能生意。斯密迪让这些经理们流来流去,以训练他们的流动能力。

后来,斯密迪的新制度在公司系统经营方面碰到了困难。1966年通过竞争,通用电气获得了新加坡一发电厂的承建权。该业务要求电厂的设计、基建、设备和安装等所有业务全由承建方一家公司承包下来,搞系统经营。由于通用电气公司已经分成150多个相互独立的业务部门,其中,任何一个部门都不可能承包所有这些发电厂的业务,要参与这种国际竞争,公司不得不成立一个协调部门——通用电厂公司,来组织各个业务部门共同承接下这种系统业务。但是,由于各业务部门已经有了自己的责权利,互相独立,其开展工作起来的难度可想而知,当通用电厂公司到各部门去购买各种设备时,各部门为了最大限度地提高本部门的利润,就尽量提高设备的售价。最后,通用电厂公司发现,各部门提供设备的价格往往比外公司还高。

1970年,博希当上了通用电气公司的总裁,对这种情况进行了改进,采取有关措施对分权制度进行了完善。

训练要求:

(1) 斯密迪的改革措施,其目的是要在通用电气公司建立( )。

    A. 事业部制结构   B. 矩阵制结构

    C. 直线—职能制结构   D. 混合制结构

(2) 斯密迪把管理看成一种职业,对于这种观点你的看法是( )。

    A. 更适合于高层管理者

    B. 更适合于一般管理者

    C. 这种看法本身就是一种错误,管理者必须精通本项领域的具体业务

    D. 是否正确取决于组织业务的复杂程度

(3) 从斯密迪改革的措施中可以看出,他在一定程度上违背了管理的( )。

    A. 系统原理   B. 权变原理   C. 责任原理   D. A+B

(4) 以下各项中( )在实行分权后可能会出现。

    A. 销售额有可能不断地增加   B. 部门经理的积极性受到压制

    C. 由于内耗,导致各分公司总是亏损   D. 总公司总裁失去权威性

(5) 以上案例说明( )。

    A. 通用电气公司在分权制度方面做得不够理想,其实分权是一种很有效的管理方式,关键是其他方面也要配套进行

    B. 企业管理中有分权制度是正确的,关键在于公司的总裁要用人得当

    C. 分权制度不符合管理的一般原理,对调动中层管理人员的积极性不利

    D. 本案例所体现的并不是真正的分权

案 例 分 析

集权与分权

美国通用汽车公司历史上最初采用的是分权制。杜兰特把许多小企业并入了通用汽车公司,并且允许它们的经营一如从前,只要在很模糊的意义上有一点公司的整体观念就行了。这点儿整体的观念可以在现金的控制方法上窥见一斑。每一个业务单位均自行管理本身的现金,所有收入都存在本单位的账户名下,并从那里支付一切开销。公司没有直接收入,也没有实在的现金调拨程序。它不能随便命令一个部门调出现金给另一个需要现金的部门。如果公司需要用现金来支付股息、税款或其他费用,那么公司的司库便只有向各业务单位提出索取现金的要求以敷急用。但是,各个单位均希望持有尽可能多的现金来满足自身的需要,而且它们的所有财会人员都非常精于拖延向上级汇报手头现金余额的伎俩。因此,司库就只好自己推测一个部门手里有多少现金,以此决定他能向这个部门索取的数额。他得去抓到这些部门的负责人,先讨论一些其他的一般问题,然后在谈话快结束时假装漫不经心地提起关于现金的话题。他们永远会对他提出的索取数额表示吃惊,有时候还会试图抵制,借口拿不出如此巨额的现款。由于存在着讨价还价、相互扯皮的局面,要使公司能以一个整体有效地作出全部现金的决策是件伤脑筋的事。事实上,各部门主管都像是独立部落的酋长,完全不听"王命"了,通用公司那时的组织简直是一盘散沙。

后来,通用公司不得不建立一个高度集权的现金管理体制。即以通用汽车公司的名义开账户,由总会计室负责控制,所有收入一律计入公司贷方,所有支出也都在公司名下的各户头上支付。这样,各户头的主管会计之间便可以在全国范围内迅速而简便地调拨现金。当一个单位急需现金时,就从另一个存有现金的单位调拨过去。至于各地分户头收付金额上下限的规定,公司间结算手续的简化,以及现金预约计划的制订等业务,全部都在公司总会计室的控制之下。

问题:

(1) 你如何认识通用公司这次从分权到集权的改革?

(2) 写一份报告,谈谈该案例给你的启示。

第九章　组织文化与组织变革

 学习目标

1. 了解组织文化的含义
2. 了解组织文化的基本特征
3. 掌握组织文化的结构
4. 了解并比较物质层、制度层、精神层文化的关系
5. 了解组织文化的作用
6. 掌握组织价值观的评价标准
7. 掌握组织文化建设
8. 了解组织变革的动因
9. 了解组织变革阻力的来源
10. 掌握消除组织变革阻力的对策
11. 掌握并评价组织变革的方法

 本章引言

博鳌亚洲论坛2015年年会分论坛"大学校长对话：教育的未来"中，与会的大学管理者提醒："创新"不是课堂教出来的，要依赖整体生态圈。

未来社会需要什么样的人才？创新型人才成为共识。

日本早稻田大学副校长内田胜一说，未来日本需要具有创新精神、全球视野的人才，"能够挑战传统模式，促进日本社会结构的转型"。

"创新是教不出来的，要依赖整体的环境。"美国加州大学洛杉矶分校校长 Gene Block 说，创新不能速成，大学要提供能够激发出创新精神的环境，通过奖励机制认可创新观点和成就。

上海交通大学校务委员会主任姜斯宪表示，中国经济正在进入新常态，在"互联网＋"领域里中国青年人正在展示创造才能，"社会不要急于求成，而应给与其足够宽容和鼓励的大环境"。

创新与创业是目前全球大趋势。然而美国威廉姆斯学院校长 Adam Falk 却保持冷静:"技术改变的速度越快,纯粹教育技术相关性和作用就越小。"他解释说,越来越多的学生忙着创业赚钱,这恰恰不是大学教育的精髓,"目标不只是技术性知识,还要包括写作、表达、合作、全球视野等宽泛的才能,纯粹技术教育会使学生变得知识匮乏"。

"刚入门的学生不能为了创业而辍学。"北京大学校务委员会副主任、汇丰商学院院长海闻指出,社会应鼓励学生通过在企业实习来达到接触社会的目的,应建立更多的产、学、研基地提升学生的能力。

中国高等教育应如何发展?海闻建议,政府应给予大学更多自主权,逐步去行政化;学校行政减少管理思维,更多服务于研究和教学;要平衡好培养创新人才和照顾教育公平的关系。姜斯宪则建议尽快建立现代大学制度,通过协议授权让大学自主发展。

管理技能分析

为了更好地使高校教师员工们为变革做好准备,管理者们可以做哪些具体的事情?组织文化如何适应高校变革的需要?

管理技能应用

自己选择一所感兴趣的大学,判断该大学对环境变化的应变能力。

第一节　组织文化概述

一、组织文化的含义

什么是组织文化?中外学者至今还没有一个统一的看法。尽管如此,组织文化是一种反映组织特色、支配员工行为的价值观念和价值观念体系,这一点是公认的。

组织文化是指组织全体成员共同接受的价值观念、行为准则、团队意识、思维方式、工作作风、心理预期和团体归属感等群体意识的总称。

大量研究表明,下面十一个方面描述了组织文化的基本特征。

(1) 控制的程度。用于监督和控制组织成员行为的规章制度的多少及直接控制的程度。

(2) 结果导向程度。组织注重目标实现和业绩,而不是行为过程的程度。

(3) 管理者与员工的关系。是否与下属进行沟通,是否帮助和支持下属的工作。

(4) 对员工的看法。是否信任员工。

(5) 风险承受。是否鼓励员工开拓与创新。

(6) 冲突的宽容度。是否允许员工发表不同意见和公开批评。

(7) 沟通模式。组织信息传递是否受正式权力的限制。

(8) 团队意识。工作活动围绕团队组织还是围绕个人组织。

(9) 协作意识。是否鼓励组织成员协调一致地工作。

(10) 奖励的指向。员工认同组织整体,还是他们各自的专业领域。

（11）系统的开放性。组织是否掌握外界环境变化，并及时对这些变化做出反应。

根据对一个组织以上方面的描述，就可以大致勾画出该组织的文化特征。

组织文化的核心内容是组织的价值观，它为组织员工提供了一种共同意识，以及日常行为的指导方针。组织文化通过以价值观为核心的文化意识观念，说服、感染、诱导、约束组织成员，把全体成员凝聚在一起，最大限度地调动成员的积极性和创造性，为组织的发展和效率提供动力。这就是组织文化的精髓。

管理实例 9-1

惠普敞开式办公室

美国惠普公司创造了一种独特的"周游式管理办法"，鼓励部门负责人深入基层，直接接触广大职工。为此目的，惠普公司的办公室布局采用美国少见的"敞开式大房间"，即全体人员都在一间敞厅中办公，各部门之间只有矮屏分隔，除少量会议室、会客室外，无论哪级领导都不设单独的办公室，同时不称头衔，即使对董事长也直呼其名。这样有利于上下左右通气，创造无拘束和合作的气氛。

二、组织文化的基本特征

组织文化本质上属于"软文化"管理的范畴，是组织的自我意识所构成的文化体系。组织文化是整个社会文化的重要组成部分，既有社会文化和民族文化的共同属性，也有自己的不同特点。

（一）组织文化的意识性

大多数情况下，组织文化是一种抽象的意识范畴，它作为组织内部的一种资源，应属于组织的无形资产之列。它是组织内一种群体的意识现象，是一种意念性的行为取向和精神观念，但这种文化的意识性特征并不否认它总是可以被概括性地表述出来。

（二）组织文化的系统性

组织文化由共享价值观、团队精神、行为规范等一系列内容构成一个系统，各要素之间相互依存、相互联系。因此，组织文化具有系统性。同时，组织文化总是以一定的社会环境为基础的，是社会文化影响渗透的结果，并随社会文化的进步和发展而不断地调整。

（三）组织文化的凝聚性

组织文化总可以向人们展示某种信仰与态度，它影响着组织成员的处世哲学和世界观，而且也影响着人们的思维方式。因此，在某一特定的组织内，人们总是为自己所信奉的哲学所驱使，它起到了"黏合剂"的作用。良好的组织文化同时意味着良好的组织气氛，它能够激发组织成员的士气，有助于增强群体凝聚力。

（四）组织文化的导向性

组织文化的深层含义是，它规定了人们行为的准则与价值取向。它对人们行为的产生有着最持久、最深刻的影响力。因此,组织文化具有导向性。英雄人物往往是组织价值观的人格化和组织力量的集中表现,它可以昭示组织内提倡什么样的行为,反对什么样的行为,使自己的行为与组织目标的要求相互匹配。

(五) 组织文化的可塑性

某一组织的组织文化并不是生来具有的,而是通过组织生存和发展过程中逐渐总结、培育和积累而形成的。组织文化是可以通过人为的后天努力加以培育和塑造的,而对于已形成的组织文化也并非一成不变,是会随组织内外环境的变化而加以调整的。

(六) 组织文化的长期性

长期性是指组织文化的塑造和重塑的过程需要相当长的时间,而且是一个极其复杂的过程,组织的共享价值观、共同精神取向和群体意识的形成不可能在短期内完成,在这一创造过程中,涉及调节组织与其外界环境相适应的问题,也需要在组织内部的各个成员之间达成共识。

管理实例 9-2

V 形 飞 雁

大雁有一种合作的本能,它们飞行时都呈 V 形。这些雁飞行时定期变换领导者,因为为首的雁在前面开路,能帮助它两边的雁形成局部的真空。科学家发现,雁以这种形式飞行,要比单独飞行多出 12% 的距离。

三、组织文化的结构

(一) 组织文化的三个层次

组织文化的结构划分有多种观点。从文化角度出发,可将组织文化分为三个层次:一是物质层;二是制度层;三是精神层(见图 9-1)。我国学者基本上持此观点。

认识组织文化的构成以及各个部分之间的相互关系,是把握组织文化内在规律、主动建设组织文化的前提。下面从组织文化的三个层面对具体的内容加以阐述。

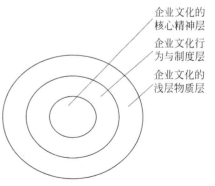

1. 物质层文化

物质层文化是组织文化的表层部分,它是一种以物质形态为主要研究对象的表层组织文化,是形成组织文化精神层和制度层的条件。优秀的组织文化是通过重视产品的开发、服务的质量、产品的信誉

图 9-1　组织文化的三个层次

和组织生产环境、生活环境、文化设施等物质现象来体现的。物质层文化是组织文化中最

表层的部分,组织内外的人们都可以通过这些实体性的载体直接感受组织的文化特色。物质层文化是人们接受与认识组织文化的一个主要方式。

2. 制度层文化

制度层文化是组织文化的中间层次,把组织物质文化和组织精神文化有机地结合成一个整体。制度层文化主要是指对组织和成员的行为产生规范性、约束性影响的部分,是具有组织特色的各种规章制度、道德规范和员工行为准则的总和。它集中体现了组织文化的物质层和精神层对成员和组织行为的要求。制度层文化规定了组织成员在共同的生产经营活动中应当遵守的行为准则,主要包括组织领导体制、组织机构和组织管理制度三个方面。

3. 精神层文化

精神层文化是组织在长期实践中所形成的员工群体心理定式和价值取向,是组织的道德观、价值观即组织哲学的综合体现和高度概括,反映全体员工的共同追求和共同认识。组织精神文化是组织价值观的核心,是组织优良传统的结晶,是维系组织生存发展的精神支柱。精神层文化主要是指组织的领导和成员共同信守的基本信念、价值标准、职业道德和精神风貌。精神层是组织文化的核心和灵魂。

组织文化的这三个层次所包含的具体内容见图 9-2。

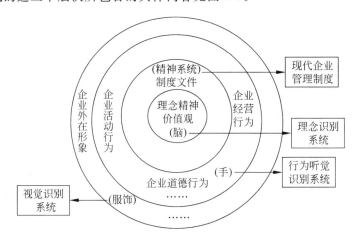

图 9-2　组织文化各层次的具体内容

(二)组织文化各层次间的关系

物质层、制度层、精神层由外到内的分布,形成了组织文化的结构。这种结构不是静止的,他们之间存在着相互联系和作用。

1. 精神层决定了制度层和物质层

精神层是组织文化中相对稳定的层次,它的形成是受社会、政治、经济、文化以及本组织的实际情况所影响的。精神层一经形成,就处于比较稳定的状态。精神层是组织文化的决定因素,有什么样的精神层就有什么样的制度层和物质层。

2. 制度层是精神层和物质层的中介

精神层直接影响到制度层,并通过制度层而影响物质层,因此,制度层是精神层和物质层的中介。规章制度和行为准则的推行过程中,组织的领导和员工会创造出一定的工作环境、文化设施等,从而形成独特的物质层。制度层的中介作用,使得许多卓越的组织都非常重视制度层的建设,使它成为本组织的重要特色。

3. 物质层和制度层是精神层的体现

精神层虽然决定着物质层和制度层,但精神层具有隐性的体现,它隐藏在显性内容的后面,它必须通过一定的表现形式来体现。就领导者和全体员工来说,他们的精神活动也必须付诸实践。因此,组织文化的物质层和制度层就是精神层的体现和实践。当我们看到一个组织的工作环境、文化设施、规章制度,就可以想象出该组织的文化精髓。许多成功的组织十分重视组织文化中物质层和制度层的建设,明确组织的特征和标志,完善组织制度的建设和规范的形成,从而以文化的手段激发员工的自觉性,实现组织目标。

管理实例 9-3

没有吃完的牛排

素有"经营之神"之称的日本松下电器总裁松下幸之助有一次在一家餐厅招待客人,一行六个人都点了牛排。等六个人都吃完主餐,松下让助理去请烹调牛排的主厨过来,他还特别强调:"不要找经理,找主厨。"助理注意到,松下的牛排只吃了一半,心想一会的场面可能会很尴尬。

主厨来时很紧张,因为他知道请自己的客人来头很大。"是不是牛排有什么问题?"主厨紧张地问。"烹调牛排,对你已不成问题,"松下说,"但是我只能吃一半。原因不在于厨艺,牛排真的很好吃,你是位非常出色的厨师,但我已80岁了,胃口大不如前。"

主厨与其他的五位用餐者困惑得面面相觑,大家过了好一会才明白怎么一回事。"我想当面和你谈,是因为我担心,当你看到只吃了一半的牛排被送回厨房时,心里会难过。"

四、组织文化的作用

由于组织文化涉及分享期望、价值观念和态度,它对个体、群体及组织都有影响。组织文化除了提供组织的身份感之外,还有稳定感。具体来说,组织文化有以下几个方面的作用。

(一)凝聚员工

传统的科学管理法或科学管理职能约束住员工的行为,但不能赢得员工的心。而强有力的组织文化,却能成为激发员工积极性、使员工全心全意工作的动力。在一个富有凝聚力的组织文化中,组织价值观念深入人心,员工把组织当成自己的家,愿意为了组织目标共同努力,贡献自己的力量,使得员工和组织融为一体。

组织文化能从根本上改变员工的旧有价值观念,建立起新的价值观念,使之适应组织正常实践活动的需要。一旦组织文化所提倡的价值观念和行为规范被接受和认同,成员就会做出符合组织要求的行为选择,倘若违反了组织规范,就会感到内疚、不安或者自责,会自动修正自己的行为。从这个意义上说,组织文化具有很强的整合作用。

(二)提升绩效

德鲁克说过:"企业的本质,即决定企业性质的最重要的原则,是经济绩效。"如果组织文化不能对企业绩效产生影响,那么也就凸显不出它的重要性了,我们知道组织文化在组织内部整合方面确实发挥着积极作用,但是它是否能够提高企业的经济效益呢?答案是肯定的。

瑞士洛桑国际管理学院(IMD)对企业国际竞争力的研究显示,组织文化与企业管理竞争力的相关系数最高,为 0.946。

科特和赫斯科特经过研究认为:①组织文化对企业长期经营业绩有着重大的作用;②组织文化在下一个 10 年内很可能成为决定企业兴衰的关键因素;③对企业良好的长期经营业绩存在负面作用的组织文化并不罕见,这些组织文化容易滋生、蔓延,即便在那些汇集了许多通情达理、知识程度高的人才的企业中也是如此;④组织文化尽管不易改变,但它们完全可以转化为有利于企业经营业绩增长的组织文化。

(三)完善组织

组织在不断的发展过程中所形成的文化积淀,通过无数次的辐射、反馈和强化,会不断地随着实践的发展而更新和优化,推动组织文化从一个高度向另一个高度迈进。也就是说,组织文化不断地深化和完善一旦形成良性循环,就会持续地推动组织本身的上升发展;反过来,组织的进步和提高又会促进组织文化的丰富、完善和升华。国内外成功组织和企业的事实表明,组织的兴旺发达总是与组织文化的自我完善分不开的。

(四)塑造产品

组织文化作为一种人类的创造物,它最好的表现形态是企业的产品。当企业的产品都浸润了组织文化时,其产品的生命力将会是其他任何企业不可以相提并论的。组织文化对于塑造企业产品有极为重要的作用,企业依据组织文化进行产品设计、生产和销售,只有符合企业文化的产品才能在市场上立足立稳。反过来,企业产品的畅销则会使消费者进一步了解企业的组织文化,这是一种相互促进和发展的关系。

管理实例 9-4

手 不 释 卷

赵匡胤虽是一员武将,却很喜爱读书,常手不释卷。他跟从周世宗平江淮(今淮河流域)时,有人向周世宗告密说,他用几辆车运载自己的私物,其中都是财宝。世宗派人去检查,车中却只有几千卷书籍。

世宗问他:"你是武将,要书有什么用!"

赵匡胤回答说:"我没有好的计谋贡献给陛下,只能多读些书以增加自己的见识。"

赵匡胤称帝后,也很尊重和重用读书人。有一次,他遇到一个疑难问题,问宰相赵普,赵普回答不出。再问读书人,学士陶毂、窦仪准确地回答出了,赵匡胤深有体会地说:"宰相须用读书人!"

对于读书不多的文臣武将,赵匡胤也总是鼓励他们要多读书,以弥补自己的不足,赵普正是在他的鼓励下才变得手不释卷的。

赵匡胤用人不问资历。他一方面命令臣下要注意选拔有才能而缺少资历的人担当重任;另一方面自己也随时留心内外百官,见谁有什么长处和才能,他都暗暗地记在本子上。每当官位出缺,他就翻阅本子,选用适当的人去担任。这又使臣下都致力于提高自己。

第二节 组织文化建设

组织文化建设的一般流程包括以下五个步骤。

一、选择价值标准

组织价值观是组织文化的核心和灵魂,因此选择正确的组织价值观是塑造组织文化的首要战略问题。

选择组织价值观有两个前提。

(1)要立足于本组织的具体特点。不同的组织有不同的目的、环境、习惯和组成方式,由此构成千差万别的组织类型。必须准确地把握本组织的特点,选择适合自身发展的,广大员工和社会公众所认同和理解的组织价值观。

(2)要把握住组织价值观与组织文化各要素之间的相互协调。因为各要素只有经过科学的组合和匹配才能实现系统整体优化。

在此基础上,选择正确的组织价值标准要抓住四点。

(1)组织价值标准要正确、明晰、科学、具有鲜明特点。

(2)组织价值观和组织文化要体现组织的宗旨、管理战略和发展方向。

(3)要切实调查本组织员工的认可程度和接纳程度,使之与本组织员工的基本素质相契合。

(4)选择组织价值观要坚持群众路线,充分发挥群众的创造精神,认真听取群众的各种意见,并经过自上而下和自下而上的多层次反复,审慎地筛选出符合本组织特点又反映员工心态的组织价值观和组织文化模式。

二、强化员工认同

选择和确立了组织价值观、组织文化模式之后,就应把基本认可的方案通过一定的强化灌输,使其深入人心。

（1）充分利用一切宣传工具和手段。大张旗鼓地宣传组织文化的内容和要求,使之家喻户晓,人人皆知,以创造环境氛围。

（2）树立榜样人物。典型榜样是组织精神和组织文化的人格化身和形象缩影,能够以其特有的感染力、影响力和号召力为组织成员提供可以仿效的具体榜样,而组织人员也正是从英雄人物和典型榜样的精神风貌、价值追求、工作态度和言行表现之中深刻理解到组织文化的实质和意义。

（3）培训教育。有目的的培训与教育,能够使组织成员系统接受和强化认同组织所倡导的组织精神和组织文化。

三、提炼定格

（1）精心分析。在经过群众性的初步认同实践之后,应当将反馈回来的意见加以剖析和评价,详细分析和仔细比较实践结果与规划方案的差距,必要时可吸收有关专家和员工的合理化意见。

（2）全面归纳。在系统分析的基础上,进行合理的整理、归纳、总结和反思,采取去粗取精、去伪存真、由此及彼、由表及里的方法,删除那些落后的、不被员工认同的内容与形式,保留那些进步的、卓有成效的、为广大员工所接受的内容与形式。

（3）精练定格。把经过科学论证和实践检验的组织精神、组织价值观、组织文化,予以条理化、完善化、格式化,加以必要的理论加工和文字处理,用精练的语言表述出来。

四、巩固落实

（1）建立必要的制度。在组织文化演变为全体员工的习惯行为之前,要使每一位员工都能自觉主动地按照组织文化和组织精神的标准去行事,几乎是不可能的。即使在组织文化业已成熟的组织中,个别成员背离组织宗旨的行为也会经常发生。因此,建立某种奖优罚劣的规章制度是十分必要的。

（2）领导率先垂范。组织领导者在塑造组织文化的过程中起着决定性的作用,他本人的模范行为就是一种无声的号召和导向,会对广大的员工产生强大的示范效应。所以,任何一个组织如果没有组织领导者的以身作则,要想培育和巩固优秀的组织文化是非常困难的。这就要求组织领导者思想先进、作风正派、率先垂范,真正肩负起带领组织成员共建优秀组织文化的历史重任。

五、丰富发展

任何一种组织文化都是特定历史的产物,所以当组织的内外条件发生变化时,需要不失时机地调整、更新、丰富和发展组织文化的内容和形式。这既是一个不断淘汰旧文化特质和不断生成新文化特质的过程,也是一个认识与实践不断深化的过程,组织文化由此经过循环往复达到更高的层次。

管理实例 9-5

鞭　策

拿破仑在一次打猎的时候,看到一个落水男孩,一边拼命挣扎,一边高呼救命。这河面并不宽,拿破仑不但没有跳水救人,反而端起猎枪,对准落水者,大声喊道:"你若不自己爬上来,我就把你打死在水中。"那男孩见求救无用,反而增添了一层危险,便更加拼命地奋力自救,终于游上岸。

第三节　组织变革

组织变革又称为组织发展,是指由于组织环境的变化,影响组织目标的各种因素发生变化,从而导致组织模式、组织结构、组织关系的相应调整和变化。

当今时代组织所处环境的变化加剧,组织变革不仅是必要的,而且是必需的。组织变革有其环境动因,组织变革也常遭遇各种阻力,必须研究克服组织变革阻力的方法,实现组织发展。

管理实例 9-6

玻璃天花板效应

玻璃天花板效应是一种比喻,指的是设置一种无形的、人为的困难,以阻碍某些有资格的人(特别是女性)在组织中上升到一定的职位。

玻璃天花板一词出现于 1986 年 3 月 24 日的《华尔街日报》的"企业女性"的专栏当中,用来描述女性试图晋升到企业或组织高层所面临的障碍。

"天花板效应"是莫里森和其他人在 1987 年的一篇文章——《打破天花板效应:女生能够进入美国大企业的高层吗?》——中首先使用的概念。一年以后,玛里琳·戴维森和加里·库珀在其《打碎天花板效应》一书中也讨论了这个问题。

玻璃天花板效应的基本内涵为,女性或是少数族群没办法晋升到企业或组织高层并非是因为她们的能力或经验不够,或是不想要其职位,而是一些组织针对女性和少数族群在升迁方面设下障碍,这层障碍甚至有时看不到其存在。

因此,如果组织中的女性或少数族群想顺着职业生涯发展阶梯慢慢往上攀升,当快要接近顶端时,自然而然就会感觉到一层看不见的障碍阻隔在她们上面,所以她们的职位往往只能爬到某一阶段就不可能再继续上去了。

一、组织变革的动因

一般来说,组织变革的主要原因来自变化剧烈的内外部环境。

（一）外部环境的变化

1. 科技进步

科学技术不仅是组织提高效率的工具，也是组织结构以及整个组织得以形成的基础。组织所依赖的技术的发展，是形成组织变更的直接的推动力。

2. 外在竞争压力变化

任何一个组织都将面临一定形式与程度的外部竞争，外部竞争压力的变化，都将导致组织的变革。

（二）内部条件的变化

1. 组织目标的调整

组织目标是组织前进的方向，组织目标的调整必然引起组织的巨大变化。

2. 人员条件的变化

员工是一个组织中最为重要与活跃的因素，员工条件、构成的改变自然会引起组织的变革。

3. 管理条件的变化

管理条件的变化包括实行计算机辅助管理，实行优化组合等。例如，引进新的设备之后，就要求加强技术服务部门的力量，对技术、生产、营销等部门做出调整。

4. 组织本身成长的要求

组织处于不同的生命周期时，对组织结构的要求也各不相同。如小企业成长为中型或大型企业，单一品种企业成长为多品种企业，单厂企业成为企业集团等。

管理实例 9-7

索尼的内部跳槽

有一天晚上，索尼董事长盛田昭夫按照惯例走进职工餐厅与职工一起就餐、聊天。他多年来一直保持着这个习惯，以培养员工的合作意识和与他们的良好关系。

这天，盛田昭夫忽然发现一位年轻职工郁郁寡欢，满腹心事，闷头吃饭，谁也不理。于是，盛田昭夫就主动坐在这名员工对面，与他攀谈。几杯酒下肚之后，这个员工终于开口了："我毕业于东京大学，有一份待遇十分优厚的工作。进入索尼之前，对索尼公司崇拜得发狂。当时，我认为我进入索尼，是我一生的最佳选择。但是，现在才发现，我不是在为索尼工作，而是为科长干活。坦率地说，我这位科长是个无能之辈，更可悲的是，我所有的行动与建议都得科长批准。我自己的一些小发明与改进，科长不仅不支持，不解释，还挖苦我癞蛤蟆想吃天鹅肉，有野心。对我来说，这名科长就是索尼。我十分泄气，心灰意冷。这就是索尼？这就是我的索尼？我居然要放弃了那份优厚的工作来到这种地方！"

这番话令盛田昭夫十分震惊，他想，类似的问题在公司内部员工中恐怕不少，管理者应该关心他们的苦恼，了解他们的处境，不能堵塞他们的上进之路，于是产生了改革人事管理制度的想法。之后，索尼公司开始每周出版一次内部小报，刊登公司各部门的"求人广告"，员工可以自由而秘密地前去应聘，他们的上司无权阻止。另外，索尼原则上每隔两年就让员工调换一次工作,特别是对于那些精力旺盛、干劲十足的人才,不是让他们被动地等待工作,而是主动地给他们施展才能的机会。在索尼公司实行内部招聘制度以后,有能力的人才大多能找到自己较中意的岗位,而且人力资源部门可以发现那些"流出"人才的上司所存在的问题。

二、组织变革阻力的来源

在组织变革的过程中,不可避免地会遇到一定的阻力。组织变革的管理在一定程度上也就是要克服这些阻力,为组织扫清障碍。组织变革阻力的来源主要有以下几个方面。

(一)个体和群体方面的阻力

个体对待组织变革的阻力,主要是因为其固有的工作和行为习惯难以改变、就业安全需要、经济收入变化、对未知状态的恐惧以及对变革的认知存有偏差而引起的。群体对变革的阻力,可能来自于群体规范的束缚,群体中原有的人际关系可能因变革而受到改变和破坏,群体领导人物与组织变革发动者之间的恩怨、摩擦和利害冲突,以及组织利益相关群体对变革可能不符合组织或该团体自身的最佳利益的顾虑等。

(二)组织的阻力

来自组织层次的组织变革的阻力,包括现行组织结构的束缚、组织运行的惯性、变革对现有权利关系和资源分配格局所造成的破坏和威胁,以及追求稳定、安逸和确定性甚于革新和变化的保守型组织文化等,这些都可能是影响和制约组织变革的因素。

(三)外部环境的阻力

组织的外部环境条件也往往是形成组织变革的一个不可忽视的来源。全社会对变革发动者、推进者的期待和支持态度及相关的舆论何行动,以及企业特定组织文化在形成和发展过程中所根植的整个社会或民族的文化特征,这些都是重要的影响企业组织变革成败的力量。

管理实例 9-8

养在鸡笼里的鹰

一个人在高山之巅的鹰巢里,抓到了一只幼鹰,他把幼鹰带回家,养在鸡笼里。这只幼鹰和鸡一起啄食、嬉闹和休息。它以为自己是一只鸡。这只鹰渐渐长大,羽翼丰满了,主人想把它训练成猎鹰,可是由于终日和鸡混在一起,它已经变得和鸡完全一样,根本没有飞的愿望了。主人试了各种办法,都毫无效果,最后把它带到山顶上,一把将它扔了出去。这只鹰像块石头似的,直掉下去,慌乱之中它拼命地扑打翅膀,就这样,它终于飞了起来!

三、消除组织变革阻力的对策

组织变革过程是一个破旧立新的过程，在组织的变革中，克服阻力是相当重要的。

（一）做好变革的舆论准备工作

组织管理者应当运用多种途径、多种形式宣传变革，提高对于组织变革的认识，特别是对组织变革目标与可能产生的效益的认识。消除人们的疑虑、恐惧或者是不安。通过宣传、教育，改变员工的态度。

（二）为组织成员提供参与变革的机会

在最广泛范围内动员成员积极地参与组织的变革，提高支持变革的积极性。组织变革的措施、方案都应当有广大职工的参与。

（三）平衡利益，注意特殊情况处理

变革中不可避免地会影响一些人的利益，除了做好这些利益受损成员的思想工作之外，还应当注意利益的均衡，使改革中利益受损的人员减少到最小程度，受损的利益减少到最低程度。

（四）公平公开公正

变革过程是一个权益格局再调整的过程，应当坚持三公原则，得到员工的理解和支持。

（五）巩固变革成果

一项方向正确的变革，必须做好变革后的巩固工作。尽量缩短变革的不稳定阶段，使组织能尽快走上正轨。

四、组织变革的方法

关于组织变革的方法，管理学家们提出了多种模型，下面主要介绍勒温的三步模式。苛特·勒温认为，成功的组织变革应该遵循三个步骤：解冻→改变→再冻结。

（一）解冻

现状可以视为一种平衡状态，要打破这一平衡状态，必须克服个体阻力和群体从众压力，因此解冻是必要的。解冻可以通过下述三种方式来实现：①推动力，指引导行为脱离现状的力量；②约束力，指阻碍偏离现有平衡状态活动的力量；③以上两种方法的结合。

如果阻力极大，要想解冻成功，可同时运用两种方法：一是减少阻力；二是增加变革

方案的吸引力。如运用正面激励措施鼓励员工接受变革。也可以对员工进行个别咨询，倾听和澄清每一个员工所关注和担忧的问题。并且通过有力的证据证实阻碍变革是没有必要的，让员工认识到按现在的做法下去不可能达到希望的结果。为了做到这一点，一方面不能对旧的态度和行为进行强化和肯定；另一方面要使员工感到变革的迫切性。只有当员工自己认识到旧态度、旧行为实在不行，迫切要求变革，愿意接受新的东西，变革的实现才有可能。除此，还要创造一种心理上的安全感，扫除害怕失败、不愿变革的心理障碍，使员工感到变革安全，感到有能力进行变革。

（二）改变

指明改变的方向，实施变革，使员工形成新的态度和行为。这一步骤中，应该注意以下几个问题：第一，学习一种新观念、确立一种新态度的最有效方法之一就是看看其他人是如何做的，并真以这个人作为自己形成新态度和新行为的榜样，即对角色模范的认同；其次，由于职位的不同、工种的不同等，从角色模范学来的东西不能生搬硬套，必须从客观情况出发，对于多种信息加以选择，并需在复杂的环境中筛选出有关自己特殊问题的信息。勒温说，变革是个认知过程，它由获得新的概念和信息得以完成。但上述过程的完成的前提条件是员工有真正愿意变革的动机。

（三）再冻结

一项变革付诸实施，要想成功，需要重新冻结新形势，这样才能长时间维持它。如果不重新冻结，变革就可能是短命的。而员工也会试图回到以前的平衡状态，重新冻结的目标是通过对推动力和约束力二者进行平衡使状况更为稳定。即利用必要的强化方法使新的态度和行为方式固定下来，使之持久化。我们经常可以发现，引导形成新态度和新行为的方案在开头还很见效，但一旦受培训的人回到了老地方，从事原来的工作，效果就不能持久。这样，为了确保变革的稳定性，就需要注意以下几点：首先，要使职工有机会来检验新的态度和新的行为是否符合自己的具体情况。职工从自己的实际情况出发，开头可能只是学习角色模范的一小部分优点，虽然起步很小，我们应该给予强化，应当用鼓励的办法使之保持持久，切不能因为变革开始显得很微小、很缓慢，而操之过急，求全责备。其次，职工应当有机会检验与他有重要关系的其他成员是否都接受和肯定新的态度。我们知道，群体在强化一个人的态度和行为方面的作用是很大的，所以变革计划也应包括那些职工所处的群体，群体成员彼此强化新态度和行为，个人的新态度和新行为可以保持得更持久。

对于一项变革，企业中总存在着两种力量。一种是推动力，指有利于变革实现的力量，它能引发一种变化或使变化持续下去。另一种是阻力，它阻止变革的发生或变革的继续。为了强化推动力，削减阻力，勒温提出了力场分析法。即用力场分析的方法去分析企业中支持变革和反对变革的所有因素，采用图示的方法进行排队、分析比较其强弱，然后采取措施，通过增强支持因素和削弱反对因素的办法，推行变革。

管理实例 9-9

把所有经理的椅子靠背锯掉

麦当劳创始人雷·克罗克不喜欢整天坐在办公室里,大部分工作时间都用在"走动管理上",到所有各公司、部门走走、看看、听听、问问。麦当劳公司曾有一段时间面临严重亏损的危机,克罗克发现其中一个重要原因是公司各职能部门的经理有严重的官僚主义,习惯躺在舒适的椅背上指手画脚,把许多宝贵时间耗费在抽烟和闲聊上。于是克罗克想出一个"奇招",将所有经理的椅子靠背锯掉,并立即照办。开始很多人骂克罗克是个疯子,不久大家开始悟出了他的一番"苦心"。他们纷纷走出办公室,深入基层,开展"走动管理",及时了解情况,现场解决问题,终于使公司扭亏转盈。

复习思考题

1. 简述组织文化的含义。
2. 简述组织文化的结构。
3. 组织文化建设的途径有哪些?
4. 简述组织变革的方法。

技 能 训 练

技能训练 9-1

木 桶 理 论

组成木桶的木板如果长短不齐,那么木桶的盛水量不是取决于最长的那一块木板,而是取决于最短的那一块木板。

训练要求:

写一篇小论文,说明现代组织中是短板重要还是长板更重要?

技能训练 9-2

TCL 的企业文化

TCL 集团股份有限公司创办于 1981 年。经过 20 年的发展,TCL 集团现已形成了以王牌彩电为代表的家电、通信、信息、电工四大产品系列。特别是进入 20 世纪 90 年代以来,连续 12 年以年均 50% 的速度增长,是全国增长最快的工业制造企业之一。2001 年,TCL 集团销售总额 211 亿元,利润 7.15 亿元,税金 10.8 亿元,出口创汇 7.16 亿美元。2001 年 TCL 品牌价值 144 亿元,在全国知名品牌中排第 5 名。

TCL 的企业宗旨是"为顾客创造价值,为员工创造机会,为社会创造效益"。

"为顾客创造价值",这是 TCL 文化生生不息的价值根本,明确企业最重要的工作目标就是用高质量的产品、全方位的服务满足社会广大顾客的需求,通过卓有成效的工作,让更多的顾客认同 TCL 产品和服务的价值。这就要求 TCL 人在生产经营的每一个环节,都必须把顾客的需求放在第一位。

"为员工创造机会",这是 TCL 文化生生不息的动力源,明确员工既为手段又为目的。TCL 要建立一个科学、公平的员工考核和价值评价体系,建立员工教育和培训制度,建立合理的薪酬和福利制度,使员工在企业能获得更好的成长和发展机会,实现自己的事业追求,同时也获得合理的回报和生活福利保障。

"为社会创造效益",这是 TCL 文化生生不息的生态链。TCL 是国有控股企业,企业所创造的效益,在更大程度上是为社会创造效益,是为国家经济的振兴、为民族工业的发展尽力尽责,这是所有 TCL 人的使命。

TCL 倡导的企业精神是"敬业,团队,创新"。

"敬业"是鼓励为事业而献身的精神,这种敬业实质上是 TCL 过去"艰苦拼搏"精神的延续;追求更高的工作目标,勇于承担工作责任,掌握更好的工作技能,培养踏踏实实和精益求精的工作作风。

"团队"是要求企业内部要有协作和配合的精神,营造企业和谐健康的工作环境,员工不但要对自己的工作负责,同时也对集体的工作负责,对整个企业负责,提倡员工间互相鼓励、互相关心和帮助。

"创新"精神一直是 TCL 高速发展的重要动力,创新包涵了"开拓"的内涵。

TCL 提出的企业经营目标、宗旨、精神,构成了一个相互支撑的企业文化体系。

训练要求:

(1) 写一份报告,结合案例谈谈你对企业文化在企业管理中的作用的看法。

(2) TCL 的文化是如何体现组织文化的基本特征的?

案例分析

案例分析 9-1

生生不息的华为文化

华为成立于 1988 年,经过多年的艰苦创业,华为建立了良好的组织体系和技术网络,市场覆盖全国,并延伸到世界各地。在发展过程中,华为一直坚持以"爱祖国、爱人民、爱公司"为主导的企业文化,发展民族通信产业。

目前,华为在大容量数字交换机、商业网、智能网、用户接入网、SDH 光传输、无线接入、图像多媒体通信、宽带通信、高频开关电源、监控工程、集成电路等通信领域的相关技术上,形成一系列突破,研制了众多拳头产品。华为的无线通信、智能网设备和

SDH 光传输系统已经大批量装备我国的通信网。华为不仅在经济领域取得了巨大发展,而且形成了强有力的企业文化。因为华为人深知,文化资源生生不息,在企业物质资源十分有限的情况下,只有靠文化资源,靠精神和文化的力量,才能战胜困难,获得发展。

1. 民族文化、政治文化企业化

华为人认为,企业文化离不开民族文化与政治文化,中国的政治文化就是社会主义文化,华为把共产党的最低纲领分解为可操作的标准,来约束和发展企业高中层管理者,以高中层管理者的行为带动全体员工的进步。华为管理层在号召员工向雷锋、焦裕禄学习的同时,又奉行绝不让"雷锋"吃亏的原则,坚持以物质文明巩固精神文明,以精神文明促进物质文明来形成千百个"雷锋"成长且源远流长的政策。华为把实现先辈的繁荣梦想,民族的振兴希望,时代的革新精神,作为华为人义不容辞的责任,铸造华为人的品格。坚持宏伟抱负的牵引原则、实事求是的科学原则和艰苦奋斗的工作原则,使政治文化、经济文化、民族文化与企业文化融为一体。

2. 双重利益驱动

华为人坚持为祖国昌盛、为民族振兴、为家庭幸福而努力奋斗的双重利益驱动原则。这是因为,没有为国家的个人奉献精神,就会变成自私自利的小人。随着现代高科技的发展,决定了必须坚持集体奋斗不自私的人,才能结成一个团结的集体。同样,没有促成自己体面生活的物质欲望,没有以劳动来实现欲望的理想,就会因循守旧,故步自封,进而滋生懒惰。因此,华为提倡欲望驱动,正派手段,使群体形成蓬勃向上、励精图治的风尚。

3. 同甘共苦,荣辱与共

团结协作、集体奋斗是华为企业文化之魂。成功是集体努力的结果,失败是集体的责任,不将成绩归于个人,也不把失败视为个人的责任,一切都由集体来共担,"官兵"一律同甘共苦,除了工作上的差异外,华为人的高层领导不设专车,吃饭、看病一样排队,付同样的费用。在工作和生活中,上下平等,不平等的部分已用工资形式体现了。华为无人享受特权,大家同甘共苦,人人平等,集体奋斗,任何个人的利益都必须服从集体的利益,将个人努力融入集体奋斗之中。自强不息,荣辱与共,"胜则举杯同庆,败则拼死相救"的团结协作精神在华为得到了充分体现。

4. "华为基本法"

从 1996 年年初开始,华为公司开展了"华为基本法"的起草活动。"华为基本法"总结、提升了公司成功的管理经验,确定华为二次创业的观念、战略、方针和基本政策,构筑公司未来发展的宏伟架构。华为人依照国际标准建设公司管理系统,不遗余力地进行人力资源的开发与利用,强化内部管理,致力于制度创新,优化公司形象,极力拓展市场,建立具有华为特色的企业文化。

问题:

(1)写一篇报告,总结华为文化的精神导向。

(2)华为文化为什么能生生不息?

案例分析 9-2

西南航空公司的企业文化

美国西南航空公司创建于 1971 年,当时只有少量顾客、几只包袋和一小群焦急不安的员工,现在已成为美国第六大航空公司,拥有 1.8 万名员工,服务范围已横跨美国 22 个州的 45 个大城市。

1. 总裁用爱心管理公司

现任公司总裁和董事长的赫伯·凯勒是一位传奇式的创办人,他用爱心(LUV)建立了这家公司。LUV 说明了公司总部设在达拉斯的友爱机场,LUV 也是他们在纽约上市股票的标志,又是西南航空公司的精神。这种精神从公司总部一直感染到公司的门卫、地勤人员。

当踏进西南航空公司总部大门时,你就会感受到一种特殊的气氛。一个巨大的、敞顶的三层楼高的门厅内,展示着公司历史上值得纪念的事件。当你穿越欢迎区域,进入把办公室分列两侧的长走廊时,你就会沉浸在公司为员工举行庆祝活动的气氛中——令人激动地布置着有数百幅配有镜架的图案,镶嵌着成千上万张员工的照片,歌颂内容有公司主办的晚会和集体活动、垒球队、社区节目以及万圣节、复活节。早期员工们的一些艺术品,连墙面到油画也巧妙地穿插在无数图案中。

2. 公司处处是欢乐和奖品

你到处可以看到奖品,饰板上用签条标明心中的英雄奖、基蒂霍克奖、精神胜利奖、总统奖和幽默奖(这张奖状当然是倒挂着的),并骄傲地写上了受奖人的名字。你甚至还可以看到"当月顾客奖"。

当员工们轻松地迈步穿越大厅过道,前往自己的工作岗位,到处洋溢着微笑和欢乐,谈论着"好得不能再好的服务""男女英雄"和"爱心"等。公司制定的"三句话训示"挂满了整个建筑物,最后一行写着:"总之,员工们在公司内部将得到同样的关心、尊敬和爱护,也正是公司盼望他们能和外面的每一顾客共同分享。"好讲挖苦话的人也许会想:是不是走进了好莱坞摄影棚里? 不! 不! 这是西南航空公司。

这里有西南航空公司保持热火朝天的爱心精神的具体事例:在总部办公室内,每月作一次空气过滤,饮用水不断循环流动,纯净得和瓶装水一样。

节日比赛丰富多彩。情人节那天有最高级的服装,复活节有装饰考究的节日彩蛋,还有女帽竞赛,当然还有万圣节竞赛。每年一度规模盛大的万圣节到来时,他们把总部大楼全部开放,让员工们的家属及附近小学生们都参加"恶作剧或给点心"游戏。

公司专为后勤人员设立"心中的英雄"奖,其获得者可以把本部门的名称油漆在指定的飞机上作为荣誉,为期一年。

3. 透明式管理

如果你要见总裁,只要他在办公室,你可以直接进去,不用通报,也没有人会对你说:"不,你不能见他。"

每年举行两次"新员工午餐会",领导们和新员工们直接见面,保持公开联系。领导向新员工们提些问题,例如:"你认为公司应该为你做的事情都做到了吗?""我们怎样做才能做得更好些?""我们怎样才能把西南航空公司办得更好些?"员工们的每项建议,在30天内必能得到答复。一些关键的数据,包括每月载客人数、公司季度财务报表等,员工们都能知道。

"一线座谈会"是一个全日性的会议,专为那些在公司里已工作了十年以上的员工而设的。会上副总裁们对自己管辖的部门先做概括介绍,然后公开讨论。题目有:"你对西南航空公司感到怎样?""我们应该怎样使你不断前进并保持动力和热情?""我能回答你一些什么问题?"

4. 领导是朋友又是亲人

当你看到一张赫伯和员工们一起拍的照片时,他从不站在主要地方,总是在群众当中。赫伯要每个员工知道他不过是众员工之一,是企业合伙人之一。

上层经理们每季度必须有一天参加第一线实际工作,担任订票员、售票员或行李搬运工等。"行走一英里计划"安排员工们每年一天去其他营业区工作,以了解不同营业区的情况。旅游鼓励了所有员工参加这项活动。

为让员工们对学习公司财务情况更感兴趣,西南航空公司每12周给每位员工寄去一份"测验卡",其中有一系列财务上的问句。答案可在同一周的员工手册上找到。凡填写测验卡并寄回全部答案的员工都登记在册,有可能得到免费旅游。

这种爱心精神在西南航空公司内部闪闪发光,正是依靠这种爱心精神,当整个行业在赤字中跋涉时,他们连续22年有利润,创造了全行业个人生产率的最高纪录。1999年有16万人前来申请工作,人员调动率低得令人难以置信,连续三年获得国家运输部的"三皇冠"奖,表彰他们在航行准时、处理行李无误和客户意见最少三方面取得的最佳成绩。

问题:

(1)西南航空公司的企业文化是什么?

(2)赫伯在创建西南航空公司的企业文化中起到了什么作用?

第十章 人力资源管理

 学习目标

1. 了解并列举人力资源计划的任务
2. 掌握人力资源计划的编制流程
3. 了解人力资源配备的概念
4. 掌握人力资源配备的过程
5. 掌握主管人员的选聘
6. 了解选聘的程序和方法
7. 掌握主管人员考评的方式和方法
8. 了解人员培训的途径与方式
9. 掌握并评价绩效评估的目的或功能
10. 掌握绩效评估的原则与方法

 本章引言

　　某公司是一家专门提供移动通信网络整体解决方案的高科技公司,多年来,公司凭借领先的科技实力,取得了良好的效益,目前已是通信产业的领航人。公司高层管理者充分认识到,作为新兴高科技产业,只有迅速提高员工的素质,才能在未来的通信产业立于不败之地。因此,近年来该公司与颇具知名度的培训公司合作,组织了几次大型员工培训。

　　小李在参加技能培训前向培训负责人反映:"新机器比我原来操作的那台复杂多了,并且在操作时总是出错。"负责人说:"也许你尚未完全掌握要领,而我们提供的这次培训就是帮助你胜任这项工作的。"然而,培训后的小李却满是疑问:"可是在培训中演练的那台机器与我的这台新家伙完全不同呀!"

　　另有技术骨干小张反映:"直属上司似乎并不支持我来参加培训,在培训期间不断布置新任务,我根本没有精力,也无法静下心来上课。"

　　除了技术类的培训,公司还为中高层管理人员安排了MBA课程。可培训还没开始,大批老员工就声明不参加培训,他们觉得没什么好培训的。要么推说工作忙,要么干脆请

病假。另一些员工也只是本着完成任务的态度,有的甚至认为:"无非是走个过场,就当放几天假,休息一下好了。"

最后的结果是,公司钱投了不少,培训效果却都不理想。

管理技能分析

该公司的培训效果为什么不理想?你是否愿意到一家提供良好的员工培训项目的公司去工作呢?为什么?

管理技能应用

你认为一个人的管理技能应该通过哪些途径获得?

第一节 人力资源计划

一、人力资源计划的任务

人力资源(human resources)是经济资源的一种,是指一定范围内的人口中所具有劳动能力的人口总和,是作为劳动力的个体所拥有的体能与智能在生产或服务过程中创造价值的能力,并以劳动者的数量和质量表现出来的资源。

人力资源计划又称人力资源规划(human resources plan),是组织的管理层为确保实现组织的总体目标和实施组织的发展战略,根据组织内外环境和条件的变化,运用科学的方法对组织当前及未来的人力资源需求状况、组织内部人力资源供给状况的预测和分析。

人力资源计划的任务包括以下几个部分。

(一)系统评价组织中人力资源的需求量

人力资源计划就是要使组织内外人员的供给与一定时期组织内部预计的需求一致。人力资源的需求量主要是根据组织中职务的数量和类型来确定的。职务数量指出了每种类型的职务需要多少人,职务类型指出了组织需要具备什么技能的人。一个组织在进行了组织设计之后,需要把组织的需求与组织内部现有人力资源状况进行动态对比,并找出预计的差距。

(二)选配合适的人员

组织中的员工总是随着内外环境的不断变化而变动的。为了确保担任职务的人员具备职务所要求的基本知识和技能,必须对组织内外的候选人进行筛选。这就必须研究和使用科学的人力资源管理办法,使组织中所需要的各类人才得以及时补充。

(三)制订和实施人员培训计划

培训既是为了适应组织内部变革和发展的要求,也是为了提高员工素质,实现员工个人生涯发展的要求。要使组织中的成员、技术、活动、环境等要素能更好地适应环境,就必须运用科学的方法,有计划、有组织、有重点、有针对性地对员工进行全面培训,以培养和储备适应未来要求的各级人才。

管理实例 10-1

所 长 无 用

有个鲁国人擅长编草鞋,他妻子擅长织白绢。他想迁到越国去。友人对他说:"你到越国去,一定会贫穷的。""为什么?""草鞋是用来穿着走路的,但越国人习惯赤足走路;白绢是用来做帽子的,但越国人习惯披头散发。凭着你的长处,到用不到你的地方去,这样,要使自己不贫穷,难道可能吗?"

二、人力资源计划的编制流程

一般来说,一个组织的人力资源计划的编制要经过以下五个步骤。

(一)预测和规划本组织未来人力资源的供给状况

通过对本组织内部现有各种人力资源的认真测算,并对照本组织在某一定时期内人员流动的情况,即可预测出本组织在未来某一时期里可能提供的各种人力资源状况。

1. 对本组织内现有的各种人力资源进行测算

测算的具体内容包括:各种人员的年龄、性别,工作简历和教育、技能等方面的资料;目前本组织内各个工作岗位所需要的知识和技能以及各个时期中人员变动的情况;雇员的潜力、个人发展目标以及工作兴趣爱好等方面的情况;有关职工技能——包括其技术、知识、受教育、经验、发明、创造以及发表的学术论文或所获专利等方面的信息资料。

2. 分析组织内人力资源流动的情况

一个企业组织中现有职工的流动可能有这样几种情况:第一,滞留在原来的工作岗位上;第二,平行岗位的流动;第三,在组织内的提升或降职更动;第四,辞职或被开除出本组织(流出);第五,退休、工伤或病故。

(二)对人力资源的需求进行预测

根据组织的战略目标来预测本组织在未来某一时期对各种人力资源的需求,对人力资源需求的预测和规划可以根据时间的跨度而相应地采用不同的预测方法。

(三)进行人力资源供需方面的分析比较

把本组织人力资源需求的预测数与在同期内组织本身仍可供给的人力资源数进行对比分析。从比较分析中可测算出对各类人员的所需数,为组织制订有关人力资源相应的政策和措施提供了依据。

(四)制订有关人力资源供需方面的政策和措施

在经过人力资源供给测算和需求预测比较的基础上,组织即应制订相应的政策和措施,并将有关的政策和措施呈交最高管理层审批。

（1）制订解决人力资源需求的政策与措施。

（2）制订解决内部资源过剩的办法与措施。

三、人力资源计划制定的原则

（一）充分考虑内部、外部环境的变化

人力资源计划只有充分地考虑了内、外部环境的变化,才能适应需要,真正做到为企业发展目标服务。内部变化主要指销售的变化、开发的变化,或者说企业发展战略的变化,还有公司员工的流动变化等;外部变化是指社会消费市场的变化、政府有关人力资源政策的变化、人才市场的变化等。为了更好地适应这些变化,在人力资源计划中应该对可能出现的情况做出预测和风险变化,最好能有面对风险的应对策略。

（二）确保企业的人力资源保障

企业的人力资源保障问题是人力资源计划中应解决的核心问题。它包括人员的流入预测、流出预测、人员的内部流动预测、社会人力资源供给状况分析、人员流动的损益分析等。只有有效地保证了对企业的人力资源供给,才可能进行更深层次的人力资源管理与开发。

（三）使企业和员工都得到长期的利益

人力资源计划不仅是面向企业的计划,也是面向员工的计划。企业的发展和员工的发展是互相依托、互相促进的关系。如果只考虑企业的发展需要,而忽视了员工的发展,则会有损企业发展目标的达成。优秀的人力资源计划,一定是能够使企业员工达到长期利益的计划,一定是能够使企业和员工共同发展的计划。

管理实例 10-2

跳　槽

A 对 B 说:"我要离开这家公司,我恨这家公司!"

B 建议道:"我举双手赞成你报复! 破公司一定要给它点颜色看看。不过你现在离开,还不是最好的时机。"

A 问:"为什么?"

B 说:"如果你现在走,公司的损失并不大。你应该趁着在公司的机会,拼命去为自己拉一些客户,成为公司独当一面的人物,然后带着这些客户突然离开公司,公司才会受到重大损失,非常被动。"

A 觉得 B 说得非常在理,于是努力工作。事遂所愿,半年多的努力工作后,他有了许多忠实客户。

再见面时 B 问 A:"现在是时机了,要跳槽赶快行动哦!"

A淡然笑道:"老总跟我长谈过,准备升我做总经理助理,我暂时没有离开的打算了。"

第二节 人力资源配备

一、人力资源配备的概念

人力资源配备又称人员配备,是指为组织结构中的职位配备合适的人员,是对组织中全体人员的配备,既包括主管人员的配备,也包括非主管人员的配备。两者所采取的基本方法、遵循的基本原理是相同的。

人员配备不仅仅是人事部门的职责,也是各个层次主管人员的共同责任。

当组织人员短缺时,主管人员需要提出增加人员的申请;随后他还需要与应征者进行接触和面谈。主管人员还需要考核下级的工作,对他们的奖惩提出建议。

人员配备不仅仅包括选人(选聘)、评人(考评)和育人(培训),而且还包括有效地使用人员。

二、人力资源配备的过程

人力资源配备过程见图10-1。

人力资源配置就是通过考核、选拔、录用和培训,把符合企业发展需要的各类人才及时、合理地安排在所需要的岗位上。组织中的人员配备,是对既定的岗位,挑选合适的人员加以配置,并采取有力措施,实现员工与岗位的有效结合,同时,面对可能出现的矛盾不断进行调整,进而实现岗位目标。

目前主要有三种人力资源配置形式。

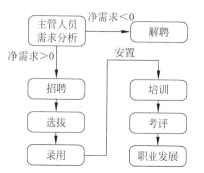

图 10-1 人力资源配备的过程

(一)人岗关系配置型

这种配置类型主要是通过人力资源管理过程中的各个环节来保证企业内各部门、各岗位的人力资源质量。它是根据员工与岗位的对应关系进行配置的一种形式。就企业内部来说,目前这种类型中的员工配置方式大体有以下几种:招聘、轮换、试用、竞争上岗、末位淘汰和双向选择。

(二)移动配置型

这是一种从员工相对岗位移动进行配置的类型。它通过人员相对上下左右岗位的移动来保证企业内的每个岗位人力资源的质量。这种配置的具体表现形式大致有三种：晋升、降职和调动。

（三）流动配置型

这是一种从员工相对企业岗位的流动进行配置的类型。它通过人员相对企业的内外流动来保证企业内每个部门与岗位人力资源的质量。这种配置的具体形式有三种：安置、调整和辞退。

管理实例 10-3

诱　　惑

某大公司准备以高薪雇用一名小车司机，经过层层筛选和考试之后，只剩下三名技术最好的竞争者。主考官问他们："悬崖边有块金子，你们开着车去拿，觉得能距离悬崖多近而又不至于掉落呢？""一米。"第一位说。"半米。"第二位很有把握地说。"我会尽量远离悬崖，愈远愈好。"第三位说。

结果这家公司录取了第三位。

第三节　主管人员的选聘

主管人员的选聘是人力资源管理部门采用科学的方法挑选或聘请合适的人员从事特定的管理工作的过程，其实质是寻求管理工作与人员之间的最佳配合。

主管人员的选聘是人员配备职能中最关键的一个步骤，因为这一工作的好坏，不仅直接影响到人员配备的其他方面，而且对整个管理过程的进行，乃至整个组织的活动，也都有着极其重要和深远的影响。

一、选聘的条件

个人素质和管理能力是选聘主管人员最重要的两个条件。

（一）个人素质

对于一个主管人员来说，个人素质如何是很重要的。法约尔提出，主管人员应具备以下几方面的个人素质。

（1）身体。健康、精力旺盛、行动敏捷。

（2）智力。理解和学习的能力、判断力、思维敏捷、专注。

（3）道德。有毅力、坚强、勇于负责任、有自知之明、自尊。

（4）一般文化。具有不限于从事智能范围的各方面知识，能写会算。

（5）专业知识。具有技术或商务，或财务，或管理等专业的职能知识。

（6）经验。从业务实践中获得的知识,这是人们从行动中吸取教训的记忆。

除以上六个方面之外,还有一个重要的方面,就是从事管理工作的欲望,即管理愿望。它是指人们希望从事管理工作的主观要求。一个主管人员的工作成效与他是否具有强烈的管理愿望成正比。

（二）管理能力

管理能力即完成管理活动的本领。美国管理学家哈罗德·孔茨认为,主管人员应该具备的管理能力包括以下四类。

（1）技术能力：指业务方面的知识及掌握的熟练程度。

（2）人事能力：指同员工共事的能力。它是组织协作、配合,以及创造一种能使其员工安心工作,并自由发表意见的环境的能力。

（3）规划决策能力：指遇到问题能从大处着眼,果断做出正确决策的能力。

（4）认识问题、分析问题与解决问题的能力。

总之,选聘主管人员时,要求个人素质与管理能力相结合,强调主管人员应具备这二者的综合结构。

管理实例 10-4

心　态

老和尚携小和尚游方,途遇一条河,见一女子正想过河,却又不敢过。老和尚便主动背该女子蹚过了河,然后放下女子,与小和尚继续赶路。小和尚不禁一路嘀咕：师父怎么了？竟敢背一女子过河？一路走,一路想,最后终于忍不住了,说：“师父,你犯戒了？怎么背了女人？”老和尚叹道：“我早已放下,你却还放不下！”

二、选聘的途径

选聘主管人员,既可以考虑从内部提升,也可以考虑从外部招聘。

（一）内部提升

内部提升即从组织内部选聘那些能够胜任的人员来充实组织中的各种空缺职位。

内部提升的优点在于：①组织对候选人比较了解；②候选人了解组织,能很快胜任工作；③为组织成员的工作变换提供了机会,有助于激励组织成员的进取心和士气；④使组织对组织成员的训练投资得到回收。

内部提升的缺点在于：①候选人供应有限；②可能造成“近亲繁殖”；③可能挫伤组织中没有得到提升的人的积极性。

（二）外部招聘

外部招聘即从组织外部设法得到组织急需的人员,特别是那些起关键性作用的人员。外部招聘可通过广告、就业服务机构、学校、组织成员推荐等途径来进行。

在实际工作中,通常采用内部提升与外部招聘相结合的途径,将从外部招聘来的人员先放在较低的职位上,然后根据其表现再进行提升。

三、选聘的程序和方法

选聘的具体程序应包括哪些步骤,这是随组织的规模和性质,以及空缺主管职位的重要性和要求的不同而不同的。不过在设计步骤时,应考虑到实施这些步骤的诸如时间、费用、实际意义以及难易程度等因素。

(一)内部选聘的主要程序

(1)初步筛选出可作为候选人的名单。

(2)通过申请表、面谈等方式获取有关候选人的参考资料。

(3)举行测验。通常的测验有四大类:①智力测验;②熟练程度和才能测验;③业务测验;④个性测验。

(4)体格检查。

(5)上级主管批准。

(二)评审中心

为了观察一个有可能担任主管人员的人在典型的主管岗位上将如何行动,评审中心通常是让候选人花3~5天的时间参加一系列的实习。这些实习内容包括以下几类。

(1)接受各种心理测验。

(2)参加一个组织的管理决策小组的活动。

(3)参加"抽签得分"练习,即要求他们处理一个主管人员在工作中可能面临的各种问题。

(4)参与讨论解决某些实际问题。

(5)就某一具体的问题向某一个人作简要的口头介绍,通常是向假定的上级推荐一种合适的行动方案。

(6)参加其他实习,例如草拟一份书面报告等。

进行实习期间,评审者观察他们的表现,并随时向他们提问。活动结束时,评审者要概括地对候选人的成绩做出鉴定,然后通过比较各位评审者所做的评价,共同对一个候选人是否适于担任主管人员做出结论,写出书面总结报告。

管理实例 10-5

田光慧眼识才,舍生取义励荆轲

隐居燕市、心怀庙堂的田光可谓识才的伯乐。荆轲初入燕国,凭借自己一贯的"养气"功夫,沉稳而理性地阻止了一场市井斗殴事件。田光对此十分赏识,于是热情邀请荆轲到自己家中,兴致盎然地和他谈论时势。

田光不愧为资深招聘专家,这个过程表面看来是"礼节性"的招待,实则是一场全方位的面试。第一,考察知识水平和社会经验,通过与荆轲谈论诸国风物、当前局势,田光认为荆轲是有见识与谋略的;第二,考察心性和意志力,田光故意忽略荆轲一整天未进米食,听饥肠辘辘的他讲见闻谈见解,直到午夜时分荆轲起身想告辞,田光才在一个仆从的耳语中恍然大悟般款待了他;这还不算,自那日的彻夜深谈后,田光将荆轲安置在馆邑里,便多日不与问津……这一切在常理看来,真是不可思议的失礼!然而这也正是田光的面试测评技术,因为他知道"筹划大计"这个岗位需要有胆识、有见地、有韧性、有骨气之人,深夜不予招待饭食、数日不以礼回访,都是对荆轲个人素质的深入测试,好在荆轲是具备这个岗位素质的人选,并真正赢得了这场面试的胜利。当他决定离开燕市的时候,也正是田光决定录取他的时候,于是派高渐离快马加鞭尊请回来,开始对他的进一步考察和培训。

日后与荆轲朝夕相处的日子里,田光通过使用人才来实现人力资本的增值。他更加仔细观察和培训他,并开始初步谋划强燕灭秦的战略与部署。田光向太子丹保荐荆轲后自刎,他用生命证明:我保荐的荆轲值得信任,可以委以重任!这个举动对荆轲来说,却成了终其一生的激励。田光的一句"田光已死,不虞泄密"的临终遗言,使得在荆轲无论后来官居燕国上卿的所作所为,还是在与燕国公主的爱情产生强烈的心理困惑时,他一直用田光之死来权衡取舍,甚至为使入秦都策划出现漏洞后,他拼死一搏,第一个念头都是:一定不能辜负对自己有知遇之恩的田光!直到结束了刺秦的壮举。如果我们不以成败论英雄,那么我们可以说,田光的牺牲达到了最高的诠释与荣光。

管理实例 10-6

两 只 龟

两只龟在田头一动不动,专家问老农,两只龟在干吗?老农:"它们在比耐力,谁先动谁就输。"专家指着龟壳上有甲骨文的龟说:"据我多年研究,这只龟已死五千多年了。"另一只龟伸出头说:"死了也不说一声,害老子在这干等!"刚说完话,带甲骨文的龟说话了:"你输了吧!靠,专家的话你也信!"

第四节 主管人员的考评与培训

一、主管人员考评的要求

(一)考评指标要客观

考评指标应尽可能定量化,保证考评结果能准确反映主管人员的工作绩效。

(二)考评方法要可行

考评方法要结合组织或企业性质和可利用的条件进行,避免片面考评。

（三）考评时间要适当

考评时间不能太早或太晚，可以按年度或季度考评，也可以依据组织或企业阶段目标的计划实现日期考评。

（四）考评结果要反馈

考评是控制工作的一环，考评结果要及时反馈，以进一步完善人力资源体系。

二、主管人员考评的方式和方法

（一）考评方式

1. 自我考评

自我考评就是主管人员根据组织的要求定期对自己的工作情况进行评价。

2. 上级考评

顾名思义，上级考评就是由上级对下级的绩效进行考评。

3. 群众考评

这里的群众包括除上级主管人员以外的所有人。

（二）考评的方法

1. 考试法

考试法分口试与笔试两种。

2. 强制分布法

强制分布法的具体做法是将被评对象事先从高到低分为不同的等级，然后将被评对象分别根据相对表现归入各个等级中。这样，员工中的表现差别就一目了然了。例如，某个单位要对所属员工进行考评，员工总数为 70 人，拟分为五个等级，分别是优秀（10％）、良好（20％）、一般（40％）、较差（20％）、很差（10％）。根据这个分类与数量划分，对所属的 70 名员工进行考评。

3. 因素评定法

所谓因素评定法，就是对影响员工业绩、行为、态度等的因素进行分析，在总结中给予每一种因素一个分值，然后对照评价员工在各项因素上的得分，最后加总计算得出总分。

4. 自我考评法

通过一些具体标准，每个自评者可以为自己选择一个合适的等级。

5. 对比法

对比法是一种相对考评方法。事先规定好考评的具体项目；将同一级主管人员编为一组；按事先规定的考评项目，人与人一项一项地进行对比，其记分方法是每人比较，胜者得 1 分，负者得 0 分；计算每个人的得分数；按优劣顺序排出名次。

管理实例 10-7

割草男孩的故事

一个替人割草打工的男孩打电话给一位陈太太说："您需不需要割草？"

陈太太回答说："不需要了，我已有了割草工。"

男孩又说："我会帮您拔掉花丛中的杂草。"

陈太太回答："我的割草工也做了。"

男孩又说："我会帮您把草与走道的四周割齐。"

陈太太说："我请的那人也已做了，谢谢你，我不需要新的割草工人。"

男孩便挂了电话，此时男孩的室友问他说："你不是就在陈太太那儿割草打工吗？为什么还要打这电话？"

男孩说："我只是想知道我做得有多好！"

三、考评要注意的问题

（一）制度化

考评工作应当制度化。通过制订与执行员工考评制度，不仅可以发挥考评的控制作用，而且还可以积累关于员工的人力资源的信息资料，为合理地开发人力资源提供第一手资料。要不断改进员工考评方法，提高考评的科学性。

（二）科学化

考评是员工管理中比较敏感、员工最为关注的工作之一。科学的方法和程序是保证考评公正、合理、准确的基础。组织的员工考评工作，应当根据组织的实际制订科学的考评标准、考评程序，选择合适的考评方法，必要时应当聘请专家指导或委托专门机构考评。

（三）民主化

考评要发挥其内在的积极作用，必须要有广大员工积极参与。所有的员工都能理解考评的意义和价值，积极地参与考评标准、制度、程序、方法的制订，正确地看待考评的结果。考评工作要尽可能地公开、公正、公平和发动广大员工参与。

管理实例 10-8

黄金台招贤

如何将企业治理好，一直是管理者的一个"研究课题"。有的研究有素，也就治理有方；有的研究无得，也就治理失败。要治理好企业，必须网罗人才，古代燕昭王黄金台招贤，便是最著名的例子。

《战国策·燕策一》记载：燕国国君燕昭王（公元前 311—前 279 年）一心想招揽人才，

而更多的人认为燕昭王仅仅是叶公好龙,不是真的求贤若渴。于是,燕昭王始终寻觅不到治国安邦的英才,整天闷闷不乐的。

后来有个智者郭隗给燕昭王讲述了一个故事,大意是:有一国君愿意出千两黄金去购买千里马,然而时间过去了三年,始终没有买到,又过去了三个月,好不容易发现了一匹千里马,当国君派手下带着大量黄金去购买千里马的时候,马已经死了。可被派出去买马的人却用五百两黄金买来一匹死了的千里马。国君生气地说:"我要的是活马,你怎么花这么多钱弄一匹死马来呢?"

国君的手下说:"你舍得花五百两黄金买死马,更何况活马呢?我们这一举动必然会引来天下人为你提供活马。"果然,没过几天,就有人送来了三匹千里马。

郭隗又说:"你要招揽人才,首先要从招纳我郭隗开始,像我郭隗这种才疏学浅的人都能被国君采用,那些比我本事更强的人,必然会闻风千里迢迢赶来。"

燕昭王采纳了郭槐的建议,拜郭槐为师,为他建造了宫殿,后来没多久就引发了"士争凑燕"的局面。投奔而来的有魏国的军事家乐毅,有齐国的阴阳家邹衍,还有赵国的游说家剧辛等。落后的燕国一下子便人才济济了。从此以后一个内乱外祸、满目疮痍的弱国,逐渐成为一个富裕兴旺的强国。接着,燕昭王又兴兵报仇,将齐国打得只剩下两个小城。

四、主管人员的培训

(一)培训的内容

1. 思想教育

思想教育包含丰富的内容,它包含世界观教育、价值观教育、道德教育、理想教育以及职业教育等。思想教育的核心在于形成一种内化于主管人员心灵深处的历史使命感、社会责任感,形成一种内在的道德约束或自律。

2. 管理知识培训

这里所讲的管理知识是指广义的管理知识。作为一个主管人员,没有广博的知识是难以搞好管理工作的。这一点,主管人员所处的管理层次越高,其体会就越深。

3. 管理能力培训

管理能力是管理知识在管理实践中的运用和反映。管理具有很强的实践性。因此,管理能力培训就是让主管人员运用管理理论的基本原理和方法,提高在实际工作中认识问题、分析问题和解决问题的能力和技巧。

(二)培训的方式

培训的主要方式有理论培训、职务轮换、提升、集体研讨会等。具体形式有在职学习、脱产学习等,一般以在职学习为主。

1. 理论培训

理论培训有助于主管人员比较系统或者深入地了解有关学科的基本理论和方法,有助于提高主管人员的理论水平。

2. 职务轮换

职务轮换是使各级主管人员在不同部门的不同主管位置上或非主管位置上轮流工作。

3. 提升

提升的方式主要是有计划地提升和临时性提升。

4. 集体研讨会

集体研讨会为培训者提供了双向交流机会,对提高受训者集体责任感和改变工作态度有较大作用。

除上述四种主要的培训方式外,还有参观考察、担任副职等方式。

管理实例 10-9

履新者水土不服

2014 年,A 企业进行了人力资源战略规划,从战略出发对企业人力资源情况进行了盘点,并制定了有针对性的人力资源政策,以保障战略实现。根据人力资源战略规划,为完成优化员工年龄结构、学历结构和专业结构的目标,2015 年,A 企业在短时间内将一批年轻的主管提拔至部门正职或副职的岗位上。一时之间,这些年轻人被压抑许久的积极性得到了充分调动,也在各个部门烧了几把火。过了一段时间,人力资源总监 W 着手对这些新中层的工作情况进行一番调查。调查过程中,W 接到了一些普通员工对新中层的投诉,反映新领导是老好人,对下级要求过松。特别是有一些普通员工认为,新中层"很少对他们红脸",跟着新中层对个人成长无益。W 感到奇怪:这些新中层虽然年轻,但均已担任过相当长时间的主管,为什么做主管时一直都没有暴露过这样的问题呢?

五、员工的解聘

如果人力资源规划过程中存在冗员,组织面临结构性收缩要求或者员工存在违反组织政策的行为时,组织应当裁减一定的员工,这种变动叫解聘。解聘的方式有多种,表 10-1 列举了是几种主要的解聘方案。

表 10-1　几种主要的解聘方案

方　案	说　明
解雇	永久性、非自愿地终止合同
临时解雇	临时性、非自愿地终止合同;可能持续若干天,也可能延续几年
自然减员	对自愿辞职或正常退休腾出的职位空缺不予填补
调整岗位	横向或向下调换员工岗位,通常不会降低成本,但可减缓组织内的劳动力供求不平衡
缩短工作周	让员工每周少工作一些时间,或者进行工作分担,或以临时工身份做这些工作
提前退休	为年龄大、资历深的员工提供激励,使其在正常退休期限前提早离位

资料来源:周三多,陈传明.管理学[M].北京:高等教育出版社,2010.

第五节　绩效评估

一、绩效评估的含义

绩效评估(performance appraisal)又称绩效评价、员工考核,是一种正式的员工评估制度,它是通过系统的方法、原理来评定和测量员工在职务上的工作行为和工作成果。

管理实例 10-10

学习新技能

年终大会上,驴又没被评上"劳模"。驴委屈地向秘书狐狸申诉:"为什么我最勤劳、最辛苦,却年年评不上先进?"狐狸笑着说:"是啊,你拉磨的本领无人能及,可是,我们已经改用机器拉磨了。"

二、绩效评估的目的或功能

(一)传递组织的价值观和文化

绩效评估可以告诉员工组织的目标哪些是重要的,哪些是次要的。同时,绩效评估对于明确组织文化和行为准则也是一个重要的方法。

(二)监测战略和目标的执行情况

评估系统可以将组织战略转化成可衡量、可控制的要素,通过定期收集相关数据,可以清楚地看到战略和目标的执行情况,便于及时采取措施,保证组织战略和目标的实现。

(三)发现问题,寻找组织的绩效改进点

通过绩效评估,便于发现组织中存在的问题,将问题界定清楚,将原来隐藏的问题突显出来,推动管理者去寻找解决问题的方法,最终达到改善绩效的目的。

(四)给予员工公平合理的评价与报酬

绩效评估可以向员工表明哪些地方做得较好,哪些地方做得还不够,需要改进。公平合理的绩效评价对组织内成员非常重要。在此基础之上的报酬可以包括薪酬、福利、职位晋升、职位调整、培训、淘汰等物质与非物质的内容。

(五)提升管理者(评估者)与员工(被评估者)的技能

绩效评估最直接的功能是管理者能影响其下属的行为,让管理者随时关注下属的工作状态,促使管理者去推进、改善原有的行为方式和管理难题。管理者在这个过程中将会

提升自身的管理能力；下属将更为关注自己的绩效，想办法改善工作方法以达成更高的绩效结果。在绩效压力下，管理者与员工将提升自身的技能。

（六）建立沟通与反馈的平台

绩效评估是一个沟通、反馈，再沟通、反馈的过程，有利于组织内部的信息交流。

（七）建立基础管理平台

通过绩效评估的推进，可以加强组织内部的基础管理，建立起规划的基础管理平台。

综上所述，绩效评估的多种功能是伴随评估本身的必然因素，也是造成绩效评估难度的重要方面。组织在建立绩效评估系统时，既要考虑评估的有效性，也要考虑其要达到的不同目的和功能，从而更好地利用好自己的评估系统。

管理实例 10-11

绩效考评误区：多头考评

对于员工的考核，企业的每层上级都有权修改员工的考评评语。各级领导由于所站的角度不同，可能会产生意见分歧，这样容易产生多头考评。实际工作中，很多企业最终以最高领导人的评定为准。这又带来了两个弊端：一方面，被考评者的直接上级感到自己没有实权而丧失了责任感；另一方面，员工也会认为直接上级没有权威而不服从领导，走"上层路线"，使企业内的正常指挥秩序遭到破坏。此外，考评结果的最终裁决权掌握在最高领导者手中，实际上是把员工对考评结果可能存在的不满转嫁到最高领导人身上，现实中员工对企业领导人的不满大多数就是这样产生的。

三、绩效评估的原则

绩效评估是一项很复杂的工作，要提高评估工作的质量，达到预期的效果，应坚持以下几条原则。

（一）客观原则

绩效评估应尽可能科学地进行，使之具有可靠性、客观性、公平性。考评应根据明确的考评标准、针对客观考评资料进行评价，尽量减少主观性和感情色彩。

（二）评估方法可行原则

评估使用的方法要为人们所接受，并能较长期使用，这对于评估能否真正取得成效很重要。

（三）评估经常化、制度化原则

进行绩效评估时，应制订一套科学的评估制度体系，将评估工作落实到具体部门；应进行经常性的评估，以加强评估的效果。

（四）多层次评估原则

应从多方收集信息，从多个角度进行评估。主要包括：上级评估、同事评估、自我评估、下级评估、专家评估、客户评估等。综合运用几种方法进行评估。

（五）反馈原则

考评结果一定要反馈给被考评者本人，这是员工得到有关其工作绩效表现的反馈信息的一个主要渠道。

管理实例 10-12

你是千里马还是一头驴

白龙马随唐僧西天取经归来，名动天下，被誉为"天下第一名马"。白龙马想念家乡，找驴、羊、牛等儿时伙伴玩，驴迫不及待地询问其成功秘诀，白龙马说：努力工作！这时，驴委屈得号啕大哭：为什么自己这样努力工作却一无所获？

白龙马说："我去取经时大家也没闲着，甚至比我还忙还累。我走一步，你也走一步，只不过我目标明确，十万八千里我走了个来回，而你在磨坊自己的小圈圈原地踏步。"驴愕然："什么是目标？"

像驴一样勤奋，工作却原地踏步；像驴一样劳累，得到的却是皮鞭，这是很多职场人真实的体验和感受。其实，摆脱驴的命运，变身职场千里马，得到赏识并重用，并不是没可能。

四、绩效评估的方法

常用的绩效评估（绩效考核）方法主要有三类：结果导向型绩效评估方法；行为导向型绩效评估方法；特质性绩效评估方法。

（一）结果导向型绩效评估方法

评估的主要依据是工作的绩效，即工作的结果，能否完成任务是第一要考虑的问题，也是评估的重点对象。具体有业绩评定表法、目标管理法、关键绩效指标法等。

1. 业绩评定表法

业绩评定表法是利用所规定的绩效因素，如完成工作的质量、数量等，对工作进行评估，把工作的业绩与评定表中的因素进行逐一对比打分，然后得出工作业绩的最终结果，它分为几个等级，优秀、良好、一般等。这种方法的优点是可以作定量比较，评估标准比较明确，便于得出评价结果。它的缺点是标准的确定性问题，需要对工作相当了解的人事制订评定表；评估者可能带有一定的主观性，不能如实评估。

2. 目标管理法

目标管理法是最典型的结果导向型绩效评估法。目标管理法评估的对象是员工的工作业绩，即目标的完成情况而非行为，这样使员工能够向目标方向努力，从而在一定程度上有利于保证目标的完成。这种方法的优点是能够通过目标调动起员工积极性,千方百计地改进工作效率;有利于在不同情况下控制员工的方向;同时员工相对比较自由,可以合理地安排自己的计划和应用自己的工作方法。它的缺点是目标设定时可能有一定的困难,目标必须具有激发性和具有实现的可能性;对员工的行为在某种程度上缺少一定的评价。

3. 关键绩效指标法

关键绩效指标法是把对绩效的评估简化为对几个关键指标的考核,将关键指标当作评估标准,把员工的绩效与关键指标做出比较的评估方法,在一定程度上可以说是目标管理法与帕累托定律的有效结合。关键指标必须符合 SMART 原则:具体性(specific)、衡量性(measurable)、可达性(attainable)、现实性(realistic)、时限性(time-based)。这种方法的优点是标准比较鲜明,易于做出评估。它的缺点是对简单的工作制订标准难度较大;缺乏一定的定量性;绩效指标只是一些关键的指标,对于其他内容缺少一定的评估,应当适当注意。

4. 个人平衡计分卡(BSI)

个人平衡计分卡包括财务维度、顾客维度、内部业务维度及学习与成长维度。在此基础上的个人平衡计分卡能够比较全面地进行评估,通过个人目标与企业愿景的平衡,将平衡计分卡引入人力资源管理,而这一平衡正是实现员工的积极性、可持续的企业绩效的前提条件。

5. 述职评价

述职评价是由岗位人员作述职报告,把自己的工作完成情况和知识、技能等反映在报告内的一种考核方法。主要针对企业中、高层管理岗位的考核。述职报告可以在总结本企业、本部门工作的基础上进行,但重点是报告本人履行岗位职责的情况,即该管理岗位在管理本企业、本部门完成各项任务中的个人行为,本岗位所发挥作用的状况。

(二)行为导向型绩效评估方法

行为导向型绩效评估方法是以工作中的行为作为主要评估的依据,也就是说评估的对象主要是行为。具体方法有关键事件法、行为观察比较法、行为锚定评价法、360°绩效评估法等。

1. 关键事件法

关键事件法是客观评价体系中最简单的一种形式,它是通过对工作中最好或最差的事件进行分析,对造成这一事件的工作行为进行认定从而做出工作绩效评估的一种方法。这种方法的优点是针对性比较强,对评估优秀和劣等表现十分有效;缺点是对关键事件的把握和分析可能存在某些偏差。

2. 行为观察比较法

行为观察比较法是各项评估指标给出一系列有关的有效行为,将观察到的员工的每一项工作行为同评价标准比较进行评分,看该行为出现的次数频率的评估方法,每一种行为上的得分相加,得出总分结果。这种方法的优点是能够有一个比较有效的行为标准,可以帮助建立工作岗位指导书;缺点是观察到的工作行为可能带有一定的主观性。

3. 行为锚定评价法

行为锚定评价法是比较典型的行为导向型绩效评估方法。它侧重具体可衡量的工作行为，通过数值给各项评估项目打分，只不过评分项目是某个职务的具体行为事例，也就是对每一项职务指标做出评分量表，量表分段是实际的行为事例，然后给出等级对应行为，将工作中的行为与指标对比做出评估。它主要针对的是那些明确的、可观察到的、可测量到的工作行为。这种方法的优点是评估指标有较强独立性，评估尺度较精确；对具体的行为进行评估，准确性高一些。它的缺点是评估对象一般是从事具体工作的员工，对其他工作适用性较差；另外一个员工的行为可能出现在量表的顶部或底部，科学设计有助于避免这种情况，但实际中难免出现类似情况。

4. 360°绩效评估法

360°绩效评估法是一种从不同角度获取组织成员工作行为表现的观察资料，然后对获得的资料进行分析评估的方法，它包括来自上级、同事、下属及客户的评价，同时也包括被评者自己的评价。这种方法的优点是比较全面地进行评估，易于做出比较公正的评价，同时通过反馈可以促进工作能力提升，也有利于团队建设和沟通。它的缺点是因为来自各方面的评估，工作量比较大；也可能存在非正式组织，影响评价的公正性；还需要员工有一定的知识参与评估。

（三）特质性绩效评估方法

除了结果导向型绩效评估方法和行为导向型绩效评估方法外，还有一类评估方法，那就是以心理学的知识为基础的评估方法——特质性绩效评估方法。

图解式评估量表是一张列举了达到成功绩效所需要的不同特质（如适应性、合作性、工作动机等）的特质表，每一项特质给出的满分是五分或七分，评估结果一般是如"普通""中等"或"符合标准"等词语。这种方法适用广、成本低廉，几乎可以适用于公司内所有或大部分的工作和员工。它的缺点是针对的是某些特质而不能有效地给予行为以引导；不能提出明确又不具威胁性的反馈，反馈对员工可能造成不良影响；一般不能单独用于升迁的决策上。

除了上述三类主要方法之外，其他绩效评估方法还有直接排序法、对比法、强制分布法（硬性分布法）、书面叙述法、工作计划考核法、标杆对比法、情境模拟法等。

管理实例 10-13

普度资源管理公司的360°绩效评估应用

美国普度资源管理公司有员工近千人，旧的绩效考核系统缺乏明确的考核标准，实施中也未能保证公正与公平，在旧的考核过程中，员工也不知道公司对他们的期望是什么。通过考核来发现绩效优异的员工并给予他们相应的报酬，这是任何一个有效激励体系的内在组成部分。许多公司实施绩效考核的目的就是为了激励员工。然而，总有经理或雇员认为绩效考核是一个虽然必要，但却毫无结果和令人讨厌的过程。

普度公司在1994年改革之前就处于这种情形之中。改革的结果是，绩效考核不再仅仅是一种对员工"打分"的制度，更是给员工以重要信息反馈的来源。每年，所有的员工都同他们的上级坐到一起讨论今年的个人目标。为此,绩效考核系统实际上成了一种重要的协调工具。比如,在普度公司中,团队工作变得越来越重要。为促进员工相互间的合作,公司制定了一项政策,要求所有员工以一名团队成员的身份来分别回答一系列问题。同样,在绩效考核中,不仅由上级进行考核,同事和下级也要对其进行考核。仅由上级考核也许成本更低、更节省时间,但360°绩效评估对于团队运作很重要的公司来说非常有价值。此外,增加考核者的人数会提高考核的准确性。许多其他公司也曾用类似的考核技术。比如,处于激烈变化环境中的公司为其员工确定第二年的目标,这是一项非常有效的政策。

复习思考题

1. 人力资源管理的意义是什么?
2. 试描述人力资源配备过程。
3. 如何进行主管人员的选拔、考评和培训?
4. 什么是职务分析? 如何进行职务分析?
5. 绩效评估的方法有哪些?

技 能 训 练

技能训练 10-1

培训是先导

某国有大型企业为了适应来自国内外的竞争,以及企业长期健康发展,认识到要转变观念,加快建立现代企业制度的步伐,同时需要苦练内功提高自身管理水平,而培训是先导。过去,企业搞过不少培训,但基本上是临时聘请几个知名专家,采用所有员工参加、上大课的培训方式,培训过程疏于控制。培训过后,有人认为在工作中有用,有的人认为没有什么用,想学的没有学到;也有人反映培训方式太单一,没有结合工作实际等。

训练要求:

如果你是公司负责人力资源管理工作的副总经理,你该如何管理公司的培训工作。

技能训练 10-2

美国空军的考评制度

美国空军所采用的考评制度是美国许多公共事务机构绩效评价的典型代表。这套考评制度要求,每位官衔在将军以下的军官的直接上级,每年一次为各位军官做出书面报告。评估报告的格式设计是统一的,适用于不同的军种和级别。表格留出的空白处较小,评估人员只能用精练的语言总结各个军官的业绩。20世纪70年代中期,这套评估制度受到了广泛的批评,因为它对员工的工作指派缺乏专业化的定义,导致了评估的主观性和不合理性,如对参谋人员领导才能的评估,这种方法的作用就不大。

评估导致了评估制度的修改。在每个单位内部,对业绩高低的评价比例进行了硬性规定,而且对评估程序也作了修改,每位军官要接受其主要上司以及一位附加评估人和一位审核人的共同评估。

训练要求:

(1) 本案例中的考评制度有什么问题?

(2) 你能提出更好的评估方法吗?

案 例 分 析

案例分析 10-1

红桃 K 给员工补血

1. 三个萝卜一个坑

红桃 K 集团有一个"猎头班子",常年四处搜索人才,形成红桃 K 的"人才银行"。公司长年拿出一笔"人才风险基金",在大范围内搜索与企业现在骨干岗位上的业务主管能力相当甚至更高一筹的各类人才。对于这些人才,或暂时聘为企业骨干岗位的副手,或暂时安插到企业内其他岗位,形成企业内整体骨干岗位"三个萝卜一个坑"的人才格局。

2. 签订留住人才责任状

红桃 K 的每个部门负责人都必须与人力资源委员会和奖惩部门签订一份"留住人才责任状"后方可上岗行使职权。若因本部门负责人的原因导致人才流失,人力资源委员会和奖惩部门将严加追究部门负责人的责任,给予较重的经济处罚。

3. 两不准、四要靠

"不准武大郎开店,怕用能力超过自己的人才";"不准怕把钱分给别人";"靠企业目标和理想留住人,靠各部门领导做人做事的能力留住人,靠现代企业的科学制度和管理留住人,靠优厚的待遇留住人"。

4. 内部跳槽制度

红桃 K 每月都有企业内部的人才招聘活动,招聘广告就张贴在公司总部。员工们可以自由前去应聘。内部招聘由总裁直接领导下的人力资源委员会进行,对所有应聘者保密。员工只需私下填好招聘登记表,用信封密封起来亲自(或委托专门的督办人员)送交招聘小组,即可进入初试和复试。复试时,员工可以放心大胆地畅谈"跳槽"的理由。一旦被聘上,即可跳到新的部门或新的岗位。即使未被聘上也不会被追究责任。

5. 毛遂自荐

红桃 K 每周都要搞一个叫作"毛遂自荐"的活动。员工可以上台演说,大胆陈述自己的才干和对某某岗位的追求,甚至直陈任何部门、任何工作存在的弊端,阐述自己的改进方案。如果说的有理,人力资源委员会将对自荐者进行追踪考核,只要认定他解决问题很出色,就让他取代那个有问题部门的负责人。

6. 重视员工的自我评价

红桃 K 实行员工业绩的"跨级考核"和年终"总裁面谈制",在红桃 K,员工干得如何,奖金如何分配,部门负责人一个人说了不算数。尽管部门负责人也要参与员工考核,但他对下属的考核评分只是作为人力资源委员会和奖惩部门的一个重要参考项目,同时重视员工对自己业绩的评价。如果部门负责人对员工的评价与员工的自我评价反差较大,人力资源委员会和奖惩部门将进行调查。年终,由于奖金数额较大,红桃 K 的总裁、副总裁都要抽出大量时间亲自与员工一一单独面谈,询问分配是否公平。

问题:

(1) 试对红桃 K 人力资源管理的优缺点作出评价。

(2) 结合案例谈谈怎样平衡人员的稳定性与流动性。

案例分析 10-2

苏珊到哪儿去找一位能干的顶替者

苏珊是美国西部一连锁店企业——冯氏超级市场的南方地区分部经理。苏珊手下有5 位片区主管人员向她汇报工作,而每个片区主管人员分别监管 8～12 家商店的营业。

有一个春季的早上,苏珊正在查看送来的早晨工作报告,内部通信联络系统传来了她秘书的声音:"苏珊女士,你看过今天晨报的商务版了吗?"苏珊应答:"没有,什么事啊?""报上说查克已经接受了安途公司亚利桑那地区经理的职位。"苏珊马上站起来去看与她有关的这篇文章。

苏珊的关心并不是没有根据的。查克是她属下的一位片区主管,他已为冯氏公司在目前的职务上干了 4 年。冯氏是从阿尔法•贝塔商业中心将他聘过来的,他那时是个商店经理。苏珊从报纸上得知查克离职的消息,觉得内心受到了伤害,但她知道自己需要尽快恢复过来。对她更重要的是,查克是位很有成效的监管人员,他管辖的片区一直超过其他 4 个片区的绩效。苏珊到哪儿去找这样一位能干的顶替者?

几天过去了。苏珊同查克谈了一次话,诚恳地祝愿他在新工作岗位上顺利。她也同他谈到了顶替者的问题。最后,苏珊决定将她属下的一个小片区的主管人员调换到查克分管的片区,同时她也立即着手寻找合适的人选填补该小片区主管的空缺。

苏珊翻阅了她的案卷,找出片区主管人员职位的职务说明书(没有职务规范)。该项职务的职责包括:确保达到公司订立的整洁、服务和产品质量的标准;监管商店经理的工作并评价其绩效;提供片区的月份、季度和年度收入和成本预估;为总部或下属商店经理提出节约开支建议;协调进货;与供应商协商广告宣传合作方案;参与同工会的谈判。

问题:

(1) 你建议苏珊采用哪一种招聘渠道? 为什么?

(2) 你建议苏珊使用何种人员甄选手段甄别应聘者? 为什么?

第四篇

领 导

第十一章 领导理论与方法

 学习目标

1. 了解领导的含义
2. 了解领导的职责与作用
3. 掌握领导与管理之间的联系、区别
4. 掌握领导权力的来源
5. 掌握领导工作的要求
6. 掌握主要领导理论的思想要点
7. 掌握并评价管理方格理论
8. 掌握并评价领导权变理论
9. 掌握领导方法与领导艺术

 本章引言

要想做一个成功的领导者,需要具备很多条件,比如:①善于鼓舞人,能充分发挥下属优势;②处事公正,能坚持原则又不失灵活性;③办事能力强,幽默;④独立有主见,言谈举止有风度;⑤有亲和力,有威严感;⑥善于沟通,熟悉业务知识;⑦善于化解人际冲突,有明确的目标;⑧能通观全局,有决断力。

管理技能分析

从上面所列的条件中选出你认为最重要和最不重要的各一个,并加以阐述。

管理技能应用

选择一个你最崇敬的领导,想一想他具有的独特的领导技能是什么?你认为后天可以培养出什么样的领导技能?

第一节　领　导　概　述

一、领导的含义

（一）从词性上理解领导的含义

"领导"有两种词性含义。

1. 名词属性

名词属性的"领导"即"领导者"的简称。现实生活中,有许多优秀的领导干部受到人民群众的敬佩与爱戴。例如焦裕禄,为了改变兰考的贫困面貌,深入基层调查研究,提出了治碱排涝的可行方案,带领群众改天换地,兰考人说他是为兰考人民累死的。

2. 动词属性

动词属性的"领导"即"领导行为"的简称,指"领导者"所从事的活动。这里说的"领",即引领、带领、统领、率领、领先、领头等;这里说的"导",即引导、开导、指导、疏导、先导、前导、因势利导、循循诱导等。

（二）管理学家对领导的定义

在管理学发展的过程中,学者们给领导下了上百种定义(见表 11-1),可谓仁者见仁,智者见智,既有许多不同的观点,也有基本一致的见解。

表 11-1　领导的定义

学　者	年份	定　义
Bennis	1959	用权力诱导其下属按其意欲的方式行事的过程
Hoollander&Julian	1969	在两个或多个人之间存在特定的影响关系状况
Fiedller	1967	指导和协调群体成员的工作
Merton	1969	一种人际关系,在这一关系中他人服从是因为他们自己想服从,而并非别无选择
Hogan&Curphy	1994	
Bass	1985	改造追随者,创建可能达到的目标愿景,并清楚明确地告知追随者实现这些目标的方式方法
Tichy&Devanna	1986	
Roach&Behling	1984	对一个有组织的群体施加影响,以推动其实现目标
Campbell	1991	集中资源创造渴望得到的机会的活动
Cinnett	1996	领导者的工作在于创造使团队富有成效的条件

资料来源:理查德·哈格斯.领导学:在经验积累中提升领导力[M].第5版.朱舟,译.北京:清华大学出版社,2004.

虽然关于领导的定义林林总总,不一而足,但其中包含一些共有的核心要素。

（三）本书关于领导的含义

领导是在一定的社会组织或群体内,为实现组织预定目标,领导者运用其法定权力和自身影响力,影响被领导者的行为并将其导向组织目标的过程。上述关于领导的定义包含以下几个方面的内容。

(1)领导是一种运用权力指挥下属活动的过程。这种权力的来源有两个,即职务权力和职务外的个人权力。

(2)领导的基本职责是为一定的社会组织或团体确立目标、制定战略、进行决策、编制规划。

(3)领导的主要职能是率领、引导、组织、指挥、协调、控制其下属人员为实现预定目标而共同奋斗。

(4)领导的本质是妥善处理好各种人际关系,形成以主要领导者为核心的、团结一致为实现预定目标而共同奋斗的一股合力。

(5)领导的工作绩效不是只由领导者个人,而是由被领导者的群体活动的成效如何而表现出来的。

(6)领导工作包含三个必不可少的要素:领导者、被领导者、作用对象(客观环境)。这三个要素可用公式表示为

$$领导工作 = f(领导者、被领导者、客观环境)$$

领导是一种社会活动和行为,是人类社会活动中重要的、不可缺乏的一部分。"领导"是职务,也是责任,更是行为标准。

领导是管理工作的一项重要职能。一个有效管理者可以通过行使预测、决策、计划、组织、人事管理等职能,取得工作效果,实现组织目标。但如果管理者能够有效地履行领导和领导工作的职能,充分地调动组织成员的积极性,充分地发挥每个成员的聪明才智,则员工的工作将更加顺利,组织目标将更容易实现。

管理实例 11-1

好心有好报

一天夜里,已经很晚了,一对年老的夫妻走进一家旅馆,他们想要一个房间。前台侍者回答说:"对不起,我们旅馆已经客满了,一间空房也没有剩下。"看着这对老人疲惫的神情,侍者不忍心深夜让这对老人出门另找住宿。而且在这样一个小城,恐怕其他的旅店也早已客满打烊了,这对疲惫不堪的老人岂不会在深夜流落街头?于是,好心的侍者将这对老人领到一个房间,说:"也许它不是最好的,但现在我只能做到这样了。"老人见眼前其实是一间整洁又干净的屋子,就愉快地住了下来。

第二天,当他们来到前台结账时,侍者却对他们说:"不用了,因为我只不过是把自己的屋子借给你们住了一晚,祝你们旅途愉快!"原来,侍者自己一晚没睡,他就在前台值了一个通宵的夜班。两位老人十分感动,老头儿说:"孩子,你是我见到过的最好的旅店经营人。你会得到报答的。"侍者笑了笑,说这算不了什么。他送老人出了门,转身接着忙自己的事,把这件事情忘了个一干二净。没想到有一天,侍者接到了一封信函,打开看,里面有一张去纽约的单程机票并有简短附言,聘请他去做另一份工作。他乘飞机来到纽约,按信中所标明的路线来到一个地方,抬眼一看,一座金碧辉煌的大酒店耸立在他的眼前。原来,几个月前的那个深夜,他接待的是一个有着亿万资产的富翁和他的妻子。富翁为这个

侍者买下了一座大酒店,深信他会经营管理好这家大酒店。

这就是全球赫赫有名的希尔顿饭店首任经理的传奇故事。

二、领导的职责与作用

领导是管理工作的重要职能之一,领导职能贯穿于管理的整个过程之中。在我国,也有人这样说,"一群狮子被一头绵羊率领就会变成一群绵羊,一群绵羊被一头狮子率领就会变成一群狮子",说明领导者的作用至关重要。尤其在变革时代,领导是一个组织发展与衰败的关键因素。

(一)领导的职责

1. 领导职责的两重性

领导者一方面有组织和发展社会生产力的一般职能,这是领导者的自然属性。在社会化大生产过程中,体现在组织和发展社会生产过程中的领导心理与领导行为的规律性具有全人类的性质。另一方面,领导者具有维护和完善现有生产关系的特殊职能,这是领导者社会属性的一面。在不同的阶级社会中,领导者的社会职能是有本质区别的。

2. 领导者应该尽责

职责是指由领导职位所确定的责任。责任都是双重的,一方面是贯彻上级的政策、法令、指示、决定;另一方面是维护下属、群众的合法利益。

所谓尽责,就是要把"贯上"和"维下"结合起来,把对上级领导负责和对下属群众负责统一起来。领导者处在"上级"和"下级"的汇合点上,如何处理好两者之间在根本利益一致基础上所产生的矛盾,是领导者最基本的责任。

3. 服务是领导者权责统一的基础

邓小平同志说:"什么是领导,领导就是服务。"这是社会主义国家各级领导的根本宗旨。领导者应当从单纯权力型领导向服务型领导转变。

(二)领导的作用

群体的领导人在群体中起着关键的作用,是群体内举足轻重的人物,他的主要功能有两个方面:①领导群体成员采取一定的手段以实现组织的目标;②协调群体内各成员之间的关系,促使各成员之间保持和谐的关系。

要能够实现这两方面的功能,首先要具备下面两个先决条件:①领导人要有决定权,对群体的组织结构以及为实现组织目标所采用的手段有决定权;②领导人能获得群体成员的拥护,群体成员对领导人发起的号召能积极响应。

具体来说,领导人应该执行以下十四项具体功能。

(1)负责调整群体内的各项活动,并监督各项决定的实现。

(2)制定政策,一方面根据上级的要求与希望;另一方面根据群体内成员的要求与条件制定出具体政策。

（3）制订为实现群体目标所采用的手段与方法。

（4）提供为实现群体目标所必需的专门技术与信息。

（5）代表群体与组织同外界联系。

（6）协调群体内部各部门工作的平衡。

（7）对群体成员给以奖励与惩罚。

（8）解决群体内成员之间的纠纷。

（9）以身作则，成为群体成员的楷模。

（10）要成为统一群体的精神支柱。

（11）群体内若有人失职、病缺、事假等，领导人有责任去补缺。

（12）有责任向群体成员进行宣传，提供信念、价值等思想。

（13）要成为群体成员心目中的知心人。

（14）当群体成员遇到困难与失败时，领导人应挺身而出，帮助解决困难，鼓舞信心。

管理实例 11-2

正人先正己，做事先做人

春秋晋国有一名叫李离的狱官，他在审理一件案子时，由于听从了下属的一面之词，致使一个人冤死。真相大白后，李离准备以死赎罪。晋文公说："官有贵贱，罚有轻重，况且这件案子主要错在下面的办事人员，又不是你的罪过。"李离说："我平常没有跟下面的人说我们一起来当这个官，拿的俸禄也没有与下面的人一起分享。现在犯了错误，如果将责任推到下面的办事人员身上，我又怎么做得出来。"他拒绝听从晋文公的劝说，伏剑而死。

三、领导与管理

领导与管理既相互联系，又相互区别，在组织工作中必须处理好二者的关系。

（一）二者的相互联系

从行为方式看，领导和管理都是一种在组织内部通过影响他人的协调活动，来实现组织目标的过程。

从权力构成看，二者都与组织层级的岗位设置有关。

领导职能就是专门从事人与事的工作，处理组织内外的人际关系，因此是管理的核心职能。同时，领导职能与管理的其他职能也密切相关，要充分发挥领导职能的作用，任何一种管理职能都不可偏废。

（二）二者的区别

关于领导与管理的差异，有许多学者进行过长期研究。表 11-2 是约翰·科特所总结的管理与领导的区别。

表 11-2 管理与领导的区别

管 理	领 导
应对复杂性	应对变革
计划和预算	确定方向
组织和配备人员	结盟
控制和解决问题	鼓舞和激励

综合各人研究的结果,领导者与管理者关注点的差异见表11-3。

表 11-3 领导者与管理者关注点的差异

领 导 者	管 理 者
剖析	执行
开发	维护
价值观、期望和鼓舞	控制和结果
长期视角	短期视角
询问"做什么"和"为什么做"	询问"怎么做"和"何时做"
挑战现状	接受现状
做正确的事	正确地做事

总之,管理与领导存在许多区别。由于管理与领导之间的诸多差别,要有效实现组织目标,必须处理好二者的关系。为此,要兼顾管理与领导的辩证关系,注意管理与领导的互补性,将二者尽可能结合起来。

四、领导权力的来源

所谓领导权力,就是领导者(权力所有人)遵循相关的法律、法规,运用多种方法与手段,在实现特定目标的过程中,对被领导者做出一定行为与施行一定影响的能力。这一定义大致包含以下几方面的内容:①领导权力的主体包括党政机构的领导者、企事业单位的领导者以及广大的社会组织中的领导者;②领导权力的根本目标是通过贯彻执行国家法律、法令和各类政策来有效地实现国家意志;③领导权力的作用方式主要是强制性地推行政令;④领导权力的客体包括所有的居民以及由居民组成的不同社会组织和社会集团,囊括了领土范围内的整个社会。

根据国外学者的相关研究成果,领导权力有以下五种来源。

1. 法定性权力

法定性权力(legitimate power)是指组织内各领导所固有的合法的、法定的权力。法定性权力取决于个人在组织中的职位。它可以被看作是一个人的正式或官方明确规定的权威地位。有些人能使事情发生,是因为他们有这么做的权力与权威。拥有法定性权力的个人凭借与其职位、岗位相当的要求或主张,来施加其影响。

2. 奖赏性权力

奖赏性权力(reward power)是指某人由于控制着对方所重视的资源而对其施加影

响,包括给予加薪、额外津贴和晋升的权力;授予官职的权力;选拔员工完成特别任务或有利可图的活动的权力;分配合意资源的权力等。

3. 强制性权力

强制性权力(coercive power)是指领导者对其下属具有的强制其服从的力量。与奖赏性权力相反,强制性权力是指通过负面处罚或剥夺积极事项来影响他人的权力。换句话说,它是利用人们对惩罚或失去其重视的成果的恐惧来控制他人。与奖赏性权力一样,在某种程度上说,强制性权力是领导者的部分职责,但情境往往也会限制领导者可资利用的强制性措施。

4. 专家性权力

专家性权力(expert power)是指领导者由个人的特殊技能或某些专业知识而形成的权力。专家性权力是知识的权力。有些人能够通过他们在特殊领域的专长来影响他人。一位外科医生在医院可以施加相当大的影响力,是因为虽然他没有高于他人的正式职权,但其他人都依赖于他的知识、技能和判断力。

5. 参照性权力

参照性权力(referent power)是指由于领导者与追随者之间的关系强度而产生的潜在影响,包括个人的品质、魅力、资历、背景等相关的权力。当人们钦佩一位领导者,将他视为楷模时,我们就说他拥有参照性权力。

管理实例 11-3

眼见不一定为实

孔子的一位学生在煮粥时,发现有肮脏的东西掉进锅里去了。他连忙用汤匙把它捞起来,正想把它倒掉时,忽然想到一粥一饭都来之不易,于是便把它吃了。刚巧孔子走进厨房,以为他在偷食,便教训了一番。经过解释,大家才恍然大悟。孔子很感慨地说:"我亲眼看见的事情也不确实,何况是道听途说呢?"

五、领导工作的要求

总的来说,领导工作就是要创造一种良好的环境。为此,领导者应达到以下三个方面的要求。

(一)畅通组织内外沟通联络的渠道

信息沟通使组织活动统一起来。一方面,信息沟通可以把组织中的各项管理工作聚合成一个整体;另一方面,主管人员通过信息交流可以了解组织外部环境。信息沟通使组织成为一个开放的系统,并与外部环境相互发生作用。因此,从某种意义上讲,组织就是一个信息沟通网络,主管人员处在这个信息网络的中心,他们对网络的畅通负有责任。

（二）运用适宜的激励措施和方法

领导工作就是指导和引导个体和群体的行为，去实现组织的目标。主管人员应当明确，他们只有帮助组织中每个成员的需要得到最大限度的满足，才能同时实现组织目标，领导工作才是有效的。这就要求主管人员了解并掌握有关的激励理论和方法，并在实际工作中因地制宜地加以运用。

（三）不断改进和完善领导作风和领导方法

主管人员良好的领导作风和方法，能够鼓舞士气。而领导作风和方法往往又和主管人员所采取的激励措施和方法相联系。只有改进和完善领导作风和领导方法，领导工作才会有效，从而主管人员的工作也才是有效的。

管理实例 11-4

人　心

在决定政权存亡的诸多因素中，最重要的就是人心。中国共产党由革命党发展成为执政党的根本成功之处，就是取得了亿万民众的理解和支持，最终赢得了人心。人民通过大量活脱脱的事实了解并认识了共产党。概括起来讲，在以下的历史进程中，我们党赢得了民心：共产党人的牺牲和奉献精神赢得了民心，1921 年到 1937 年，牺牲和失踪的共产党员有 40 万左右，新中国成立前夕，仅有名可查的共产党员烈士达 370 万人；进入社会主义建设时期，劳动模范中 75% 是共产党员，先进工作者中 85% 是共产党员。

新中国成立初期，毛泽东明确指出：凡是一切权力机构名称前都要冠以"人民"两字。这样，除人民共和国外，还有人民代表大会、人民政府、人民政协、人民军队、人民检察院、人民法院、人民警察及人民银行、人民保险等，我们党把人民的意志、人民的利益渗透到社会各个领域。纠正自身的失误和错误赢得了民心，面对失误和错误，中国共产党历来实事求是，有错必改、有错必纠。为人民谋利赢得了民心，人民从党领导的事业中，从政治、经济、文化建设中获得看得见、摸得着的利益。

第二节　领　导　理　论

自 20 世纪 30 年代以来，人们对哪些因素造就了一个有效的领导者这一问题进行了充分研究。

西方有关理论认为，领导的有效性（E）是领导者（L）、被领导者（F）以及环境（S）三项变数的函数。

$$领导的有效性（E）=f(L,F,S)$$

领导理论是研究怎样实施有效领导、提高管理效能的理论。由于研究角度和侧重点不同，领导理论的研究又分为领导特性理论、领导意识理论、领导行为理论和领导权变理论四类。

一、领导特性理论

领导特性理论是一种古老的传统理论,它集中回答这样的问题:领导者应该具备哪些素质? 怎样正确地挑选领导者?

现代领导特性理论把领导者所应具备的性格品质特征作为有效领导的必要条件而不是决定因素,同时指出这些性格特征不是先天赋予的,而是后天形成的,可以学习、训练和培养,并在领导活动中不断完善。

美国普林斯顿大学教授威廉·杰克·鲍莫尔(William Jack Baumol)提出了企业领导者应具备的十项条件:①合作精神;②决策能力;③组织能力;④精于授权;⑤善于应变;⑥勇于负责;⑦勇于求新;⑧敢担风险;⑨尊重他人;⑩品德超人。

美国斯托格蒂尔(Ralph M. Stodgill)提出六类领导特质:①身份特性;②社会背景特性;③智力特性;④个性特征;⑤与工作有关的特性;⑥社交特性。

日本企业界公认的领导者应具备的性格品质特征是十项品德与十项能力。十项品德分别是使命感、责任感、依赖感、积极性、忠诚老实、进取心、忍耐性、公平、热情、勇气。十项能力分别是创造能力、判断能力、思维能力、规划能力、洞察能力、劝说能力、理解能力、解决问题能力、培养下级能力、调动积极性能力。

研究者认为,只要找出成功领导人应具备的特点,再考察某个组织中的领导者是否具备这些特点,就能断定他是不是一个优秀的领导人。这种归纳分析法成了研究领导特性理论的基本方法。

20 世纪早期的领导特性研究主要是要确定成为领导者的决定因素。这个理论被称为"伟人"理论。20 世纪中期,领导特性理论受到了挑战。当时,大量的研究得出这样的结论:具备某些特性确实能提高领导者成功的可能性,但没有一种特性一定就是成功的保证。因此,认为领导并不是个人所拥有的可以量化的东西,它与社会情境中的人际关系有关。虽然与领导有关的个人因素仍是十分重要的,但是这些研究者坚决主张这些因素应该是与情境的需要相关的。

由于领导特性理论忽视下属的需要、没有指明各种特性之间的相对重要性、缺乏对因与果的区分、忽视了情境因素,导致它在解释领导行为方面的不成功。

以上特性论对领导者的特质进行研究,在这个时期并没有把具有某些特质的领导命名为某种类型,后来出现了新特性论。新特性论中最有名的要数较近期的领袖魅力理论(House,1976),有变革型领导(Bass,1985)、愿景型领导(Sashkin,1988)等,形成了后来领导风格理论的研究。

管理实例 11-5

孔子的特质观

(1)恭。恭则不侮——神情庄重者就不会受人侮辱。

(2)宽。宽则得众——宽厚者能够受人拥戴和追随而得人心。

（3）信。信则人任焉——诚信就能够受人倚仗和被人信任、信赖。

（4）敏。敏则有功——勤敏就能够建立功业,有成绩和成就。

（5）惠。惠则足以使人——慈惠者就可以役使和指挥他人。

（6）公。公则下属高兴,愿意追随。

二、领导意识理论

领导意识理论认为,有效的领导来源于领导者对被领导者的正确看法和估计,即取决于正确的领导意识,以及由此而决定的领导行为,因此他们研究的重点集中于领导者应如何看待和评价被领导者。这类理论中最著名的是麦格雷戈的 X-Y 理论、莫尔斯和洛希的超 Y 理论、阿吉里斯的不成熟—成熟理论。这些理论将在第十二章中论述。

三、领导行为理论

领导行为理论试图从研究领导者的行为特点与绩效关系出发,来寻求最有效的领导风格。这类理论中比较有代表性的是坦南鲍姆和施密特的领导连续模型理论、利克特的领导方式理论、俄亥俄州大学的领导四分图理论、布莱克和穆顿的管理方格理论、大内的Z 理论等。

（一）领导连续模型理论

领导连续模型是坦南鲍姆(R. Tannenbaum)和施密特(W. H. Schmidt)于 1958 年提出的一种领导行为理论。这一理论认为,领导方式的基本要素是经理运用权威的程度和下属制定决策的自由权限,在以领导者为中心的专制式领导和以下属为中心的民主式领导的两极之间,存在着以上两个要素各种不同程度组合的多种领导方式,是一个连续模型(见图 11-1)。

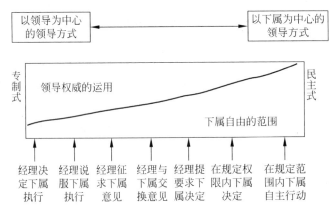

图 11-1　坦南鲍姆和施密特的领导连续模型

领导连续模型的左端是专制式领导,即由上级自行决定一切,对下级实行严密的控制,要求他们完全按照上级的命令行事。这种领导方式无视下属的意见和要求,使下属几乎没有任何自由,很难调动下属人员的积极性,但却能保证领导意图不折不扣地贯彻执行。

连续模型的右端是民主式领导,即领导很少行使权利直接控制下属,在一定范围内由下属自行决策并自主行动。这种领导方式能使下属获得较大满足,但不一定会取得较高的生产率。

领导连续模型理论认为,在专制式领导与民主式领导之间,有多种选择,并非非此即彼。有效的领导者应该根据自己的能力、下属的能力、工作的性质和任务要求等因素,灵活选择最为适当的领导方式。

1973 年,坦南鲍姆和施密特重新研究其领导连续模型时,又在连续模型外围加上圆圈,以表示领导方式还要受组织环境和社会环境的影响。这样做着重强调了领导方式具有开放系统的性质,这就对主管人员的权力提出了挑战,也就是要求他们在作出决定或管辖时应考虑组织外部的利益。

(二)领导方式理论

1947 年以来,美国管理学家利克特(Rensis Likert)及密歇根大学社会研究所的有关研究人员,曾进行了一系列的领导研究,其对象包括企业、医院及政府各种组织机构。1961 年,他们把领导者分为两种基本类型,即"以工作为中心"的领导与"以员工为中心"的领导。"以工作为中心"的领导特点是:任务分配结构化、严密监督、工作激励、依照详尽的规定行事;"以员工为中心"的领导特点是:重视人员行为反应及问题,利用群体实现目标,给组织成员较大的自由选择的范围。

据此,利克特倡议员工参与管理。他认为有效的领导者是注重于面向下属的,他们依靠信息沟通使所有各个部门像一个整体那样行事。群体的所有成员(包括主管人员在内)实行一种相互支持的关系,在这种关系中,他感到在需求价值、愿望、目标与期望方面有真正共同的利益。由于这种领导方式要求对人采取激励方法,因此利克特认为,它是领导一个群体的最为有效的方法。

利克特假设了四种领导方式,以此阐明他的领导原则。

1. 利用—命令式

主管人员发布指示,决策中有下属参与;主要用恐吓和处分,有时也偶尔用奖赏去激励下属;惯于由上而下地传达信息,把决策权局限于最高层等。

2. 温和—命令式

用奖赏兼某些恐吓及处罚的方法去鼓励下属;允许一些自下而上传递的信息;向下属征求一些想法与意见,并允许把某些决策权授予下属,但加以严格的政策控制。

3. 商议式

主管人员在决策时征求、接受和利用下属的建议;通常试图去酌情利用下属的想法与意见;运用奖赏并偶尔用处罚的办法和让员工参与管理的办法来激励下属;既使下情上传,又使上情下达;由上级主管部门制定主要的政策和运用于一般情况的决定,但让低一级的主管部门去做出具体的决定,并采用其他一些方法商量着办事。

4. 集体参与式

主管人员向下属提出挑战性目标并对他们能够达到目标表示出信心；在诸如制定目标与评价目标方面,让群众参与其中并给予物质奖赏；既使上下级之间的信息畅通,又使同级人员之间的信息畅通；鼓励各级组织做出决定,或者将他们自己与下属合起来作为一个群体从事活动。

利克特发现,那些用集体参与方式从事领导工作的管理人员,一般是极有成就的领导者。以此种方法来管理的组织,在制定目标和实现目标方面是最有成绩的。他把这些主要归功于员工参与管理的程度,以及在实践坚持相互支持的程度。

(三) 领导四分图理论

领导四分图理论也叫二元理论,是美国俄亥俄州大学研究小组在大量调查研究的基础上,于1954年提出的一种领导行为理论。他们在研究过程中,将一千多种描述领导行为的因素最终归结为对人的关心(体谅)和对组织效率的关心(主动状态)两大类。领导的体谅行为主要表现为尊重下属意见,重视下属的感情和需要,强调建立互相信任的气氛。领导的主动状态行为主要表现为重视组织设计,明确职责关系,确定工作目标和任务。领导四分图见图11-2。

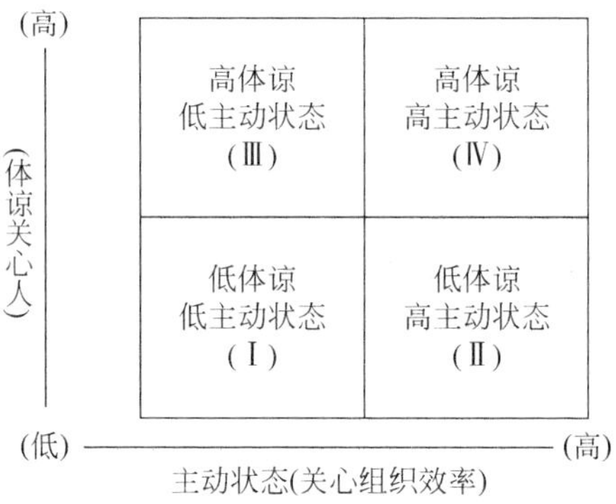

图 11-2　领导四分图

这两类行为的不同组合,就构成了四种不同的领导方式。

Ⅰ型领导既不关心人,又不重视组织效率,是最无能的领导方式。

Ⅱ型领导对组织的效率、工作任务和目标的完成非常重视,但忽视人的情绪和需要,是以工作任务为中心的领导方式。

Ⅲ型领导对人十分关切,对组织效率却漠不关心,是以人为中心的领导方式。

Ⅳ型领导把对人的关心和对组织效率的关心放在同等重要的地位,既能保证任务的完成,又能充分满足人的需要,是最为理想的领导方式。

俄亥俄州大学研究小组的研究结果表明,不同的领导方式对工作效率和职工情绪有直接影响。员工导向的领导者与群体高生产率、高工作满意度呈正相关,因而员工导向的领导者绩效最好；生产导向的领导者则与群体的低生产率、低工作满意度相联系,绩效较差。

(四) 管理方格理论

美国得克萨斯州的布莱克(R. R. Blake)和穆顿(J. S. Mouton)在领导四分图的基础上做了进一步的研究,于1964年出版的《管理方格》一书中提出了管理方格理论,并在1978年再版的《新管理方格》一书中,对这一理论做了进一步的补充和完善。

布莱克和穆顿把领导行为归结为对人的关心和对生产的关心两类,二者在不同程度上互相结合便形成了多种不同的领导方式。

他们以横轴表示对生产的关心，以纵轴表示对人的关心，每根轴分成 9 格，这样构成的 81 个方格，代表了对人和生产关心程度不同的 81 种领导方式，这就是管理方格图（见图 11-3）。

布莱克和穆顿具体分析了其中五种最为典型的领导方式。

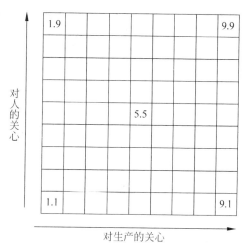

图 11-3　布莱克和穆顿的管理方格图

1.1　贫乏型。

这类领导对生产和人都极不关心，只是为了保持现有地位，而以最小的努力去做必须做的事。显然这是一无所成的不称职的领导者。

9.1　任务型。

这类领导对生产极为关心，对人却极不关心，他们把全部精力集中在取得最高的产量上，极为排斥人的因素对工作效率的影响，用强制性的权力来控制其下属。这种领导方式在短时期内可能取得较高的生产率，但长此以往，它的副作用就会使生产率下降。

1.9　乡村俱乐部型。

这类领导极端重视人的因素，却完全忽视了生产因素，放在首位的是增进同事和下级对自己的良好感情，并不考虑这样做是否有益于工作任务的完成和生产效率的提高。这种领导方式下的生产效率无论在长期或短期都不可能高。

5.5　中间型。

这类领导对生产和人都有中等程度的关心，既希望有说得过去的生产效率，又希望维持较好的人际关系，为此他们善于折中，回避风险，不愿创新，满足于维持现状。这种领导方式虽非上策，却是相当数量的管理者所奉行的中庸之道的领导方式。

9.9　协作型。

这类领导对人和对生产都极为关注，重视目标，并力求通过大家参与、承担义务和解决矛盾，在目标一致，相互依存，相互信任和尊敬的基础上，取得高产量、高质量的成果。这种领导方式无疑是最为有效的方式。

应该指出，上述五种典型也仅仅是理论上的描述，都是一种极端的情况。在实际生活中，很难会出现纯之又纯的典型领导方式。

管理实例 11-6

9.9 型教学模式对教师的基本要求

（1）忠诚党的教育事业，热爱教学工作，教书育人，把对学生的"爱心"倾注到各种教学环节之中。

（2）教师必须利用一切机会，采取一切手段，不断提高教学、科研水平，不仅要及时吸收和消化本学科的最新成果和前沿知识，而且要尽量了解和掌握如教育学、心理学、行为科学、管理科学及相关学科的知识，及时地运用到教学之中。教师要努力使自己的学问博大精深,成为同行和学生们无比信赖、崇拜的学者。

(3)要认真钻研教材,包括同类版本的其他教材,精选教学内容,精心备课,有一套解答重点、难点、疑点的教学经验,培养自己组织课堂教学环节的能力。

(4)要通过教学内容、教学方法的改革等,介绍最新学科成就,不断增加新知识,提高课堂教学的魅力。

(5)要按照教育学、心理学、行为科学的原则,掌握学生的个性心理特点,研究出一套符合学生接受知识的规律、提高学习效益和效果的教学方法。

(6)教师的教学既要面向全体学生,又要注意到个别学生的学习情况,让全体学生都达到教学目标。

(7)要通过辅导答疑、批改作业,对学生既严格要求又关心爱护,通过足够多的教学活动的机会同学生建立起相互协调、尊师爱生的师生关系,这是教学成功的一个重要基础。

(8)要重视教学意见的收集,利用它随时诊断我们的教学,发现不足,加以研究解决。

(五)Z 理论

Z 理论是美国加利福尼亚大学日裔美籍管理学教授威廉·大内在对日本与美国的企业管理方式做了大量比较研究的基础上,于 1981 年所著《Z 理论——美国企业怎样迎接日本的挑战》一书中提出的。大内选定日、美各十二家典型企业在本国和对方开设的子公司共有四十八例,做了大量调查对比,发现日本企业的管理方式使企业具有同质性、稳定性和集体主义状态,大内称其为 T 型组织;美国企业管理方式使企业具有异质性、流动性和个人主义状态,大内称其为 A 型组织。大内的研究结果表明,日本的企业管理方式普遍较美国效率高。大内认为,虽然民族的传统文化对企业管理思想和管理方式具有深刻的影响,但是从经济组织具有相似任务这一点来看,日本企业成功的管理要素可以移植到美国的企业管理中来。他把借鉴日本企业管理经济所构造出来的具有高效率的理想管理模式称为 Z 型组织,并对 Z 型组织进行了系统研究,提出了 Z 理论。

Z 理论认为,企业生产率的基础是企业中人与人之间的信任、微妙性和亲密性,有效的管理方式必须从这三个基本点出发,有利于人们之间的相互信任;巧妙地利用人们之间的微妙关系;尽可能地在组织中形成亲密联系。基于这种认识所构造的 Z 型组织,是以平等主义为核心,具有高度一致性的亲密的社会团体或称工业氏族。A 型、T 型、Z 型管理方式的特征对比见表 11-4。

表 11-4　A 型、T 型、Z 型管理方式的特征对比

A 型	T 型	Z 型
短期雇佣	终身雇佣	长期雇佣
迅速的评价和升级	缓慢的评价和升级	缓慢的评价和升级
专业化的经历道路	非专业的经历道路	半专业化的经历道路
明确的控制	含蓄的控制	含蓄的控制,明确的检验
个人的决策过程	集体的决策过程	集体的决策过程
个人负责	集体负责	个人负责
局部关系	整体关系	整体关系

大内的 Z 理论受到各国管理界和管理学者的注意。它不仅为我们提供了可供借鉴的管理方式,而且为我们提供了结合本国传统文化和企业管理等特点,创造性地吸收、融合他国成功经验为我所用的科学思想方法和卓有成效的研究方法。

管理实例 11-7

Z 理论在办公室和工厂中的应用

这个例子包括两个部分,即某个拥有许多工厂的大公司的一个工厂和与之有关的办公室。公司是一级一级地、自上而下地开始实施 Z 理论管理法的,最后轮到这个工厂,而且这里描述的情况是在高层开始实施变革后的第三年发生的。

变革的动力

这个工厂是该公司表现最差的工厂之一,长期受到劳资冲突的困扰,旷工率和流动率持续居高不下,而且质量差,生产力低。新任命的厂长来了,他曾经积极地参与总公司实施 Z 理论的工作。他到这个工厂来有明确的目标,即实施 Z 理论,希望工厂的状况有所改观。在他上任前,即将离职的厂长宣布把单班制改为两班制,这样现有的部分雇员和新雇用的雇员不久就需要汇报夜班的工作情况。他宣布的这项措施引发了雇员的公开抗议,而且他们威胁要举行罢工。

行动

在有史以来第一次召开的全体雇员大会上,新上任的厂长首先明明白白和全面地解释了他们面临的形势。他让雇员们看到了现实,指出竞争对手可能蚕食他们的企业。他提到了一份分析客户需求的研究报告,然后强调工厂需要创造出利润,这样才能证明公司应该继续提供就业机会并在将来投入资金。雇员们一向对什么事情都一无所知,没有意识到他们面临的竞争现实。他们不了解公司的等级制度、评测他们绩效的会计系统或管理他们的工作流程的信息系统。由于他们只负责完成任务,因此他们对自己的工作效率的评估和改进无能为力。他们没有认识到在一个更大的系统中,他们是不可分割的一部分,他们不了解他们的工作、生活的前因后果。

随后,新上任的厂长与他的管理团队静下心来反思,通过培训了解哲学观的基本要素,解释工厂与公司的其他机构的关系,并练习人际沟通能力。他鼓励他们有问题就提,采取开诚布公的态度,信任的关系因此开始形成。

四、领导权变理论

权变理论认为,有效领导不仅是由领导者自身的个性和领导方式决定的,更重要的是取决于领导者所处的客观环境以及领导方式与客观环境是否相适应,因此他们把研究的重点放在决定领导效能的环境因素以及怎样使领导方式与之相适应上。

这一理论的代表有菲德勒(Fred Fiedler)的有效领导权变模式、伊凡斯(M. G. Evans)和豪斯(R. J. House)的路径—目标理论、弗罗姆(V. H. Vroom)和耶顿(P. W. Yetton)的领导—参与模型、赫塞(Paul Hersey)和布兰查德(Ken Blanchard)的领导生命周期理论等。

（一）菲德勒模型

伊利诺大学的菲德勒从 1951 年开始，首先从组织绩效和领导态度之间的关系着手进行研究，经过长达 15 年的调查试验，提出了"有效领导权变模式"，即菲德勒模型。他认为任何领导形态均可能有效，其有效性完全取决于是否与所处的环境相适应。他把影响领导风格的环境因素归纳为三个方面：职位权力、任务结构和上下级关系。

1. 职位权力

职位权力（position power）指的是与领导者职位相关联的正式职权和从上级和整个组织各个方面所得到的支持程度，这一职位权力由领导者对下属所拥有的实有权力所决定。领导者拥有这种明确的职位权力时，则组织成员将会更顺从他的领导，有利于提高工作效率。

2. 任务结构

任务结构（task structure）是指工作任务明确程度和有关人员对工作任务的职责明确程度。当工作任务本身十分明确，组织成员对工作任务的职责明确时，领导者对工作过程易于控制，整个组织完成工作任务的方向就更加明确。

3. 上下级关系

上下级关系（leader-member relations）是指下属对一位领导者的信任爱戴和拥护程度，以及领导者对下属的关心爱护程度。这一点对履行领导职能是很重要的。因为职位权力和任务结构可以由组织控制，而上下级关系是组织无法控制的。

将这三个变数都分好坏两种情况，则可组合成八种领导情势。

菲德勒通过对 1200 个团体的调查分析得出结论，在上述三个条件都具备的最有利情势下和上述三个条件都不具备的最不利情势下，采取以任务为中心的指令型领导方式效果较好；而在某些条件不具备的中间状态下，采取以人为中心的宽容型领导方式效果最佳（见图 11-4）。

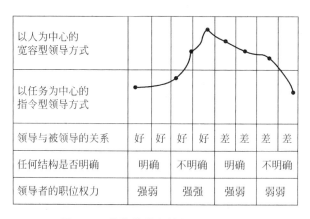

图 11-4 菲德勒的有效领导权变模式

根据菲德勒模型，提高领导有效性的途径有两条：一是改变领导方式以适应情势；二是改变情势因素，以适应领导方式。菲德勒指出，有效的领导者应该是具有适应能力的人,能够根据不同的情势采取不同的领导方式。同时,他还提出了改变情势的建议,如通过改组下属人员组合来改善领导与下属的关系;通过加强对工作任务限定使其定型化或减少这种限定使其非定期型化来改变任务结构。

管理实例 11-8

新来的财务处长

市针织总公司财务处长刘仁退休后,其职务由该公司属下最大的一家针织厂的财务科长李刚继任。财务处在公司内部具有举足轻重的地位,原处长刘仁资深能干,待人随和,善解人意。他要求下属互相协作,在没有严格监督下做好各自的工作。一直以来,财务处的工作颇有效率。

李刚正值年富力强,既有学历,又有工作经验,被认为是接替前任的合适人选。李刚本人也满心希望领导好财务处一班人。就职两个多月来,李刚觉得财务处的工作效率下降了,不顺心的事接二连三。一次,李刚急着要用最新的成本资料,两位女职员却屡屡拖延。李刚认为这是故意的。又有一次,由于一位老职员误报情况,致使李刚给总经理的一份报告出现差错。为此,李刚很恼火,当着其他同事的面批评了这位老职员。那天刚上班,处里一位年轻的女职员来请事假,说是要去火车站接人。李刚不准假,结果引发了一场激烈的争吵。如此等等,令李刚深感苦恼。

(二)路径—目标理论

路径—目标理论(path-goal model)是由加拿大多伦多大学教授伊凡斯于 1986 年提出的,并由其同事豪斯做了进一步的补充和发展。

路径—目标理论是以期望概率模式和对工作、对人的关心程度模式为依据,认为领导者的工作效率是以能激励下属达到组织目标并且在工作得到满足的能力来衡量的。领导者的基本职能在于制定合理的、员工所期待的报酬,同时为下属实现目标扫清道路,创造条件。根据该理论,领导方式可以分为四种。

1. 指示型领导方式(directive leader)

领导者应该对下属提出要求,指明方向,给下属提供他们应该得到的指导和帮助,使下属能够按照工作程序去完成自己的任务,实现自己的目标。

2. 支持型领导方式(supportive leader)

领导者对下属友好,平易近人,平等待人,关系融洽,关心下属的生活福利。

3. 参与型领导方式(participative leader)

领导者经常与下属沟通信息,商量工作,虚心听取下属的意见,让下属参与决策,参与管理。

4. 成就指向型领导方式(achievement-oriented leader)

领导者做的一项重要工作就是树立具有挑战性的组织目标,激励下属想方设法去实现目标,迎接挑战。

路径—目标理论告诉我们,领导者可以而且应该根据不同的环境特点来调整领导方式和作风。当领导者面临一个新的工作环境时,他可以采用指示型领导方式,指导下属建立明确的任务结构和明确每个人的工作任务;接着可以采用支持型领导方式,有利于与下属形成一种协调、和谐的工作气氛。当领导者对组织的情况进一步熟悉后,可以采用参与型领导方式,积极主动地与下属沟通信息,商量工作,让下属参与决策和管理。在此基础上,就可以采用成就指向型领导方式,领导者与下属一起制定具有挑战性的组织目标,然后为实现组织目标而努力工作,并且运用各种有效的方法激励下属实现目标。

(三)领导—参与模型

1973 年,美国心理学家弗罗姆和耶顿提出了领导—参与模型(leader-participation model)。这一理论的基本观点是:有效的领导应该根据不同情势,让职工不同程度地参与决策。

领导—参与模型提出了五种可供选择的领导方式。

Ⅰ——领导运用手中现有的情报进行决策。

Ⅱ——由下级提供情报,领导决策。

Ⅲ——个别征求下属意见后,领导做出决策。

Ⅳ——正式征求全体下属的意见和建议,然后做出决策。

Ⅴ——将问题正式通告下属,并与下属共同讨论做出决策。

领导—参与模型还列出了决策过程中可能遇到的七个情势因素。

A——是否存在能使某一解决办法更合理的质量要求?

B——我有足够资料做出高质量决策吗?

C——问题是否明确?

D——下属对解决办法接受与否对有效地贯彻执行有重大关系吗?

E——如果你自己作决策,下属肯定会接受吗?

F——下属知道这种解决办法要达到的组织目标吗?

G——在选用方案中,下属间可能发生冲突吗?

领导—参与模型认为,采取何种领导方式,取决于这七种情势因素的不同组合(见表 11-5)。

表 11-5 佛罗姆和耶顿的领导—参与模型

情势问题	I	I	II	II	III	III	IV	IV	IV	IV	IV	IV	IV	V	V	V	V
G					否	否			是	是							
F					否	否		否	否	否		是	是	是			
E		是		是		是	否	否		是	否	否	否	否	否	否	否
D	否	是	否	是	否	是	是	是	是	否	是	是	是	是	是	是	是
C					是	是		是	否	否		是	否			是	否
B			是	是	否	否	是	否	是	否	是	否			是	否	否
A	否	否	是	是	是	是	是	是	是	是	是	否	是	是	是	是	是
对七个关键问题自A到B进行回答以获得最合适的领导方式	1	2	3	4	5	6	7	8	9	10	11	12	13	14	15	16	17
	与是/否相应的情况是对七个关键问题的反应																

领导—参与模型进一步证实了领导研究应面向情境而非领导者个体,对领导者在不同情境下选择适当的领导风格提供了有效的指导和帮助。

（四）领导生命周期理论

领导生命周期理论由赫塞和布兰查德提出,他们认为下属的成熟度（readiness）对领导者的领导方式起重要作用。所以,对不同"成熟度"的员工采取的领导方式有所不同。

所谓成熟度,是指人们对自己的行为承担责任的能力和愿望的大小。它取决于两个要素:工作成熟度和心理成熟度。工作成熟度包括一个人的知识和技能,工作成熟度高的人拥有足够的知识、能力和经验完成他们的工作任务而不需要他人的指导。心理成熟度指的是一个人做某事的意愿和动机。心理成熟度高的个体不需要太多的外部激励,他们靠内部动机激励。

在管理方格图的基础上,根据员工的成熟度不同,将领导方式分为四种:命令式、说服式、参与式和授权式（见图 11-5）。

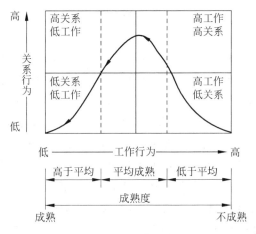

图 11-5　领导生命周期理论

1. 命令式

命令式（telling）表现为高工作低关系型领导方式,领导者对下属进行分工并具体指点下属应当干什么、如何干、何时干,它强调直接指挥。因为在这一阶段,下属缺乏接受和承担任务的能力和愿望,既不能胜任又缺乏自觉性。

2. 说服式

说服式（selling）表现为高工作高关系型领导方式,领导者既给下属以一定的指导,又注意保护和鼓励下属的积极性。因为在这一阶段,下属愿意承担任务,但缺乏足够的能力,有积极性但没有完成任务所需的技能。

3. 参与式

参与式（participating）表现为低工作高关系型领导方式,领导者与下属共同参与决策,领导者着重给下属以支持及其内部的协调沟通。因为在这一阶段,下属具有完成领导者所交给任务的能力,但没有足够的积极性。

4. 授权式

授权式(delegating)表现为低工作低关系型领导方式,领导者几乎不加指点,由下属自己独立地开展工作,完成任务。因为在这一阶段,下属能够而且愿意去做领导者要他们做的事。

根据下属成熟度和组织所面临的环境,领导生命周期理论认为随着下属从不成熟走向成熟,领导者不仅要减少对活动的控制,而且也要减少对下属的帮助。当下属成熟度不高时,领导者要给予明确的指导和严格的控制;当下属成熟度较高时,领导者只要给出明确的目标和工作要求,由下属自我控制和完成。

和菲德勒的权变理论相比,领导生命周期理论更容易理解和直观。但它只是针对了下属的特征,而没有包括领导行为的其他情景特征。因此,这种领导方式的情景理论算不上完善,但它对于深化领导者和下属之间的研究,具有重要的基础作用。

管理实例 11-9

高总的领导方式

高明是某空调销售公司的总经理,刚接到有关公司销售状况的最新报告:销售额比去年同期下降了 25%、利润下降了 10%,还有几名销售分店的经理提出辞职。他立即召集各主管部门的负责人开会讨论解决该问题。会上,高总说:"我认为,公司的销售额之所以下滑,都是因为你们领导不得力。公司现在简直成了俱乐部。每次我从卖场走过时,我看到员工们都在各处站着,聊天的、煲电话粥的,无处不有,对顾客视而不见。他们关心的是多拿钱少干活。要知道,我们经营公司的目的是为了赚钱,赚不到钱,想多拿钱,门儿都没有。你们必须记住,现在我们迫切需要的是对员工的严密监督与控制。我认为现在有必要安装监听装置,监听他们在电话里谈些什么,并将对话记录下来,交给我处理。当员工没有履行职责时,你们要警告他们一次,如果不听的话,请他们走人……"

部门主管们对高总的指示都表示赞同,唯有销售部经理李燕提出反对意见,她认为问题的关键不在于控制不够,而在于公司没有提供良好的机会让员工真正发挥潜力。她认为每个人都有一种希望展示自己的才干、为公司努力工作并作出贡献的愿望。所以,解决问题的方式应该从和员工沟通入手,真正了解他们的需求,使工作安排富有挑战性,促使员工们以从事这一工作为自豪。同时在业务上给予指导,花大力气对员工进行专门培训。

然而,高总并没有采纳李燕的意见,而是责令所有的部门主管在下星期的例会上汇报要采取的具体措施。

第三节　领导方法和领导艺术

一、领导方法

领导方法内容丰富,有基本领导方法和具体领导方法等。

（一）基本领导方法

1. 一切从实际出发的方法

承认客观环境，尊重客观实际；正确对待过去的经验；注意调查研究；讲究实效。

2. 领导和群众相结合的方法

走群众路线，在群众实践中检验、完善决策。

3. 一般号召和个别指导相结合的方法

广泛的思想动员。通过个别指导检验一般号召的正确性，取得具体领导经验。个别指导要注意分类指导，领导要亲自出征，要依靠当地组织，不能包办代替。

4. 全局与局部相结合的方法

识大体，顾大局，做到局部服从全局；兼顾局部，把注意力放在关键性的局部上。

5. 抓中心环节的方法

抓中心环节的方法即抓"龙头"，牵"牛鼻子"。是否善于抓中心环节，反映领导水平的高低，决定领导效果的大小。

6. 抓两头、带中间的方法

所谓抓两头是抓先进和落后两头。先进典型是一种榜样、一面旗帜，能提供经验，激发人们的意志，鼓舞人们前进。落后的典型给人教训，使人们引以为戒。先进和后进在一定条件下可以转化，领导者注意做转化工作。

7. 典型试验

领导者在具体化的过程中取得经验，通过典型试验，可以起到典型示范作用。

（二）具体领导方法

1. 领导上任的方法

领导者事业的成功，必须从上任之初开始。一是信心百倍地就职，上任时要充满热情和信心，要显示自己的决心和魄力。二是多听勤看少表态。三是要正确对待前任，充分肯定前任的成绩，慎重评价前任的问题。四是要注意树立形象。五是人事变动要慎重。六是新官上任三把火。

2. 领导处事的方法

一是学会大处着眼小处着手。大处着眼即善于抓大事，把握全局；小处着手即从现实矛盾入手，把大事分解为若干小事，在措施上下功夫。二是处事要致力于正业。正业即领导者的根本工作，领导要做领导的事。三是处事有计划，有重点，注意把握时机，处事要果断、公正。四是处事学会变通。五是处事重在解决疑难问题。

3. 领导处理公文的方法

一是合理处理公文。要控制公文发放，注意发文质量；快速阅文；注意文件归档，便于查阅。二是提高公文效用。要建立处理公文责任制和督办制，规定办文期限，督促催办落实公文,提高效率。

管理实例 11-10

黄帝问路

上古时代,黄帝带领六名随从到贝茨山见大傀,在半途迷路了,巧遇一个放牛的牧童。

黄帝上前问道:"小孩,贝茨山要往哪个方向走,你知道吗?"

牧童说:"知道呀!"于是便指点他们路向。

黄帝又问:"你知道大傀住哪里吗?"

他说:"知道啊!"

黄帝吃了一惊,便随口问道:"看你年纪小小,好像很多事你都知道啊!"接着又问道:"你知道如何治国平天下吗?"

那牧童说:"知道,就像我放牧的方法一样,只要把牛的劣性去除了,那一切就平定了呀!治天下不也是一样吗?"

黄帝听后,非常佩服:真是后生可畏,原以为他什么都不懂,却没想到这小孩从日常生活中得来的道理,就能理解治国平天下的方法。

二、领导艺术

领导过程是个影响的过程,是由被领导者去完成任务的,因此需要提高其完成任务的自觉性、主动性,这就需要领导者要善于掌握和运用领导艺术。领导艺术内容广泛,需根据管理实际灵活运用。

(一)用人和用权艺术

如何用人的问题可以说是仁者见仁,智者见智。

1. 用人艺术

如何用好人,除了要端正用人思想,让那些想干事的人有事干,能干事的人干好事外,在用人技巧上还要注意以下问题。

(1)善于用人所长。用人之诀在于用人所长,且最大限度地实现其优势互补。

(2)善于用人所爱。领导者在用人的过程中,要知人所爱、帮人所爱、成人所爱。

(3)善于用人所变。人的特长是可以转移的,能产生特长转移的人,大都是一些创新思维与能力较强的人。对这种人才,领导者应倍加珍惜,应适时调整对他们的使用,让他们在更适合自己的发展空间里去施展才华。

2. 用权艺术

规范化用权;实效化用权;体制外用权。

3. 授权艺术

合理选择授权方式;授权留责;视能授权;明确责权;适度授权;监督控制;逐级

授权。

管理实例 11-11

松下为何不说"不"

日本松下电器总裁松下幸之助的领导风格以骂人出名，但也以最会栽培人才而出名。

有一次，松下幸之助对一位部门经理说："我每天要做很多决定，并要批准他人的很多决定。实际上只有40％的决策是我真正认同的，余下的60％是我有所保留的，或者是我觉得过得去的。"

经理觉得很惊讶，假使松下不同意的事，大可一口否决就行了。

"你不可以对任何事都说不，对于那些你认为算是过得去的计划，你大可在实行过程中指导他们，使他们重新回到你所预期的轨迹。我想一个领导人有时应该接受他不喜欢的事，因为任何人都不喜欢被否定。"

（二）决策的艺术

决策是一门科学，应按照科学的原则和程序进行。同时，决策也是一门艺术。因此，要求领导者要强化决策意识，尽快提高决策水平，尽量减少各种决策性浪费。

1. 决策前注重调查

领导者在决策前一定要多做些调查研究，搞清各种情况，尤其是要把大家的情绪和呼声作为自己决策的第一信号，不能无准备就进入决策状态。

2. 决策中注意民主

领导者在决策中要充分发扬民主，优选决策方案，尤其碰到一些非常规性决策，应懂得按照"利利相交取其大、弊弊相交取其小、利弊相交取其利"的原则，适时进行决策，不能未谋乱断，不能错失决策良机。

3. 决策后狠抓落实

决策一旦定下来，就要认真抓好实施，做到言必信、信必果，绝不能朝令夕改。一个领导者在工作中花样太多，是一种不成熟的表现。

管理实例 11-12

面包与记者

假设你是可口可乐公司的业务员，现在公司派你去偏远地区销毁一卡车的过期面包（不会致命的，无损于身体健康）。在行进的途中，刚好遇到一群饥饿的难民堵住了去路，因为他们坚信你所坐的卡车里有能吃的东西。

这时报道难民动向的记者也刚好赶来。对于难民来说，他们肯定要解决饥饿问题；对于记者来说，他是要报道事实的；对于你来说，是要销毁面包的。

现在要求你既要解决难民的饥饿问题，让他们吃这些过期的面包（不会致命的，无损于身体健康），以便销毁这些面包，又要不让记者报道过期面包这一事实，你将如何处理？

（三）人际关系艺术

工作中领导者要同形形色色的人打交道,良好的人际关系是做好工作的一个重要基础,在人际交往中要掌握一定的技巧。

1. 人际沟通艺术

态度和蔼、平等待人;尊重别人、注意方法;简化语言;积极倾听;抑制情绪;把握主动;创造互信环境。

2. 处理人际纠纷艺术

严己宽人;分寸得当;审时度势;讲究策略;把握主动。

除此以外,还有监督艺术、奖励艺术、时间管理艺术等,都是领导者应该在工作实践中予以重视的。

管理实例 11-13

会让员工高兴的领导

某企业因各种原因经营不好,经理人经反复计算,年终奖金只能多发一个月,和往年发三个月差距较大。

经过反复思考,为了不使大家意见过大,该经理人采取了以下办法。快接近年底时,办公室传出这样的消息:由于各种因素的影响,我们单位今年效益不好,需要裁员 20%。于是大家纷纷猜测,可能要裁掉谁了,某人表现不好,某人今年有重要失误。

消息发布后,人心惶惶,人人心理压力都挺大。于是,有人提出最好不要裁员,我们愿意在原来基础上少拿一点工资,大家共同渡过难关。

在议论纷纷的情况下,经理出来讲话:虽然我们今年效益不好,但公司考虑再三,认为裁员 20% 不利于未来经营和发展,董事会经过研究,先保住大家的岗位,尽量不裁员。于是全场欢呼,大家似乎忘记奖金少的问题了。年关时节,有个稳定的工作岗位,踏踏实实过年已经非常满意了! 谁还在乎奖金的多少。

当大家精打细算,人人都做好了过个穷年的时候。在临近放假的那天下午,临下班前一小时,广播通知各部门领导人立即到经理办公室开会。宣布年终为每个员工发一个月奖金。于是,整个单位沸腾,大家高兴异常,今年又能过个富裕的年了。

复习思考题

1. 领导工作的职能是什么?
2. 领导工作有哪些重要作用?
3. 领导工作应遵循哪些基本原理?
4. 有关领导问题的理论是哪几个?
5. 如何灵活运用领导艺术?

技能训练

技能训练 11-1

鲶 鱼 效 应

以前,沙丁鱼在运输过程中成活率很低。后来有人发现,若在沙丁鱼中放一条鲶鱼,情况会有所改观,成活率会大大提高。这是何故呢?

原来鲶鱼到了一个陌生的环境后,就会"性情急躁",四处乱游,这对于大量好静的沙丁鱼来说,无疑起到了搅拌作用;而沙丁鱼发现多了这样一个"异己分子",自然也很紧张,加速游动。这样沙丁鱼缺氧的问题就迎刃而解了,沙丁鱼也就不会死了。

训练要求:

鲶鱼效应对于做好领导工作有什么启示意义。

技能训练 11-2

选谁做接班人

捷迅公司是一家中等规模的汽车配件生产集团,最近由于总经理临近退休,董事会决定从该公司的几个重要部门的经理中挑选接班人,并提出了三个候选人。这三位候选人都是在本公司工作多年,经验丰富,并接受过工作转换轮训的有发展前途的高级职员。就业务而言,三个人都很称职,但三个人的领导风格有所不同。

1. 贾旺

贾旺对他本部门的产出量非常满意。他总是强调对生产过程和质量控制的必要性,坚持下属人员必须很好地理解生产指令,迅速准确、完整地执行。当遇到小问题时,贾旺喜欢放手交给下属去处理。当问题严重时,他则委派几个得力的下属去解决。通常他只是大致规定下属人员的工作范围和完成期限,他认为这样才能发挥员工的积极性,获得更好的合作。贾旺认为对下属采取敬而远之的态度是经理最好的行为方式,亲密关系只会松懈纪律。他不主张公开批评或表扬员工,相信每个员工都心中有数。贾旺认为他的上司对他们现在的工作非常满意。贾旺说在管理中的最大问题是下级不愿意承担责任。他认为,他的下属可以把工作做得更好,如果他们尽力去做的话。他还表示不理解他的下属如何能与前任——一个没有多少能力的经理相处。

2. 李东生

李东生认为应该尊重每一位员工。他同意管理者有义务和责任去满足员工需要的看法。他常为下属员工做一些小事:帮助员工的孩子上重点学校,亲自参加员工的婚礼,同员工一起去郊游等。他还为一些员工送展览会的参观券,作为对员工工作的肯定。李东生每天都要到工作现场去一趟,与员工们交谈,共进午餐。他从不愿意为难别人,他还认为贾旺管理方式过于严厉,贾旺的下属也许不那么满意,只不过在忍耐。李东生注意到管理中存在的不足,不过他认为大多是由于生产压力造成的。他想以一个友好、粗线条的管理方式对待员工。他也承认本部门的生产效率不如其他部门,但他相信他的下属会因他的开明领导而努力地工作。

3. 李邦国

李邦国认为,作为一个好的管理者,应该去做重要的工作,而不能把时间花在与员工握手交谈上。他相信如果为了将来的提薪与晋职而对员工的工作进行严格考核,那么他们会更多地考虑自己的工作,自然也会把工作做得更好。他主张,一旦给员工分派了工作,就应该让他以自己的方式去做,可以取消工作检查。他相信大多数员工知道自己应该怎样做好工作。如果说有什么问题的话,那就是本部门与其他部门的职责分工不清,有些不属于他们的任务也安排在他的部门,但他一直没有提出过异议。他认为这样做会使其他部门产生反感。他希望主管叫他去办公室谈谈工作上的问题。

训练要求:

请你以推举候选人的董事身份参加讨论,决定总经理的最终人选。

技能训练 11-3

副总家失火以后

一家公司的销售副总,在外出差时家里失火了。他接到妻子电话后,连夜火速赶回家。第二天一早去公司向老总请假,说家里失火要请几天假安排一下。按理说,也不过分,但老总却说:"谁让你回来的?你要马上出差,如果你下午还不走,我就免你的职。"这位副总很有情绪,无可奈何地从老总办公室里出来后又马上出差走了。

老总听说副总已走,马上把党、政、工、团负责人都叫了过来,要求他们分头行动,在最短的时间内,不惜一切代价把副总家里的损失弥补回来,把家属安顿好。

训练要求:

(1)利用管理方格理论分析这位老总属于哪一种领导风格?为什么?

(2)从本案例中你可以获得哪些启迪?

(3)你赞成这位老总的做法吗?有何建议?

案例分析

案例分析 11-1

姚成的领导方式

总经理提议姚成任公司副总工程师,主抓公司的节能降耗工作。

姚成,男,48岁,中共党员,高级工程师。20世纪60年代从南方某冶金学院毕业后,分配到炼钢厂工作,一直搞设备管理和节能技术工作,勤于钻研,曾参与主持了几项较大的节能技术改造,成绩卓著。先后任厂副总工程师、生产副厂长、厂长、高级工程师。他工作勤勤恳恳,炼钢转炉的每次大修他都亲临督阵,有时半夜入厂抽查夜班工人的劳动纪律,白天花很多时间到生产现场巡视,看到有工人在工作时间闲聊或乱扔烟头总是当面提出批评,事后通知违纪人所在单位按规定扣发奖金。群众普遍反映,姚厂长一贯不苟言笑,没听姚厂长和他们谈过工作以外的任何事情,更不用说和下属开玩笑了。他到哪个科室谈工作,一进办公室大家的神情便都严肃起来,大家都不愿和他接近。对他自己特别在行的业务,有时甚至不事先征求该厂总工程师的意见,而是直接找下属布置工作,总工对此已习以为常了。姚厂长手下几位很能干的"大将"却都没有发挥多大的作用。据他们私下说,在姚手下工作,从来没受过什么激励,特别是当他们个人生活有困难需要厂里帮助时,姚厂长一般不予过问。用工人的话说是"缺少人情味"。久而久之,姚厂长手下的骨干都没有什么积极性了,只是推推动动,维持现有局面而已。

问题:
(1) 姚成是成功的领导吗?为什么?
(2) 姚成的领导方式有什么缺点?

案例分析 11-2

广告业的拿破仑

"金融工程师"索莱尔领导的 WPP 集团,15 年来,从伦敦一家"钢丝蓝生产商"起步,通过成功的资本运作,完成了一起起跨国大并购,再度成为全球广告公关业之王。

1. 庞大的帝国,寒碜的总部

要说谁是当今全球最大的广告公关集团,应推英国的 WPP。这家控股公司旗下的著名广告公司有大名鼎鼎的奥美(Ogilvy & Mather)、智威汤逊(J. Walter Thompson),最近又有 Y&R(Young & Rubi-cam)的加盟;公关类的公司有伟达(Hill & Knowlton)、博雅(Burson-marsteller)。它的客户名单更是让人印象深刻:IBM、福特、AT&T、联合利华和高露洁等。

WPP 总部设在伦敦 Mayfair 区僻静的"农业街"(Farm street)。到了这条街的 27 号,门上有指示:"请使用边门"。这里的边门实际是一条死胡同里左手的第四个门,绿色的门旁边有一块标志牌:WPP GROUP PLC(WPP 集团有限公司)。进入此门,是一幢古朴典雅的英国城市楼房。这里是 WPP 帝国的心脏,WPP 的 25 名工作人员掌控着公司分布在全球 92 个国家和地区的 3.9 万名雇员。走上一个旋转楼梯,在二楼一个普通的拐角办公室里坐着 WPP 公司的灵魂人物马丁·索莱尔(Martin Sorrel)。在这个甚至有些寒碜的办公楼里,今年 55 岁的索莱尔 10 多年里导演了全球广告界风云变幻的一幕幕悲喜剧。我们可以用"伟大""第一"等字眼来形容这家公司和它的领袖人物,只是索莱尔短小精悍的身材除外。

最近,索莱尔又成了公众瞩目人物。自 1991 年以来,WPP 的股票上涨了 40 倍,羽翼丰满,公司以 55 亿美元收购了 Y&R 广告公司(创下了全球广告公关业并购额之最),力量骤然壮大,重新成为全球广告公关业的老大。英国女王伊丽莎白曾向这位身材矮小的广告帝国国王索莱尔授予过"爵士"称号。

2. 天才的收购艺术

索莱尔很早就看出广告公关业的未来所在:媒体在逐渐细化,广告商们逐渐在寻找更多的途径——直销、公关、一揽子(平面、立体和三维动画等)设计和品牌形象咨询等——以推销他们客户的产品。整合和合并所有这些业务成为索莱尔孜孜以求的目标。他要将他的控股公司越做越大,能提供全方位服务,客户手中的每一块美元都不会轻易流到WPP集团以外的公司去。

对收购对象,索莱尔既不会将公司解散,也不会大规模裁员。在高层,他一般都采取分化瓦解的战术各个击破,或者示之以诱惑,然后"杯酒释兵权",将他们先后驱逐出去。但同时,索莱尔又大量越级破格提拔人才,稳住公司骨干队伍。

1987年,"金融工程师"索莱尔以令人难以置信的资本运营技巧一举收购了比WPP大16倍的智威汤逊。索莱尔推翻了这公司原先松散的财务制度,代之以详尽的财务和战略目标,以及严格细致的汇报制度。然后,索莱尔与越级提拔的新任CEO曼宁(Manning)挨个走访客户。曼宁事后回忆说:"在接收的第一年,公司的财务最糟糕,但到了第二年,却争得了大量新的业务,创下了最好的盈利纪录。"

在收购奥美的过程中,索莱尔作为一位公关行业专家,更是表现出了在收服人心方面的上佳技巧。

据奥美CEO雪丽·拉扎鲁斯(Shelly Lazarus)回忆,1989年,当WPP完成对奥美的收购后,索莱尔在纽约面对奥美总部的数百人发表激情洋溢的演说,台下气氛活跃,索莱尔几乎是有问必答。随后,索莱尔将奥美的头头脑脑挨个叫到他的酒店套房谈心,从中发掘可以留用之才。雪丽当时是奥美纽约地区的总经理,她当时甚至收到索莱尔写的一张纸条。上面有索莱尔的办公室及住宅的电话,并告诉她任何时候,不管白天黑夜,都可以给他打电话。雪丽说,对一个刚刚完成对另一家公司敌意收购的公司来说,索莱尔这么做她当时怎么也没有预料到。

对曾经谩骂过自己为"可恶的小臭蛋"的奥格尔威,索莱尔也表现出相当的宽容。奥格尔威曾严词拒绝与索莱尔直接接触,但当两人最终坐到一起时,索莱尔闲谈间自然而然引用了奥格尔威广告论著中大段大段的话,弄得对方一下子解除了心理戒备。索莱尔至今还保留着奥格尔威写给他的一封信:"大卫·奥格尔威——这是他平生第一次——表示歉意。使我感到惊奇的是,我喜欢上您了……很抱歉,我曾经冒犯过您。"

同样是这位善于对手捧场的索莱尔,有时却变得严厉得不近人情。WPP与Y&R开始洽谈合并时,Y&R的CEO汤姆·贝尔(Tom Bell)在与索莱尔交手的过程中,充分领教了索莱尔的厉害。

刚开始,索莱尔向贝尔递交了令人信服的合并方案,并同样允诺准备将未来WPP董事长的宝座让给贝尔,双方皆大欢喜,言谈甚欢。但是,到了3月和4月,在分别谈到Y&R高层人士安排及Y&R自治问题时,索莱尔居然"咆哮"了起来。贝尔转而与其他公司谈判,索莱尔岂会善罢甘休,他绕到贝尔的后方,与Y&R公司的几位董事开展起公关,从背后给贝尔施加压力。贝尔事后回忆说:"与索莱尔谈判,你必须万分小心谨慎。他是个从不放弃什么的人。"合并成功后,跟以往一样,索莱尔开始"清洗"Y&R高层。贝尔的董事长不仅没当成,还被迫离开了公司。

但对Y&R公司的中下层,索莱尔却深谙争取人心之道。他在大会小会上语重心长地说,他是如何"迷恋"Y&R公司,他为何需要这个公司,他对YSLR品牌崇拜得五体投地,他尊重每一位员工。

3. 永无休止的进取心

在索莱尔的性格中,有一种天生的紧迫感时时在驱使他不断地进取、壮大。这是源自于他对自己短小身材的自卑心理? 还是从其父(犹太人,曾经营一家有 750 间电子产品连锁店的公司)身上秉承下来的? 抑或是在哈佛学院培养揣摩出来的? 谁也说不准。

1991 年,由于接连两起并购案,又恰逢全球经济萧条期导致全球广告业陷入低潮,债台高筑的 WPP 几近破产边缘。索莱尔成功说服银行,以"债转股"方式,让银行间接管理 WPP。近 10 年间,索莱尔也因此韬光养晦,静观其变。这期间,他眼睁睁地看见原先落在 WPP 后面的美国两大对手 Iterpublic Group 和 Omnicom 超过了自己。

索莱尔逐步恢复了自己对公司的控制权,他将 WPP 演变成一种"直接插手"的控股公司,WPP 对于控股公司的全面插手简直要把他们逼疯了。奥美负责欧洲、非洲和中东地区的 CEO 麦克·沃尔什(Mike Walsh)称:"我们现在的业务忙不过来,有 30 个意向性收购、15 个正在进行的收购,所有这些都在忙乎。马丁(指索莱尔)对什么事情都有最终决定权。有时我们感到烦不胜烦。但当我们陷入死胡同时,马丁总能提出一些创造性的解决办法。"

让 Y&R 公司感到担忧的是,由于并购,自己的客户花旗银行的业务可能部分要丧失,另一客户高露洁由于与联合利华是全球竞争对手,而后者是智威汤逊的客户,Y&R 和智威汤逊两家公司能作为对手并存在一个控股公司之下吗? 索莱尔教导 Y&R 公司员工:"我要求你们一边狠揍对手,一边亲吻他们;一边竞争,一边合作。"实际上,WPP 已经在集团内部较好地避免和处理了这起利益纠纷与矛盾。

作为再次登上全球广告公关业霸主地位的索莱尔,眼下似乎应该宽心地歇歇了,可他似乎并不满足。他除了星期日去打打板球外,其余时间全扑在工作上。虽然最近取得了辉煌战果,但一种处于弱势的不服心理还时时在啮噬着他的心。他看到,Omnicom 公司目前的盈利状况胜过 WPP,而且其广告创意甚佳。索莱尔身边的人最懂他的心事:如果哪个竞争对手正在做的事是别人没有做的,他会欣美不已;但如果对手做的事具有特别前卫意义,他的妒忌心理会加重一倍,然后全力以赴地去做。

《财富》杂志的文章认为,对索莱尔来说,最危险的不是因为他动作太慢,而是太快了。索莱尔口口声声称他的难以抗拒的冲动是有节制的,"我们并不一定想成为最大,我们只想成为最好的"。索莱尔的鬼话千万别信,他想两者兼得。

问题:

(1) 根据文中给的资料分析索莱尔属于哪一类型的领导? 依据是什么?

(2) 写一份报告,谈谈作为领导者,索莱尔是成功的吗?

第十二章 激励理论

学习目标

1. 了解激励的含义
2. 了解激励的特点
3. 了解激励的原则
4. 掌握激励的需要理论
5. 掌握并比较需要层次理论、双因素理论、成就需要理论、X 理论和 Y 理论、Z 理论之间的异同
6. 掌握并比较期望理论、公平理论之间的异同
7. 掌握激励的过程理论
8. 掌握激励理论的应用

本章引言

著名教育家陶行知先生任校长时,有一次在校园里偶然看到王友同学用小石块砸别人,便当即制止了他,并令他放学后到校长室谈话。

放学后,王友来到校长室准备挨骂。

可一见面,陶行知却掏出一块糖给他说:"这奖给你,因为你按时到这里来,而我却迟到了。"王友犹豫间接过糖,陶行知又掏出一块糖放到他手里说:"这块糖又是奖给你的,因为我教训你不要砸人时,你马上不砸了。"王友吃惊地瞪大眼睛,陶行知又掏出第三块糖给王友:"我调查过了,你用小石块砸那个同学,是因为他不守游戏规则,欺负女同学。"王友立即感动地流着泪说自己不该砸同学。陶行知满意地笑了,掏出第四块糖递过去说:"为你正确认识自己错误,再奖励你一块! 我的糖发完了。"

管理技能分析

你如何看待陶行知先生的激励方式? 激励要考虑的因素有哪些?

管理技能应用

假如你的一个店亏损,另一个店盈利,你将怎样激励这两个店的员工?

第一节　激励概述

激励是领导的重要职能之一,也是管理工作的重要内容。

一、激励的含义

什么是激励? 在管理学教科书中,激动通常是和动机连在一起的,主要是指人类活动的一种内心状态,是指激发人的行为的心理过程。美国管理学家贝雷尔森(Berelson)和斯坦尼尔(Steiner)给激励下了如下定义:"一切内心要争取的条件(希望、愿望、动力等)都构成了对人的激励……它是人类活动的一种内心状态。"

关于激励的含义,从管理角度出发,我国有学者指出,激励就是组织通过设计适当的外部奖酬形式和工作环境,以一定的行为规范和惩罚性措施,借助信息沟通,来激发、引导、保持和规划组织成员的行为,以有效实现组织及其成员个人目标的系统活动。这一定义包含以下几方面的内容。

(1) 激励的出发点是满足组织成员的各种需要,即通过系统的设计适当的外部奖酬形式和工作环境,来满足企业员工的外在性需要和内在性需要。

(2) 科学的激励工作需要奖励和惩罚并举,既要对员工表现出来的符合企业期望的行为进行奖励,又要对不符合员工期望的行为进行惩罚。

(3) 激励贯穿于企业员工工作的全过程,包括对员工个人需要的了解、个性的把握、行为过程的控制和行为结果的评价等。因此,激励工作需要耐心。赫茨伯格说,激励员工需要锲而不舍。

(4) 信息沟通贯穿于激励工作的始末,从对激励制度的宣传、企业员工个人的了解,到对员工行为过程的控制和对员工行为结果的评价等,都依赖于一定的信息沟通。企业组织中信息沟通是否通畅,是否及时、准确、全面,直接影响着激励制度的运用效果和激励工作的成本。

(5) 激励的最终目的是在实现组织预期目标的同时,也能让组织成员实现其个人目标,即达到组织目标和员工个人目标在客观上的统一。

管理实例 12-1

秀才赶考

有位秀才第三次进京赶考,住在一个经常住的店里。考试前两天他做了三个梦:第一个梦是梦到自己在墙上种白菜;第二个梦是下雨天,他戴了斗笠还打伞;第三个梦是梦到跟心爱的姑娘脱光了衣服躺在一起,但是背靠着背。

这三个梦似乎有些深意,秀才第二天赶紧找算命先生解梦。算命先生一听,连拍大腿说:"你还是回家吧! 你想想,高墙上种菜不是白费劲吗? 戴斗笠打雨伞不是多此一举吗? 跟姑娘都脱光了躺在一张床上了,却背靠背,不是没戏吗?"

秀才一听,心灰意冷,回店收拾包袱准备回家。

店老板非常奇怪,问:"不是明天才考试吗,今天你怎么就回乡了?"秀才如此这般说了一番,店老板乐了:"哟,我也会解梦的。我倒觉得,你这次一定要留下来。你想想,墙上种菜不是高种吗?戴斗笠打伞不是说明你这次有备无患吗?跟心爱的姑娘脱光了背靠背躺在床上,不是说明你翻身的时候就要到了吗?"秀才一听,更有道理,于是精神振奋地参加考试,居然中了个探花。

二、激励的特点

维斯伍德(Westwood)总结了激励的如下几个特点。

(1)激励是个体所经历的一种内部状态,外部技术环境和人际环境都可能影响一个人的动机状态,但动机是个体所独有的,不可能跟别人分享。

(2)如果一个人正经历一种激励状态,这种激励状态能引发愿望、动机和完成任务的压力。

(3)激励的主要成分是员工的主动和愿望,那是在一个人经历紧张状态(无论是外在的还是内在的)的时候所表现出来的。激励不仅会影响员工选择反应的方式,而且也会影响员工反应的程度。

(4)激励是多方面的。它是一个复杂的过程,有多个成分和多种可能的结果。

(5)不同个体的激励水平和影响水平的因素都是不同的。

(6)个体的激励状态是可变的,常随时间和情境发生变化。

管理实例 12-2

鸭子只有一条腿

某王爷手下有个著名的厨师,他的拿手好菜是烤鸭,深受王府里的人喜爱,尤其是王爷,更是倍加赏识。不过,这个王爷从来没有给予过厨师任何鼓励,使得厨师整天闷闷不乐。

有一天,王爷有客从远方来,在家设宴招待贵宾,点了数道菜,其中一道是王爷最喜爱吃的烤鸭。厨师奉命行事,然而,当王爷夹了一鸭腿给客人时,却找不到另一条鸭腿,他便问身后的厨师说:"另一条腿到哪里去了?"

厨师说:"禀王爷,我们府里养的鸭子都只有一条腿!"王爷感到诧异,但碍于客人在场,不便问个究竟。

饭后,王爷便跟着厨师到鸭笼去查个究竟。时值夜晚,鸭子正在睡觉。每只鸭子都只露出一条腿。

厨师指着鸭子说:"王爷你看,我们府里的鸭子不全都是只有一条腿吗?"

王爷听后,便大声拍掌,吵醒鸭子,鸭子当场被惊醒,都站了起来。

王爷说:"鸭子不全是两条腿吗?"

厨师说:"对!对!不过,只有鼓掌拍手,才会有两条腿呀!"

三、激励的原则

在管理活动中,激励必须因时、因地、因人、因事而异。具体而言,激励要遵循以下几条原则。

(1) 目标结合原则。在激励机制中,设置目标是一个关键环节。目标设置必须同时体现组织目标和员工需要的要求。

(2) 时效原则。时效原则是指奖励必须及时,不能拖延。一旦事过境迁,激励就会失去作用。把握好激励的时效是一门艺术,并非记住了这一原则就能做好的。

(3) 合理性原则。合理性原则包括两层含义:其一,激励的措施要适度,要根据所实现目标本身的价值大小确定适当的激励量;其二,奖惩要公平。

(4) 以奖为主,以罚为辅。奖励和惩罚都属于激励,最终目的都是调动人的积极性,消除组织中存在的消极因素。在制定激励制度时,应该以奖为主,以罚为辅,充分调动人的积极性和创造性。

(5) 物质激励和精神激励相结合的原则。物质激励是基础,精神激励是根本。在两者结合的基础上,逐步过渡到以精神激励为主。

管理实例 12-3

日立公司内的"婚姻介绍所"

在把公司看作大家庭的日本,老板很重视员工的婚姻大事。例如,日立公司内就设立了一个专门为员工架设"鹊桥"的"婚姻介绍所"。一个新员工进入公司,可以把自己的学历、爱好、家庭背景、身高、体重等资料输入"鹊桥"电脑网络。当某名员工递上求偶申请书,他(或她)便有权调阅电脑档案,申请者往往利用休息日坐在沙发上慢慢地、仔细地翻阅这些档案,直到找到满意的对象为止。一旦他被选中,联系人会将挑选方的一切资料寄给被选方,被选方如果同意见面,公司就安排双方约会。约会后双方都必须向联系人报告对对方的看法。日立公司人力资源部门的管理人员说:"由于日本人工作紧张,职员很少有时间寻找合适的生活伴侣。我们很乐意为他们帮这个忙。而且,这样做还能起到稳定员工、增强企业凝聚力的作用。"

第二节 激励理论及其应用

要掌握激励的技巧,首先必须要研究激励理论。20 世纪 50 年代以来,产生了许多激励理论。

激励理论的基本思路是针对人的需要来采取相应的管理措施,以激发动机、鼓励行为、形成动力。因为人的工作绩效不仅取决于能力,还取决于受激励的程度,通常用数学公式表示为

$$工作绩效＝f(能力×激励)$$

因此,行为科学中的激励理论和人的需要理论是紧密结合在一起的。

激励理论可以划分为激励的需要理论和激励的过程理论两大类。

需要理论旨在了解人的各种需要,解释是"什么会使职工努力工作"的问题;过程理论则是分析"怎样满足人的需要",即如何选择正确的激励方法的问题。

需要层次理论、双因素理论和成就需要理论是常见的激励的需要理论;公平理论和期望理论等则属于激励的过程理论。

一、激励的需要理论

（一）需要层次理论

美国心理学家亚伯拉罕·马斯洛在 1943 年出版的《人类激励理论》一书中,首次提出了需要层次理论。马斯洛认为,人类有五个层次的需要(见图 12-1)。

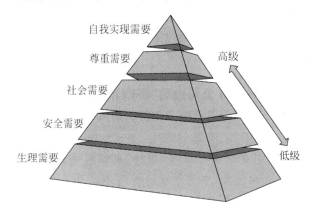

图 12-1 五个层次的需要

各层次需要的基本含义如下。

1. 生理需要

这是人类维持自身生存的最基本要求,包括饥、渴、衣、住、性等方面的要求。如果这些需要得不到满足,人类的生存就成了问题。

2. 安全需要

这是人类要求保障自身安全、摆脱事业和丧失财产威胁、避免职业病的侵袭、接触严酷的监督等方面的需要。

3. 社会需要

这一层次的需要包括两方面的内容:一是友爱的需要,即人人都需要伙伴之间、同事之间的关系融洽或保持友谊和忠诚;二是归属的需要,即人都有一种归属于一个群体的感情,希望成为群体中的一员,并相互关系和照顾。

4. 尊重需要

人人都希望自己有稳定的社会地位,要求个人的能力和成就得到社会的承认。尊重需要又可分为内部尊重和外部尊重。

5. 自我实现需要

这是最高层次的需要,它是指实现个人理想、抱负,发挥个人的能力到最大程度,完成与自己的能力相称的一切事情的需要。

马斯洛认为,上述五种需要是由低到高依次排列的。人的需要有轻重层次之分,在特定时刻,人的一切需要如果都未得到满足,那么满足最主要的需要就比满足其他需要更迫切,只有排在前面的那些属于低级的需要得到满足,才能产生更高一级的需要。当一种需要得到满足后,另一种更高层次的需要就会占据主导地位。如果希望激励某人,就必须了解此人所处的需要层次,然后着重满足这一层次或在此层次之上的需要。

管理实例 12-4

西游团队的各自需要

(1)八戒的需要是生理,激励八戒向前的因素主要有:食物、色。

(2)沙僧的需要是安全,激励沙僧向前的因素主要有:安全、秩序、自由。

(3)白龙马的需要是归属,激励白龙马向前的因素主要有:友情、归属。

(4)唐僧的需要是荣誉,激励唐僧向前的因素主要有:成就、尊重、欣赏(当然还有自我欣赏)。

(5)悟空的需要是自我实现,激励悟空向前的因素主要有:实现自我价值,包括学习、发展、创造力和自觉性。

管理实例 12-5

被误解的老板

某民营企业的老板通过学习激励理论,受到很大启发,并着手付诸实践。他赋予下属员工更多的工作和责任,并通过赞扬和赏识来激励下属员工。结果事与愿违,员工的积极性非但没有提高,反而对老板的做法强烈不满,认为老板是在利用诡计来剥削员工。

(二)双因素理论

双因素理论又称"激励—保健理论",是美国行为科学家弗雷德里克·赫茨伯格提出来的。

20 世纪 50 年代末期,赫茨伯格和他的助手们在美国匹兹堡地区对 200 名工程师、会计师进行了调查访问。结果他发现,使员工感到满意的都是属于工作本身或工作内容方面的;使员工感到不满的都是属于工作环境或工作关系方面的。他把前者叫作激励因素,把后者叫作保健因素。

双因素理论认为,引起人们工作动机的因素主要有两个:一是保健因素;二是激励因素。只有激励因素才能够给人们带来满意感,而保健因素只能消除人们的不满,而不会带来满意感。

1. 保健因素

保健因素是指造成员工不满的因素。保健因素不能得到满足,易使员工产生不满情绪、消极怠工,甚至引起罢工等对抗行为。但在保健因素得到一定程度改善以后,无论再如何进行改善的努力往往也很难使员工感到满意,因此也就难以再由此激发员工的工作积极性,所以就保健因素来说,"不满意"的对立面应该是"没有不满意"。

2. 激励因素

激励因素是指能造成员工感到满意的因素。激励因素的改善能使员工感到满意的结果,能够极大地激发员工工作的热情,提高劳动生产效率。但激励因素即使管理层不给予其满足,往往也不会因此使员工感到不满意,所以就激励因素来说,"满意"的对立面应该是"没有满意"。

双因素理论中的激励因素和保健因素见表 12-1。

表 12-1 激励和保健因素

激励因素	保健因素
成就	监督
承认	公司政策
工作本身	工作条件
责任	工资
晋升	同事关系
成长	个人生活
	与下属的关系
	保障

该理论认为:第一,不是所有的需要得到满足就能激励起人们的积极性,只有那些被称为激励因素的需要得到满足才能调动人们的积极性;第二,不具备保健因素时将引起强烈的不满,但具备时并不一定会调动强烈的积极性;第三,激励因素是以工作为核心的,主要是在职工进行工作时发生的。

赫茨伯格的双因素理论同马斯洛的需要层次理论有相似之处。他提出的保健因素相当于马斯洛提出的生理需要、安全需要、社会需要等较低级的需要;激励因素则相当于受人尊敬的需要、自我实现的需要等较高级的需要。当然,他们的具体分析和解释是不同的。但是,这两种理论都没有把"个人需要的满足"同"组织目标的达到"这两点联系起来。

双因素理论促使企业管理人员注意工作内容方面因素的重要性,特别是它们同工作丰富化和工作满足的关系,因此是有积极意义的。

管理实例 12-6

管仲鼓舞士气

春秋时期,有一个少数民族国家叫山戎,地险兵强,屡屡侵犯齐国。

齐桓公决定以管仲为军师,亲自率兵攻打山戎国。

在一次行军中,齐国大军必须经过一段山路,只见顽山连路,怪石嵯峨,草木蒙茸,竹箐塞路。由于道路十分崎岖,不但辎重车辆十分难行,兵士也疲惫不堪。

正当十分艰难的时候,管仲制作《上山歌》和《下山歌》,并教士兵反复吟唱。一时间,军歌嘹亮,你唱我和,辎重车轮运转如飞,军队士气如虹。

齐桓公与管仲等登上备耳山顶观看。齐桓公叹道:"寡人今日才知道军歌原来可以鼓舞士气啊,这是什么原因呢?"

管仲回答说:"但凡人疲劳过度就会伤神,而人一高兴就会忘记疲劳了。"

齐桓公说:"想不到仲父人情练达到如此地步啊!"说完便催促军队加速前进,结果打了一场大胜仗。

(三)成就需要理论

成就需要理论又称"三种需要理论",是由美国哈佛大学教授戴维·麦克利兰(David C. McClelland)通过对人的需求和动机进行研究,于 20 世纪 50 年代在一系列文章中提出的。

麦克利兰阐明了三类基本的激励需要,对理解激励作出了贡献。他把这些需要分为权力的需要、亲和的需要和成就的需要。

1. 权力的需要

麦克利兰和其他一些研究者发现,具有高度权力需要的人对发挥影响力的控制都特别重视。这种人一般都追求得到领导的职位,他们往往是健者,还常常是好议论的;他们性格坚强,敢于发表意见,头脑冷静,敢于提要求;而且他们爱教训别人和公开讲话。

2. 亲和的需要

亲和的需要是指建立友好亲密的人际关系,寻求被他人喜爱和接纳的需要。有高度归属需要的人通常从受到别人喜爱中得到乐趣,并往往避免被社会集体所排斥而带来痛苦。作为个人,他们既能关心并维护融洽的社会关系,欣赏亲密友好和理解的乐趣;也能随时抚慰和帮助处境困难的人,并且乐意同别人友好交往。

3. 成就的需要

有高度成就需要的人,既有强烈的求得成功的愿望,也有同样强烈的对失败的恐惧,他们希望受到挑战,爱为自己设置一些有适度困难(但不是无法达到)的目标,并对风险采取现实态度;他们不可能是投机商人,但更喜欢分析和评价问题;能为完成任务承担个人责任,喜欢对他们怎样进行工作的情况得到明确而迅速的反馈;他们往往不爱休息,喜欢长时间地工作;假如遭到失败,他们也不会过分沮丧,并且喜欢独当一面。

麦克利兰认为,不同的人对上述三种需要的排列层次和所占比重不同,个人行为主要决定于其中被环境激活的那些需要;了解和掌握上述三种需要,对企业管理者的培养、使用和提拔都有重要意义。

管理实例 12-7

马云的成就动机

马云创业初曾对自己说过这么一句话:"假如我马云能够成功,中国百分之八十的人都能成功。"马云没有上过一流的大学,初中考高中考了两次,高考数学 21 分。他的理想是上北大,但最后只上了杭州师院,而且是考了 3 年。可以看出,马云此时已经具有坚信、毅力、不放弃的精神。

马云在而立之年放弃高校教师的铁饭碗,选择"下海";他不顾众人反对,投身当时还不为大多数人所知的互联网行业；他到处宣传互联网，却被人当成"骗子"；当他一手创办的中国黄页终于赢来认可的时候，他却被迫离开黄页，北上进京；当他在北京成功地推出了网上中国商品交易市场、网上中国技术出口交易会、中国招商等一系列站点后，却选择离开北京，回杭州二次创业。如今，他创办的阿里巴巴已成为全球最大的电子商务平台，且连续五年被美国权威财经杂志《福布斯》选为全球最佳 B2B 站点之一。

我们看到了马云的自信、超凡的眼光、果敢的决断力、善于交际、不惧困难、能够获得支持的能力。他知道自己要做什么而且想尽一切办法去做。他知道自己是谁，量力而行，绝不好高骛远。

对于为什么能获得如此巨大成功，马云说道："一个重要的原因是我们坚持下来了。"当然，马云和他的阿里巴巴团队不仅仅是为了上市、股份而创业，否则阿里巴巴很可能走不到现在。他们是为了"做一家中国人创办的世界上最伟大的公司"的理想而努力。今天，马云和他的团队又提出了新的目标：要将阿里巴巴做成世界第一，做成一个能活102 年的企业。马云不仅有强烈的自尊心、自信心，还有一颗不断力争上游、锐意开拓创新、永不满足现状的进取之心。

（四）X 理论和 Y 理论

X 理论和 Y 理论是由美国心理学家道格拉斯·麦格雷戈（Douglas McGregor）1960 年在其所著《企业中人的方面》一书中提出来的。这是一对完全基于两种完全相反假设的理论：X 理论认为人们有消极的工作原动力；而 Y 理论则认为人们有积极的工作原动力。

1. X 理论的主要观点

（1）人类本性懒惰，厌恶工作，尽可能逃避。

（2）绝大多数人没有雄心壮志，怕负责任，宁可被领导骂。

（3）多数人必须用强制办法乃至惩罚、威胁，使他们为达到组织目标而努力。

（4）激励只在生理和安全需要层次上起作用。

（5）绝大多数人只有极少的创造力。

2. Y 理论的主要观点

（1）一般人本性不是厌恶工作，如果给予适当机会，人们喜欢工作，并渴望发挥才能。

（2）多数人愿意对工作负责，寻求发挥能力的机会。

（3）能力的限制和惩罚不是使人去为组织目标而努力的唯一办法。

（4）激励在需要的各个层次上都起作用。

（5）想象力和创造力是人类广泛具有的。

麦格雷戈认为，Y 理论的假设比 X 理论更实际有效，因此，他建议让员工参与决策，为员工提供富有挑战性和责任感的工作，建立良好的群体关系，这样有助于调动员工的工作积极性。

（五）Z 理论

日本学者威廉·大内在比较了日本企业和美国企业的不同管理特点之后，参照 X 理论和 Y 理论，提出了 Z 理论，将日本的企业文化管理加以归纳。Z 理论强调管理中的文化特性,主要由信任、微妙性和亲密性所组成。根据 Z 理论,管理者要对员工表示信任,而信任可以激励员工以真诚的态度对待企业、对待同事,为企业忠心耿耿地工作。微妙性是指企业对员工的不同个性的了解,以便根据各自的个性和特长组成最佳搭档或团队,提高劳动生产率。而亲密性强调个人感情的作用,提倡在员工之间应建立一种亲密和谐的伙伴关系,为了企业的目标而共同努力。

管理实例 12-8

工资全额浮动为何失灵

WH 建筑装饰工程总公司是国家住建部批准的建筑装饰施工一级企业,实力雄厚,经济效益可观。

铝门窗及幕墙分厂是总公司下属最大的分厂,曾经在一线工人和经营人员中率先实行工资全额浮动,收到了不错的效果。为了进一步激发二线工人、技术人员及分厂管理干部的积极性,该分厂宣布全面实行工资全额浮动。决定宣布后,连续两天,技术组几乎无人画图,大家议论纷纷,抵触情绪很强。经过分厂领导多次做思想工作,技术组最终被迫接受了现实。

实行工资全额浮动后,技术人员的月收入是在基本生活补贴的基础上,按当月完成设计任务的工程产值提取设计费。如玻璃幕墙设计费,基本上按工程产值的 0.27% 提成,即设计的工程产值达 100 万元,可提成设计费 2700 元。当然,技术人员除了画工程设计方案图和施工图,还必须作为技术代表参加投标,负责计算材料用量以及加工、安装现场的技术指导和协调工作。分配政策的改变使小组每日完成的工作量有较大幅度提高。组员主动加班加点,过去个别人"磨洋工"的现象不见了。然而,随之而来的是,小组里出现了争抢任务的现象,大家都想搞产值高、难度小的工程项目设计,而难度大或短期内难见效益的技术开发项目备受冷落。

彭工原来主动要求开发与自动消防系统配套的排烟窗项目,有心填补国内空白,但实行工资全额浮动三个月后,他向组长表示,自己能力有限,希望放弃这个项目,要求组长重新给他布置设计任务。

李工年满 58 岁,是多年从事技术工作的高级工程师。实行工资全额浮动后,他感到了沉重的工作压力。9 月,他作为呼和浩特某装饰工程的技术代表赴呼市投标,因种种复杂的原因,该工程未能中标。他出差了 20 多天,刚接手的另一项工程设计尚处于准备阶段,故当月无设计产值,仅得到基本生活补贴。虽然在随后的 10 月份,他因较高的设计产值而得到高额奖励,但他依然难以摆脱强烈的失落感,他向同事们表示他打算提前申请退休。

尽管技术组组长总是尽可能公平地安排设计任务,平衡大家的利益,但是意见还是一大堆。小组内人心浮动,好几个人有跳槽的意向,新分配来的大学生小王干脆不辞而别。组长感到自己越来越难做人了。

二、激励的过程理论

激励的过程理论试图说明员工面对激励措施,如何选择行为方式去满足他们的需要,以及确定其行为方式的选择是否成功。激励的过程理论主要有两种：期望理论和公平理论。

（一）期望理论

期望理论(expectancy theory)是由北美著名心理学家和行为科学家维克托·弗洛姆(Victor H. Vroom)于 1964 年在《工作与激励》中提出来的激励理论。

弗洛姆认为，人们采取某项行动的动力或激励力，取决于其对行动结果的价值评价和预期达成该结果可能性的估计。换言之，激励力的大小取决于该行动所能达成目标并能导致某种结果的全部预期价值乘以他认为达成该目标并得到某种结果的期望概率。用公式可以表示为

$$M = V \cdot E$$

式中，M 为激励力量，是直接推动或使人们采取某一行动的内驱力，是指调动一个人的积极性，激发出人的潜力的强度；V 为目标效价，是指达成目标后对于满足个人需要其价值的大小，它反映个人对某一成果或奖酬的重视与渴望程度；E 为期望值，是指根据以往的经验进行的主观判断，是达成目标并能导致某种结果的概率，是个人对某一行为导致特定成果的可能性或概率的估计与判断。

显然，只有当人们对某一行动成果的效价和期望值同时处于较高水平时，才有可能产生强大的激励力。

期望理论提出了在进行激励时要处理好的三方面关系。

1. 努力与绩效的关系

人们总是希望通过一定的努力达到预期的目标，如果个人主观认为达到目标的概率很高，就会有信心，并激发出很强的工作力量；反之，如果他认为目标太高，通过努力也不会有很好绩效时，就失去了内在的动力，导致工作消极。

2. 绩效与奖励的关系

人总是希望取得成绩后能够得到奖励，当然这个奖励也是综合的，既包括物质上的，也包括精神上的。如果他认为取得绩效后能得到合理的奖励，就可能产生工作热情；否则，就可能没有积极性。

3. 奖励与满足个人需要的关系

人总是希望自己所获得的奖励能满足自己某方面的需要。对于不同的人，采用同一种奖励办法能满足的需要程度不同，能激发出的工作动力也就不同。

期望理论对管理者的启示是：管理者不要泛泛地采用一般的激励措施，而应当采用多数组织成员认为效价最大的激励措施；在激励过程中，要适当控制期望概率和实际概率，加强期望心理的疏导。

管理实例 12-9

MTW 公司和员工签订"期望协议"

MTW 公司的销售额从 1996 年的 700 万美元跃升到 2000 年的近 4000 万美元，并建立了以人为本的文化，使公司从当初的 50 人发展到 215 人，人员流动率约为行业标准

的 20%。

作为公司总裁兼首席执行官的爱德·奥西认为：MTW 成功的基石在于公司和每位员工签订的"期望协议"。奥西解释，"期望协议"的价值在于"换位思考"。在此过程中，每一方都说出他的目标，然后由他人再次重复目标。加入 MTW 公司的每一位员工都要签订"期望协议"，MTW 公司鼓励新员工提出所有的期望。奥西认为，这个过程让员工说出他们心目中最重要的东西。有时，人们想灵活地处理家庭事务，照顾上了年纪的父母或者需要特殊照顾的孩子。

在 MTW 公司，"期望协议"是一个双向的、随员工的职业发展不断改进的文案，大约每六个月就要对它进行一次回顾，并进行修改。人们有较清晰的使命感，"公司知道你想去的地方，你也知道公司发展的方向"。在市场部工作的 John 说，与大多数 MTW 公司的员工一样，他的"期望协议"既包括共同的目标也包括个人的目标。他想获得公司支持，丰富软件市场的经历；他想找到一位导师帮助他变得更加专业；他想参加许多专业贸易协会，丰富它的行业知识；他想接触更多的经营活动，学习更多的业务知识，而不仅仅是营销。MTW 公司赞同这些想法并在"期望协议"中以同样具体的条件要求他。公司让他及其团队在限定时间内重新设计和部署公司的网站；让他写三篇关于 MTW 公司的文章，然后在 6 个月的期限内发表；公司同时想让他参加某些行业会议，开拓新的市场。把协议写得如此详细，可以提醒 John。他说："它有助于我制订计划，并在未来的一年内专注于这一计划。它可以让你反思你正在做的事情，同时也预期你应该做的事情。"

（二）公平理论

公平理论（equity theory）是美国行为科学家亚当斯（J. S. Adams）于 1965 年提出来的一种激励理论。该理论侧重于研究工资报酬分配的合理性、公平性及其对员工生产积极性的影响。

公平理论的基本观点是：当一个人做出了成绩并取得了报酬以后，他不仅关心自己所得报酬的绝对量，而且关心自己所得报酬的相对量。因此，他要进行种种比较来确定自己所获报酬是否合理，比较的结果将直接影响今后工作的积极性。

1. 横向比较

将自己获得的"报酬"（包括金钱、工作安排、培训以及获得的赏识等）与自己的"投入"（包括教育程度、所作努力、用于工作的时间、精力、工作态度和其他无形损耗等）的比值与组织内其他人作社会比较，只有相等时，他才认为公平，如下式所示

$$O_p/I_p = O_c/I_c$$

式中，O_p 为自己对所获报酬的感觉；O_c 为自己对他人所获报酬的感觉；I_p 为自己对个人所作投入的感觉；I_c 为自己对他人所作投入的感觉。

当上式为不等式时，可能出现以下两种情况。

（1）$O_p/I_p < O_c/I_c$。在这种情况下，他可能要求增加自己的收入或减小自己今后的努力程度，以便使左方增大，趋于相等；也可能要求组织减少比较对象的收入或者让其今后增大努力程度以便使右方减小，趋于相等。此外，他还可能另外找人作为比较对象，以便达到心理上的平衡。

(2) $O_p/I_p > O_c/I_c$。在这种情况下，他可能要求减少自己的报酬或在开始时自动多做些工作，但久而久之，他会重新估计自己的技术和工作情况，终于觉得他确实应当得到那么高的待遇，于是产量便又会回到过去的水平了。

2. 纵向比较

把自己目前投入的努力与目前所获得报偿的比值，同自己过去投入的努力与过去所获报偿的比值进行比较。只有相等时他才认为公平，如下式所示

$$O_p/I_p = O_h/I_h$$

式中，O_p 为自己对现在所获报酬的感觉；O_h 为自己对过去所获报酬的感觉；I_p 为自己对个人现在投入的感觉；I_h 为自己对个人过去投入的感觉。

当上式为不等式时，也可能出现以下两种情况。

(1) $O_p/I_p < O_h/I_h$。当出现这种情况时，人也会有不公平的感觉，这可能导致工作积极性下降。

(2) $O_p/I_p > O_h/I_h$。当出现这种情况时，人不会因此产生不公平的感觉，但也不会觉得自己多拿了报偿，从而主动多做些工作。

公平理论认为，不公平感的产生绝大多数是由于经过比较认为自己目前的报酬过低而产生的；但在少数情况下，也会由于经过比较认为自己的报酬过高而产生。

公平理论对我们有着重要的启示：员工的积极性不仅受其绝对报酬的影响，也受相对报酬的影响；激励时应力求公平，不致造成严重的不公平感；应注意对被激励者公平心理的引导，使其树立正确的公平观。

管理实例 12-10

授奖会上的风波

某校在年终时，召开了一次授奖大会。当校长宣布本学期先进工作者名单，并请这些教师上台领取奖金时，却有一位中年男教师拒绝领奖，理由是：他不愿要这份奖金。

是不是这位教师自愧无功受禄？或是认为奖金太少，远没体现"按劳取酬"的原则？皆非也！

该教师的工作热情、教学效果均列学校前茅，完全够得上先进资格，这一点全校教师有目共睹。他本人也并不认为奖金少。老实说，今年先进工作者的奖金大大超过了往年。

事后，校领导特地将这份奖金送到他家，但他就是坚辞不收。

言语间，终于流露了他的本意："我就是弄不清为什么他张某（这位张某其他工作都一般，却唯独人际关系特别好）也能得这份奖！难道我的血汗只流了他那么一点点？"

校领导听后恍然大悟……

三、激励理论的应用

20世纪七八十年代以来，激励理论在管理实践中得到了广泛的应用。激励理论丰富，多种多样，员工的个人需求和工作目标也千差万别，作为一名管理者如果想要激励员工，手段、方法也很多。下面介绍一些管理手段。

（一）认清个体差异

几乎所有的激励理论都认为不同的员工是具有独特特征的个体,他们的需要、态度、个性及其他重要的个体变量都非常不同。因此在管理过程中,要充分认识个体差异,认识到不同理论对不同类型的人的预测是不同的。

（二）人与岗位要匹配

大量研究表明,将个体与岗位进行合理匹配能够起到激励员工的作用,比如,高成就需要者应该从事独立经营工作,或在规模较大的组织中从事相对独立的部门工作;而高权力需要和低关系需要的个体则更适合在大型官僚组织中从事管理工作。

（三）运用目标设置方式

目标设置理论告诉我们,管理者应确保员工具有一定难度的具体目标,并对他们完成工作的进度提供反馈,同时一定要让员工参与目标设置过程,从而提高员工对目标的忠诚度。

（四）个性化奖励

由于每位员工的内在需要不同,因此,对一个人有效的强化措施,可能并不适合于其他人。管理者应当根据员工的差异对他们施以个性化的奖励,即奖励措施应该多种多样。

（五）奖励与绩效挂钩

管理者必须使奖励与绩效相统一,主要的奖励如加薪、晋升应授予那些达到特定目标的员工。管理者应当增加奖励的透明度以激励员工。

（六）随时检查公平性系统

员工应当感到自己的付出和所得是公平的。具体而言,员工的经验、能力、努力等明显的付出项目应当在员工的收入、职责和其他所得方面体现出来。

（七）不要忽视金钱的作用

当管理者专心考虑目标设定、创造工作的趣味性、提供参与机会等因素时,很容易忘记金钱是大多数人从事工作的主要原因。因此,以绩效为基础的加薪、奖励及其他物质刺激在调动员工工作积极性上也同样起着重要作用。

管理实例 12-11

鞋 带 松 了

有一位表演大师上场前,他的弟子告诉他鞋带松了。大师点头致谢,蹲下来仔细系好。等到弟子转身后,他又蹲下来将鞋带解松。有个旁观者看到了这一切,不解地问:"大师,您为什么又要将鞋带解松呢?"大师回答道:"因为我饰演的是一位劳累的旅者,长途跋涉让他的鞋带松开,可以通过这个细节表现他的劳累憔悴。""那你为什么不直接告诉你的弟子呢?""他能细心地发现我的鞋带松了,并且热心地告诉我,我一定要保护他这种热情的积极性,及时地给他鼓励,至于为什么要将鞋带解开,将来会有更多的机会教他表演,可以下一次再说啊!"

管理实例 12-12

固定工资与佣金制

白泰铭读完日语专业后便被一家中日合资公司招为推销员。他对这份工作很满意,因为工资高,还是固定的,不用担心未受过专门训练的自己比不过别人。若拿佣金,比人少得太多就会丢面子。

上班头两年,小白对工作兢兢业业。随着他的业务和他与客户们的关系越来越熟悉,他的销售额也渐渐上来了,到去年他就已经是推销员中的佼佼者。尽管今年他的定额比去年提高了 25%,但到十月中旬他就完成了全年的任务。不过他觉得自己的心情并不舒畅,令他最烦恼的事,莫过于公司不告诉大家干得好坏,没个反应。可偏又听说别的合资公司都搞竞赛和有奖活动,有的老板还亲自请最佳推销员到大酒店吃一顿饭,并向公司内所有单位通报竞赛结果。以前并不关心排名的小白,如今却重视起来了。他觉得公司对推销员实行固定工资制是不公平的,一家合资企业怎么也搞大锅饭? 应该按劳付酬。在日本老板拒绝了他的建议后,小白就辞职去另一家化妆用品公司了。

管理实例 12-13

某高校专聘岗位制风波

湖北某高校系全国著名重点大学,该校于 1997 年正式通过"211 工程"立项,成为国家"十五"期间重点建设的大学之一。学校共有正副教授三百多名,教员七八百名。长期以来,学校走教学与科研相结合的路子,教员既是教学骨干,又是科研人员。大家虽然累一点,但都安居乐业。

1998 年 10 月的某天,王校长突然一连收到了几封来自学生的匿名信。信中抱怨授课教师水平差,又不负责任,讲课时眼睛红肿,无精打采,一个学期下来,几乎听不到一些有名的教师授课。看完信,王校长马上打通了主管教学的刘副校长的电话,询问有关教学工作的情况,并将有关学生匿名信的事告诉了他。刘副校长分明感到了校长对他的工作很不满意。他来不及仔细思索,通过电话责成教务处长两天内将教师不愿上课的原因及学生的反映调查清楚,并向他汇报。

调查的结果是这样的:从 1995 年开始,由于学校工资水平较低,正副教授中有的下海,有的一心扑在科研上,对教学和青年教师的培养过问较少,而部分青年教师对教学缺乏热情,有的到外面兼职,有的讲课是应付差事。学生对此反应强烈。

于是,刘副校长和王校长一起探讨可能解决问题的办法,决定搞教师专聘制。学校认为,为了体现"多劳多得,优劳优得"的分配原则,设置上岗教师岗位,岗位设置数约为全校教师总数的三分之一。

这一决定受到学校各单位的一致好评,但就岗位设置数量问题各二级单位反应不一,有的认为可行,有的认为三分之一的数量太少,特别是那些较年轻的院系,如管理学院和外语系。但学校只是在细节问题上做了修改,三分之一的专聘制仍决定执行。顿时整个校园沸腾了,大家对此表示了极大的关注,各院系在具体实施过程中遇到了前所未有的阻力。

复习思考题

1. 什么是激励? 试述其产生过程。
2. 请举出 23 个激励方法在企业中实际运用的案例。
3. 谈谈你对需要层次的看法。
4. 你认为企业在实践中应该如何运用双因素理论。
5. 请你谈谈企业针对高层管理者、技术人员、流水线上工人应该如何激励。
6. 你最欣赏哪些激励政策(方法),为什么?

技 能 训 练

技能训练 12-1

童友玩具厂

童友玩具厂是生产木质的娃娃、小动物等牵引玩具的企业,历史挺长,规模不大。产品质量不错,最近开始出口,而且订货有快速增多的趋势。

童友玩具厂里有个喷漆车间,全部用的是女工。玩具先在一道木工车间下料,砂光,然后进行部分组装,再经过浸泡假漆一道工序,就送来喷漆车间上漆。这些玩具多数只用两种颜色,当然也有多彩的。总之,每多上一道彩,就要在这车间多一道工序。

多年以来,这厂的产品是全部手工操作的。但近来需求增大,质量要求也高了。厂领导向银行贷了一笔款,请了设计院来改进本厂生产工艺和流程布局。喷漆车间也改装了。如今全部女工沿着一条直线坐着,头上装有一根环轨,上面悬挂着吊钩,不停地从女工们侧上方向前移动,慢慢进入一座隧道式远红外烘干炉。每位女工坐在自己的一个有挡板隔开的小工作间里,待漆的玩具放在每位女工右手边的托盘里,她们取来,放在模板下,把彩漆按照设计的图案,喷到玩具上没被模板挡住的部位上。喷完后,取出来挂到前方经过的吊钩上,自动进炉烘干。吊钩的移动速度是设计工程师做过时间动作研究,并经过计算后设计的。据说女工们只要经过恰当的训练,就能在经过她们头上边的吊钩还在她们够得着的范围之内时,把一只漆好的玩具挂上去,使每一吊钩都能有负荷,不会有空着的,因为运动速度就是按这要求设计的。女工们的奖金是用小组集体计奖制。由于对新工艺还不熟练,在半年实习期内,她们还达不到新定额,所以发一笔"学习津贴",但逐月减少六分之一,半年后全部取消。那时就只能靠全组超过定额,才能得一笔集体奖金了。当然超额越多,奖金越多。

训练要求:

(1)预计改装后产量会上升、下降或维持原水平?

(2)该案例可采用哪几个主要激励理论来分析?

技能训练 12-2

阳贡公司员工为何对工作不满意

阳贡公司是一家中外合资的集开发、生产、销售于一体的高科技企业,其技术在国内同行业中居于领先水平,公司拥有员工100人左右,其中的技术、业务人员绝大部分为近几年毕业的大学生,其余为高中学历的操作人员。目前,公司员工当中普遍存在着对公司的不满情绪,辞职率也相当高。

员工对公司的不满始于公司筹建初期,当时公司曾派遣一批技术人员出国培训,这批技术人员在培训期间合法获得了出国人员的学习补助金,但在回国后公司领导要求他们将补助金交给公司所有。技术人员据理不交,双方僵持不下,公司领导便找些人逐个反复谈话,言辞激烈,并采取一些行政制裁措施给他们施加压力,但这批人员当中没有一个人按领导的意图行事,这导致双方矛盾日趋激化。最后,公司领导不得不承认这些人已形成一个非正式组织团体,他们由于共同的利益而在内部达成一致的意见:任何人都不得擅自单独将钱交回。他们中的每个人都严格遵守这一规定,再加上没有法律依据,公司只好作罢。因为这件事造成的公司内耗相当大,公司领导因为这批技术人员"不服从"上级而非常气恼,对他们有了一些成见,而这些技术人员也知道领导对他们的看法,估计将来还会受到上级的刁难,因此也都不再一心一意准备在公司长期干下去。于是,陆续有人开始寻找机会"跳槽"。一次,公司领导得知一家同行业的公司来"挖人",公司内部也有不少技术人员前去应聘,为了准确地知道公司内部有哪些人去应聘,公司领导特意安排两个心腹装作应聘人员前去打探,并得到了应聘人员的名单。谁知这个秘密不胫而走,应聘人员都知道自己已经上了"黑名单",估计如果继续留在公司,也不会有好结果,于是在后来都相继辞职而去。

由于人员频繁离职,公司不得不从外面招聘以补足空缺。为了能吸引人才,公司向求职人员许诺住房、高薪等一系列优惠条件,但被招人员进入公司后,却发现当初的许诺难以条条兑现,非常不满,不少人干了不久就"另谋高就"了。为了留住人才,公司购买了两栋商品房分给部分骨干员工,同时规定,生产用房不出售,员工离开公司时,需将住房退给公司。这一规定的本意是想借住房留住人才,但却使大家觉得没有安全感,有可能即使在公司干了很多年,将来有一天被公司解雇时,还是"一无所有",因此,这一制度并没有达到预期的效果,依然不断有人提出辞职。另外,公司强调住房只分给骨干人员,剩下将近一半的房子宁肯空着也不给那些急需住房的员工住,这极大地打击了其他员工的积极性,使他们感到在公司没有希望,没有更好的出路,因此工作起来情绪低落,甚至有消极怠工的现象。

在工资奖金制度方面,公司也一再进行调整,工资和奖金的结构变得越来越复杂,但大多数员工的收入水平并没有多大变化,公司本想通过调整,使员工的工作绩效与收入挂起钩来,从而调动员工的积极性,但频繁的工资调整使大家越来越注重工资奖金收入,而每次的调整又没有明显的改善,于是大家产生了失望情绪。此外,大家发现在几次调整过程中,真正受益的只有领导和个别职能部门的人员,如人事部门。这样一来,原本希望公平的措施却产生了更不公平的效果,员工们怨气颇多,认为公司调整工资奖金,不过是为了使一些人得到好处,完全没有起到调动员工积极性的作用。

公司的技术、业务人员虽然素质较高,但关键职能部门,如人事部门的人员却普遍素质较低,其主管缺少人力资源管理知识的系统学习,却靠逢迎上级稳居这一职位。人事主管制定的考勤制度只是针对一般员工,却给了与他同级或在他上级的人员以很大的自由度,如:规定一般员工每天上下班必须打卡,迟到 1 分钟就要扣除全月奖金的 30%,借机谋取私利。这样,就在公司内部造成一种极不公平的状况,普通员工对此十分不满,于是他们也想出了一些办法来对付这种严格的考勤制度,如不请假,找人代替打卡或有意制造加班机会等方法弥补损失。公司人员岗位的安排也存在一定的问题。这位人事主管虽然自己没有很高的学历,但却盲目推崇高学历,本可以由本、专科毕业生做的工作由硕士、博士来干,而有些本、专科生只能做有高中学历的人就能胜任的工作,这样,大家普遍觉得自己是大材小用,工作缺乏挑战性和成就感,员工们非常关心企业的经营与发展情况,特别是近来整个行业不景气,受经济形势的影响,企业连年亏损,大家更是关心企业的下一步发展和对策,但公司领导在这方面很少与员工沟通,更没有做鼓动人心的动员工作,使得大家看不到公司的希望。结果导致士气低下,人心涣散。

训练要求:

(1) 阳贡公司员工不满意是因为公司不能满足他们的需要,从本案例中,员工最大的不满足在于(   )。

    A. 生理需要,安全需要,社交需要

    B. 安全需要,社交需要,尊重需要

    C. 社交需要,尊重需要,自我实现

    D. 生理需要,安全需要,社交需要,尊重需要,自我实现

(2) 阳贡公司内部非正式群体形式的原因是(   )。

    A. 上级领导的高压政策形成的逆反心理

    B. 有人发起组织,一哄而起

    C. 共同的利益与感情

    D. 共同的兴趣与爱好

(3) 阳贡公司最缺乏的激励方法是(   )。

    A. 目标激励和强化激励   B. 强化激励和支持性激励

    C. 支持性激励和领导行为激励   D. 领导行为激励和强化激励

(4) 根据管理方格图理论,阳贡公司领导属于(   )。

    A. 简单式   B. 任务式   C. 中间式   D. 俱乐部式

(5) 按照领导生命周期理论,阳贡公司领导对待职工应采取(   )。

A. 高工作,低关系 B. 高工作,高关系

C. 高关系,低工作 D. 低工作,低关系

技能训练 12-3

一碗牛肉面的故事

我跟朋友在路边一个不起眼的小店里吃面,由于客人不多,我们就顺便和小老板聊了会儿。谈及如今的生意,老板感慨颇多,他曾经辉煌过,于兰州拉面最红的时候在闹市口开了家拉面馆,日进斗金,后来却不做了。

朋友心存疑虑地问他为什么。

"现在的人贼呢!"老板说,"我当时雇了个会做拉面的师傅,但在工资上总也谈不拢。""开始的时候为了调动他的积极性,我们是按销售量分成的,一碗面给他 5 毛的提成,经过一段时间,他发现客人越多,他的收入也越多,这样一来他就在每碗里放超量的牛肉来吸引回头客","一碗面才四块,本来就靠个薄利多销,他每碗多放几片牛肉我还赚哪门子啊!""后来看看这样不行,钱全被他赚去了! 就换了种分配方式,给他每月发固定工资,工资给高点也无所谓,这样他不至于多加牛肉了吧? 因为客多客少和他的收入没关系。""但你猜怎么着?"老板有点激动了,"他在每碗里都少放许多牛肉,把客人都赶走了!""这是为什么?"现在开始轮到我们激动了。"牛肉的分量少,顾客就不满意,回头客就少,生意肯定就清淡,他(大师傅)才不管你赚不赚钱呢,他拿固定的工钱,巴不得你天天没客人才清闲呢!"

就这样,一个很好的项目,因为管理不善而黯然退出市场,尽管被管理者只有一人。

训练要求:

(1) 小小牛肉面的故事反映出了一个小企业管理中的哪些问题?

(2) 你认为应该如何对大师傅进行激励?

(3) 饭店工作程序、定额消耗以及制度应该如何规范?

案 例 分 析

案例分析 12-1

上海施乐公司的培训、考核与激励

上海施乐复印机有限公司是中美合资企业,公司在人力资源管理方面形成了一个以激励为主导,以员工职位称职能力评估为中心的人事管理模式。

上海施乐公司在业务发展过程中,员工队伍始终在优胜劣汰的竞争与发展中,公司每年人员流动率在 6%~8% 左右,其中有个人原因申请离职的,有经考核低于岗位要求,被公司辞退的,以及机构调整被精简的。但在控制员工人数的同时,公司注重引进企业业务发展急需的高层次人才和注重现有员工队伍的培训提高。

上海施乐公司把员工个人技能培训和个人发展作为一种激励,贯穿在对员工的"培训—考核—评估—再培训"的循环之中。公司为员工提供内部提高技能的发展晋级机会,公司制定了空缺岗位内部应聘程序,鼓励员工向更高一级岗位发展;公司的员工培训计划则为每个员工个人发展提供了在岗位技能、管理知识等方面得到提升的支持。

公司为个人成长、发展提供条件与机遇,每年选派人员赴美国施乐公司培训,把新产品开发和项目管理的重任,委以年轻的工程技术人员,充分调动和发挥个人的才能,这也是对员工个人价值的认可和最好的激励,激发了他们的创新能力。例如2002年4~5月份,XEROX复印机中有些控制芯片的元器件国内外采购无货,这不仅影响现行产品的生产和出口的客户订单交货,也对新产品开发和施乐其他海外工厂带来影响。上海施乐的两名工程师凭着丰富的技能和对公司负责精神,进行创新设计,采取用其他元器件替代的方法,经日夜工作研制成功,为施乐公司在世界其他工厂解决了这个难题,得到总公司的特殊奖励和通报表彰。

上海施乐公司建立了一套较为理想的绩效评估系统,以称职能力为中心的绩效评估体系,使公司的目标管理和考核员工工作绩效,以及如何评估员工岗位称职能力,改进员工技能,合理实施奖励有了一套科学的方法。上海施乐公司在多年的实践中,体会到员工的绩效评估体系应建立在以下几点基础上。

(1)必须建立一个岗位描述和目标管理体系,使每个员工明白自己的职位应承担的职责、工作目标和应达到的工作要求和标准。

(2)公司对在不同岗位的人员实施不同的考核评估方法。如对销售人员、售后服务维修人员,采用每月目标考核办法;对装配厂的操作人员,实行每季度的质量标准考核办法;对管理人员,则是按年度目标的考核办法。

(3)对工作目标和员工绩效评估的同时,对员工个人技能和管理、工作能力作一个详细的评估,并指出他影响绩效的主要障碍和改进的方向。

(4)每次绩效考核评估结束后,应有员工和他的直接主管或经理的一个谈话程序。这是一个很重要的沟通交流,真实地告诉评估结果,肯定被考核者的工作业绩,指出在工作上的障碍与差距,这对员工个人发展和公司目标的完成至关重要。

(5)正确、公正地评估员工的工作业绩,是对员工个人的认可,对他工作成绩的赞同,是对个人最好的激励。

(6)尽量利用好绩效评估的结果,如作为年终奖金分配、薪资调整的依据;作为公司内部岗位提升晋级的参考;对于考评结果低于岗位目标要求者,也作为劳动合同按期终止或解除的依据。

上海施乐公司每年度一次举行员工满意度调查(公司内称为EMSS,即雇员激励及满意度问卷调查),这是上海施乐公司在管理上的一个特点。员工满意度调查的问卷内容、调查方式和实施过程,是全体员工对公司管理层的考核评估,也是员工参与管理的过程。对公司改进管理,加强沟通,提高员工的积极性,有很大的正面作用。员工满意度调查问卷的内容,可以包括对管理层的决策、执行、沟通;管理层对下属的交流与反馈、尊重与信任、公平与合作;以及对员工激励、培训、发展、薪酬、团队合作等方面。通过70多个问题,进行不记名的个人满意度倾向的调查。调查结果通过第三方进行统计分析,所以,这也是一个公平、公开和公正的对管理层工作与能力的评估。每年度员工满意度调查工作主要有以下几个过程：年初公开年度 EMSS 的目标，每年 11 月份实施调查、公布调查结果、进行根源分析、提出改进计划、实施改进和向员工反馈改进的结果情况。施乐在实践中感到，员工满意度调查结果出来后采取的这一系列活动是体现调查效果的关键，是达到调查的目的、找出根源、提出措施、实施改进、提高员工参与积极性的重要环节。例如，在一年调查结果中员工对"交流、信息"的项目满意度不高，工作小组（公司内跨部门人员组成）进行了根源分析，认为主要有三方面原因：高级经理对交流不重视；上下级的交流没有制度化、经常化；交流工具少、方式单一化等。针对管理上的问题和根源，制订了行动计划，其内容包括：高级经理、部门经理定期与员工代表召开"圆桌会议"，交流意见，分享信息；公司每年召开两次员工大会，会上除了总经理向员工报告公司经营状况，还安排了员工向总经理提问、相互对话的时间；各部门每月 1 次员工会议；人力资源部和工会走访职工家庭，特别是长期出差或出国人员家庭，加强与分公司职员交流，等等。这一系列的行动和实施后的情况都向员工反馈，公布上述项目的完成情况，以改进管理，增强员工参与的积极性。

问题：

（1）你认为上海施乐公司将为员工个人成长发展提供条件与机遇作为激励手段，起到了什么作用？

（2）为什么上海施乐公司要每年度举行 1 次员工满意度调查？你认为这种做法有何管理价值？

（3）写一份报告，对上海施乐公司的激励机制进行评述。

案例分析 12-2

黄助理工程师的故事

助理工程师黄大佑是名牌大学高才生，毕业后工作已 8 年，于 4 年前应聘调到一家大厂工程部负责技术工作，工作诚恳负责，技术能力强，很快就成为厂里有口皆碑的"四大金刚"之一，名字仅排在厂技术部主管陈工之后。然而，黄大佑的工资却同仓管人员不相上下，一家三口尚住在来时住的那间平房。对此，他心中时常有些不平。

黄厂长，一个有名的识才的老厂长，"人能尽其才，物能尽其用，货能畅其流"的孙中山先生名言，在各种公开场合不知被他引述了多少遍，实际上他也是这样做了。4 年前，黄大佑调来报到时，门口用红纸写的"热烈欢迎黄大佑工程师到我厂工作"几个不凡的颜体大字，是黄厂长亲自吩咐人秘部主任落实的，并且交代要把"助理工程师"的"助理"两字去掉。这确实使黄大佑当时工作更卖劲。

两年前，厂里有指标申报工程师，黄大佑属于有条件申报之列，但名额却让给一个没有文凭、工作平平的若同志。他想问一下厂长，谁知，他未去找厂长，厂长却先来找他了："黄工，你年轻，机会有的是。"去年，他想反映一下工资问题，这问题确实重要，来这里其中一个目的不就是想工资高一点，提高一下生活待遇吗？但是几次想开口，都没有勇气讲出来。因为厂长不仅在生产会上大夸他的成绩，而且，曾记得，有几次外地人来取经，黄厂长当着客人的面赞扬他："黄工是我们厂的技术骨干，是一个有创新的……"哪怕厂长再忙，路上相见时,总会拍拍黄工的肩膀说两句,诸如"黄工,干得不错""黄工,你很有前途"。这的确让黄大佑兴奋,"黄厂长确实是一个伯乐"。此言不假,前段时间,他还把一项开发新产品的重任交给他呢,大胆起用年轻人,然而……

最近,厂里新建好了一批职工宿舍,听说数量比较多,黄大佑决心要反映一下住房问题,谁知这次黄厂长又先找他,还是像以前一样,笑着拍拍他的肩膀:"黄工,厂里有意培养你入党,我当你的介绍人。"他又不好开口了,结果家没有搬成。

深夜,黄大佑对着一张报纸的招聘栏出神。第二天一早,黄厂长办公台面上放着一张小纸条,上面写着:黄厂长,您是一个懂得使用人才的好领导,我十分敬佩您,但我决定走了。

问题:

(1) 根据马斯洛的理论,住房、评职称、提高工资和入党对于黄工来说分别属于什么需要?

(2) 黄工的工资和仓管员不相上下,这是否合理? 为什么?

第十三章 沟通

 **学习目标**

1. 了解沟通的含义
2. 了解沟通的过程
3. 掌握口头沟通、书面沟通和非言语性沟通
4. 掌握正式沟通和非正式沟通
5. 掌握有效沟通的障碍
6. 掌握有效沟通的实现途径
7. 了解并评价沟通技巧 37 项

 本章引言

丽丽为老板工作了 11 年。一天喝完咖啡后,她的朋友问她:"为老板工作怎么样?"丽丽回答道:"我想还可以,他经常不管我,我或多或少可以做些自己的事情。"然后朋友说:"哦,你在同一份工作上干了 11 年,你做得怎么样呢?你可能会被提升么?如果你不介意的话,我想说我没有看到你做的事情与公司的运作有关。"丽丽回答道:"首先,我确实不知道我做得怎么样,老板从来没有告诉过我,但是我一直抱着没有消息就是好消息的态度。至于我做的是什么以及会对周围的运作有什么贡献,当我开始做些对公司运作很重要的工作的时候,老板会含糊不清地说一说,但仅此而已,我们从来没有很好地交流过。"

管理技能分析

你认为丽丽与老板之间的这种沟通方式正常吗?为什么?

管理技能应用

你见过朋友或同事之间激烈的争吵吗?列出一些有助于解决这种争吵的建议。

第一节　沟通概述

一、沟通的含义

沟通（communications）简单地说，就是指人与人之间进行信息交流的过程。它包括人与人的沟通、通信工具沟通等类型，其中，人与人的沟通是管理工作中广泛应用、十分重要的沟通形式。有效的沟通是管理工作取得绩效的保证，是组织与组织成员相互了解的基本前提。

有效沟通的意义可以总结为以下几点。

（1）满足人们彼此交流的需要。

（2）使人们达成共识，实现更多的合作。

（3）降低工作的代理成本，提高办事效率。

（4）能获得有价值的信息，并使个人办事更加井井有条。

（5）使人进行清晰的思考，有效把握所做的事。

管理实例 13-1

从同事到冤家

小贾是公司销售部一名员工，为人比较随和，不喜争执，和同事的关系处得都比较好。但是，前一段时间，不知道为什么，同一部门的小李老是处处和他过不去，有时候还故意在别人面前指桑骂槐，对跟他合作的工作任务也都有意让小贾做得多，甚至还抢了小贾的好几个老客户。起初，小贾觉得都是同事，没什么大不了的，忍一忍就算了。但是，看到小李如此嚣张，小贾一赌气，告到了经理那儿。经理把小李批评了一通，从此，小贾和小李成了冤家。

管理实例 13-2

刺 猬 法 则

两只困倦的刺猬，由于寒冷而拥在一起，可因为各自身上都长着刺，于是它们离开了一段距离，但又冷得受不了，于是又凑到一起。几经折腾，两只刺猬终于找到一个合适的距离：既能互相获得对方的温暖又不至于被扎，这就是我们常说的刺猬法则。

二、沟通的过程

沟通的过程一般包括七个部分：信息源、编码、信息、通道、解码、接受者、反馈（见图 13-1）。作为沟通在管理中的运用和应用，我们认为，管理沟通的过程与一般沟通的过程基本相同。

（1）信息源：即信息的发送者。

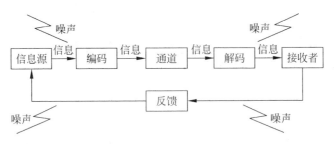

图 13-1 沟通的过程

（2）编码：指信息源把头脑中的想法进行编码而生成信息。

（3）信息：经过编码的物理产品。

（4）通道：即沟通的渠道。

（5）解码：接收者对通道中的信息做出解释与理解。

（6）接收者：信息指向的客体。

（7）反馈：信息被解码后返回信息源。

在这个过程中，至少存在着一个发送者和一个接收者，即信息发送方和信息接收方。其中沟通的载体成为沟通渠道，编码和解码分别是沟通双方对信息进行的信号加工形式。信息在两者之间的传播是通过下述几个方面进行的。

（1）发送者需要向接收者传送信息或者需要接收者提供信息。

（2）发送者将这些信息译成接收者能够理解的一系列符号。为了有效地进行沟通，这些符号必须能够符合适当的媒体。

（3）将上述符号传递给接收者。传递的方式有口头、书面、形体等。

（4）接收者接收这些符号。选择对应的接收方式。

（5）接收者将这些符号译为具有特定含义的信息。

（6）接收者理解信息的内容。

（7）发送者通过反馈来了解他想传递的信息是否被对方准确无误地接收了。

管理实例 13-3

沟通方式选择

请客人吃饭，您会使用以下三种沟通方式中的哪一种或几种：①电子邮件；②电话；③面请。

主人是为了和客人沟通情感才请吃饭的，而沟通情感的沟通方式以面谈为佳，其次是电话。

选择不同的沟通方式，其效力是不一样的。如你不方便面请，只发了邮件，一定要电话沟通一下，有视频沟通效果更佳，因为视频是可以配合肢体语言的，肢体语言占沟通效果的 55%，语音语调占 38%，内容占 7%，所以在沟通效果上怎么说比说什么更重要。

三、沟通类型

沟通的类型依划分的标准不同而不同。

（一）按沟通的表现形式分类

1. 口头沟通

人们最经常采用的信息传递方式就是通过口头交谈,包括开会、面谈、电话、讨论等形式。

2. 书面沟通

书面沟通指借助于书面文字材料实现的信息交流。通知、广告、文件、报纸杂志等都属于书面沟通形式。书面沟通由于有机会修正内容和便于保留,因而沟通不易失误,准确性和持久性也较高。

3. 非语言性沟通

有一些沟通既不是通过口头交谈,也不是通过书面文字形式进行的,它们采取的是非语言的形式。比如通过电子媒体沟通,这种方式可迅速提供准确信息。另外,身体语言、姿势语以及手势等都是非语言沟通的形式。

管理实例 13-4

书面沟通的基本准则与写作技巧

1. 书面沟通的基本准则

职场文书沟通,很多人推崇国际流行的"7C"准则:完整(complete)、准确(correctness)、清晰(clearness)、简洁(conciseness)、具体(concreteness)、礼貌(courtesy)、体谅(consideration)。

2. 书面沟通写作的技巧

职业文书能否达到上述一些标准,取决于以下几点:①换位思考;②强调积极面,合理处置负面信息;③注意书写语气;④突出重点内容;⑤注重文章格式排版;⑥学会插入图表。

管理实例 13-5

经理与下属

小刘刚办完一个业务回到公司,就被主管马林叫到了他的办公室。

"小刘哇,今天业务办得顺利吗?"

"非常顺利,马主管,"小刘兴奋地说,"我花了很多时间向客户解释我们公司产品的性能,让他们了解到我们的产品是最合适他们使用的,并且在别家再也拿不到这么合理的价钱了,因此很顺利就把公司的机器推销出去一百台。"

"不错,"马林赞许地说,"但是,你完全了解了客户的情况了吗? 会不会出现反复的情况呢? 你知道我们部的业绩是和推销出的产品数量密切相关的,如果他们再把货退回来,对于我们的士气打击会很大,你对于那家公司的情况真的完全调查清楚了吗?"

"调查清楚了呀,"小刘兴奋的表情消失了,取而代之的是失望的表情,"我是先在网上了解到他们需要供货的消息,又向朋友了解了他们公司的情况,然后才打电话到他们公司去联系的,而且我是通过你批准才出去的呀!"

"别激动嘛,小刘,"马林讪讪地说,"我只是出于对你的关心才多问几句的。"

"关心?"小刘不满道,"你是对我不放心才这样吧!"

(二) 按沟通的方向分类

1. 上行沟通

上行沟通是指下级的意见向上级反映,即自下而上的沟通。它有两种表达形式:一是层层传递;二是越级反映。上行沟通的目的就是要有一条让管理者听取员工意见、想法和建议的通路。同时,上行沟通又可以达到管理控制的目的。

2. 下行沟通

管理者通过下行沟通的方式传送各种指令及政策给组织的下层。其形式包括管理政策宣示、备忘录、任务指派、下达指示等。下行沟通的目的是为了控制、指示、激励及评估。有效的下行沟通并不只是传送命令而已,应能让员工了解公司之政策,计划之内容,并获得员工的信赖、支持,因而得以有效的期待,同时有助于组织决策和计划的控制,达成组织之目标。

3. 平等沟通

平等沟通指的是在组织系统中层次相当的个人及团体之间所进行的信息传递和交流。在企业管理中,平等沟通又可具体划分为四种类型:一是企业决策阶层与工会系统之间的信息沟通;二是高层管理人员之间的信息沟通;三是企业内各部门之间的信息沟通与中层管理人员之间的信息沟通;四是一般员工在工作和思想上的信息沟通。平等沟通可以采取正式沟通的形式,也可以采取非正式沟通的形式。

管理实例 13-6

王岚的建议

到公司的第五天,王岚拿着自己的建议书走进了直接上级的办公室。

"王经理,我到公司已经快一个星期了,我有一些想法想和您谈谈,您有时间吗?"王岚走到经理办公桌前说。

"来来来,小杨,本来早就应该和你谈谈了,只是最近一直扎在实验室里就把这件事忘了。"王经理说。

"王经理,对于一个企业尤其是处于上升阶段的企业来说,要持续发展必须在管理上狠下功夫。我来公司已经快一个星期了,据我目前对公司的了解,我认为公司主要的问题在于职责界定不清;雇员的自主权力太小致使员工觉得公司对他们缺乏信任;员工薪酬结构和水平的制定随意性较强,缺乏科学合理的基础,因此薪酬的公平性和激励性都较低。"王岚按照自己事先所列的提纲开始逐条向王经理叙述。

王经理微微皱了一下眉头说:"你说的这些问题我们公司也确实存在,但是你必须承认一个事实——我们公司在赢利,这就说明我们公司目前实行的体制有它的合理性。"

"可是,眼前的发展并不等于将来也可以发展,许多家族企业都是败在管理上。"

"好了,那你有具体方案吗?"

"目前还没有,这些还只是我的一点想法而已,但是如果得到了您的支持,我想方案只是时间问题。"

"那你先回去做方案,把你的材料放这儿,我先看看然后给你答复。"说完王经理的注意力又回到了研究报告上。

王岚此时真切地感受到了不被认可的失落,她似乎已经预测到了自己第一次提建议的结局。

果然,王岚的建议书石沉大海,王经理好像完全不记得建议书的事。王岚陷入了困惑之中,她不知道自己是应该继续和上级沟通还是干脆放弃这份工作,另找一个发展空间。

(三)按组织结构特征分类

1. 正式沟通

正式沟通是指在组织系统内,依据一定的组织原则所进行的信息传递与交流。例如组织与组织之间的公函来往,组织内部的文件传达、召开会议,上下级之间定期的情报交换等。另外,团体所组织的参观访问、技术交流、市场调查等也在此列。

正式沟通有下向、上向、横向沟通这几种。

(1)下向沟通。这是在传统组织内最主要的沟通流向。一般以命令方式传达上级组织或其上级所决定的政策、计划、规定之类的信息,有时颁发某些资料供下属使用等。如果组织的结构包括有多个层次,则通过层层转达,其结果往往使下向信息发生歪曲,甚至遗失,而且过程迟缓,这些都是在下向沟通中经常出现的问题。

(2)上向沟通。主要是下属依照规定向上级提出书面或口头报告。除此以外,许多机构还采取某些措施以鼓励向上沟通,例如意见箱、建议制度,以及由组织举办的征求意见座谈会或态度调查等。有时某些上层主管采取所谓"门户开放"政策(open-door policy),使下属人员可以不经组织层次向上报告。

(3)横向沟通。主要是同层次、不同业务部门之间的沟通。在正式沟通系统内,一般机会并不多,若采用委员会和举行会议方式,往往所费时间人力甚多,而达到的沟通效果并不很大。因此,组织为顺利进行工作,必须依赖非正式沟通以辅助正式沟通的不足。

正式沟通的优点是:沟通效果好,比较严肃,约束力强,易于保密,可以使信息沟通保持权威性。重要的消息和文件的传达,组织的决策等,一般都采取这种方式。其缺点在于:因为依靠组织系统层层传递,所以很刻板,沟通速度很慢,此外也存在着信息失真或扭曲的可能。

管理实例 13-7
如何再申请 3 个名额

公司为了奖励市场部员工,制订了一项海南旅游计划,名额限定为 10 人,可是 13 名员工都想去,部门经理需要再向上级领导申请 3 个名额。如果你是部门经理,你会如何与上级领导沟通呢?

部门经理:"朱总,大家今天听说去旅游,非常高兴,非常感兴趣,觉得公司越来越重视员工了。领导不忘员工,真是让员工感动。朱总,这事是你们突然给大家的惊喜,不知当时你们如何想出此妙意的?"

朱总："真的是想给大家一个惊喜，这一年公司效益不错，是大家的功劳，考虑到大家辛苦一年，年终了，第一，是该轻松轻松了；第二，放松后，才能更好地工作；第三，可以增加公司的凝聚力。大家要高兴，我们的目的就达到了，就是让大家高兴的。"

部门经理："也许是计划太好了，大家都在争这10个名额。"

朱总："当时决定10个名额是因为觉得你们部门有几个人工作不够积极。你们评选一下，不够格的就不安排了，就算是对他们的一个提醒吧！"

部门经理："其实我也同意领导的想法，有几个人的态度与其他人比起来是不够积极，不过他们可能有一些生活中的原因，这与我们部门经理对他们缺乏了解、没有及时调整都有关系。责任在我，如果不让他们去，对他们打击会不会太大？如果这种消极因素传播开来，影响也不好。公司花了这么多钱，要是因为这3个名额降低了效果太可惜了。我知道公司每一笔开支都要精打细算。如果公司能拿出3个名额的费用，让他们有所感悟，促进他们来年改进，那么他们多给公司带来的利益要远远大于这部分支出的费用，不知道我说的有没有道理？公司如果能再考虑一下，让他们去，我会尽力与其他两位部门经理沟通好，在这次旅途中每个人带一个，帮助他们放下包袱，树立有益公司的积极工作态度，朱总您能不能考虑一下我的建议？"

2. 非正式沟通

非正式沟通指的是通过正式沟通渠道以外的信息交流和传达方式。例如团体成员私下交换看法，朋友聚会，传播谣言和小道消息等都属于非正式沟通。非正式沟通是非正式组织的副产品，它一方面满足了员工的需求；另一方面也补充了正式沟通系统的不足，是正式沟通的有机补充。在许多组织中，决策时利用的情报大部分是由非正式信息系统传递的。

同正式沟通相比，非正式沟通往往能更灵活、迅速地适应事态的变化，省略许多烦琐的程序；并且常常能提供大量的通过正式沟通渠道难以获得的信息，真实地反映员工的思想、态度和动机，这种动机往往能够对管理决策起重要作用。

管理实例 13-8

小 道 消 息

斯塔福德航空公司是美国北部的一个发展迅速的航空公司。然而，最近在其总部发生了一系列的传闻：公司总经理波利想卖出自己的股票，但又想保住自己总经理的职务，这是公开的秘密了。他为公司制订了两个战略方案：一个是把航空公司的附属单位卖掉；另一个是利用现有的基础重新振兴发展。他自己曾对这两个方案的利弊进行了认真的分析，并委托副总经理本查明提出一个参考意见。本查明曾为此起草了一份备忘录，随后叫秘书比利打印。比利打印完毕后即到职工咖啡厅去，在喝咖啡时比利碰到了另一位副总经理肯尼特，并把这一秘密告诉了他。比利对肯尼特悄悄地说："我得到了一个极为轰动的最新消息，他们正在准备成立另外一个航空公司。他们虽说不会裁减职工，但是，我们应联合起来，有所准备啊！"这话又被办公室的通讯员听到了，他立即把这消息告诉他的上司巴巴拉。巴巴拉又为此事写了一个备忘录给负责人事的副总经理马丁，马丁也加入了他们的联合阵线，并认为公司应保证兑现其不裁减职工的诺言。第二天，比利正在打印两份备忘录,备忘录又被路过办公室探听消息的人摩罗看见了。摩罗随即跑到办公室说:"我真不敢相信公司会做出这样的事来。我们要被卖给联合航空公司了,而且要大量削减职工呢!"这消息传来传去,三天后又传回到总经理波利的耳朵里。波利也接到了许多极不友好,甚至敌意的电话和信件。人们纷纷指责他企图违背诺言而大批解雇工人,有的人也表示为与别的公司联合而感到高兴。而波利则被弄得迷惑不解。

<h1 style="text-align:center">第二节 沟 通 管 理</h1>

沟通管理是企业组织的生命线,管理的过程也就是沟通的过程。通过了解客户的需求,整合各种资源,创造出好的产品和服务来满足客户,从而为企业和社会创造价值和财富。企业是个有生命的有机体,而沟通则是机体内的血管,通过流动来给组织系统提供养分,实现机体的良性循环。

一、有效沟通的障碍

在管理沟通的过程中,由于信息源、信息通道、信息接收者等情境因素的影响,由于空间距离和环境条件的限制,有效沟通存在诸多障碍和影响因素,归纳起来,主要有以下几个方面。

(一) 个人因素

1. 个性差异

个体性格、气质、态度、情绪、见解等的差别,都会成为沟通的障碍。

2. 知识、经验水平的差距

如果双方经验水平和知识水平差距过大,就会产生沟通障碍。

个体经验差异对信息沟通也有影响,一个经验丰富的人往往会对信息沟通做通盘考虑,而一个初出茅庐者往往会不知所措。

3. 信息接收者对信息的选择性差异

选择性是指人们根据自己的需要、动机、经验、背景及个人兴趣,选择接收与他们的期望一致的信息,而拒绝与其期望不一致的信息。这会导致沟通的片面性和不完整性,产生沟通障碍。

(二) 人际因素

人际因素主要包括沟通双方的相互信任程度和相似程度。

沟通是发送者与接收者之间"给"与"受"的过程。信息传递不是单方面,而是双方的事情,因此,沟通双方的诚意和相互信任至关重要。在组织沟通中,当面对来源不同的同一信息时,员工最可能相信他们认为的最值得信任的那个来源的信息。上下级之间的猜疑只会增加抵触情绪,减少坦诚交谈的机会,也就不可能进行有效的沟通。沟通的准确性与沟通双方间的相似性也有着直接的关系。沟通双方的特征,包括性别、年龄、智力、种族、社会地位、兴趣、价值观、能力等相似性越大,沟通的效果也会越好。

(三)结构因素

信息传递者在组织中的地位、信息传递链、团体规模等结构因素也会影响沟通的效果。许多研究表明,地位的高低对沟通的方向和频率有很大的影响。例如,人们一般愿意与地位较高的人沟通。地位悬殊越大,信息趋向于从地位高的流向地位低的。信息传递层次越多,它到达目的地的时间也越长,信息失真率则越大,越不利于沟通。另外,组织机构庞大,层次太多,也会影响信息沟通的及时性和真实性。

管理实例 13-9

和母亲沟通

从小就和母亲沟通比较费劲,小时候认字的时候认不好就用棍子打。稍微大点以后,犯错了就要剁手之类的。初中以后管教更是严重,有时候学校里面老师叫家长,母亲去以后,不管老师做得怎么样,都会劈头盖脸骂我一次然后再打我。现在大了,依然是沟通事情的时候特别的不能理解她。同一个事,她就会说反正你也不知道,给你说了也没用,没有丝毫商量的余地。父亲出去有时候和朋友喝个酒、吃个饭的时候,她就会一脸不高兴,然后就开始一顿乱说。在家跟父亲商量事的时候,她就会态度特别消极地说:"你别想啊,咱们家反正没钱,你想那么多也没什么用。"现在二十大几的我,看到别人家的孩子都能搞对象,我母亲却偏要让我三十岁以后再谈对象的事儿。为了不让她生气,我是基本能忍就忍。可有时候她还是没事找事说我,我很心烦,很困扰,我该怎么办?

二、有效沟通的实现

采取适当的行动方式有效消除沟通障碍,也就实现了管理的有效沟通。无论是组织中沟通还是组织间沟通,有效沟通的实现都取决于对沟通技能的开发和改进。

克服沟通中的障碍一般有以下准则。

(一)认识沟通的重要性,并把这种思想付诸行动

领导者必须真正认识到与员工进行沟通对实现组织目标十分重要,如果领导者通过自己的言行认可了沟通,这种观念会逐渐渗透到组织的各个环节中去。

(二)提高沟通的心理水平

第一,在沟通过程中要认真感知,集中注意力,以便信息准确而又及时地传递和接受,避免信息错传和接受时减少信息的损失。第二,增强记忆的准确性是消除沟通障碍的有效心理措施。第三,提高思维能力和水平是提高沟通效果的重要心理因素。第四,培养稳定情绪和良好的心理气氛,创造一个相互信任、有利于沟通的小环境。

（三）正确地使用语言文字

语言文字运用得是否恰当,会直接影响沟通的效果。使用语言文字时要简洁、明确,叙事说理要言之有据,条理清楚,富于逻辑性;措辞得当,通俗易懂,不要滥用辞藻,不要讲空话、套话。非专业性沟通时,要少用专业性术语。可以借助手势语言和表情动作,以增强沟通的生动性和形象性,使对方容易接受。

（四）学会有效的倾听

有效的倾听能增加信息交流双方的信任感,是克服沟通障碍的重要条件。提高倾听技能的要点见表 13-1。

表 13-1　"听"的艺术

要	不　　要
表现出兴趣	争辩
全神贯注	打断
该沉默时必须沉默	从事与谈话无关的活动
选择安静的地方	过快地或提前作出判断
留适当的时间用于辩论	草率地给出结论
注意非语言暗示	让别人的情绪直接影响你
当你没有听清楚时,请以疑问的方式重复一遍	
当你发觉遗漏时,直截了当地问	

（五）缩短信息传递链,拓宽沟通渠道,保证信息的双向沟通

信息传递链过长,会减慢流通速度并造成信息失真。因此,一方面,要减少组织机构重叠,拓宽信息渠道;另一方面,管理者应激发员工自下而上地沟通。此外,在利用正式沟通渠道的同时,可以开辟非正式沟通渠道,让领导者走出办公室,亲自和员工们交流信息。坦诚、开放、面对面的沟通会使员工觉得领导者理解自己的需要和关注,取得事半功倍的效果。

管理实例 13-10

沟通技巧 37 项

（1）去别人家做客,当主人的话可多可少,甚至经常劝你喝茶或提建议看看电视时,你就该告辞了。人总是在感到无话可说时,才提醒别人做一些无关紧要的事。再待下去,你可能就不受欢迎了。

（2）正在对上司汇报工作,他的眼睛没有专注地看着你,或者他的手指不经意地在桌子上扣几下,很可能他已对你的汇报不满意了。如果你进去时,他脚正在桌子下无聊地晃动,你说话间,他的脚忽然间停止了晃动,那他已经对你的话产生了浓厚的兴趣。

（3）和一个新认识的人谈话时,他的双手总是不经意地抱在胸前,那表明他还是对你有所防备的,所以,在让他相信你以前,最好还是谨慎为之。

（4）在酒桌上，一个向你频频敬酒的人，不是有求于你，就是对你有敌意，所以你还是尽快地分析一下，究竟自己属于前者还是后者。前者就赶快把话题引过去答应他；后者你就要装醉了。

（5）一个人向你发出了邀请，你兴致勃勃地落实邀请时，他忽然顾左右而言他。其实，他的邀请不过是顺口一来的说法，你就不要追究下去了，除非你想让他讨厌。

（6）发现你的失误没有告诉你，比告诉你要可怕得多，特别是两个人处于竞争的工作状态时。

（7）一个面对你总是夸夸其谈的人并不是骄傲，他的内心恰好与他夸夸其谈的外表相反，是一个极度自卑的人。他的夸夸其谈不过是用来掩饰内心的自卑罢了。

（8）无论发生什么事情，都要首先想到自己是不是做错了。如果自己没错（那是不可能的），那么就站在对方的角度，体验一下对方的感觉。

（9）让自己去适应环境，因为环境永远不会来适应你。即使这是一个非常非常痛苦的过程。

（10）大方一点。不会大方就学大方一点。如果大方真的会让你很心疼，那就装大方一点。

（11）低调一点，低调一点，再低调一点。

（12）嘴要甜，平常不要吝惜你的喝彩声。好的夸奖会让人产生愉悦感，但不要过头到令人反感。

（13）如果你觉得最近一段时间工作顺利的不得了，那你要小心了。

（14）有礼貌。打招呼时要看着对方的眼睛；要以长辈的称呼和年纪大的人沟通。

（15）少说多做。言多必失，人多的场合少说话。

（16）不要把别人的好视为理所当然，要知道感恩。

（17）手高眼低。

（18）遵守时间，但不要期望别人也遵守时间。

（19）信守诺言，但不要轻易许诺，更不要把别人对你的承诺一直记在心上并信以为真。

（20）不要向同事借钱，如果借了，那么一定要准时还。

（21）不要借钱给同事，如果不得不借，那么就当送给他好了。

（22）不要推脱责任，即使是别人的责任。

（23）在一个同事的后面不要说另一个同事的坏话。要坚持在背后说别人好话，别担心这好话传不到当事人耳朵里。如果有人在你面前说某人坏话时，你要微笑。

（24）避免和同事公开对立，包括公开提出反对意见。

（25）经常帮助别人，但是不能让被帮的人觉得理所应当。

（26）说实话会让你倒大霉。

（27）对事不对人；或对事无情，对人要有情；或做人第一，做事其次。

（28）经常检查自己是不是又自负了，又骄傲了，又看不起别人了。

（29）忍耐是人生的必修课。

（30）新到一个地方，不要急于融入其中哪个圈子里去。等到了足够的时间，属于你的那个圈子会自动接纳你。

（31）有一颗平常心。没什么大不了的,好事要往坏处想,坏事要往好处想。

（32）尽量不要发生办公室恋情,如果实在避免不了,那就在办公室避免任何形式的身体接触,包括眼神。

（33）会拍马屁(这是和顶头上司沟通的重要途径之一),但小心不要弄脏手。

（34）资历非常重要。

（35）好心有时不会有好结果,但不能因此而灰心。

（36）待上以敬,待下以宽。

（37）如果你带领一个团队,在总结工作时要把错误都揽在自己身上,把功劳都记在下属身上。当上司和下属同时在场时,要记得及时表扬你的下属。批评人,一定要在只有你们两个人的情况下才能进行。

复习思考题

1. 什么是沟通? 试指出其主要类型及特征。
2. 试述个人对新的沟通模式的独到见解。
3. 怎样理解沟通艺术? 试举例说明。
4. 解释为什么信息发送者和接收者没有了解语言风格差异时,会导致无效的沟通。
5. 为什么一些管理者发现要成为良好的聆听者是困难的。

技 能 训 练

技能训练 13-1

员 工 辞 职

请阅读下面的一段对话。

美国老板:完成这份报告要花费多长时间?

希腊员工:我不知道完成这份报告需要多长时间。

美国老板:你是最有资格提出时间期限的人。

希腊员工:十天吧!

美国老板:你同意在 15 天内完成这份报告吗?

希腊员工:没有作声。(认为是命令。)

15 天过后。

美国老板:你的报告呢?

希腊员工:明天完成。(实际上需要 30 天才能完成。)

美国老板：你可是同意今天完成报告的。

第二天，希腊员工递交了辞职书。

训练要求：

从沟通的角度分析美国老板和希腊员工对话，说明希腊员工辞职的原因并提出建议。

技能训练 13-2

防止小道消息传播的圆桌会议

Y 公司是国内大型民营企业，这几年发展可谓如日中天，每年业绩以 100% 的增速成长，主导产品的市场占有率也在 50% 以上。在公司经营情况总体向好的情形下，公司总裁却时常觉得有点烦。原因在于公司内小道消息满天飞，一些企业内的非正式组织津津乐道于有关企业内似是而非的东西。比如公司在外面欠了许多钱，某某市场部的经理拿了公司货款跑了等，这些极大地影响了企业内的员工士气与团队精神，更可怕的是员工对企业的信心与向心力也因为小道消息而减弱。

为防止小道消息传播，公司专门召开了一次圆桌会议，参加会议的人员名单如下。

诸强新：杭州唯新食品有限公司常务副总经理。

韩志锋：青汉阳品牌管理咨询公司副总经理。

王长江：北京浩竹猎头公司总经理。

高树山：普华信(国际)管理咨询公司总经理。

会上大家各抒己见，主要讨论了下面几个问题。

1. 都是信息渠道惹的祸

诸强新：小道消息几乎每个企业都存在，很让人头痛。小道消息为什么能大行其道，其中一个重要原因在于：企业方面的讯息缺乏正常传播渠道，企业领导没有意识到建立规范信息传播渠道的必要性与重要性。企业没有给员工建立正常的信息沟通渠道，员工自然只能通过非正式组织及企业内部所谓"消息灵通人士"去获悉有关信息了。

王长江：我觉得企业内部小道消息之所以有市场，源于人类爱好闲聊、喜欢传递一些好奇或者隐私信息的特性。

韩志锋：一是每个员工在所掌握的信息上存在不对称现象；二是一个企业中有非正式组织存在是在所难免的。每个人都可能因为不掌握事情的真实情况而产生猜疑，同时在自己的非正式组织中加以传播，于是就产生了小道消息。

2. 建立"官方"传播渠道

诸强新：疏、堵结合很重要。一是"疏"，创办一份企业内刊，将相关信息传递给员工；二是建立管理层与员工定期沟通交流机制，及时消除员工的疑虑、误会；另外，针对企业内部有中央音响系统的状况，开办内部电台，使信息能在第一时间传达给员工。建立多层次、立体化的正常"官方"信息传播渠道，让员工有许多途径了解企业，小道消息自然会大幅减少。"疏"的同时，"堵"的工作还是要做，要制定出一些禁止小道消息传播的制度。

要培养员工积极的心态。企业首先要做的是有关理念、态度方面的培训工作，同时要趁热打铁，针对培训内容与小道消息对企业、个人的危害展开大讨论。

王长江：不过，针对 Y 公司的情况，首先应该解决的是已经发生的谣言，这要善于利用事实。比如某某市场部的经理拿公司货款跑了，可以请那个经理在公司的公开会议上做工作报告，协助传递和澄清某些事实。至于一些不易澄清的事情，可以使用反面的结论推翻谣言的前提。只要公司处理事情客观公正，谣言一般会不攻自破。

不过，防止有害消息产生是最根本的问题。一般主要采取诸先生讲的疏导方法；另外在企业文化建设上，要提倡诚信为本，公司领导要做到言出必行，承诺了的一定要兑现。

3. 让工作内容丰富化

韩志锋：第一，实现"透明化"管理，对员工关心的一些问题，如人事变动、薪资调整、公司转型、财务状况等进行定期发布，可借助企业内刊，也可借助内部网络。第二，强化内部沟通，提高各级例会质量，及时发现问题，解决问题。在消息刚出炉时，就对其进行修正或阻截，影响自然就会小一些。第三，引导非正式组织的舆论导向，使员工自觉地从意识上杜绝小道消息的传播。第四，从小道消息中查找企业工作的缺陷。

高树山：俗话说"无风不起浪"。首先，信息源的管理非常重要。公司的中高层管理干部是信息源的关键掌握者，所以首先要使中高层管理干部具备良好的沟通素质。培训是有效捷径。在一个组织中，沟通的渠道包括会议、文件、口头、座谈会、内刊、指令等。公司必须从信息的性质和重要性出发，选择合适的沟通渠道和方式。而对于公司喜欢搬弄是非一小部分人，要给予教育。

其次，要让工作丰富化。就像王经理说的，这需要适宜的制度创新和工作流程优化。

最后，要形成富有责任感的沟通文化，要让公司每一位员工知道，"说出的话不仅要对自己负责，还要对同事和公司负责"。

训练要求：

(1) 结合该案例谈谈沟通在企业管理中的作用。

(2) 小道消息与非正式沟通是一个概念吗？如果不是同一概念，它们有什么区别？

(3) 企业应该如何对待小道消息？

案 例 分 析

案例分析 13-1

来自总经理部的信

联合制造公司总经理奥斯特曼对随时把本公司经济上的问题告诉雇员们的重要性非常了解。她知道，由于市场价格不断跌落，公司正在进入一个困难的竞争时期。同时她也清楚，为了保住市场份额，必须降低本公司产品的出售价格。

奥斯特曼每月向所有雇员发出一封名为"来自总经理部的信"，她认为这是传递信息的一种好方式。然而，一旦出现了重要情况，她还要把各部门负责人召集到那个简朴的橡木镶板的会议室里。在她看来，这样做会使这些负责人确实感到他们是管理部门的成员并参与了重大决策的制定。根据会议的礼仪规定，所有与会人员都要在预定时间之前就座,当奥斯特曼夫人进来时要起立致意,直至得到允许后再坐下。这次会议,奥斯特曼进来后只简单地点了点头,示意他们坐下。

"我叫你们都来,是想向你们说明我们所面临的可怕的经济形势。我们面对的是一群正在咬我们脚后跟的恶狼一样的对手,他们正在迫使我们以非常低的价格出售我们的产品,并且要我们按根本不可能实现的日期交货。如果我们这个大公司——自由企业的一个堡垒——还打算继续存在下去,我们所有的人就都要全力投入工作,齐心协力地干。下面我具体地谈谈我的意见。"

在她发表完意见以后,奥斯特曼用严厉的目光向在座的人扫视了一下,似乎在看是否有人敢讲什么。没有一个人说话,因为他们都知道,发表任何意见都会被奥斯特曼夫人看成持有不同意见。

"首先,我们这里需要想象学。我们需要积极思想的人,而且所有的人都应当通力合作。我们必须要使生产最优化,在考虑降低成本时,不能对任何一个方面有所疏忽。为了实现降低成本的应急计划,我在公司外聘请了一个最高级的生产经理。

"我们要做的第二件事是最大限度地提高产品质量。在我们这个企业里,质量就是一切。每部机器都必须由本部门的监督员按计划进行定期检验。只有经过监督员盖章批准后,机器才能开始运转,投入生产。在质量问题上,再小的事情也不能忽视。"

"在我的清单上所列的值得认真考虑的第三个问题是增强我们的推销员的力量。顾客是我们这个企业的生命线,尽管他们有时不对,我们还是要态度和气地、灵活地对待他们。我们的推销员必须学会做生意,使每一次推销都有成效。公司对推销员的酬报办法是非常公正的,即使如此,我们还打算通过提高滞销货的佣金率来增加他们的奖金数额。我们想使这个意见在董事会上得到通过。但是,我们必须保住成本,这是不能改变的。"

"最后,我要谈谈相互配合的问题。这对我们来说比其他任何问题都更加重要。要做到这一点,非齐心不可。领导就是配合,配合就是为同一目标共同努力。你们是管理部门的代表,是领导人,我们的目标你们是知道的。现在让我们一起努力工作,并迅速地把我们的这项复杂的事情搞好吧! 要记住,我们是一个愉快的大家庭。"

奥斯特曼结束了她的讲话,参加会议的人都站了起来,静立在各自的椅子旁边。奥斯特曼收起文件,离开会议室朝她的办公室走去。

问题:

(1) 在这个案例中,构成沟通障碍的除了语言因素之外,还有什么因素?

(2) 假如这次会议由你安排,你打算怎样保证双向沟通?

案例分析 13-2

迪特公司的员工意见沟通制度

迪特公司是一家拥有 12000 余名员工的大公司,早在 20 年前该公司就认识到员工意见沟通的重要性,并且不断地加以实践。现在,公司员工的意见沟通系统已经相当成熟和完善。特别是在 20 世纪 80 年代面临全球性的经济不景气时,这一系统对提高公司劳动生产率发挥了巨大的作用。

公司的员工意见沟通系统是建立在这样一个基本原则之上的:个人或机构一旦购买

了迪特公司的股票,他就有权知道公司的完整财务资料和一些更详尽的管理资料。迪特公司的员工意见沟通系统主要分为两个部分:一是每月举行的员工协调会议;二是每年举办的主管汇报和员工大会。

1. 员工协调会议

早在 20 年前,迪特公司就开始试行员工协调会议,即每月举行一次的公开讨论会。在会议上,管理人员和普通员工共聚一堂,商讨彼此关心的问题。在公司总部、各部门及各基层组织都要举行协调会议。这种会议是标准的双向意见沟通系统。

在开会之前,员工可事先将建议或怨言反映给参加会议的员工代表,代表们将在协调会议上把意见转达给管理人员,管理人员也可以利用这个机会,同时将公司政策和计划讲解给代表们听,互相之间进行广泛的讨论。

公司内共有 90 多个类型组织。如果有问题在基层协调会议上不能解决,将逐级反映上去,直到得到满意的答复为止。事关公司的总政策,一定要在首席代表会议上才能决定。总部高级管理人员认为意见可行,就立即采取行动;认为意见不可行,也要把理由向大家解释。员工协调会议的开会时间没有硬性规定,一般都是一周前在布告上通知。为保证员工意见能迅速逐级反映上去,基层员工协调会议应先开。

同时,迪特公司也鼓励员工参与另一种形式的意见沟通。公司安装了许多意见箱,员工可以随时将自己的意见或问题投到意见箱里。为了配合这一计划实施,公司还特别制定了一项奖励规定,凡是员工意见被采纳后产生了显著效果的,公司将给予优厚的奖励。如果员工对这些间接的意见沟通方式不满意,还可以用更直接的方式来面对面和管理人员交换意见。

2. 主管汇报和员工大会

对员工来说,迪特公司主管汇报和员工大会的性质和每年的股东大会相类似。公司员工每人都可以接到一份详细的公司年终报告。

这份主管汇报有 20 多页,包括公司发展情况、财务报表分析、员工福利改善情况、公司面临的挑战以及对员工协调会议所提主要问题的解答等。公司各部门接到主管汇报后,就开始召开员工大会。

员工大会都是利用上班时间召开的,每次人数不超过 250 人,时间大约 3 小时,大多在规模比较大的部门里召开,由总公司委派代表主持会议,各部门负责人参加。会议先由主席报告公司的财务状况和员工的薪金、福利、分红等与员工有切身关系的问题,然后便开始问答式的讨论。

在员工大会上禁止提出有关个人问题。员工大会不同于员工协调会议,提出来的问题一定要具有一般性和客观性,只要不是个人问题,总公司代表一律尽可能予以迅速解答。员工大会比较欢迎预先提出问题这种方式,因为这样可以事先充分准备,不过大会也接受临时性的提议。

问题:

(1)迪特公司是怎样具体实施员工沟通制度的?

(2)试分析迪特公司的总体指导原则是什么?依据是什么?

第五篇

控　　制

第十四章 控制与控制过程

 学习目标

1. 了解控制的含义
2. 了解控制的必要性
3. 了解控制的原则与特征
4. 掌握并比较前馈控制、同期控制和反馈控制
5. 掌握确定控制标准的关键因素
6. 掌握并评价控制标准的形式
7. 了解衡量绩效的含义
8. 掌握衡量绩效的要求与方法
9. 掌握比较与纠正偏差

 本章引言

　　张三担任这家工厂的厂长已经一年多了。他刚看了工厂有关今年实现目标情况的统计资料,气得说不出一句话来。他记得就任厂长后的第一件事情,就是规定:在一年内要把购买原材料的费用降低 10％～15％;把用于支付工人超时工作的费用从原来的 11 万元减少到 6 万元;要把废料运输费用降低 3％。他把这些具体目标告诉了下属有关方面的负责人。然而,一年过去了。原材料的浪费比去年更为严重,竟占总额的 16％;职工超时费用也只降低到 9 万元,远没有达到原定的目标;运输费用也根本没有降低。

　　他把这些情况告诉了负责生产的副厂长,并严肃批评了这位副厂长。但副厂长争辩说:“我曾对工人强调过要注意减少浪费的问题,我原以为工人也会按我的要求去做的。”人事部门的负责人也附和着说:“我已经为消减超时的费用作了最大的努力,只对那些必须支付的款项才支付。”而负责运输方面的负责人则说:“我对未能把运输费用减下来并不感到意外,我已经想尽了一切办法。我预测,明年的运输费用可能要上升 3％～4％。”

　　在分别和有关方面的负责人交谈之后,张三又把他们召集起来布置新的要求,他说:“生产部门一定要把原材料的费用降低 10％,人事部门一定要把超时费用降到 7 万元;即

使是运输费用要提高,但也绝不能超过今年的标准,这就是我们明年的目标。我到明年年底再看你们的结果!"

管理技能分析

你认为导致张三控制失败的原因是什么? 张三的控制标准属于什么标准? 张三制定的明年的目标能完成吗? 为什么?

管理技能应用

假如你被选为你感兴趣的社团组织的财务主管,你会采取哪些控制措施来预防其他组织成员任何形式的欺骗呢? 你认为组织成员会对你的控制措施作出何种反应呢?

第一节 控 制 概 述

自从 1948 年美国学者罗伯特·维纳创立控制论以来,控制论的概念、理论和方法已被广泛应用于各个领域。

控制是一项重要的管理职能。没有控制就难以保证一切活动按计划进行。

一、控制的含义

控制工作是指为实现组织目标,以计划为标准,由管理者对被管理者的行为、活动进行的检查、监督、调整等管理活动。

控制一词最初运用于技术工程系统。自从维纳的控制论问世以来,控制的概念更加广泛,它已用于生命机体、人类社会和管理系统之中。从一定意义上说,管理的过程就是控制的过程。因此,控制既是管理的一项重要职能,又贯穿于管理的全过程。

管理实例 14-1

袋 鼠 跑 了

有一天,动物园管理员们发现袋鼠从笼子里跑出来了,于是开会讨论,一致认为是笼子的高度过低。所以他们决定将笼子的高度由原来的十米加高到二十米。第二天,他们还是发现袋鼠跑到外面来,所以他们又决定再将高度加高到三十米。没想到隔天居然又看到袋鼠全跑到外面,于是管理员们大为紧张,决定一不做二不休,将笼子的高度加高到一百米。

一天,长颈鹿和几只袋鼠们在闲聊。"你们看,这些人会不会再继续加高你们的笼子?"长颈鹿问。"很难说。"袋鼠说,"如果他们再继续忘记关门的话!"

二、控制的必要性

美国北得克萨斯州立大学企业管理教授亨利·西斯克指出:"如果计划从来不需要

修改,而且是在一个全能的领导人的指导之下,由一个完全均衡的组织完美无缺地来执行的,那就没有控制的必要了。"

理想的状态是不可能成为管理的现实的。无论计划制订得如何周密,由于各种各样的原因,人们在执行计划的过程中总是会或多或少地出现与计划不一致的现象。

在现代管理系统中,人、财、物等要素的组合关系是多种多样的,时空变化和环境影响很大,内部运行和结构有时变化也很大,加上组织关系错综复杂,随机因素很多,处在这样一个十分复杂的系统中,要想实现既定的目标,执行为此而拟定的计划,求得组织在竞争中的生存和发展,不进行控制工作是不可想象的。

在管理实践中,没有控制就很难保证每个计划的顺利执行,而如果每个计划都不能顺利进行,那么组织的目标就无法实现,因此控制工作在管理活动中有着非常明确的目的,起着非常重要的作用。

在现代管理活动中,无论采用哪种方法来进行控制,都要达到以下两个目的。

第一个目的是要"维持现状"。即在变化着的内外部环境中,通过控制,随时将计划的执行结果与标准进行比较,若发现有超过计划容许范围的偏差时,则及时采取必要的纠正措施,以使系统的活动趋于相对稳定,实现组织的既定目标。

第二个目的是要"打破现状"。在某些情况下,变化的内外部环境会对组织提出新的要求,主管人员对现状不满,要改革,要创新,要开拓新局面。这时就势必要打破现状,即修改已定的计划,确定新的现实目标和管理控制标准,使之更先进、更合理。

管理控制的必要性主要是由下述原因决定的:环境的变化;管理权力的分散;工作能力的差异。

管理实例 14-2

巨 人 集 团

巨人集团曾经是我国民营企业的佼佼者,一度在市场上叱咤风云,该企业以闪电般的速度崛起后,又以流星般的速度迅速在市场上沉落了。

该企业在 1993 年以前的经营状况是非常乐观的,但是 1993 年国家有关进口电脑的禁令一解除,国外众多超重量级选手蜂拥进入我国市场,一些头脑理智的企业纷纷压缩规模调整结构,可巨人集团的管理当局急于寻求新的产业支柱,轻易迈出了经营房地产和保健饮品的多元化经营的脚步。而当时巨人集团的资金不足,又没有得到银行等金融机构的资金支持,没有实力同时在两个全新的产业展开大规模投入。

到了 1994 年,巨人集团管理当局已经意识到集团内部存在的种种隐患:创业激情基本消失了;出现了大锅饭现象;管理水平低下;产品和产业单一;市场开发能力停滞。但管理当局还是回避了企业内部产权改造及经营机制重塑的关键问题,想通过再一次掀起的发展和扩张热潮,将企业重新带回到过去辉煌的时期,在保健饮品方面大规模投入,这样的投入带来了短暂的效益,可很快企业的问题暴露无遗:企业整体协调乏力;人员管理失控;产品供应链和销售链脱节等。针对此问题,企业管理当局进行了整顿,但是未能从根本上扭转局面,最终全线崩溃。

总结巨人集团失败的经验教训,其计划过程失控也是主要原因,主要表现在:计划动因不明确；计划非理性，试图超越规范；过程失控，如计划制订较为粗放，计划执行过程中缺乏必要的反馈与检讨，计划柔性不足；在市场状况即企业经营状况发生变化时缺乏对策，企业原有经营管理模式及经营管理层的经营理念与计划不匹配，人才的压力也是导致计划失控的原因之一等。

三、控制的原则

（一）反映计划要求原则

控制是实现计划的保证，控制的目的是为了实现计划，计划越是明确、全面、完整，所设计的控制系统越是能反映这样的计划，则控制工作也就越有效。确定什么标准，控制哪些关键点和重要参数，收集什么信息，采用何种方法评定成效以及由谁来控制和采取纠正措施等，都必须按不同计划的特殊要求和具体情况来设计。

（二）控制关键点原则

为了进行有效的控制，需要特别注意在根据各种计划来衡量工作成效时具有关键意义的那些因素。管理人员将注意力集中于计划执行中的一些主要影响因素上。控制住了关键点，也就控制住了全局。有效的控制方法是指那些能够以最低的费用或其他代价来探查和阐明实际偏离或可能偏离计划的偏差及其原因的措施。

（三）控制趋势原则

对控制全局的管理者来说，重要的是现状所预示的趋势，而不是现状本身。趋势往往容易被现象所掩盖，控制趋势的关键在于从现状中揭示倾向，特别是在趋势刚显露苗头时就觉察，并给予有效的控制。

（四）例外性原则

在控制过程中，管理者应该只注意一些重要的例外偏差，也就是说把主要注意力集中在那些超出一般情况的特别好或特别坏的情况，这样控制工作就会更有效。事实上，例外原则必须与控制关键点原则相结合，即要多注意关键点的例外情况。

管理实例 14-3

标　准

有一个小和尚担任撞钟一职，半年下来，觉得无聊之极，"做一天和尚撞一天钟"而已。有一天，住持宣布调他到后院劈柴挑水，原因是他不能胜任撞钟一职。小和尚很不服气地问："我撞的钟难道不准时、不响亮？"老住持耐心地告诉他："你撞的钟虽然很准时，也很响亮，但钟声空泛、疲软，没有感召力。钟声是要唤醒沉迷的众生，因此，撞出的钟声不仅要洪亮，而且要圆润、浑厚、深沉、悠远。"

四、控制的特征

管理工作中有效控制的特征有如下几个方面。

（一）准确性和客观性

一个控制系统如不能提供准确的信息,就会导致管理者在应该采取行动的时候却没有采取行动,导致控制失效;管理者不能只凭个人的主观经验或直觉进行判断,而应该采取科学的方法,要尊重客观事实。

（二）适应性

控制应当与计划和工作特点以及主管人员的具体情况相适应。

（三）及时性

及时发现偏差,纠正偏差。最理想的控制应该是在偏差未出现之前,能够预计偏差的产生,做到防患于未然。

（四）灵活性

控制系统本身应当具有足够的灵活性以适应各种不同的变化,持续地发挥作用,与计划一同变动。

（五）经济性

控制系统的运行从经济角度看必须是合理的,任何控制系统产生的效益都要与其成本进行比较。要精心选择控制点,降低控制的各种耗费,改进控制方法和手段,防止无效控制。

（六）匹配性

任何控制或技术都必须适合组织气氛才能奏效。例如,在员工自由度较大、对管理的参与程度较深的组织中,严格监视型的控制系统将不受欢迎,也很难成功。

（七）指示性

有效的控制系统不仅可以指出偏差的产生,而且还必须指出偏差发生在哪一个确切位置,谁应该对偏差负责,并建议如何纠正这种偏差。

（八）理解性

任何控制系统对所涉及的员工来说都必须是可以理解的。

（九）标准的合理性与多重性

控制的标准应是富有挑战性,经过努力可以达到的合理标准;标准过高或过低,都还会起到激励作用。另外,控制应采取多重标准,多重标准能够更准确地衡量实际工作。

(十) 重点与例外相结合

控制要突出重点,找出最能反映成果的关键因素控制;控制工作要着重于计划实施中的例外情况,可使管理者集中精力解决问题;例外与重点要结合,注意关键点上的例外情况。

管理实例 14-4

海尔的内部控制

1984 年海尔集团曾一度亏损 147 万元,濒临破产倒闭,可是经过了几十年的奋斗,海尔集团已经成为世界级明星企业。其成功的经验有很多,其中很重要的一个因素是海尔集团有非常健全的内部控制制度,而内部控制中的环境控制起到了重要的作用。

首先,海尔集团的管理当局重视基础管理,有不断进行组织变革的思想,注意把市场竞争机制引入企业内部,注重学习美国式的开放创新、个性舒展与日本的吃苦耐劳、团队精神,并将其与中国的传统思想创造性地结合起来,逐步形成了独具魅力的海尔管理体系,如实行 OEC 账表化管理,做到"日事日毕,日清日高,事事有人管,人人都管事,管人凭业绩,管事凭考核;坚持管理高质量,不做表面文章,注重管理实效,以法治厂,无一例外"。

其次,人事政策合理、有效。在企业的内部控制中,人的因素是至关重要的。海尔集团通过实践,制定出了合理的员工聘用机制、考核机制、激励机制等。其用人的原则是:充分发挥人的潜能,让每个人不仅能感受到来自内部竞争和市场竞争的压力,而且能将压力转化为竞争的动力。海尔实行管理人员公开招聘,竞争上岗;对于在岗的干部每月考评一次,根据考评结果进行选拔上岗或淘汰降职;而工资的发放则分档进行,采取绩效联酬等方法。

最后,有合理的组织结构及明确的职责划分方法。海尔的管理当局认为合理的组织结构能够保证企业内部控制活动的有效进行。海尔集团从 1984 年开始,经历了几次重大的机构调整,从直线职能式管理经过矩阵结构管理到"市场链"管理,最终形成了责权明确的四个层次的管理体系,各个层次各负其责,形成了各部门、各单位之间相互联系、相互制约的内部控制体系。

第二节　控制的类型

控制按照不同的划分依据可分为多种类型。按控制的业务范围不同,可分为技术控制、质量控制、资金控制、人力资源控制等;按控制的时间不同,可分为日常控制、定期控制;按控制内容的覆盖面不同,可分为专题控制、专项控制和全面控制;按管理者控制和改进工作的方式不同,可分为间接控制和直接控制;按纠正偏差措施的作用环节不同,控制可分为前馈控制、同期控制和反馈控制。本书重点分析前馈控制、同期控制和反馈控制。

一、前馈控制

前馈控制又称事前控制,是面向未来的控制,是计划实施前采取预防措施防止问题的发生,而不是在实施中出现问题后的补救。管理人员常运用获取的最新信息结合上一个控制循环中的经验教训,反复对可能出现的结果进行认真预测,然后与计划要求进行比较,必要时进行调整计划或控制影响因素,以确保目标的实现。

前馈控制是企业最渴望采取的控制类型,它是在企业生产经营活动开始之前进行的控制,其目的是防止问题的发生而不是当问题出现时再补救。前馈控制发生在实际工作之前,是未来导向的。

要切实实施前馈控制,应满足以下几个必要条件。

(1)必须对计划和控制系统做出透彻的、仔细的分析,确定关键的输入变量。

(2)建立前馈控制系统的结构模式。

(3)要注意保持该模式的动态特性,也就是说,应当经常检查模式以了解所确定的输入变量及其相互关系是否仍然反映实际情况。

(4)必须定期地收集输入变量的数据,并把它们输入控制系统。

(5)必须定期地估计实际输入的数据与计划输入的数据之间的偏差,并评价其对预期的最终成果的影响。

(6)必须有措施保证。前馈控制的作用同任何其他的计划和控制方法一样,其所能完成的工作就是向人们指出问题,显然还要采取措施来解决这些问题。

实行前馈控制的优越性在于可以使主管人员及时得到信息以便采取措施,也能使他们知道如果不采取措施就会出现问题。它克服了反馈控制中由于时滞所带来的缺陷。

管理实例 14-5

扁鹊的医术

魏文王问名医扁鹊说:"你们家兄弟三人,都精于医术,到底哪一位最好呢?"

扁鹊答:"长兄最好,中兄次之,我最差。"

文王再问:"那为什么你最出名呢?"

扁鹊答:"长兄治病,是治病于病情发作之前。由于一般人不知道他事先能铲除病因,所以他的名气无法传出去。中兄治病,是治病于病情初起时。一般人以为他只能治轻微的小病,所以他的名气只及本乡里。而我是治病于病情严重之时。一般人都看到我在经脉上穿针管放血、在皮肤上敷药等大手术,所以以为我的医术高明,名气因此响遍全国。"

二、同期控制

同期控制又称为现场控制。管理者通过现场监督检查、指导和控制下属人员的活动,对执行计划的各个环节质量进行控制,当发现不符合标准的偏差时立即采取纠正措施。

同期控制是一种主要为基层主管人员所采用的控制方法。主管人员通过深入现场亲自监督检查、指导和控制下属人员的活动，其纠正措施是在计划执行的过程中。它包括的内容有：①向下级指示恰当的工作方法和工作过程；②监督下级的工作以保证计划目标的实现；③发现不符合标准的偏差时，立即采取纠正措施。

最常见的同期控制方法是直接视察。当管理者直接视察下属的行动时，管理者可以同时监督下属的实际工作。对下属的工作进行同期监督的作用有两个。

（1）可以指导下属以正确的方式进行实际操作。指导下属的工作，培养下属的能力，这是每一个管理者的重要职责。现场监督可以使上级有机会当面解释工作的要领和技巧，纠正下属错误的作业方法与过程，从而可以提高他们的工作能力。

（2）可以保证计划的执行和计划目标的实现。通过同期检查，可以使管理者随时发现下属在活动中与计划要求相偏离的现象，从而可以将问题消灭在萌芽状态，或者避免已经产生的对企业有不利影响的问题在企业内的扩散。

同期控制需要注意以下三点。

（1）指导和监督计划中所确定了的组织方针、政策与标准的遵循情况。临时确定或由个人主观确定新标准，将导致标准的多样化，无法统一测量和评价。

（2）指导和控制的内容应该和被控制对象的工作的特点相适应。对于简单重复的体力劳动，也许采取严厉的监督可以导致好的效果，而对于创造性劳动，控制的内容应转向如何创造出良好的工作环境，并使之维持下去。

（3）过程控制的效果与指导者或控制者的个人素质密切相关。

管理实例 14-6

成本控制源于竞争资源

有人问沃尔玛全球总裁李斯阁，沃尔玛成功的因素是什么？他自己的认识是什么？李斯阁给出这样一个回答：成功的因素在于配送中心、信息系统和企业文化。

沃尔玛的业务流程都是围绕低成本运行的，比如说低成本采购、批量采购、集中订货，这使它的成本大大下降了。

采购价格降低以后，加之有自己的配送系统，所以能低成本对店铺进行配送，由于这种配送就使它形成了天天的低价格销售，由于实现了天天低价格的销售使它的销售量大大增加，销售量增加使得采购量增加，采购量的增加又回到低成本采购上，形成了业务流程低成本运行。

在中国，沃尔玛的物质设备就是信息系统。不断进行信息系统的开发和建设，使沃尔玛总部在一个小时之内可以对全球的店铺库存和销售情况盘点一下，可以及时了解到销售情况，也可以使得厂商了解自己的产品卖得如何，使商场和厂家的库存大大降低，利润增加。

三、反馈控制

反馈控制又称事后控制。这类控制作用发生在行动之后，主要是将工作结果与控制标准相比较,对出现的偏差进行纠正,防止偏差的继续发展或再度发生。

反馈控制是历史最久的控制类型,也是最常用的控制类型。传统的控制办法几乎都属于这种类型。

反馈控制的方法主要有财务分析、成本分析、质量分析以及职工绩效评定等。

(一)财务分析

通过分析反映资金运动过程的各种财务资料,了解本期资金占用和利用的状况,从而得出大概的企业的盈利能力、偿债能力、营运能力以及投资能力,用以指导企业在下期活动中的调整产品结构和生产方向,决定缩小或扩大某种产品的生产等行为,促进企业生产经营活动按照企业价值最大化的目标实现良性运行。

(二)成本分析

在比较标准成本(预定成本)和实际成本的基础上,了解成本计划的完成情况,通过分析成本结构和各成本要素的情况,了解材料、设备、人力等资源的消耗与利用对成本计划执行结果的影响程度,以找出降低成本、提高经济效益的潜力。

(三)质量分析

通过研究质量控制系统收集的统计数据,判断企业产品的平均等级系数,了解产品质量水平与其费用要求的关系,找出企业质量工作的薄弱环节,为组织下期生产过程中的质量管理和确定关键的质量控制点提供依据。

(四)职工绩效评定

通过检查企业员工在本期的工作表现,分析他们的行动是否符合组织预定要求,判断每个职工对企业提供的劳动数量和质量贡献。绩效评定不仅为企业确定付给职工的报酬(物质或精神上的奖惩)提供了客观的依据,而且会通过职工对报酬公平与否的判断,影响他们在下期工作中的积极性。公开报酬的前提是公开评价,这种评价的依据是对职工表现的客观认识和组织对每个人的工作要求(计划任务或职务说明书)。

反馈控制是根据计划执行的结果来进行控制的,而结果通常包含两种可能:一是达到或超过预期目标;二是未达到目标。所以,反馈控制实际是一种"亡羊补牢"式的控制方法,其作用仅在于避免已发生的偏差继续发展或今后再度发生。

反馈控制虽然不是一种最好的控制方法,但目前它仍被广泛地使用,因为在管理工作中主管人员所能得到的信息,大量的是需要经过一段时间后才能得到的延时信息。在控制中为减少反馈控制带来的损失,应该尽量缩短获得反馈信息的时间,以弥补反馈控制方法的这种缺点,使造成的损失减少到最低程度。

图 14-1 为上述三种控制类型的总结,清楚地说明了三者之间的关系。

以上三种控制方式各有优点和缺点,在实际应用中往往配合使用,并与管理的其他职

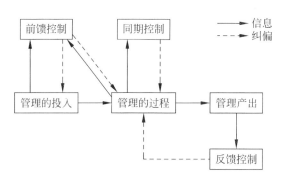

图 14-1　控制工作的类型

能相互渗透,共同构成管理活动的全部过程。事前控制虽然是面向未来的控制,能预先避免出现问题,但有些突发事件是难以预测和防不胜防的,必须辅之以现场控制,否则将前功尽弃。而且,无论事前控制还是现场控制,都无法看清计划执行的结果,而只能在事后才知道,所以更多的控制要通过事后控制来进行。另外,在管理活动循环发展的过程中,控制类型也具有相对性,对前一阶段是事后控制,对后一阶段往往是事前控制。因此,控制的类型需要配套使用。

管理实例 14-7

曲 突 徙 薪

有位客人到某人家里做客,看见主人家的灶上烟囱是直的,旁边又有很多木材。客人告诉主人说,烟囱要改曲,木材须移去,否则将来可能会有火灾,主人听了没有任何表示。不久,主人家里果然失火,四周的邻居赶紧跑来救火,最后火被扑灭了,于是主人烹羊宰牛,宴请四邻,以酬谢他们救火的功劳,但并没有请当初建议他将木材移走、烟囱改曲的人。

有人对主人说:"如果当初听了那位先生的话,今天也不用准备筵席,而且没有火灾的损失,现在论功行赏,原先给你建议的人没有被感恩,而救火的人却是座上客,真是很奇怪的事呢!"主人顿时省悟,赶紧去邀请当初给予建议的那个客人来吃酒。

第 三 节　控 制 过 程

控制是在检查基础上进行的一项重要工作。检查的作用在于发现目标实施过程中存在的问题,找到目标偏差;而控制的作用在于通过反馈调节,采取控制手段,纠正目标偏差,使系统恢复到正常状态,以保证目标的实现。

无论在什么类型的组织中,无论控制对象是新技术的研究与开发,还是产品的加工制造,或是市场营销宣传;是企业人力资源,还是物质要素,或是财务管理,控制的基本过程都包括以下三个步骤:确定控制标准、绩效考核、比较与纠正偏差(见图 14-2)。

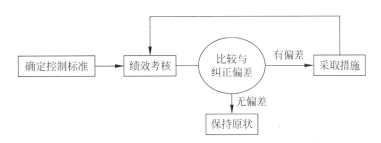

图 14-2 控制工作的主要步骤

一、确定控制标准

控制的目的是确保计划目标的实现,需要拟订具体的控制标准。控制标准的制定是控制能否有效执行的关键。控制标准和形式多种多样,控制标准的制定方法也很多,并有其特定的要求和环节。

(一)控制标准应满足的要求

1. 控制标准应尽可能数量化,具有可操作性

数量化,可操作的控制标准能让施控者和受控者心中都有明确的行动界线和标准,有助于发现行动中出现的偏差。受控者由此可自觉地、主动地纠偏。模棱两可、解释起来主观随意性大的控制标准是不利于控制的。

2. 控制标准应尽量简洁明了

控制标准不仅要能为控制者所了解,所掌握,更要能为全体执行人员所了解,所掌握。

3. 控制标准体系应协调一致

一个组织内的活动是多种多样的,各职能管理部门都会制定出各自的控制标准,这些标准应该协调一致,形成一个有机整体,不能互相矛盾,否则会使计划执行者陷入两难困境或管理真空地带中。

(二)控制标准的形式

在一个组织中,标准的类型有多种。最理想的标准是把可考核的目标直接作为标准。但更多的情况则往往是需要将某个计划目标分解为一系列的标准。尽管控制标准具有多样化的特点,但基本上可以分为三大类,即定量标准、定性标准和无形标准。

1. 定量标准

定量标准是控制标准的主要形式,主要有以下几种。

(1)实物标准。这是一类非货币标准,普遍适用于使用原材料、雇用劳动力、提供劳务或产品等的操作层。这些标准反映了定量的工作成果,常用的有:单位产量工时、单位台时产量、货运量的吨公里、日门诊人数等。实物标准也可以反映产品的质量,例如轴承面的硬度、公差的精密度、飞机上升的速率、纺织品的耐久性和颜色牢度等。在某种程度上,实物标准是计划的基石,也是控制的基本标准。

（2）成本标准。这是一类货币标准，也普遍适用于操作层，这些标准是用货币值来衡量经营活动的代价。常用的成本标准有：单位产品的直接成本和间接成本、单位产品或每小时的人工成本、单位产品的原材料成本、工时成本、单位销售成本、单位销售费用等。

（3）资本标准。这类标准与投入企业的资本有关，而与企业的营运资本无关，最常用的就是投资报酬率，还有流动比率、资产负债率、应收账款周转率、存货周转率等。这类标准主要与企业的资产负债表有关。

（4）收益标准。这是用货币值衡量销售量的标准，例如公共汽车每乘客/公里的收入、既定市场范围内的人均销售额等。

（5）时间标准。时间标准为工作提供了时间限定，表现为工时定额、工程周期等一系列的时间指标。

（6）综合标准。主要表现某一行业或工作的比率情况，如市场占有率、失业率、GDP增长率等。

2. 定性标准

定性标准主要是有关服务质量、组织形象等难以量化的标准，可分为工作质量标准和产品质量标准。一般不能用数量来衡量的方面，如领导者工作能力等。定性目标虽然也可考核，但却不能与定量目标一样准确考核，不过，我们可以采用详细说明计划或其他具体目标的特征和完成日期的方法来提高其可考核的程度。

3. 无形标准

无形标准是一类既不能用实物又不能用货币来衡量的标准。主管人员能够以什么样的标准来确定下属的才干？又能够用什么标准来确定一项广告策划是否符合组织的短期目标或长期目标？怎样才能判断出下属人员是否忠诚于组织目标？要为这类目标确定控制标准是非常困难的，因为既无法用明确的定量标准也无法用明确的定性标准来描述它们。

（三）制定标准的方法

1. 统计方法

通过统计方法制定的标准称为统计标准。它是根据企业的历史数据记录或是对比同类企业的水平，运用统计学方法确定的。

2. 经验估计法

经验估计法是由有经验的管理人员凭经验确定的，一般是作为统计方法和下面将要提到的工程方法的补充。

3. 工程方法

通过工程方法制定的标准称为工程标准。它是以准确的技术参数和实测的数据为基础的。

（四）制定控制标准的关键环节

1. 确立控制对象

确立控制对象是制定控制标准的前提。控制的对象一般有组织的人员、财务活动、生产作业、信息及组织绩效等。组织活动的成果应该成为控制的重点对象。

2. 选择控制重点

管理者必须选择需要特别关注的地方，以确保整个工作按计划要求执行。因此需要特别关注的控制点应当是关键性的，它们或是经营活动中的限制因素，或者能够比其他因素更清楚地体现计划是否得以有效实施。

控制原理中一条最为重要的原理——关键点控制原理，强调有效控制要求关注哪些关键因素，并以此对业绩进行控制。

管理实例 14-8

某高校外来人员滋事应急控制预案

（1）为防止校外人员进入校内滋事，学校值班教师应严格门卫制度。（责任人：值班老师）

（2）外来人员来访，门卫人员要问清事由，及时与有关人员联络，并做好登记。（责任人：值班老师）

（3）校内如发生外来人员滋事事件，学校值班教师或在场的教师应立即制止，并报告学校领导。学校值班教师无法控制局面的应立即拨打 110 请求支援。（责任人：值班教师或在场人员）

（4）如果事故已经发生，发现人员应即刻制止，如无法控制局面应立即拨打 110，如果有人员伤亡，应立即拨打 120 急救中心，并将情况及时报告学校。（责任人：在场人员或值班教师）

（5）学校了解情况后，立即通知学生家长，并将事件的时间地点以及事件的成因经过结果形成文字材料报告。（责任人：刘老师）

二、绩效考核

绩效考核就是对计划执行的实际情况进行实地检查，及时预示脱离正常或预期成果的信息，及时采取矫正措施。绩效考核是控制的中间环节，也是工作量最大的一个环节。在这个阶段，施控者可发现计划执行中存在的缺陷，有什么样的以及程度多大的偏差，它们是由什么原因引起的，应采取什么样的纠正措施。可见，该环节的工作影响着整个控制效果。

（一）绩效考核的要求

（1）必须深入基层，踏踏实实地了解实际情况，切忌只凭下属的汇报作判断，也要防止检查中走过场、搞形式。

（2）绩效考核工作必须制度化。通过制度建设，管理者可及时、全面地了解计划执行的情况，以便从中发现问题，迅速纠正，尽可能地将重大偏差消灭在萌芽状态。

（3）绩效考核的方法应科学。考核应根据所确立的标准考核，对计划执行中存在的问题，实事求是反映情况。这些方法包括个人观察、统计报告、口头报告或书面报告、抽样检查等。

（4）确定适宜的衡量额度（标准）。额度是指数量，有效的控制要求确定适宜的衡量额度，即衡量频度不仅要体现在控制对象的数量上（即控制目标的数量上），而且体现在对同一标准的测量次数或频度上。适宜的衡量额度取决于被控制活动的性质、控制活动的要求。对那些长期的较高水平的标准，适用于年度控制。而对产量、出勤率等短期、基础性的标准，则需要比较频繁的控制。

（二）绩效考核的方法

绩效考核的方法应当根据具体情况来选择。组织计划的执行情况和处理问题的有关信息一般都是通过听取口头汇报、书面汇报、直接观察和借助信息技术方式取得，管理者通过这些渠道获得所需要的控制信息，并以此来衡量实际工作成效。

1. 直接观察

直接观察是对所发生的事或人的行为的直接观察和记录，可以分为公开观察法和隐蔽观察法两种方法。直接观察具有扩大人们的感性认识、启发人们的思维、导致新的发现的作用。

2. 口头报告

口头报告是报告撰写者以口头陈述的形式向委托方汇报调查方法、报告结果以及结论、建议的活动。口头报告的作用有以下几点。

（1）能用较短的时间说明调查报告的核心内容。

（2）生动而富有感染力，容易给听众留下深刻的印象。

（3）能与听众直接交流，便于增强双方的沟通。

（4）具有一定的灵活性，一般可以根据具体情况对报告内容、时间做出必要的调整。

3. 书面报告

书面报告大多是在计划执行完毕或者阶段性工作完成之后形成的，如备忘录、电子邮件、工作总结、报表等。

4. 建立信息反馈系统

为纠正偏差应该建立有效的信息反馈网络，使反映实际工作情况的信息既能迅速收集上来，又能适时传递给管理人员，并能迅速将纠偏指令下达给相关人员，使之能与预定标准相比较，及时发现问题，并迅速地进行处置。

有两类反馈控制的形式：一类是可自我纠正的，即不需从外界采取纠偏措施进行干预就能自我调节；另一类是不能自我纠正的，即指在纠正措施发生之前需要外界干预。

从管理控制工作职能的角度看，除了要求信息的准确性以外，还有其他一些要求。

（1）信息的及时性。及时有两层含义：一是对那些时过境迁就不能追忆和不能再现的重要信息要及时记录；二是信息的加工、检索和传递要快。

（2）信息的可靠性。信息的可靠性除了与信息的精确程度有关外，还与信息的完整性相关。要提高信息的可靠性，最简单的办法是尽可能多地收集有关信息。

（3）信息的适用性。信息的适用性有两个基本要求：一是管理控制工作需要的是适用的信息；二是信息必须经过有效的加工、整理和分析，以保证在管理者需要的时候能够提供精练而又满足控制要求的全部信息。

管理实例 14-9

公司员工的绩效"闷包"

某民营 IT 企业的人员绩效管理主要表现在绩效考评上,根据考评结果给予合理回报。而事实是,对于这种"表演"式考评,员工抱怨考核结果不能反映自己的工作业绩。

研发部的张经理面对手下 10 份内容差不多的绩效考核表,发给每位员工,让其自己打分,然后收起签名上交人事部,人事部也没有不满意。考评变成了一种填表游戏,成为形式主义的"表演",员工绩效处于"闷包"中,员工不知道上面如何评价自己,不知自己各方面好与不好,不知如何改进。

小五是位名牌大学硕士生,有理想有抱负,进公司 3 年,越来越觉得这种考评没意思,增薪或减薪、晋升或转岗都是在考核中打"闷包"。而老孙则不同,他 40 岁了,岁月不饶人,觉得这种考评可以糊里糊涂应付过来,没有压力。但是他在意这种考评,担心其会影响自己的奖金和用工期限。

三、比较与纠正偏差

依据衡量的标准,利用科学方法,对工作绩效进行衡量之后,就应该将衡量结果与标准进行比较,通过比较可以发现实际工作成效与标准之间偏差。纠正偏差就是在此基础上,分析偏差产生的原因,制定并实施必要的纠正措施。

比较与纠正偏差是控制的关键,它体现了控制的目的,同时,通过纠正偏差的行动,将控制和其他管理职能结合在一起。

为了保证纠偏措施的针对性和有效性,必须在制定和实施纠偏措施的过程中注意下述问题。

(一)找出偏差产生的主要原因

有些偏差可能是由于计划本身和执行过程中的问题造成的,而另一些偏差则可能是由于偶然的暂时的局部性因素引起的,不一定会对组织活动的最终结果产生重要影响。

在采取纠正措施以前,必须对反映偏差的信息进行评估和分析:第一,要判别偏差的严重程度,判断其是否会对组织活动的效率和效果产生影响;第二,要探寻导致偏差产生的主要原因。

偏差产生的原因一般有以下三个方面。

(1)外部环境的重大变化。当组织的外部环境发生突变时,组织原定目标和计划不能实现。对于这类因素,管理者一般无法控制,只能在认真分析的基础上采取一些补救措施。

(2)计划执行问题。指由于计划执行者自身的原因导致偏差发生,如玩忽职守、能力不足等。

(3)计划不合理。计划制订或盲目乐观,或盲目悲观,或盲目保守。

通过表面现象找出造成偏差的深层原因,在众多的深层原因中找出最主要原因,为纠偏措施的制定指明方向。

(二)确定纠偏措施的实施对象

在纠偏过程中,需要纠正的不仅可能是企业的实际活动,也可能是指导这些活动的计划或衡量活动的标准。因此,纠偏的对象可能是进行的活动,也可能是衡量的标准,甚至是指导活动的计划。

计划目标或标准的调整是由两种原因决定的:一种原因是最初制订的计划或标准不科学,过高或过低,有必要对标准进行修正;另一种原因是所制订的计划或标准本身没有问题,但由于客观环境发生了变化,或一些不可控因素造成的大幅度偏差,使原本适用的计划或标准变得不合时宜,必须重新调整原有的计划或标准。

(三)采取纠偏措施

1. 纠偏工作中采取的主要方法

在纠偏工作中采取的方法主要有以下几种。

(1)对于由工作失误而造成的问题,控制工作主要是加强管理、监督。

(2)计划或目标不切合实际,控制工作主要是按实际情况修改计划或目标。

(3)若组织的运行环境发生重大变化,使计划失去客观的依据,控制工作主要是启动备用计划或重新制订新的计划。

(4)通过重新分派任务、选拔和培训下属人员、重新配备人员等办法来纠正偏差。

(5)对工作做出更全面的说明和采用更为有效的领导方法来纠正偏差。

2. 纠偏措施的类型

纠偏措施的类型有两种:①立即执行的临时性应急措施;②永久性的根治措施。

对于那些迅速、直接地影响组织正常活动的急迫问题,多数应立即采取补救措施。危机缓解以后,则可转向永久性的根治措施。

现实中不少管理者在控制工作中常常局限于充当"救火员"的角色,而没有认真探究"失火"的原因,并采取根治措施消除偏差产生的根源和隐患。长此以往,必将使自己处于被动的境地。

3. 需要注意的问题

(1)使纠偏方案双重优化。使纠偏方案双重优化的第一重优化,是指考虑纠偏工作的经济性问题。如果管理人员发现纠偏工作的成本大于偏差可能带来的损失,管理人员将放弃纠偏行动。若要纠偏,应使纠偏的成本小于偏差可能带来的损失。第二重优化是在此基础上,通过对各种纠偏方案的比较,找出其中追加投入最少、成本最小、解决偏差效果最好的方案来组织实施。

(2)充分考虑原先计划实施的影响。由于对客观环境的认识能力提高,或者由于客观环境本身发生了变化而引起的纠偏需要,可能会导致对部分原先计划甚至全部计划的否定,从而要求对企业活动的方向和内容进行重大调控。这种调整类似于"追踪决策"的性质。

追踪决策是相对于初始决策而言的。初始决策是指所选定的方案尚未付诸实施,没有投入任何资源,客观对象与环境尚未受到决策的影响和干扰,因而是以零为起点的决策。进行重大战略调整的追踪决策则不然。企业外部的经营环境或内部的经营条件已经由于初始决策的执行而有所改变,是"非零起点"。因此,在制订和选择追踪决策的方案时,要充分考虑到伴随着初始决策的实施已经消耗的资源,以及这种消耗对客观环境造成的种种影响和人员思想观念的转变。

(3)注意消除组织成员对纠偏措施的疑虑。控制人员要充分考虑到组织成员对纠偏措施的不同态度,特别是要注意消除执行者的疑虑,争取更多的人理解、赞同和支持纠偏措施,以避免在纠偏方案实施过程中可能出现的人为障碍。

总之,对计划执行过程中出现的偏差进行纠正,说明管理是一个连续的过程。控制职能与其他管理职能的交错重叠,则说明了主管人员的职能是一个统一的完整的系统。

管理实例 14-10

卡特总统揽责

在营救驻伊朗的美国大使馆人质的作战计划失败后,当时美国总统吉米·卡特即在电视里郑重声明:"一切责任在我。"仅仅因为上面那句话,卡特总统的支持率骤然上升了10%以上。

复习思考题

1. 控制的原则和特征是什么?
2. 什么是控制工作?它在管理中的地位如何?
3. 控制工作与计划是如何产生联系的?
4. 控制工作分为哪几个步骤?
5. 如何确定控制的标准?
6. 什么是前馈控制、同期控制、反馈控制?试用企业具体实例进行分析。

技 能 训 练

施贵宝公司内部控制制度

1. 内部控制制度的目标

第一,保护资产的安全。第二,准确反映企业财务状况,给决策提供可靠保证。第三,保证政策规章和法规被遵守。第四,提高管理效率。

2. 内部控制的基本原则

（1）不相容职务相分离的原则。所谓不相容职务，是指那些如果由一个人担任，既可能弄虚作假，又能够掩盖其错误行为的职务。不相容职务分离就是要求把不相容职务由不同的人担任。通过对授权、签发、核准、执行、记录五个环节合理的分工，实现不相容职务的分离，保证内部控制作用的发挥。

（2）合理的授权制度。授权制度是指企业在处理经济业务时，经过授权批准进行控制，即规定每一类经济业务的审批程序，以便按程序办理审批，避免越级审批和违规审批的情况发生。

（3）适当的信息记录。记录企业内部控制的重要方面信息。信息记录可分为管理文件和会计记录。

（4）可靠的资产安全。其主要内容有：限制接近、定购盘点、记录保护、财产保险、财产记录监控。

（5）健全的内部审计。

3. 内部控制流程设计

（1）收入循环。

① 订单处理。公司在发展新客户时，采取了非常严格的考核制度，如要求新客户证照齐全，同时还需要进行其他全面的考察。此外，订单必须顺序编号，如有缺号，必须查明原因。

② 信用和退货控制。公司根据自身实际经营状况、市场竞争的激烈程度与客户信誉情况等制定信用标准，并按规定向客户授予一定的信用额度。此外，公司还严格控制销售质量，以减少退货损失。

③ 开票与发货。开票与发货职务相分离。开票以有关票据为依据，如客户的购货订单、发货通知单等。发货通知单要编号，以保证所有发出货物均开票。发票和发货单须经有关主管部门和人员审批。

④ 应收账款管理。定期检查应收账款明细账余额，并进行账龄分析。定期与客户对账，及时催收、回笼资金。确保收到的款项按时入账，并按事件顺序销账。

（2）生产循环。

① 生产循环职责分离。生产计划的编制与复核、审批相分离，产成品的验收与产品制造相分离，存货的审批、发放、保管与记账相分离。

② 存货保管责任与实物安全控制。公司建立了严格的存货保管制度，以保证实物财产的安全。同时，对存货规定合理的储存定额，定期考核，积极处理超储积压的存货，加速资金周转。

③ 定期对存货进行盘点，做到账实、账卡、账表、账账相符，并购买足额保险。

（3）付款循环。

① 采购，原材料的请购、采购、验收、付款、记账必须由不同的人员担任。采购员只能在批准的采购计划内就货物名称、规格、数量进行采购，不得擅自改变采购价格与内容。

② 验收。只有经过验货后方可执行付款的审批手续（预付款业务除外），此举旨在保证货物的价格、质量、规格等符合标准。验收部门则严格按合同规定的品种、数量、质量进

行验收。

③ 付款。发票价格、运输费、税款等必须与合同复核无误,凭证齐全后方可办理结算,支付货款,且货款必须通过银行办理转账。定期核对应付账款明细账与总分类账。

(4) 信息管理。

① 凭证连续编号。凭证的使用必须按编号次序依次使用。领用空白凭证必须经过登记备案。

② 建立定期复核制度,定期对凭证的填制、记账、过账和编制报表的工作进行复核。

③ 建立总分类账和明细分类账、总分类账和日记账的核对制度。

④ 业务经办人员在处理有关业务后必须签名、盖章,以备日后追溯责任。

⑤ 建立完善的凭证传递程序。

⑥ 执行定期的会计信息分析制度,以便及时发现信息失误。

在内部控制过程中,应该注意:一是要求成本效益分析;二是注意例外控制;三是防止内部控制执行人渎职;四是防止管理层滥予授权。

训练要求:

(1) 施贵宝公司采取了哪些方面的控制措施?

(2) 施贵宝公司的内部控制方法有哪些优点和不足,你有什么改进建议?

案 例 分 析

案例分析 14-1

查克停车公司

如果你在好莱坞或贝弗利山举办一个晚会,肯定会有这样一些名人来参加,如尼科尔森、麦当娜、克鲁斯、切尔、查克·皮克。"查克·皮克?""当然!"没有停车服务员你不可能开一个晚会,在南加州停车行业内响当当的名字就是查克·皮克。查克停车公司中的雇员有 100 多人,其中大部分是兼职的,每周至少为几十个晚会办理停车业务。在一个最忙的周六晚上,可能要同时为 6~7 个晚会提供停车服务,每一个晚会可能需要 3~15 位服务员。

查克停车公司是一家小企业,但每年的营业额差不多有 100 万美元。其业务包含两项内容:一项是为晚会料理停车;另一项是不断地在一个乡村俱乐部办理停车经营特许权合同。这个乡村俱乐部要求有 2~3 个服务员,每周 7 天都是这样。但是查克的主要业务来自私人晚会。他每天的工作就是拜访那些富人或名人的家,评价道路和停车设施,并告诉他们需要多少个服务员来处理停车的问题。一个小型的晚会可能只要 3~4 个服务员,花费大约 400 美元。然而一个特别大型的晚会的停车费用可能高达 2000 美元。

尽管私人晚会和乡村俱乐部的合同都涉及停车业务,但它们为查克提供的收费方式却很不相同。私人晚会是以当时出价的方式进行的。查克首先估计大约需要多少服务员为晚会服务,然后按每人每小时多少钱给出一个总价格。如果顾客愿意"买"他的服务,查克就会在晚会结束后寄出一份账单。在乡村俱乐部,查克根据合同规定,每月要付给俱乐部一定数量的租金来换取停车场的经营权。他收入的唯一来源是服务员为顾客服务所获得的小费。因此,在私人晚会服务时,他绝对禁止服务员收取小费,而在俱乐部服务时,小费是他唯一的收入来源。

问题:

(1) 你是否认为查克的控制问题在两种场合下是不同的? 如查克确实如此,为什么?

(2) 在前馈、反馈和同步控制三种类型中,查克应采取哪一种手段对乡村俱乐部业务进行控制? 对私人晚会停车业务,又适宜采取何种控制手段?

案例分析 14-2

安全事故发生以后

某机务段是隶属于铁道部柳州铁路局的一个基层单位,拥有职工 1300 人,担负着柳州—永州区段的列车牵引任务。该段有两大主要车间:运用车间和检修车间。运用车间负责 76 台内燃机车的牵引任务,共有正副司机 700 多人;检修车间负责全段机车的检修任务,共有职工 200 多人。

段长张广明毕业于上海交通大学,在该段工作近 30 年。2004 年 11 月 3 日,全段实现了安全运输生产 8 周年,其成绩在全局名列前茅,因此段长召开了庆功大会,并请来了局里的主要领导。可是会开到一半,机务处打电话给局长:桂林机务段司机由于违反运输规章,造成冒进信号的险性事故。庆功会被迫停开,局长也阴沉着脸离开会场。

其实段长早感觉到存在许多安全隐患,只是由于该段安全天数较高,因此存在着麻痹思想。他连夜打电话通知各部门主任,查找本部门的安全隐患,第二天召开全段中层干部会议,要求各主任会上发言。

第二天,会议在严肃的气氛中召开。

段长首先发言:"这次发生险性事故主要责任在我,本人要求免去当月的工资和奖金,其他段级领导每人扣 400 元,中层干部每人扣 200 元。另外,我宣布原主管安全的副段长现分管后勤,他的职务暂时由我担任。"

随后,各段长进行发言。

运用车间主任说:"这次事故虽然主要是由于司机严重违反规章操纵所致。其实车间一直努力制止这种有章不循的现象,但效果一直不明显。主要问题是:①司机一旦出车,将会离开本单位,这样车间对司机的监控能力就会下降,司机能否完全按章操纵,基本上依靠其自觉程度,而司机的素质目前还没有达到这种要求;②车间共有管理干部和技术干部二十多名,我们也经常要求干部到现场,但由于司机人数较多,并且机车的利用率很高,因此对司机的监控具有很大的随意性和盲目性;③干部中好人现象严重,干部上车跟乘时,即使发现司机有违章操纵行为,也会替其隐瞒,使司机免于处罚。"

检修车间主任说:"这次事故虽然不是由于机车质量造成的,但是检修车间还是存在很多安全隐患。首先,职工队伍不稳定,业务骨干时有跳槽。因为铁路局是按照机修车间定员 160 人发工资,而检修车间现员 230 人左右,超员近 70 人,这样摊到我们头上的工资就很少了,这是职工不稳定的主要原因。"

检修主任继续说:"火车提速后,对机车的质量要求更高,而我段的机车检修水平目前还达不到这种要求。第一,机车的检修作业标准较为过时,缺乏合理性、实用性、可控性。工人按此标准,劳动效率不高,而且漏检漏修现象时有发生。第二,车间的技术人员多是刚毕业的大学生,虽然有理论知识基础,但解决实际技术问题的能力不强。第三,对发生率较高的机车故障难题一直没有解决好。"

教育主任说:"这次事故反映了我段职工素质不高。目前,我段的职工培训工作开展不是很顺利,各车间都以生产任务繁重为由不肯放人脱产学习。因此,每年的职工脱产学习计划很难得以实现。另外,每年一次的职工业务考试没有起到真正督促职工学习的作用。考试结束后只是将成绩公布,对职工考试成绩一视同仁。"

人事主任说:"这次事故从某种意义上说是由于司机疲劳所致,因为现在的司机经常请假,造成司机人手不够。因此司机连续工作,休息时间不能得到保证。司机经常请假的原因是由于吃大锅饭造成的,干多干少一个样。"

段长说:"几位主任讲得都很好,将我段管理上存在的一些弊病都找出来了,会后各有关部门要针对这些弊病迅速制定整改措施。我相信,只要我们共同努力,工作的被动局面会很快扭转的。"

问题:

(1) 事故发生后段长的一系列做法说明了什么?

(2) 写一份报告,对会上几位主任发言中所提到的难题,提出你的解决办法。

第十五章 控制方法与技术

 学习目标

1. 了解预算、预算控制的含义
2. 了解预算控制的原则
3. 掌握预算控制的基本方法
4. 掌握并比较基数法、零基法的优缺点
5. 了解生产控制的含义
6. 了解库存控制的方法
7. 了解财务控制的含义
8. 了解财务控制的方法
9. 了解程序控制的含义
10. 了解程序控制的步骤

 本章引言

　　刘三在几天前被任命为一家国有化妆品公司的总经理。他很快就发现这家公司存在着很多问题,而且其中的大多数问题都与公司不适当的控制管理有关。例如,他发现公司各部门的预算是由各部门自行制定的,前任总经理对各部门上报的预算一般不加修改就签字批准;公司内部也没有专门的财务审核人员,因此对各部门的预算和预算的实施情况根本就没有严格的审核。在人事方面,生产一线人员流动率大,常有人不辞而别,行政工作人员迟到早退现象严重,而且常有人在工作时间炒股票。公司对这些问题都没有采取有效的控制措施,更没有对这方面的问题进行及时调整或解决。不少中层管理者还认为,公司业务不景气,生产人员想走是很正常的,行政工作人员在没什么工作可做的情况下,迟到早退、自己想办法赚点钱也是可以理解的,对此没有必要大惊小怪。

　　刘三认为,要改变公司的面貌,就一定要加强资金、人员等方面的控制,为此,就需要制定出一个综合控制计划。

管理技能分析

为了改变公司的面貌,这个综合控制计划应包括哪几方面的内容? 在实施过程中可能会遇到什么问题?

管理技能应用

如果你是一家经营状况不佳的公司领导,你会采取哪些控制手段?

第一节　预算控制

一、预算的概念、意义和原则

(一)预算的概念

单位预算是单位根据事业发展计划和管理任务编制的、并经过规定程序批准的年度财务收支计划。预算是计划的数量表现,是用数字编制未来某一个时期的计划。

(二)预算控制的意义

1. 单位履行自身职能的财力保证

单位预算就是有计划地筹集资金与安排支出的活动及其过程,可以从财力上保证单位履行自身的职能。

2. 有利于提高单位财务管理水平

首先,通过全面反映单位各项财务收支状况,为单位财务管理提供依据和基础;其次,按照预算规定的内容,可以有计划、有步骤地管好各项经费;再次,通过对各单位收支预算的核定,提供一种监督全年财务活动的工具,既可以促使单位积极组织收入,合理安排支出,提高资金使用效益,又可以保障预算资金和国有资产不受损害;最后,以预算为基础对实际工作进行评价和考核,可以发现问题,及时采取措施纠正。

(三)预算编制的原则

为了科学合理地编制部门预算,在编制预算过程中应遵循以下原则。

1. 政策性原则

作为财务管理重要内容之一的组织预算编制,必须体现国家有关方针、政策。在编制预算过程中,应当以国家有关方针政策和各项财务制度为依据,根据完成事业计划和行政工作任务的需要,正确处理需要与可能的矛盾,保证重点,兼顾一般,实事求是地编制组织预算,合理安排和分配使用各项资金。

2. 可靠性原则

预算一经批准,便要严格执行,一般不能调整。因此,对每项收支项目的数字指标,要运用科学的方法,依据确切可靠的资料和收支变化的规律,认真进行测算和计算,切实做到各项数据真实可靠。

3. 合理性原则

编制预算要正确处理整体与局部、事业需要与财力可能的关系,做到科学合理地安排各项资金,使有限的资金发挥最大的效益。在编制预算时,既要按照保证重点、兼顾一般的要求,优先保证重点支出,同时也要妥善安排好其他各项支出。

4. 完整性原则

编制预算时,必须将单位取得的各项收入以及各项支出完整、全面地反映在单位预算中。

5. 统一性原则

编制预算时,要按照国家统一设置的预算表格和统一的口径、程序以及统一的计算方法填列有关收支数字指标。

6. 绩效性原则

部门预算应建立绩效考评制度,对预算的执行过程和完成结果实行全面的追踪问效,不断提高预算资金的使用效益。在项目申报阶段,要对申报项目进行充分的可行性论证,以保障项目确实必需、可行;在项目执行阶段,要建立严格的内部审核制度和重大项目建设成果报告制度,以对项目进程资金使用情况进行监督,对阶段性成果进行考核评价;在项目完成阶段,项目单位要及时组织验收和总结。

管理实例 15-1

预算控制组织体系

为了确保预算的权威性以及杭钢集团整体目标与局部目标的协调统一,根据全面预算管理的特点,结合生产经营管理的要求,建立了集团预算委员会,由集团主要领导及各专业主管部门领导组成,下设办公室。各二级单位根据集团的有关规定设立相应的组织机构,由集团赋予相应的权限和职责。

预算委员会办公室设在财务部,是预算委员会的日常办事机构。为此,财务部成立了预算成本科,该科担负着两大管理职能:一是负责公司预算;二是负责经济责任制的编制、分解、分析和考核。这样,既克服了经济责任制管理方式中存在的部门之间难以达到良好沟通的缺陷,又使财务部在履行预算委员会赋予的管理职能时,可以按照公司预算控制的程序认真协调好各职能管理部门之间的业务关系。

二、预算的种类

对于一个组织来说,预算的种类和层次较多。既可以有整个组织的预算,也可以有部门、个人的预算;既可以有短期预算,也可以有长期预算。一般来说,预算可以分为以下几类。

(一)收入预算

收入预算和支出预算提供了关于企业未来某段时期经营状况的一般说明,即从财务角度计划未来活动的成果以及为取得这些成果所需付出的费用。

由于企业收入主要来源于产品销售,因此收入预算的主要内容是销售预算,即通过分析企业过去的销售情况、目前和未来的市场要求特点及其发展趋势,比较竞争对手和本企业的经营实力,确定企业在未来时期为了实现目标利润必须达到的销售水平。

(二) 支出预算

企业销售的产品是在内部生产过程中加工制造出来的,在这个过程中,企业需要借助一定的劳动力,利用和消耗一定的物质资源。因此,与销售预算相对应,企业必须编制能够保证销售过程得以进行的生产活动的预算。关于生产活动的预算,不仅要确定为取得一定销售收入所需要的产品数量,而且更重要的是要预计为得到这些产品、实现销售收入需要付出的费用,即编制各种支出预算。

(三) 现金预算

现金预算一般由现金收入、现金支出、现金多余或不足、资金的筹集与运用四个部分组成。现金预算的编制,以各项营业预算和资本预算为基础,它反映了各预算期的收入款项和支出款项。其目的在于资金不足时筹措资金,资金多余时及时处理现金余额,发挥现金管理的作用。

(四) 利润表预算

在各项营业预算、资本预算的基础上,根据企业会计准则,可以编制相应的利润表预算。利润表预算与实际利润表的内容、格式相同,只不过数据是面向预算期的。通过编制利润表预算,可以了解企业预期的盈利水平,从而可以帮助管理层及时调整经营策略。

(五) 资产负债表预算

资产负债表预算是利用本期期初资产负债表,根据各项营业预算、资本预算、利润表预算的有关数据加以调整编制的,与实际的资产负债表内容、格式相同,只不过数据是反映期末预期的财务状况。

三、预算编制的方法

(一) 基数法

基数法也称基期法或基数增长法。它是以本单位或本部门报告年度收支执行数作为参照依据,然后考虑影响计划年度收支的可能因素,在报告年度基础上编制计划年度单位预算的一种方法。由于基数法大多数情况是在报告年度预算的基础上进行增加,所以又称基数增长法。其中,各种影响因素主要包括市场价格和收费标准、工资标准、人员增减变化、各项开支标准和机构变化等,这些都将影响着公共组织收入、支出指标。

基数法的基本计算公式为

计划年度收支预算数＝报告年度收支执行数±影响计划年度收支的各种因素

或者

$$计划年度收支预算数＝报告年度收入（支出）执行数×（1＋增长比例）$$

按照基数法编制预算，相对而言比较简单，它一般适用于各项基本数字管理比较完善的主管部门，即部门预算编制。但是，运用基数法编制预算局限性很大。承认既成事实既是基数法的特点，又掩盖着其难以消除的弊端。所谓既成事实，就是不考虑影响收支的因素是否已经发生变化，也不考虑已经发生的收支是否合理。运用基数法编制预算，实际上是在承认既定事实的前提下编制的增量预算。特别是各项支出只有升，没有降，所以也有人称它为基数增长法。这种方法还容易导致单位之间苦乐不均，助长相互攀比之风。因此，不宜单独采用，可辅之以其他方法。

管理实例 15-2

"花完预算"的动因何在

发生在某政府采购领域的一起特殊事件，再度搅起了社会媒体对政府年底花钱行为的"口水"风暴。

事件起因于某公司总经理的实名举报。举报称，某财政厅、文化厅、省直机关事务局的一起政府采购项目招标过程中有"猫腻"，原本 1500 万元可以完成的采购，最后却以3000 万元高价成交。对此，某文化厅规划财务处相关负责人给出的理由之一是，这是预算执行的需要，如果预算没有执行完，财政就要收回，必然会影响第二年的预算编制。

这种"花完预算"的解释，经媒体披露后，迅速在网络上"蹿红"，人们关注的焦点也跳出了该起政府采购项目，转向了对政府花钱行为的疑问和思考：是什么决定了这种态度和动机？又该如何规范政府支出行为？

（二）零基法

零基法是指在编制预算时，不考虑基期情况，或者基期设定为"零"，一切从零开始编制预算的一种方法。运用零基法编制预算，编制要求比较高，工作量比较大，编制的时间也相对较长。零基法运用得当，可以排除基数的不合理因素，使单位收支指标更加切合实际情况，在一定程度上反映了资金分配的科学性和合理性。同时，零基法可以调整各单位之间的利益格局，缓解单位之间苦乐不均的矛盾。这对于发挥预算的分配、监督和调控功能，科学合理地安排单位经费预算，有着积极的促进作用。

20 世纪 90 年代以来，我国部分省市先后试行了零基预算改革，这是突破传统预算编制方式的大胆尝试。随着部门预算改革的推进，零基预算已在全国各地的组织预算编制中全面推开，并取得了较好的成效。

基数法和零基法不是完全对立的两种编制预算的方法，在实践中可以交替使用，互相参照。零基法更适合发展经费和设备购置等专项经费预算的编制。

管理实例 15-3

大亚湾核电站的预算管理方法

针对核电站运行管理的特点，大亚湾核电站采用了"零基预算"的管理方法。这样做的优点是成本中心每年在预算申报时都需对以往的工作进行进一步的检查、讨论,同时也可有效消除、减少"今年存在或开支的费用支出在下一年度就一定存在"的成本费用开支习惯性心理,所有项目均需重新审视其开支的合理性。采用零基预算管理方法的难点是所有项目均需重新审视,工作量极大,而且效率低,时效性差,投入成本巨大。

为了避免上述问题,充分发挥公司预算计划的作用,在设计公司预算运作模式的时候,采取"折中"模式,即对新的项目、重要的项目(5 万美元以上)全部采用"零基预算"管理,对其他项目采用滚动预算进行管理,同时采取年度预算编制、年中预算调整、预算变更等具体的工作方式来使预算与实际工作相匹配,真正达到通过工作计划来编制预算,又通过预算来衡量指导工作计划的作用。

四、单位预算执行的主要任务

1. 合理分解年度预算,落实管理责任

各单位要根据核定的预算,紧紧围绕事业计划和目标,及时将收支指标分解到单位内部各有关部门,同时要提出管理的目标、要求和责任。通过对年度预算的合理分解,调动单位内部各部门当家理财的积极性,这是保证完成单位预算的重要条件之一。同时,单位财务部门要加强对单位内部各部门的指导工作,合理控制用款进度,保证预算期间各阶段的资金需要。

2. 依法组织收入,保证收入任务的完成

加强收入管理,依法取得的各项收入要及时入账。

3. 加强支出管理,控制支出预算

预算执行过程中,要认真遵循年度支出预算,不得突破。正确运用各种财务管理手段,不断强化单位财务收支管理,充分挖掘内部潜力,实现各种资源的优化配置,提高资金使用效益;要积极开展财务分析与监督,严肃财经纪律,避免和防止损失浪费现象的发生。

4. 及时分析收支情况,保证年度预算的顺利完成

在单位预算执行过程中,应当建立健全定期检查、分析、考核制度。检查、分析、考核的内容主要包括各项收支预算的执行进度是否与事业计划、目标进度情况相协调;各项费用支出是否按照预算、制度执行,有无铺张浪费和滥支乱用资金现象;各项收入的组织工作是否符合国家政策规定,有无应收不收或多收、乱收和错收的现象。在检查、分析、考核的基础上,实事求是地总结预算执行过程中的经验,保证年度预算的顺利完成。

第二节 生产控制

生产控制贯穿于生产系统运动的始终。生产系统运行控制的活动内容十分广泛,涉及生产过程中各种生产要素、各个生产环节及各项专业管理。其内容主要有生产进度控制、对制造系统硬件的控制(设备维修)、库存控制、质量控制等。

一、生产进度控制

生产进度控制是对生产量和生产期限的控制,其主要目的是保证完成生产进度计划所规定的生产量和交货期限。这是生产控制的基本方面。其他方面的控制水平,诸如库存控制、质量控制、维修等都对生产进度产生不同程度的影响。在某种程度上,生产系统运行过程的各个方面问题都会反映到生产作业进度上。因此,在实际运行管理过程中,企业的生产计划与控制部门通过对生产作业进度的控制,协调和沟通各专业管理部门(如产品设计、工艺设计、人事、维修、质量管理等部门)和生产部门之间的工作,可以达到整个生产系统运行控制的协调、统一。

二、设备维修

设备维修是对机器设备、生产设施等制造系统硬件的控制,目的是尽量减少并及时排除物资系统的各种故障,使系统硬件的可靠性保持在一个相当高的水平。如果设备、生产设施不能保持良好的正常运转状态,就会妨碍生产任务的完成,造成停工损失,加大生产成本。因此,选择恰当的维修方式,加强日常设备维护保养,设计合理的维修程序是十分重要的。

三、库存控制

库存控制是使各种生产库存物资的种类、数量、存储时间维持在必要的水平上。其主要功能在于,既要保障企业生产经营活动的正常进行,又要通过规定合理的库存水平和采取有效的控制方式,使库存数量、成本和占用资金维持在最低限度。

管理人员可以使用经济订购批量法(economic order quantity,EOQ)计算最优的订购批量,使总费用达到最优化。

经济订货批量法是指根据单位产品支付费用最小原则确定批量的方法,又称"最小费用法"。生产批量的大小对成本影响较大。批量大,可以减少设备调整费用,而在制品费用却相应增大;批量小,虽可减小在制品费用,但却要增大设备调整费用。

经济订货批量法是确定批量和生产间隔期时常用的一种以量定期方法。生产费用与批量之间存在着函数关系,批量主要通过两方面因素影响生产费用:一是生产准备费用,这部分费用随生产批次增减而变化;二是保管费用,即在制品在存储保管期间所发生的费用,如仓库管理费用、资金呆滞损失、存货的损耗费用等。这些费用与经济订货批量的计算原理可用图 15-1 来表示。

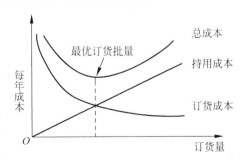

图 15-1　经济订货批量的计算原理

经济订货批量的基本公式为

$$Q^* = \sqrt{\frac{2CR}{H}}$$

式中,Q^* 为经济订货批量;C 为单次订货成本;R 为年总需求量;H 为单位产品的库存成本。

四、质量控制

质量控制是指为达到质量要求所采取的作业技术和活动。这就是说,质量控制是为了通过监视质量形成过程,消除质量环节上所有阶段引起不合格或不满意效果的因素,以达到质量要求,获取经济效益,而采用的各种质量作业技术和活动。

由于产品质量的形成涉及生产的全过程,因此,质量控制是对生产政策、产品研制、物料采购、制造过程以及销售使用等产品形成全过程的控制。

质量检验从属于质量控制,是质量控制的重要活动。

质量控制的要点如下。

(1)质量控制范围包括专业作业技术过程和质量管理过程。对硬件类产品来说,专业技术过程是指产品实现所需的设计、工艺、制造、检验等;质量管理过程是指管理职责、资源、测量分析、改进以及各种评审活动等。对服务类产品而言,专业技术作业过程是指具体的服务过程。

(2)质量控制的关键是使所有质量过程和活动始终处于完全受控状态。事先应对受控状态做出安排,并在实施中进行监视和测量,一旦发现问题应及时采取相应措施,恢复受控状态,把过程输出的波动控制在允许的范围内。

(3)质量控制的基础是过程控制。无论制造过程还是管理过程,都需要严格按照程序和规范进行。控制好每个过程,特别是关键过程是达到质量要求的保障。

从 20 世纪 50 年代开始的全面质量管理是以保证产品质量和工作质量为中心、企业全体员工参与的质量管理体系。它具有多指标、全过程、多环节和综合性的特征。如今,全面质量管理已经形成了一整套管理理念,并风靡全球。

管理实例 15-4

合信木制品公司存货内控失效

合信木制品公司是一家外资企业,从 1999 年到 2004 年每年的出口创汇位居全市第三,年销售额达 4300 万元左右。2005 年以后该企业的业绩逐渐下滑,亏损严重,2007 年破产倒闭。这样一家中型企业从鼎盛到衰败,探究其原因,不排除市场同类产品的价格下降、原材料价格上涨等客观原因,但内部管理混乱是根本原因。在税务部门的检查中发现,该企业产品的成本、费用核算不准确,浪费现象严重,存货采购、验收入库、领用、保管不规范,归根到底的问题是缺乏一个良好的内部控制制度。

这里,我们主要介绍该公司存货管理的问题。

(1)董事长常年在国外,材料的采购是由董事长个人掌握,材料到达入库后,仓库的保管员按实际收到的材料的数量和品种入库,实际的采购数量和品种保管员无法掌握,也没有合同等相关的资料。财务的入账不及时,会计自己估价入账。发票往往是几个月以后,甚至有的是长达一年以上才回来,发票的数量和实际入库的数量不一致,也不进行核对。造成材料的成本不准确,忽高忽低。

(2) 期末仓库的保管员自己盘点,盘点的结果与财务核对不一致的,不去查找原因,也不进行处理,使盘点流于形式。

(3) 材料的领用没有建立规范的领用制度,车间在生产中随用随领,没有计划,多领不办理退库手续。生产中的残次料随处可见,随用随拿,浪费现象严重。

第三节 财务控制

财务控制是指按照一定的程序与方法,确保企业及其内部机构和人员全面落实和实现财务预算的过程。财务控制是内部控制的一个重要组成部分,是内部控制的核心,是内部控制在资金和价值方面的体现。

财务控制的方法主要有比率分析法和审计控制。

一、比率分析法

比率分析法是以同一期财务报表上若干重要项目的相关数据相互比较,求出比率,用以分析和评价公司经营活动以及公司目前和历史状况的一种方法,是财务分析最基本的工具。

(一) 偿债能力分析

1. 短期偿债能力

短期偿债能力是指企业偿还短期债务的能力。短期偿债能力不足,不仅会影响企业的资信,增加今后筹集资金的成本与难度,还可能使企业陷入财务危机,甚至破产。衡量短期偿债能力的指标有流动比率、速动比率和现金比率,具体计算公式为

$$流动比率＝流动资产÷流动负债$$
$$速动比率＝(流动资产－存货－待摊费用)÷流动负债$$
$$现金比率＝(现金＋有价证券)÷流动负债$$

流动比率高一般表明企业短期偿债能力较强,但如果过高,则会影响企业资金的使用效率和获利能力。一般认为流动比率为2,速动比率为1比较安全,过高有效率低之嫌,过低则存在管理不善的可能。

2. 长期偿债能力

长期偿债能力是指企业偿还长期利息与本金的能力。通常以负债比率和利息收入倍数两项指标衡量企业的长期偿债能力,具体计算公式为

$$负债比率＝负债总额÷资产总额$$

$$利息收入倍数＝经营净利润÷利息费用$$

$$＝（净利润＋所得税＋利息费用）÷利息费用$$

负债比率又称财务杠杆,由于所有者权益不需偿还,所以财务杠杆越高,债权人所受的保障就越低。但这并不是说财务杠杆越低越好。

利息收入倍数考察企业的营业利润是否足以支付当年的利息费用,它从企业经营活动的获利能力方面分析其长期偿债能力。一般来说,这个比率越大,长期偿债能力越强。

(二) 营运能力分析

营运能力是以企业各项资产的周转速度来衡量企业资产利用的效率。周转速度越快,表明企业的各项资产进入生产、销售等经营环节的速度越快,那么其形成收入和利润的周期就越短,经营效率自然就越高。

一般来说,衡量营运能力的指标有以下五个,具体计算公式为

$$应收账款周转率＝赊销收入净额÷应收账款平均余额$$

$$存货周转率＝销售成本÷存货平均余额$$

$$流动资产周转率＝销售收入净额÷流动资产平均余额$$

$$固定资产周转率＝销售收入净额÷固定资产平均净值$$

$$总资产周转率＝销售收入净额÷总资产平均值$$

(三) 盈利能力分析

盈利能力是各方面关心的核心,也是企业成败的关键。一般用下面几个指标衡量企业的盈利能力,具体计算公式为

$$毛利率＝（销售收入－成本）÷销售收入$$

$$营业利润率＝营业利润÷销售收入$$

$$＝（净利润＋所得税＋利息费用）÷销售收入$$

$$净利润率＝净利润÷销售收入$$

$$总资产报酬率＝净利润÷总资产平均值$$

$$权益报酬率＝净利润÷权益平均值$$

$$每股利润＝净利润÷总股份$$

二、审计控制

审计控制是指根据预定的审计目标和既定的环境条件,按照一定的依据审查、监督被审计单位的经济运行状态,并调整偏差,排除干扰,使被审计单位的经济活动运行在预定范围内且朝着期望的方向发展,以达到提高经济效益的目的。

审计控制主要包括财务审计和管理审计。财务审计是指以财务活动为中心,检查并核实账目、凭证、财物等,以判断财务报表中所列出的综合会计事项是否准确无误,报表本

身是否可以信赖等。管理审计则是检查一个组织的管理工作的好坏,其目的在于通过改进管理工作来提高效率和效益。

(一) 财务审计

财务审计是指审计机关按照《中华人民共和国审计法》及其实施条例和国家企业财务审计准则规定的程序和方法对国有企业(包括国有控股企业)资产、负债、损益的真实、合法、效益进行审计监督,对被审计企业会计报表反映的会计信息依法做出客观、公正的评价,形成审计报告,出具审计意见和决定。其目的是揭露和反映企业资产、负债和盈亏的真实情况,查处企业财务收支中各种违法、违规问题,维护国家所有者权益,促进廉政建设,防止国有资产流失。

财务审计的主要内容有以下几个方面。

1. 会计报表审计

会计报表审计是指对企业资产负债表、损益表、现金流量表、会计报表附注及相关附表所进行的审计。

2. 资产审计

资产审计是指对企业流动资产、长期投资、固定资产、在建工程、无形资产、递延资产和其他资产所进行的审计。

3. 负债审计

负债审计是指对企业流动负债、长期负债(包括短期借款、应付票据、应付账款、预收账款、其他应付款、应付工资、应付福利费、未交税金、未付利润、其他未交款、预提费用、长期借款、应付债券、长期应付款等会计项目)所进行的审计。负债审计的具体目标与资产审计的具体目标性质相同,但具体内容和侧重点有所不同。

4. 所有者权益审计

所有者权益审计是指对企业实收资本、资本公积、盈余公积、未分配利润所进行的审计。所有者权益审计的具体目标与资产、负债审计的具体目标性质相同,但具体内容和侧重点有所不同。

5. 损益审计

损益审计是指对企业销售收入、销售成本、销售费用、产品(商品)销售税金及附加、其他业务利润、管理费用、财务费用、投资收益、营业外收入、营业外支出、以前年度损益调整、所得税等会计项目所进行的审计。损益表各项目上的审计具体目标与资产负债表各项目上的审计具体目标性质相同,但具体内容和侧重点有所不同。

(二) 管理审计

管理审计是审计人员对被审计单位经济管理行为进行监督、检查及评价并深入剖析的一种活动。其目的是使被审计单位的资源配置更加富有效率。从管理审计的辅助手段上来说,它是相对于财务审计的一个概念;从被审计单位经济活动的外延来看,管理审计又是相对于经营审计的一种认知。

1. 价格审计

价格审计是指对本部门、本单位在购销过程中发生的价格行为进行咨询、审核、监察，确认其真实性、合法性和效益性，提出审计意见和建议，为公开、公平、公正地进行价格决策服务。它包括购价审计、销价审计、成本价审计、造价审计和投资价格审计。

2. 经济合同审计

经济合同审计是指通过对经济合同的签订、履行、结果各个阶段的审计，及时发现影响企业权益的种种问题，如在合同签订前，即审查其是否可行、合理，可以制止无效经济合同的签订，避免给企业带来经济损失。

3. 内部控制审计

内部控制审计主要是检查内部控制的健全性、合理性和有效性，查找"盲点"。通过符合性测试和实质性测试，对组织机构的职责分工、授权审批、会计控制、主要经营管理环节、实物控制程序以及经营实体管理等环节进行检查，评价经营管理秩序是否规范，是否严密和有效，各控制点是否由不同部门和个人去完成，有无"独揽"情况，经营管理职权是否民主科学和相互制约，寻找失控点和漏洞，提出弊端及症结所在，从而强化企业管理，提高经济效益。

4. 管理过程审计

管理过程审计是以计划、组织、决策和控制管理职能为内容的一种管理审计。管理过程审计可以通过对企业生产组织、工艺流程、技术改造、投资决策、业务经营、劳动人事等各个环节管理的经济性、效率性、效益性进行评价，来实现对企业生产经营全过程的管理。内部审计机构要根据加强企业内部管理的需要，在企业管理的各个环节灵活地开展监督和服务。

管理实例 15-5

安 然 事 件

被企业财务风险击倒的典型案例就是"安然事件"。安然曾经是叱咤风云的"能源帝国"，1985 年由两家天然气公司合并而成，在短短 16 年内一路飞腾，2000 年总收入高达1000 亿美元，名列《财富》杂志"美国 500 强"中的第七。2002 年 12 月 2 日，安然公司正式向破产法院申请破产保护，破产清单所列资产达 498 亿美元，成为当时美国历史上最大的破产企业。短短两个月，能源巨擘轰然倒地。

安然从辉煌到陨落有其经营上的内在原因，一般认为，安然犯下了三大致命错误。

1. 财务作假，虚增利润

财务舞弊被曝光是安然倒闭的直接原因，安然公司通过财务舞弊虚增利润，使得投资者丧失了对公司的信心，直接导致安然公司股票价值的暴跌。安然财务舞弊的方式是：利用资本重组，形成庞大而复杂的企业组织，通过错综复杂的关联交易虚构利润，利用财务制度上的漏洞隐藏债务。

2. 大量应用高风险的金融工具，但缺失有效的风险防范和披露制度

安然手中握有为数众多的交易契约，但由于缺乏充分透明的披露制度，这些商品合约除了安然交易人员外,连债权银行都搞不清楚这些合约到底有没有价值,或者值多少钱。安然成功时,人们对这些契约价值还并不存有疑问,但一旦问题暴露,这些契约价值立刻受到投资者的怀疑,也因而加剧了安然公司倒闭的进程。

3. 过度举债谋求大发展

安然为了大发展而不顾后果四处举债。安然自己的资产负债表上只列了 130 亿美元,而其负债总额实际高达 400 亿美元:270 亿美元(其中 30 亿美元银行借款,70 亿美元公司债)债务一直不为外界所知;130 亿美元属能源衍生性商品。其间,安然还采用了种种复杂的举债工具。

第四节 程 序 控 制

一、程序控制的含义及必要性

程序控制即对经常性的重复出现的业务,要求执行人员按规定的标准化程序来完成,以保证业务处理质量达到控制目标和要求。组织中常见的程序很多,如决策程序、报告程序、施工管理程序、会计核算程序、费用报销程序等。

程序控制要求按照牵制的原则进行程序设置,所有的主要业务活动都要建立切实可行的办理程序。

程序控制可以避免业务工作的无章可循,职责不清,相互推诿,有利于及时处理业务和提高工作效率,以及追究有关责任人的责任。

实行程序控制的必要性有以下几方面。

(1)有助于管理活动规范化。在一个组织中,发生最为频繁的是例行的事情。处理这些事情,在规定了程序之后,管理人员就可以照章办事,不必事事请示,主管人员也就不必事事躬亲了,只要检查下级人员是否按程序办事就可以了。

(2)有助于节约管理活动的开支,提高管理活动的效率。程序中一般都明确了处理某项工作的原则,明确了各个管理人员的责任,按既定的原则办理事情,自然有助于提高管理活动的效率。

(3)有利于提高下属的积极性。在管理过程中,规定了程序也就规定了所涉及的办事人员的权责,管理人员可以自主地处理各项事情,有助于发挥个人的主观能动性。

二、管理程序制订的原则

管理程序是在管理过程中处理例行事情的规范或计划,制订管理程序应遵循如下几条原则。

（一）使程序精减到最低程度

对主管人员来说，最重要的准则就是要限制所用程序的数量。主管人员必须在可能得到的效益、必要的灵活性和增加的控制费用之间权衡得失利弊。

（二）确保程序的计划性

程序是计划，因而程序的设计必须考虑到有助于实现整个组织的目标和提高整个组织的效率。

（三）把程序看成是一个系统

从整体的角度细微地分析和设计程序，务必使各种程序的重复、交叉和矛盾现象减少到最低限度。

（四）使程序具有权威性

程序要求人们按既定的方式行事，因而也就对程序的控制提出严格的要求，这就是使程序具有权威性。

三、制订程序控制的步骤

（一）分析工作过程

明确制订与控制的要求，确定重点与关键环节。

（二）确定每一个关键环节的管理范围

明确权利责任及其对各环节管理人员的奖惩标准。

（三）讨论、修改、完善程序

在这一个环节中，要注意充分发动群众参与讨论，鼓励民主评论，使程序尽可能科学、完善。

（四）颁布程序，试执行

做好记录、评价，特别是程序在控制和处理活动中的效率评价。

复习思考题

1. 谈谈你对零基预算法的理解。
2. 什么是经济订货批量法？

3. 程序控制的步骤是什么?

技 能 训 练

技能演练 15-1

海 上 救 援

一游艇上有 8 名游客等待救援,但现在直升机每次只能够救一个人。游艇已坏,不停漏水。寒冷的冬天,刺骨的海水。8 名游客的具体情况如下。

(1) 将军,男,69 岁,身经百战。

(2) 外科医生,女,41 岁,医术高明,医德高尚。

(3) 大学生,男,19 岁,家境贫寒,参加国际奥数获奖。

(4) 大学教授,50 岁,正主持一个科学领域的项目研究。

(5) 运动员,女,23 岁,奥运金牌获得者。

(6) 经理人,35 岁,擅长管理,曾将一大型企业扭亏为盈。

(7) 小学校长,53 岁,男,劳动模范,五一劳动奖章获得者。

(8) 中学教师,女,47 岁,桃李满天下,教学经验丰富。

训练要求:

如果由你负责营救,你会按照什么顺序营救这 8 名游客? 为什么?

技能训练 15-2

华润公司运行 6S 管理体系

中国华润总公司控股的华润(集团)有限公司设在香港。6S 管理体系是华润公司从自身实际出发探索出的管理多元化集团企业的一种系统化管理模式。6S 管理体系将集团内部多元化的业务及资产划分为责任单位并作为利润中心进行专业化管理,其组织领导及监督实施机构是集团董事会下设的 6S 委员会。6S 既是一个全面预算管理体系,也是一个多元化的信息管理系统。

1. 利润中心编码体系(profit center number system)

在专业化分工的基础上,将集团及属下公司按管理会计的原则划分为多个业务相对统一的利润中心(称为一级利润中心),每个利润中心再划分为更小的分支利润中心(称为二级利润中心等),并逐一编制号码,使管理排列清晰。这个体系较清晰地包括集团绝大部分资产,同时使每个利润中心对自身的管理也有清楚的界定,便于对每项业务实行监控。

2. 利润中心管理报告体系(profit center management account system)

在利润中心编码体系的基础上,每个利润中心按规定的格式和内容编制管理会计报表,具体由集团财务部统一制定并不断完善。管理报告每月一次,包括每个利润中心的营业额、损益、资产负债、现金流量、成本费用、盈利能力、应收账款、不良资产等情况,并附有公司简评。每个利润中心报表最终汇总为集团的管理报告。

3. 利润中心预算体系(profit center budget system)

在利润中心分类的基础上,全面推行预算管理,将经营目标落实到每个利润中心,并层层分解,最终落实到每个责任人每个月的经营上,这样不仅使管理者对自身业务有较长远和透彻的认识,还能从背离预算的程度上去发现问题,并及时加以解决。预算的方法由下而上,由上而下,不断反复和修正,最后汇总形成整个集团的全面预算报告。

4. 利润中心评价体系(profit center measurement system)

预算执行情况需要进行评价,而评价体系要能促进经营目标的实现。根据每个利润中心业务的不同,量身打造一个评价体系,但总体上主要是通过获利能力、过程及综合能力指标进行评价。每一个指标项下再根据各业务点的不同情况细分为能反映该利润点经营业绩及整体表现的许多明细指标,目的是要做到公平合理,既可以兼顾到不同业务点的经营情况,又可以促进业务改进提高,加强管理。其中有些是定量指标,有些是定性指标,而对不确定部分集团则有最终决定权。集团根据各利润中心业务好坏及其前景,决定资金的支持重点,同时对下属企业的资金使用和派息政策,将根据业务发展方向统一决定,不实行包干式资金管理。而对利润中心非经营性的资产转让或会计调整的盈亏,则不能与经营性业绩混在一起评价,但可视具体情况给予奖惩。

5. 利润中心审计体系(profit center audit system)

集团内部审计是管理控制系统的再控制环节,集团通过审计来强化全面预算管理的推行,提高管理信息系统的质量。

6. 利润中心经理人考核体系(profit center manager evaluation system)

预算的责任具体落实到各级责任人,从而考核也要落实到利润中心经理人。利润中心经理人考核体系主要从业绩评价、管理素质、职业操守三方面对经理人进行评价,得出利润中心经理人目前的工作表现、今后的发展潜力、能够胜任的职务和工作建议。根据以上三部分的考核结果,进一步决定对经理人的奖惩和使用。

围绕 6S 管理体系的建设,集团还做了一些完善和配套工作。

(1)建立服务中心考核体系。将集团职能部室设定为服务中心,并对这些与利润没有直接联系的管理部门如何进行考核及以民主形式进行监督作出规定。主要做法是:对各服务中心进行定位,明确其主要职能;提出评价及量化服务中心工作质量的指引;规定服务中心考核办法;根据考评结果决定奖惩办法。

(2)改革用人制度。一级利润中心经理人聘任增加了内部公开招聘的程序。公开报名,统一考试,人事部门综合评议,推荐候选人名单,经常务董事会面试后聘任。这一做法已在多家单位实行。另外,根据对一级利润中心、服务中心的考评结果,对表现优异者由集团总经理向常务董事会建议入选新一届领导班子。这样,使干部提拔使用进一步透明化、规范化,并促使 6S 管理体系真正落到实处。

训练要求:

(1)华润预算控制系统的主要内容是什么?

（2）这一系统有什么优缺点？试评价之。

案例分析

案例分析 15-1

麦当劳公司的控制系统

麦当劳公司以经营快餐闻名遐迩。其金色的拱门允诺：每个餐厅的菜单基本相同，而且"质量超群，服务优良，清洁卫生，货真价实"。它的产品、加工和烹制程序乃至厨房布置，都是标准化的，严格控制的。麦当劳撤销了在法国的第一批特许经营权，因为它们尽管盈利可观，但未能达到在快速服务和清洁方面的标准。

麦当劳的各分店都由当地人所有和经营管理。鉴于在快餐饮食业中维持产品质量和服务水平是其经营成功的关键，因此，麦当劳公司在采取特许连锁经营这种战略开辟分店和实现地域扩张的同时，还特别注意对各连锁店的管理控制。如果管理控制不当，使顾客吃到不对味的汉堡包或受到不友善的接待，其后果就不仅是这家分店将失去这批顾客及其周遭人光顾的问题，还会波及影响到其他分店的生意，乃至损害整个公司的信誉。为此，麦当劳公司制定了一套全面、周密的控制办法。

麦当劳公司主要是通过授予特许权的方式来开辟连锁分店。麦当劳公司在出售其特许经营权时非常慎重，总是通过各方面调查了解后挑选那些具有卓越经营管理才能的人作为店主，而且事后如发现其能力不符合要求则撤回这一授权。

麦当劳公司还通过详细的程序、规则和条例规定，使分布在世界各地的所有麦当劳分店的经营者和员工们都遵循一种标准化、规范化的作业。麦当劳公司对制作汉堡包、炸土豆条、招待顾客和清理餐桌等工作都事先进行翔实的动作研究，确定各项工作开展的最好方式，然后再编成书面的规定，用以指导各分店管理人员和一般员工的行为。公司在芝加哥开办了专门的培训中心——汉堡包大学，要求所有的特许经营者在开业之前都接受为期一个月的强化培训。回去之后，他们还被要求对所有的工作人员进行培训，确保公司的规章条例得到准确的理解和贯彻执行。

为了确保所有特许经营分店都能按统一的要求开展活动，麦当劳公司总部的管理人员还经常走访、巡视世界各地的经营店，进行直接的监督和控制。例如，有一次巡视中发现某家分店自行主张，在店厅里摆放电视机和其他物品以吸引顾客，这种做法因与麦当劳的风格不一致，立即得到了纠正。

除了直接控制外，麦当劳公司还定期对各分店的经营业绩进行考评。为此，各分店要及时提供有关营业额和经营成本、利润等方面的信息，这样总部管理人员就能把握各分店经营的动态和出现的问题，以便商讨和采取改进的对策。

麦当劳公司的再一个控制手段，是在所有经营分店中塑造公司独特的企业文化，这就是大家熟知的"质量超群，服务优良，清洁卫生，货真价实"口号所体现的文化价值观。麦当劳公司的共享价值观建设,不仅在世界各地的分店,在上上下下的员工中进行,而且还将公司的一个主要利益团体——顾客也包括进这支建设队伍中。麦当劳的顾客虽然被要求自我服务,但公司特别重视满足顾客的要求,如为他们的孩子们开设游戏场所、提供快乐餐和企业生日聚会等,以形成家庭式的氛围,这样既吸引了孩子们,也增强了成年人对公司的忠诚感。

问题:

试分析麦当劳公司所创设的管理控制系统具有哪些基本构成要素。

案例分析 15-2

车行三镇查市容

一辆面包车缓缓在武汉三镇行驶,车内坐的是分管城建的副市长,各城区区长及市各有关部门的"一把手"。副市长说,今天请各位局长现场管管长期不知由谁来管的市容"小问题"。他掏出几张上面密密麻麻记满了各种问题的纸条,环视了一下大家后说,我侦察了很长一段时间,今天就点兵点将了。

在江汉一桥,副市长径直来到琴台公交站,他指着站旁的一个破旧不堪的土围子说,这个墩子竖在这儿已经 5 年了,我们的工作到位了吗?一旁的市容办主任当即表态:3 天内我搞掉它。

看着港湾车站凹凸不平的道路,副市长眉头紧蹙,他问市政局局长,全市像港湾车站这样的道路有多少?市政局局长回答有很多。副市长又问,"十一"前能否全部解决?市政局局长立军令状,保证完成。

公交车站的站牌上长了"牛皮癣",副市长点将市公用局局长,公用局局长说,马上从公汽公司抽 1000 人对全市所有站名牌全面清洗。

面包车缓缓驶过长江大桥汉阳桥头,突然,副市长高喊"停……停",指着被车撞缺的桥栏杆问,这谁来管。市政局局长接榜:我来,我来。随后,他拉着汉阳区区长的手来到桥边一堆渣滓前说,这堆渣滓在这里已待了好几年,现在成了假山……话音未落,汉阳区副区长接过话来:交给我,马上铲除。

徐东路上,一排门面的招牌参差不齐。有一家店铺,歪歪斜斜写着"补胎"二字,大煞风景,招牌上堆满了废弃的轮胎。副市长说,一个月内,所有脏乱差的遮阳棚、残破的广告牌统统要去掉。

问题:

(1) 案例中涉及了哪些控制类型,各控制类型有何特点?

(2) 你认为应如何进行有效的控制,写一篇报告进行说明。

参 考 文 献

[1] 斯蒂芬·P.罗宾斯,等.管理学[M].第 11 版.孙健敏,等,译.北京:中国人民大学出版社,2012.

[2] 哈罗德·孔茨,等.管理学[M].第 10 版.张晓军,等,译.北京:经济科学出版社,1998.

[3] 加里·德斯勒.人力资源管理[M].第 12 版.刘昕,译.北京:中国人民大学出版社,2012.

[4] 莱斯利·W.鲁,劳埃德·L.拜厄斯.管理学[M].刘松柏,译.北京:北京大学出版社,2014.

[5] 查尔斯·E.贝克.管理沟通——理论与实践的交融[M].康青,等,译.北京:中国人民大学出版社,2003.

[6] 加雷思·琼斯,珍妮弗·乔治,查尔斯·希尔.当代管理学[M].郑风田,等,译.北京:人民邮电出版社,2003.

[7] 理查德·L.达夫特.组织理论与设计[M].第 11 版.王凤彬,等,译.北京:清华大学出版社,2014.

[8] 托马斯·卡明斯,克里斯托弗·沃里.组织发展与变革[M].7 版.李剑锋,等,译.北京:清华大学出版社,2003.

[9] 王凤彬,朱克强.MBA 管理学教学案例精选[M].上海:复旦大学出版社,1998.

[10] 徐国良,王进.企业管理案例精选精析[M].北京:经济管理出版社,2003.

[11] 张俊伟.极简管理:中国式管理操作系统[M].北京:机械工业出版社,2013.

[12] 周三多,陈传明.管理学[M].北京:高等教育出版社,2010.

[13] 于英川.现代决策理论与实践[M].北京:科学出版社,2005.

[14] 单凤儒.管理学基础[M].3 版.北京:高等教育出版社,2008.

[15] 郭跃进.管理学[M].3 版.北京:经济管理出版社,2005.

[16] 徐向艺.管理学[M].北京:山东人民出版社,2008.

[17] 娄成武,魏淑艳.现代管理学原理[M].3 版.北京:中国人民大学出版社,2012.

[18] 方振邦.管理学基础[M].2 版.北京:中国人民大学出版社,2011.

[19] 王青,胡巍.沟通技巧与领导力开发[M].上海:上海交通大学出版社,2007.

[20] 王利平.管理学原理[M].北京:中国人民大学出版社,2004.

[21] 《组织工作》编写组.组织工作[M].北京:中共党史出版社,2011.

[22] 杨文士,等.管理学原理[M].2 版.北京:中国人民大学出版社,2004.

[23] 芮明杰.管理学——现代的观点[M].2 版.上海:上海人民出版社,2005.

[24] 许玉林.组织设计与管理[M].上海:复旦大学出版社,2003.

[25] 邵冲.人力资源管理概要[M].北京:中国人民大学出版社,2002.

[26] 邬家瑛.人力资源开发与管理[M].北京:科学技术文献出版社,2003.

[27] 王雪莉.影响中国企业组织变革成功因素研究[D].清华大学博士论文,2003.

[28] 六十八个超级经典管理小故事.http://www.ceconlinebbs.com.